浙江省哲學社會科學規劃項目（江南文化研究中心）（編號 15JDJN01YB）
全國高校古籍整理委員會項目（編號 1569）
國家社會科學基金一般項目「呂祖謙《東萊博議》與科舉試論研究」（編號 17BZW094）

東萊博議彙校評注

〔宋〕吕祖謙 著
慈波 整理

浙江古籍出版社

圖書在版編目(CIP)數據

東萊博議彙校評注 /（宋）吕祖謙著；慈波整理.
—杭州：浙江古籍出版社，2022.1
ISBN 978-7-5540-2022-7

Ⅰ.①東… Ⅱ.①吕… ②慈… Ⅲ.①中國歷史—春秋時代—編年體②《左傳》—研究—南宋③《東萊博議》—注釋④《東萊博議》—譯文 Ⅳ.①K225.04

中國版本圖書館 CIP 數據核字(2021)第 053243 號

東萊博議彙校評注

〔宋〕吕祖謙 著　慈　波 整理

出版發行　浙江古籍出版社
(杭州市體育場路 347 號　郵編:310006)
網　　址　https://zjgj.zjcbcm.com
zjgjcbs.tmall.com(天猫旗艦店)
責任編輯　沈宗宇
文字編輯　郭大帥
責任校對　吴穎胤
封面設計　吴思璐
責任印務　樓浩凱
照　　排　浙江時代出版服務有限公司
印　　刷　浙江新華數碼印務有限公司
開　　本　880mm×1230mm　1/32
印　　張　20.125
字　　數　412 千
版　　次　2022 年 1 月第 1 版
印　　次　2022 年 1 月第 1 次印刷
書　　號　ISBN 978-7-5540-2022-7
定　　價　150.00 圓(精裝)

前言

呂祖謙（一一三七—一一八一）是與朱熹、張栻并稱「東南三賢」的理學名家，也是場屋高手，二十七歲即高中博學宏詞與進士兩科。《東萊博議》就是他揣摩科舉的代表著述。此書是以《左傳》所記載的人物與事件爲基礎，隨事立意、評論得失的論體文章集。宋代進士科省試、殿試與制科皆試論，明、清科舉三級考試中第二場必考論題一道，故論體寫作對于舉子而言意義重大。此書在科舉時代刊行三十餘次，直至清末張之洞督學四川，還不忘訓示諸生「論宜讀《東萊博議》」[一]。正像王水照先生討論宋代散文特點時所説那樣：「南宋呂祖謙的《東萊先生左氏博議》更以好發異議、長于辨析爲特色，對後世文章家影響很大。」[二]實際上，即使是在方纔梓行的南宋，《東萊博議》就以其筆鋒穎利、善于持論而馳譽當世，獲得了廣泛的影響力。

一

呂祖謙《東萊博議》雖然在書目著録中多被列入經部，但此書主旨并不在于闡説經義，而是以《左傳》爲生發基礎，横縱爛漫加以發揮，其重心實在于文章。博議，即充分詳盡地加以評述議論，這顯示了此書以持論見長的特點。呂祖謙對撰著此書的經過與本意曾有自我陳述：

「《左氏博議》者，爲諸生課試之作也。始予屏處東陽之武川，仰林俯壑，出户而望，目盡無來人。居半歲，里中稍稍披蓬藋從予游。譚餘語隙，波及課試之文。予思有以佐其筆端，乃取左氏書理亂得失之迹，疏其説于下。旬儲月積，寖就編帙。」〔三〕顯然吕祖謙是以時文作爲講學餘暇的調劑，一方面他早在隆興元年（一一六三）就已進士及第并中博學宏詞科，「兩科皆優選」，〔四〕這成爲他科場影響力的極佳證明；另一方面以時文爲獎掖之具，接引入道，不失爲擴大講學影響的重要手段。

根據吕祖謙的自序，《東萊博議》是在他武川講學之際寫就的。吕祖謙來到武川明招山，是因丁母夫人曾氏憂，廬墓守制。其弟吕祖儉所編《年譜》記載，乾道三年（一一六七）「正月二十二日，葬夫人曾氏于明招山，倉部謁告歸會葬。四月如臨安省侍。五月復歸明招。冬，在明招，學子有來講習者」。〔五〕可見這一年除了四月去臨安看望其父之外，吕祖謙都居處武川。《序》中所説「居半歲，里中稍稍披蓬藋從予游」，正與《年譜》聲言的此年冬天有學子前來講習相吻合，也正是此時，吕祖謙開始了《博議》的寫作。

乾道四年（一一六八），《年譜》記載：「秋，自明招歸城。于是倉部出知江州，待次，尋改知吉州。冬，授業曹家巷。始有《規約》及《左氏博議》。」〔六〕在此年冬天《東萊博議》成書，而且此時吕祖謙已經在曹家巷講學，也就是説此書雖然大部分是在武川時期寫就，但初步寫定結集，則是入城之後。持續的時長則已逾半年，結合此書的篇幅而言，也接近日課一文的速度了，確乎可稱高效。

關于《東萊博議》的撰寫傳布與寫定刊刻，正如《序》文所述，此書大致成稿後，「諸生歲時休沐，必抄置褚中，解其歸裝無虚者。并舍姻黨復從而廣之，曼衍四出，漫不可收」。通過門生、同學、姻戚而得到廣泛流布的，自然首先是寫本。由于此書的文字魅力與科舉效用，鎸刻以廣流傳勢不可免，于是在成稿的次年就上板刊行，吕祖謙的《序》文作于「乾道五年（一一六九）九月初四日」，顯然是爲梓刻而準備的。

乾道六年（一一七〇）八月，陸游在赴任夔州通判途中，給吕祖謙伯舅曾逢去信，提及「伯共博士必已造朝久，舟中日聽小兒輩誦《左氏博議》，殊歎仰也」。[七] 陸游旅途當中課子讀書，竟然是「舟中日聽小兒輩誦《左氏博議》」，這多少有點讓人意外。畢竟陸游本人對于流行文字是極爲敏感的，他所説的「建炎以來，尚蘇氏文章，學者翕然從之，而蜀士尤盛。亦有語曰：『蘇文熟，喫羊肉。蘇文生，喫菜羹』」，[八] 體現了一時文字趨尚。課讀《東萊博議》，當然由于吕祖謙文章本即淵源蘇文，「留意科舉文字之久，出入蘇氏父子波瀾，新巧之外更求新巧」[九]，更切實的考慮則來自便利科舉的實際功效。從學子們争相傳録，到陸游閑暇課子，無不顯示出《東萊博議》在科舉試論時代的文章活力。尤其是當陸游聽子輩誦讀此書時，上距吕祖謙作序刊版還未滿一年，在版刻時代這樣的傳播速度，不禁讓人感歎此書的廣受歡迎。

二

《東萊博議》以《左傳》載述爲基礎，借助左氏所書寫的事件，敷衍生發而形成議論文章。《博議》涉及的事件，截止于宣公年間，從篇幅而言僅相當于《左傳》的三分之一强。這當然與講學的進度有關，但《博議》的寫法本來就是藉經文爲依托，假借論端以自申己説，并非説經之作；而且科舉習作重在楷式，一旦論體範式形成，所需要的就只是依樣揣摩而結撰己作，更多的範本實無必要。此書流傳過程中，選文八十六篇的句解本系統更受歡迎，就是顯明的例證。《博議》的成功，正在于它在立意、結構、造境及遣辭等多方面，爲科舉論體寫作提供了簡便易效的範本。

（一）神于命意，借題生發

論體寫作以識力爲高，如果識見超邁，則能鋒穎叢出，奪人眼目，從而收傾動心魄的效果；若識見平庸，則難免讀來懨懨而乏生氣，讓人缺乏卒讀的欲望。《博議》所依據的《左傳》，本爲科舉時代的習見著作，因其常見而更難創新。這正與科場作文的境況相似，如何就平正的文題開掘出新意，從而獲得考官的青睞，是首先要注目的要點。吕祖謙往往能够出人意表，就平常材料翻新見巧，在命意上出奇生新，從而産生先聲奪人的吸引力。

如卷十四《介之推不言禄》一篇，所論是晋文公重耳返國之後封賞群臣，介之推不主動求禄而最終偕母歸隱一事。介之推超然淡泊，被視爲廉介的典型，後世的寒食節據傳即因紀念他而形成。吕祖謙在文章中却一反習慣認知，將介之推的行爲歸結爲「怨」，把「逞怨非人臣所尚」作爲文章主題，警示這一行爲貌似狷介却在實際上可能「誤後世」。他先是論斷介之推借正義之名發泄個人怨恨，既而指明介之推之言不合于理，并引述母子對話，從「且出怨言，不食其食」出發，以子之矛攻子之盾，使介之推内心之「怨」無所遁形，從而在結尾進一步申論，如果「怨心内積」，歸隱也未必比争名于朝廷更高明。這樣就翻盡窠臼，顛覆了對介之推不言禄行爲的一般理解，命意新巧而能自成其説。

又如卷十七《秦穆公以子車氏之三子爲殉》，所論爲秦穆公以子車氏三良臣殉葬之事，也正是《秦風·黄鳥》所哀歎的内容。歷來人們多是諷刺穆公的殘暴，并對三良的悲慘遭遇深表悼惜。吕祖謙在文章伊始就總結了對三良殺身從君的兩種傳統看法：一是壯其忘身之勇，一是議其忘身之輕。緊接著却筆鋒回轉，亮出主意——三良正是因爲不能忘身，纔以身殉君。進而申述三良置一身之嫌于胸中，所以最終陷君于過，表面上殉葬之舉是厚其君，實則薄其君。波瀾翻覆，出人意表。

論體文章寫作，往往需要因題適變，靈活應對，故難有固定軌轍可循。但場屋備考，則必須間架確當、矩矱顯然，方纔便于擬習，形成套路。《博議》諸文恰能示人金針，在文章結構方面提示關鍵，不斷强化突出起承轉結等要害環節，從而爲舉場套用提供了方便法門。

（二）妙于結撰，抉發關鍵

以卷一《臧僖伯諫觀魚》爲例，此文論述進諫之道，在文章結構方面頗堪尋味。首段直入本題，指出進諫有三種途徑：使人君因畏懼而接受諫言、使人君信服而接受諫言與使人君心悟而主動從諫如流。中段采用擺事實的方法，分别以唐敬宗、憲宗，與魯莊公、周景王拒諫的典故，呼應畏、信兩法的缺失；進而論述僖伯進諫也是采用了這兩種方法，故難收成效；于是轉進提出方案，只有通過開悟隱公之心方能奏功。末段再總論三種方法的心理機制，提出心悟之法的優長。整體結撰方面，文章首尾呼應，中心突出；分層論述，條理秩然；正反相形，説服力强。細部結構方面，三種方法經由提出、分論、總述，得以深入比勘，逐步强化，從而導引出結論。精心結撰而能示人户牖，是絶好的論體範例。

《博議》諸作或正面立論，或反向破題，或比類歸納，或類推演繹，或層次遞進，在結構方面豐富多樣。以此爲模板進行揣練，從而熟練掌握文章構架，自是徵實可行的切入路徑。在結尾方面，吕祖謙尤其講求方法，往往在看似結束之處别生横枝，宕開一筆，有旁逸斜出之趣。

如卷十五《晋文夢與楚子搏》就《左傳》所載之夢，以因與想兩端來解釋其成因，本已盡其大概。而末尾忽然插入非常之論，「如使論孔子之夢周公，吾不知其何辭以對」，遂如鈞天廣樂而得縹緲之致。後世評點家喜用「臨去秋波那一轉」來論述八股或戲曲結尾之妙，而《博議》或早已先探驪珠。

（三）精于設境，摹擬入情

《博議》文章與正史記傳之論寫法不同，史論多爲衡論人物功過，是典型的人物論；而《博議》就事件以發表看法，屬事件論。對于事件的評述，往往因時過境遷而難以引起共鳴，雖可據理性分析推測其因果，但酷難入情之弊在所難免。東萊善于摹擬創設情境，置人物于其時其地當中，從人物自身角度進行懸測揣度，給予理解之同情，遂使情境幻生，聲口如實，既可詳其委曲，又能曲盡心事。議論文而具栩栩如生之感，設境之妙功不可没。

如卷九《晋荀息請假道於虞以伐虢》，所論是大家所熟知的「脣亡齒寒」成語的本事，虞公不聽宫之奇諫言而終致滅國。假道亡國是淺顯易明的道理，以宫之奇之賢，何以虞公拒絶納諫，未免讓人疑猜。東萊精于體察，雅善代言：「蓋虞公心知晋非善意，特怵于璧、馬之利，不能自制，冒其害而爲之。若正告人以真情，曰『吾甚愛璧、馬，不暇顧晋之詐』，則必爲人所姗笑。故枝辭曲説，泛爲悠悠之言，苟以窒宫之奇口而已，其心豈以晋爲誠不害同宗者哉？奇遂謂虞公誠不知晉、虢爲同宗，乃若教乳兒稚子者，提其耳而誨之，何其暗於事情也！虞公亟欲絶奇之言，以謂若與奇論人事，則吾説有時而窮，不若托之神怪，推墮於滉瀁茫昧之中，俾無所考質。」推測隱衷，娓娓而談，虞公溺于物貨而昧利害，宫之奇義正辭嚴却不切事情，都表現得淋漓盡致。

在持論之際，東萊還多以「吾」切入情境，以「吾」與古人對言，論古昔事件而具切身之感，將自身植入具體場域當中，拉近了過去與當下的距離。于是評述的事件變得不遠于人，古人的利害衝突也仿佛與「吾」密切相關，議論文就具有了直指人心的言説魅力。幻設情境，描摹心理，以收惟妙惟肖之效，正是後世八股家所謂的「代聖賢立言」，《博議》諸作已肇其端。

（四）長于造語，文瀾騰翻

東萊文章深受蘇文影響，以暢達縱逸爲宗。《博議》突出展現了東萊的博辯技巧，在遣詞造語方面極富創造性。從材料、意境、詞語及章句而言，辭格使用之豐富讓人眼花繚亂。摹狀、引用、比喻、誇張、設問、復疊、反復、對偶、排比、層遞、倒裝等手法，在《博議》當中可謂所在皆是。以開卷的《鄭莊公共叔段》首段爲例：「釣者負魚，魚何負於釣？獵者負獸，獸何負於獵？莊公負叔段，叔段何負於莊公？且爲鉤餌以誘魚者，釣也；爲陷穽以誘獸者，獵也。不責釣者而責魚之吞餌，不責獵者而責獸之投穽，天下寧有是耶？莊公雄猜陰狠，視同氣如寇讎，而欲必致之死。故匿其機而使之狎，肆其欲而使之放，養其惡而使之成。甲兵之强、卒乘之富，莊公之鈎餌也；百雉之城、兩鄙之地，莊公之陷穽也。彼叔段之冥頑不靈，魚耳獸耳，豈有見鈎餌而不吞，過陷穽而不投者哉！導之以逆而反誅其逆，教之以叛而反討其叛，莊公之用心亦險矣！」層遞、對偶、譬喻、反問、排比，觸目不暇，其語言技巧讓人歎爲觀止。

在東萊精心的布設與示法之下，《博議》作爲論體範文的成功不言可喻，其弟子在舉場一再捷科，更推擴了這一影響。甚至朱熹令長子朱塾從學于吕祖謙，也未始没有利導他「作舉子文」的用意在。不過《博議》重在隨事立論，不以義理爲宗，因而文筆縱肆之際于經義未必一一相合。朱熹曾不滿東萊文字「太尖巧」，譏其「輕儇」，實則有混淆説經文字與集部文章的嫌疑。説經只需内容明確清晰，形式平穩質實，屬於消極修辭；而文章則强調感受，需要動用一切手法來增强對内容的體驗，屬於積極修辭。兩者要求正好相反，朱熹所評自然難免鑿枘。不過南宋末年考官却已經將《博議》作爲舉場典範，正如程文批語中所説，「其文法得之《東萊博議》，學者當知其學問之有本處」，〔一〇〕社會的普遍接受，爲《博議》的文章價值作出了最好的説明。

三

《左氏博議》在科舉時代有廣泛影響，曾多次編注刊行，可分爲録文一百六十八篇的全本與録文八六篇的句解本兩大系統。這兩者都有宋元舊刻流傳，淵源有自。句解本自全本删選而成，是對全本的簡約化與精細化結果，便于科舉揣摩，具有更好的市場通行效果，但正文往往缺略，如《宋穆公立殤公》篇，僅删存其半。現分别論其源流。

（一）全本系統

書目著録中《左氏博議》在宋代有二十五卷本與二十卷本兩種，二十卷本在後世一直未見傳藏記録。國家圖書館現藏《增注東萊先生左氏博議》二十五卷（存十卷，卷一至十）宋刻遞修本，十三行二十五字，小字雙行同，細黑口，左右雙邊。各篇之下首列左氏傳文，部分篇章下接有「主意」，概述一篇大意；後接正文；書中有注。這應該屬於現存全本系統中刊刻年代最早者。可惜全本此後流傳未廣，《天禄琳琅書目》曾著録有元趙孟頫藏本一函四册，「仿巾箱本之式，書中無刻梓年月，亦不載作註人姓氏，觀其紙黝墨黯，乃元槧宋槧而不能工者也」〔一一〕，或即此書之元代覆刻本。直到明正德四年（一五〇九）張偉還聲言，「今東萊先生《左氏博議》市肆間行之已久，獨其全帙不見於天下。間有蓄者，又多缺亡，而窮鄉下邑，亦不復知有是書矣」，〔一二〕可見其罕覯之狀。

不過經張偉與其兄張廷鎮努力搜羅，終於匯聚幾家所藏合成一書：「正德丁卯（一五〇七）鉛山張侍禦以其十卷授予兄廷鎮刻之，時以缺卷尚多，意在趑趄。未幾，復得十卷于當塗濮内翰。吾鄉梅留守又出其所抄末五卷，盱江何冬官亦以其世藏先生手叙一通見畀。是書遂爲完璧矣。」〔一三〕此本凡二十五卷，正德二年（一五〇七）冬開雕，四年（一五〇九）夏完成，今存「皇明正德六年（一五一一）季秋書林劉氏安正堂」刊本。是本十二行二六字，小字雙行亦二六字，四周雙邊，黑口。首爲吕祖謙序文，後爲目録，共録文一百六十八篇，目録後有「汝水文峰胡岳英録正」字樣，書末正文後亦有此行文字，末爲張偉後序。目録與正文之末并有安正堂牌記。黄虞稷曾盛稱此本，以爲「世所行東萊《博議》皆删節，惟正德中刊本二十五卷獨全」。〔一四〕此本「其注與句解本同，惟《左傳》標題下無『主意』，後有墨圖記云『汝水文峰胡岳英録正』」，〔一五〕《天一閣書目》卷一之二經部亦有著録。其實安正堂刊本是拼合的産物，注釋將全本與句解本統括爲一編。由于全本注釋簡略，而句解本逐句注解但篇目僅占全本一半，故而安正堂本出現了部分篇目注釋繁富、部分篇目注解寥寥的獨特現象，不無畸輕畸重之失。

安正堂刊本似乎并不通行，館臣在修纂《四庫全書》時就提及「楊士奇稱别有一本十五卷，題曰『精選』，黄虞稷稱明正德中有二十卷刊本，今皆未見」。不過館臣們利用了另外一種明刊全本作爲底本，「此本有董其昌名、字二印，又有朱彝尊收藏印，亦舊帙之可寶者矣」。〔一六〕四庫底本後爲丁丙所得，「今是帙有文敏朱白文二印，首葉序文已另紙影寫。殆因四庫館鈐蓋翰林院印，發還原書，輾轉收藏、未諳典章者誤爲官書，匿去印文，并『竹垞圖書』亦經割去，其爲採進發還者無疑」，「卷中尚存『董其昌印』、『思白』兩方印，『董其昌印』一圓印，又『韓五雲祕笈』一印」。[一七]此書題作「詳注東萊先生左氏博議」，十行二十字，四周雙邊，小黑口，雙魚尾，上記卷數，下記頁碼，共録文一百六十八篇，今藏南京圖書館，丁丙將之定爲「元刊巾箱本」。此書同治年間楊紹和也曾收得一種，「標題、板式視四庫本正同，楮墨亦極古雅，自當與思翁所藏四庫本，乃浙江採進，有思翁名印。同出一刻」，[一八]更以之爲「宋本」。此書臺灣「國家圖書館」亦有藏本，有清宣統三年（一九一一）楊敬宸手書題記：「此爲元翻刻元印宋巾箱本也，即世所謂小黑口本者，而紙頗類宋，惜無羅紋，而刻工稍差，間有訛字，豈當日刻時，無人校勘耶？後序已脱末幅，殊深惜之。」題記所説的後序就是卷末附刻的張偉後序，可知其梓刻當晚于安正堂本，宋本、元本的判斷都不準確。

這一明刊本因爲被收入《四庫全書》而廣爲人知，不過其時文網嚴密，館臣對書中文字大加删改，難稱善本。道光十九年（一八三九）瞿世瑛「參合明本、元本、文瀾閣本及平湖胡氏所藏宋槧本，悉心讎校」，[一九]刻成《東萊左氏博議》二十五卷，是爲清吟閣刊本。此本亦是全本，前爲吕序、重刻例言、四庫提要，後接目録、正文，卷末爲瞿世瑛道光戊戌（一八三八）跋。瞿氏參校諸本，文字頗爲精審。相對於以前各本，體例方面也有所改變。原本各題下録有《左傳》本文，此本盡行删除；原本正文附有注釋，此本亦删去；原本多數文章前有「主意」，此本也不再保留。至於各種宋諱字，則全部改去。

清吟閣刊本在此後有重刻本。同治七年（一八六八）胡鳳丹根據「家藏錢塘瞿氏舊本，凡一百六十八篇」，「爰命梓人重鋟壽世」。〔二〇〕此本前爲胡序，後接瞿世瑛跋，其他順序與清吟閣本相同。書末有王樹之跋，可知此本經其校正，不過這兩種版本文字差别不大。

上述各本皆分爲二五卷，録文一百六十八篇，傳承有序，應當屬於同一來源。因其收録完整，可稱之爲全本系統。附帶提及的是，後世亦偶爾有以全本爲基礎、删選重編的版本。如宗廷輔在光緒己丑（一八八九）所刊刻的《東萊左氏博議集要》，就根據清吟閣刊本重新選録，并加以圈抹評點，共八卷七十一篇。這雖然也是節本，却與下文將要討論的句解本并不同源，而是屬于全本系統的支系。

（二）句解本系統

《左氏博議》在歷代更爲通行的版本實爲句解本系統，也就是逐句訓解大意的注釋本。相對於全本收録一百六十八篇，句解本僅録文八十六篇，因而屬於節本。

目前所能見到的最早句解本爲元本。國家圖書館藏有《精選東萊先生博議句解》十六卷（存前八卷），十二行二三字，小字雙行，左右雙邊，無序跋。目録題作「善本大字東萊先生博議句解」，目録末有附註「已上主意并見各題篇目」。其體例爲題目之下分列出處即所涉及《左傳》正文，并附主意即各文之綱領；正文中隨句訓釋大意，對字詞訓詁措意不多，而著力于章法、結構，註解分層處用小圈隔開。此書中遇「桓」字皆避宋諱作「威」，當是保留了宋刻原貌，中華再造善本已據此影印，頗便使用。筆者另見一本，與此版式全同，惟卷一末尾多一牌記，云「至元歲次己卯（五年，一三三九），梅軒蔡氏新刊」，兩者當屬於同一版本。此書在明代有覆刻本，即弘治七年（一四九四）蔡紳刊本，國家圖書館、南京圖書館等皆有收藏。丁丙曾著録一部，「前有永州知府東吴姚昺序，稱其初亦欲版行，因蔡君已行而遂止。蔡君名紳字守道，衡之新城人。始游邑庠，以《易》屢戰秋闈不遂，由蔭得官云云。後有『弘治甲寅孟秋，梅軒蔡氏新刊』十二字，殆從元刊覆雕者，『桓』皆作『威』，尚承宋刻之遺」。[二一] 除牌記有所剜補外，兩本内容完全相同。

句解十六卷本在明代有多種，筆者曾獲見一種明刊本，内容與上述元明遞刊本相同，無序跋。十行二十字，左右雙邊，大黑口。版式上有一非常明顯的特徵，即版心上下各一對魚尾，這種四魚尾的刊本似乎并不多見。此本未註明刊刻時間，亦無序跋，或據元刻本重刊。[二二] 此外尚有瞿景淳（一五〇七—一五六九）序刻本十六卷，十行二十二字，四周雙邊，山東圖書館有藏。

又有句解十二卷本，國家圖書館有《新刻翰林批選東萊呂先生左氏博議句解》一部，爲萬曆九年（一五八一）書林源泰堂刻本，九行十九字，四周雙邊。更常見的十二卷本爲黄之寀刊本，九行十八字，四周雙邊。此本標題之下先列「出處」，後接「評註」，「評註」的内容實際上就是此前刊本的「主意」，正文無注釋，文後偶或附有數句註明文章中的典故以及字音。所收文章及順序同於元刊本，只是重新進行了分卷。

還有句解八卷本。此本十行二十字，四周雙邊。内容與元刻本相同，將元刻本的每兩卷合并爲一卷，因而一共八卷。書末有「正德甲戌孟夏，集義書堂重刊」牌記，則當刊於一五一四年。

明代的句解六卷本有多種。雲南圖書館等藏有瞿景淳選粹本，題作「東萊呂先生左氏博議句解」，十行二十二字，四周雙邊。卷首書題之下分兩行題「翰林院學士昆湖瞿景淳選粹」、「翰林院學士元峰袁煒(一五〇八—一五六五)校正」。瞿景淳爲嘉靖二十三年(一五四四)會元、進士第二名，袁煒爲嘉靖十七年(一五三八)會試第一、殿試第三，故而此書當刊刻于嘉靖年間。另兩種六卷本都是由陶珽彙集而成。[二三] 一本九行十九字，四周單邊，欄上有小字注釋。題作「呂東萊先生左氏博議」，卷首書題下分行題「黄巖陶珽穉圭父彙輯」、「仁和宋鉞聖錫父較訂」。此本刊於崇禎壬申(五年，一六三二)，前有陶珽、瞿景淳與呂祖謙三序。另一本爲擁萬堂刊行，九行二十字，四周單邊，惟校訂者作「潭陽劉肇慶開侯父較訂」，未收瞿序。其分卷實際上是將十二卷本的每兩卷合而爲一，因而卷數雖然減少，但内容其實相同。從分卷、序跋來判斷，這三種六卷本當出同源。

清代通行的句解本主要是四卷本，將其分卷與十二卷本比較，可知其實是將十二卷本的每三卷合而爲一，這其中張文炳刻本影響較大。張文炳刊本爲其知泗州時所刊，[二四] 整理之際頗有更動，原本「評之者不一家，予取其確當者仍之，篇末必附己意，僭評數語，以志景仰」。〔二五〕較有特點的是，此書附刊有《虚字注釋》六卷，分起語、接語、轉語、襯語、束語、歇語六類，總結虚字的用法，對於研讀古書不爲無補。此書當時流通較廣，「坊間通行惟絳州張氏一刻而已。東萊原書爲卷二十五，爲篇百六十有八，張則約以四卷八十六篇，又皆刊削不完。尾係諸評，于明得十九人，無一非聲名標著者，而所評則如醉如囈，如小兒號嗄，如應聲蟲。明人學問雖陋，亦何至如此？後得孫、朱二刻，始知張實本朱字緑，朱又本孫執升，孫固不言所自也」。〔二六〕《鄭堂讀書記》著録有此本，對之批評甚厲，以爲「此本爲乾隆中泗州知州張文炳所評選，用以課士，序而刊之，僅八十四篇，較原書一百六十八篇之數，僅及其半。書名亦爲改削，并省去原序，冠以傳略，所綴評語亦極淺陋。卷末附刻《虚字注釋》一卷。此本實不足存，因未得舊本，姑記之耳」，〔二七〕也未免責之過苛。

上述意見集矢于張刻本録文過少，實際上是没有明白《左氏博議》本來就有全本與句解本兩個系統，八十六篇之數自宋元以來已然，并不是張氏的過失。而張文炳刊本缺文兩篇，則是沿襲了底本的闕漏。張本以朱書（字字緑，一六五四—一七〇四）刊本爲底本，朱本當刊於康熙三十九年（庚辰，一七〇〇），其子朱曉曙雖然聲稱「《博議》之文共八十六篇，内闕二篇，今搜古本補訂也」，〔二八〕書中却并未補入。

這一欠缺在馮泰松的重刊本中得到了修正。馮刊本以朱、張本爲底本，「以錢塘瞿世瑛足本參校」,「朱、張本《楚滅弦黄》篇、《秦晋遷陸渾》篇舊闕,今補」。〔二九〕《虚字注釋》被移至目録之後、正文之前,各文之後綴以前賢評語,共得二十一人,主要是彙輯朱、張兩本而成,還附有自己的評論。書首有重刊序,作於「光緒八年(一八八二)」,當即刊于此年。此外還有劉鍾英光緒壬寅年(二十八年,一九〇二)的《增批輯注東萊博議注釋》,删去了馮氏重刊序,體例、文字上一同馮本,惟于正文之末增添了注釋,屬于馮刊本的增注本。

清代還有一種句解六卷本,即駱根深編訂的《東萊左氏博議輯注》,録文八十六篇,刊於光緒癸卯(一九〇三)。此本雖然亦爲六卷,但篇目析分與明刻句解六卷本不同。前有陳伯陶序、張其淦跋。此本保留了注釋、評語,并有增補,還參照瞿世瑛本補足了文字。據其自述,「舊本原有《虚字注釋》數篇,今仍存之,以附于後」,〔三〇〕可知其底本實爲張文炳刊本,而重新編排了卷次。

除此兩大系統以外,《左氏博議》在東亞文化圈如朝鮮半島與日本也廣泛傳播,但就其版本源流而論,則仍屬全本與句解本系統的支流。和刻本中時代最早的當屬伊藤長胤元禄庚辰(一七〇〇)刊刻的《重訂東萊博議》。此書分爲十二卷,録文八十六篇。首録瞿景淳、吕祖謙、陶珽三序,目録後收有凡例,正文欄上附有評語,卷末爲伊藤長胤《書東萊先生博議後》。比對文本可以發現,此本的分卷與正文主要根據黄之寀十二卷句解本,凡例來自陶珽刊本:「今所刊者,專係黄之寀校本。陶、瞿二序及凡例、評註、釋義,參取陶稺圭本。其考異疑誤、今

所新附者，别加小圈云。」〔三一〕

此本有寬政十一年（一七九九）重刊本，徑題「東萊博議」。前爲吕序、陶序及凡例，卷末同樣是伊藤長胤的《書東萊先生博議後》，正文則將原本的十二卷合并爲四卷。

另有一種六卷本《評註東萊博議》，爲阪谷素評注訓點，刊行于明治十二年（一八七九）。此書首爲川田剛序、阪谷素例言，後接瞿世瑛例言、瞿世瑛跋、四庫提要、傳略、吕序，書末爲細川潤書後、三島毅跋。書版分爲上下兩欄，上列評註，下爲正文，共録文一六八篇。此本屬于全本系統，除前人評點外，書中還録有大量阪谷素評語，不僅就篇章結構加以提點，還往往就文意而生發議論，對照讀來饒有興味。

四

《宋史·藝文志》著録有《左氏博議綱目》一卷，小注稱「祖謙門人張成招標注」。此書僅見著録，一直未詳其具體内容，到清初的朱彝尊，其《經義考》卷一百八十七也只有轉抄《宋·志》，而直接標明「未見」。除了是吕祖謙的學生之外，對于張成招其人的認知也很有限。可考者僅是張成招爲福建甌寧人，乾道八年壬辰（一一七二）黄定榜進士，〔三二〕曾任連州知録。〔三三〕他追隨吕祖謙講學，同時肄習舉業文字，竟然很快高中進士，這無疑又是吕祖謙科場影響的明證。

張成招的《綱目》顯然是爲科舉服務的，依托《博議》而行，筆者在文獻調查中竟然發現此書其實并未亡佚。

國家圖書館藏有《增注東萊先生左氏博議》二十五卷本，未見古人著録，屬宋刻本而後世遞修，目前殘存卷一至卷十，未見私家藏書印記。首爲呂祖謙序文，後接目録，分列二十五卷所收具體篇目。每篇文章皆以橢圓黑框白字標示序號，以《左傳》經文的簡略概括，如「鄭莊公共叔段」、「楚太子商臣弑成王」之類作爲標題。也有因爲文章是根據《左傳》同類多處載述而發揮成文，而標出多句甚至十餘句傳文作爲標題的例子。最值得注意的是各文標題之下，先以方框加小字形式突出寥寥數字之概述，然後接續小字數句概括文章結構與大意。如第一篇「鄭莊公共叔段」，這雖然具有標題形式，但因爲其實只是經文的略引，故而不能反映文章的實際内容。方框中揭出「論機心」，這纔是文章的真正主題。後面羅列的「莊公負叔段」、「多叔段之罪」、「正欲其過制」、「舉朝舉國墮其計」、「欺天下後世」、「莊公自欺其心」，以文章各部分大意的形式，展示了論述脉絡。呂祖謙此文翻案出新，提出莊公有負于叔段，而叔段不負于莊公，與歷來經論不同，顯然是爲了奪人眼目。即使未讀全文而僅閲小字部分的概述，也可以把握文章主腦與關鍵，既便于習誦記憶，也有利于摹擬仿寫，這正是「綱目」所應有的功用。宋刻本目録的首行頂格刻作「增注東萊先生左氏博議綱目」，結尾部分有「目録終」字樣，這明白地提示了與張成招《綱目》的關聯。《綱目》一卷被收入此書，可以斷言。

宋刻本的正文部分先列標題，標題下小字揭示主題，如「此篇論機心」，然後另起小字，增入所涉及的具體《左傳》正文。文章當中也偶爾可見小字注語，如「潁考叔以孝聞于鄭，一言而回莊公念母之心，其孝固可嘉矣」，下注「隱元年」；「舉天寶之亂，而不能輟敬宗驪山之行」，下注即引《資治通鑑》述唐敬宗拒諫而幸驪山温湯事。都只是注釋史實，對字詞訓詁、結構脉絡、篇章主意等毫無涉及。從宋刻本書名中的「增注」來判斷，這必然屬再刻本，而再刻的工作主要體現在兩個方面：一是增入張成招的《綱目》，二是增加適量注釋。雖然《宋史·藝文志》對張成招之書用的是「標注」一詞，但宋刻本中的小注應該不屬《綱目》的內容。因爲「標注」除了「注釋」這一常見釋義之外，還可表示「標記出來而引發注意」。《綱目》篇幅短小，以篇章概要的形式對吕祖謙的文章進行補充，這是不必句句字字依托《博議》而存在的。而注釋則不同，離開具體的文句，則茫然不知其所注爲何，因而必須附著在相應的文本之下，這樣的話勢必難以單行。故小注内容實爲書坊爲了推出新版吸引更多讀者，而做出的「增注」行爲。

張成招《綱目》的短小篇幅與相對獨立，使得它具有單行的可能。但邊讀《博議》邊對照尋繹脉絡與主意，還是要方便得多。像宋刻增注本這樣附見而行，纔是更適合的選擇。此書的最後湮没，未始没有這樣的原因。實際上瞿世瑛就見到并利用了宋刻本，但他對之不以爲然：「宋本于篇目下黑文白字標挈主意，如首篇『論機心』、次篇『論天理』、三篇『論名分』之類。今按《博議》文筆奇幻，往往意終語竭，另闢異境，烏能以一二字括其一篇之命意乎？蓋亦陋者所施，以爲揣摩剿襲之地。以其無關本要，故亦從删。」[三四]瞿世瑛指出主意部分揣摩擬習之科舉目的，無疑是正確的。但他因不知這是出于張成招的《綱目》而痛加删削，未免有失武斷。幸有宋刻殘本留存，纔使我們得以認識到《東萊博議》甫一出版，就如何被學生當作教科書而認真編排，劃分段落層次并概括主旨大意了。

五

《博議》版本衆多，統系有别，爲完整呈現東萊所作原貌，故以録文全備的全本系統爲尚。全本中存世最早者爲宋刻本，然僅殘存卷一至卷十，非復全編。國家圖書館藏有明刊二十五卷本《詳注東萊先生左氏博議》，此本較好傳存了宋本樣貌，也是後來的四庫全書本所從出。臺灣「國家圖書館」之《詳注東萊先生左氏博議》，與此版式相同，但個别文字互有出入，而國圖本往往較善。兹次整理，以國圖本爲底本，參校宋刊《增注東萊先生左氏博議》，簡稱宋刻本；參校臺灣所藏明刊二十五卷本，簡稱臺圖本；參校明正德六年劉氏安正堂本，簡稱安正堂本；參校瞿世瑛清吟閣刊本，簡稱瞿本；參考文淵閣四庫全書本，簡稱四庫本。金華叢書本及句解各本，也在參考之列。

宋刻本卷前附刊《綱目》，總括《博議》各篇主意，并分層撮述文章梗概，對理解東萊文脉頗有幫助，也是宋代士人科舉備考的真切記録。《綱目》爲東萊弟子張成招所撰，雖屢見書目著録却迄未發見原本，清人朱彝尊《經義考》即已注明「未見」。整理過程中意外因搜羅版本而獲見并證實《綱目》不佚，故取之附于卷首，既可發揮目録之用，又借此以存罕見舊籍。

《博議》宋刻全本附有簡略的注釋，并被作爲整理底本的明刻本所沿用。句解本所附注釋則繁富得多，在此後的刊刻中更附益有多家評點。但句解本屬節本系統，録文較少，各篇文字與全本也多有差別。全本之宋後注解本，僅見日人阪谷素之《評註東萊博議》。此次整理，將其注釋與評語輯入，以「阪谷曰」標示。宗廷輔《東萊左氏博議集要》評點者雖非東萊全帙，但也屬全本系統，其評語一并輯入，以「宗曰」標示。注釋中凡不標明何氏者，則爲明刻底本原附。

書末添附《博議》在歷代書目中的著録情況，并輯有全本系統各種刊本的序跋。

注釋

〔一〕張之洞《輶軒語·學究語》，見《張之洞全集》第一二册，河北人民出版社一九九八年版，第九八一三頁。

〔二〕《宋代散文的技巧和樣式的發展——宋代散文淺論之二》，《光明日報·文學遺産》一九六三年三月三十一日。

〔三〕吕祖謙《東萊先生左氏博議序》，《增注東萊先生左氏博議》卷首，宋刻本。

〔四〕錢周材《特授吕祖謙左從政郎制詞》，見《年譜》隆興元年，《吕祖謙全集》第一册，浙江古籍出版社二〇〇八年版，第七四〇頁。

〔五〕《年譜》乾道三年，《吕祖謙全集》第一册，第七四一頁。所云倉部即吕祖謙之父吕大器。

〔六〕《年譜》乾道四年，《吕祖謙全集》第一册，第七四一頁。

〔七〕陸游《與原伯帖》，《故宫周刊》第四〇四至四〇六期，一九三四年。

〔八〕陸游《老學庵筆記》卷八，中華書局一九九七年版，第一〇〇頁。

〔九〕朱熹《與張敬夫》，《晦庵集》卷三十一，四部叢刊本。

〔一〇〕丘大發《三聖褒表功德》之考官批語，《論學繩尺》卷二，明成化再刊本。

〔一一〕《天禄琳琅書目》卷六《詳註東萊先生左氏博議》條，四庫本。

〔一二〕張偉《題東萊博議後序》，《新刊京本詳增補注東萊先生左氏博議》卷末，明正德六年刊本。

〔一三〕張偉《題東萊博議後序》。

〔一四〕朱彝尊《經義考》卷一百八十七《左氏博議》條，四庫本。

〔一五〕瞿鏞《鐵琴銅劍樓藏書目録》卷五《京本詳增補注東萊先生左氏博議二十五卷》條，上海古籍出版社二〇〇〇年版，第一四一頁。

〔一六〕《詳注東萊左氏博議二十五卷》提要，《四庫全書總目》卷二十七。

〔一七〕《善本書室藏書志》卷三《詳注東萊先生左氏博議二十五卷》條，清光緒刊本。

〔一八〕楊紹和《楹書隅録》卷一《宋本詳注東萊先生左氏博議二十五卷》條，清光緒二十年海源閣刊本。

〔一九〕《重刻東萊博議例言》，《東萊左氏博議》卷首，清道光己亥清吟閣刊本。

〔二〇〕胡鳳丹《重刊東萊博議序》，《東萊博議》卷首，同治戊辰退補齋刊本。

〔二一〕《善本書室藏書志》卷三《精選東萊先生左氏傳博議句解十六卷》條。

〔二二〕沈津以爲「寧波天一閣藏有明刻本此書，然爲宋張成招注，殘存八卷（卷九至一六），其行款及魚尾皆同此本，但此本無張注，當爲另一刻」，見《美國哈佛大學哈佛燕京圖書館藏中文善本書志》，廣西師範大學出版社二〇一一年版，第一一八頁。實際上句解本中的注釋作者，爲後人據《宋史・藝文志》所著録的「《左氏博議綱目》一卷，祖謙門人張成招標注」推斷而來，書中并無明確署款。經目驗比對，兩書當爲同一刻本，另外臺灣「國家圖書館」也藏有同版明刊本。

〔二三〕陶珽字稺圭，黄巖人，寄籍雲南姚安，中萬曆庚戌（一六一〇）進士，曾刻《續説郛》四十六卷。傳見喻長霖（民國）《台州府志》卷七十三、卷一百十八，民國二十五年鉛印本。

〔二四〕張文炳字明德，「山西絳州人，性爽直有幹才。泗屬諸生就試鳳陽，艱于資斧，雍正二年（一七二四）州升直隸，炳乃倡議建試院于盱山」，見葉蘭纂修（乾隆）《泗州志》卷九，清乾隆五十三年序刊本。張序中有「既建義學，延師教授」之語，據《泗州志》卷七，雍正十一年（一七三三）知州已爲汪文煜，故張本當刊於兩者之間。

〔二五〕張文炳《重刊東萊博議序》，《東萊博議》卷首，清光緒戊戌文奎堂重刊本。

〔二六〕宗廷輔《序》，《東萊左氏博議集要》卷首。

〔二七〕周中孚《鄭堂讀書記》卷十《東萊博議四卷》條，民國吴興叢書本。所云《虚字注釋》卷數出現差異，原因在于張氏序文中雖稱爲「六卷」，實際却僅僅區爲六類而未明確標示卷數，且篇幅甚短，故稱爲「一卷」亦不誤。「乾隆中」云云則誤。

〔二八〕朱曉曙「庚辰夏月」識語，《東萊博議》卷首，清光緒戊戌文奎堂重刊本。

〔二九〕馮泰松《重刊東萊博議例言》，《東萊博議》卷首，清光緒戊戌文奎堂重刊本。

〔三〇〕駱根深《例言》，《東萊博議輯注》卷首，光緒癸卯東莞天香吟館刊本。

〔三一〕伊藤長胤《書東萊先生博議後》，《重刊東萊博議》卷末，元禄十三年刊本。

〔三二〕弘治《八閩通志》卷四十九選舉，明弘治刻本。

〔三三〕同治《連州志》卷五職官，同治九年刻本。

〔三四〕《重刻東萊博議例言》，《東萊左氏博議》卷首，清道光己亥刻本。

目録

東萊先生左氏博議序

《左氏博議》者，爲諸生課試之作也。始予屏處東陽之武川，仰林俯壑，出户而望，目盡無來人。居半歲，里中稍稍披蓬藋從予游，談餘語隙，波及課試之文。予思有以佐其筆端，乃取左氏書理亂得失之蹟，疏其説於下。旬儲月積，浸就編帙。諸生歲時休沐，必抄寘褚中，解其歸裝無虚者。并舍媢黨復從而廣之，曼衍四出，漫不可收。客或咎予之易其言，予徐應之曰：子亦聞鄉鄰之求醫者乎？深痼隱疾，人人羞道而諱稱者，揭之大塗，惟恐行者不閲，閲者不播。彼豈靦然忘恥哉？德欲蓄而病欲彰也。予離群而索居有年矣，過而莫予輔也，跌而莫予挽也，心術之差、見聞之誤而莫予正也。幸因是書而胸中所存所操、所識所習，毫忽髮謬，隨筆呈露，舉無留藏。又幸而假課試以爲媒，借逢掖以爲郵，徧致於諸公長者之側。或矜而鐫，或愠而讁，或侮而誚，一語聞則一病瘳，其獲不既豐矣乎？傳愈博，病愈白，益愈衆，於予也奚損？遂次第其語，以諗觀者。凡《春秋》經旨，概不敢僭論，而枝辭贅喻，則舉子所以資課試者也。乾道五年九月初四日〔一〕，東萊吕祖謙伯恭序。

校勘記

〔一〕乾道五年九月初四日，此數字他本皆無，據瞿本補。

東萊先生左氏博議綱目

○卷之一

一 **鄭莊公共叔段** 論機心

莊公負叔段　多叔段之罪　正欲其過制　舉朝舉國墮其計　欺天下後世　莊公自欺其心　始至拙終至險

二 **潁考叔還武姜** 論天理

物逆天者終必還　力不能勝天　天理不絶莊公　考叔不得其用　蔽莊公者亦考叔

三 **周鄭交惡** 論名分

周降尊鄭忘卑　尊卑之分蕩然　周以列國自處　左氏概之二國

四 **宋穆公立殤公** 論中常之道

君子不愛奇與高　物反常爲怪　地過中爲偏　堯舜道亦常與中

五 **衛州吁** 論未然之患

情未動而理已萌　石碏不能止未萌　徒救患於已形

六 **臧僖伯諫觀魚** 論進諫之道

進諫有三道　僖伯未嘗以心悟　無以開其心　徒欲奪其樂

七 **鄭敗燕　鄭敗北戎　楚敗鄧　商密降秦　鄭敗宋　楚滅舒庸　楚敗吴滅舒鳩　晉滅肥　晉滅陸渾　吴敗楚取餘皇〔一〕　吴敗胡沈陳三國　越敗吴於檇李　越敗吴於笠澤** 論用兵誠詐

萬物賤詐兵貴詐　兵非君子莫能用　春秋以小人遇小人　善用兵者歸君子

○卷之二

八 **隱公問羽數於衆仲** 論魯國僭禮之非

隱公非真不知　特因仲子廟而發　厚仲子薄周公　衆仲不能正其失

九 **隱公辭宋使** 論詭辯之士

詭辯有遇否　陳筮遇穰侯爲工　宋遇隱公爲拙　戰國策士出於幸　論杜預之説不然

利害繫所逢之時

十 **鄭伯侵陳大獲** 論人不可有忽心

推左氏之意　禍起於何能爲　論秦漢晉隋　論羽莽梁唐　終取左氏説

十一　鄭伯朝桓王　鄭伯請釋泰山之祀　虢公作卿士于周　鄭伯以齊人朝王　鄭伯以王命討宋　羽父會鄭伯伐宋　蔡衛郕不會王命〔二〕　王與鄭人蘇忿生田　鄭伯以璧假許田　王伐鄭　論事外之理

論事不使爲事所用　立論發未明之理　立論鮮得事外之理　歷論左氏所未言

十二　陳五父如鄭莅盟歃如忘　曹太子朝魯奏樂而歎　晉侯受玉惰　齊君語偷　公孫歸父言魯樂　趙同不敬　晉侯見魯侯不敬　鄭伯授玉視流而行速　却錡將事不敬　成子受脤不敬　苦成叔傲　衛孫文子聘魯無悛容　齊高厚相太子會諸侯皆不敬　齊侯衛侯不敬　蔡侯享于鄭不敬　穆叔語趙孟語偷〔三〕　趙孟對定公以吾儕朝不謀夕　單子視下言徐　宋公與叔孫昭子相泣〔四〕　魏獻子南面　邾子執玉高魯受玉卑　論觀人之術

觀人之術在隱晦　考左氏所載　病發於人之所見　君子無得罪於獨

十三　隱公問族於衆仲　論譜牒之學

論古今繁簡難易　論字謚官邑爲氏　論魯鄭宋齊所出　秦漢以來氏族譜牒不可不講

○卷之三

十四　滕薛争長　論辭令

辭直亦可起争　滕直薛曲　隱公不明言薛曲　見魯之恭遜　隱公降尊屈卑

十五　**潁考叔争車**　論忠孝之理

理隨所遇　考叔不能推其孝　反争車殺身　犯鬥狠之戒　能捨肉不能捨車　其類有時不能錫

十六　**齊魯鄭入許**　論廉遜之風

共患易共利難　善處功利之間　齊魯非鍾王用心　三國同其勞　一國專其利　齊魯善處無功　鄭善處有功

十七　**息侯伐鄭**　論安常處順之道

處小國常卑遜　息忘小而犯大　小國忿心易生

十八　**羽父弑隱公**　論爲義不可不盡

敗爲義之心　隱弑可以勉爲義　隱公坐爲義不盡　隱公貪顧召禍　恩與怨爲鄰　禍生於自恕　不知桓公不我恕

十九　**臧哀伯諫納郜鼎**　論進言去就

哀伯所與言者非　哀伯視桓弒不顧　前不忠後不智　以治助亂其罪大　爲桓公建保國之業　羽父始乱哀伯成亂

二十　**晉穆侯命二子名及晉封曲沃　曲沃莊伯伐鄭翼　王伐曲沃　曲沃武公伐翼　曲沃伯殺小子侯　王命曲沃伯爲晉侯**　論嫡庶長幼之分

國者萬世大争端　聖人得塞争端之術　立嫡庶長幼之分　定分古今不敢變　晉穆侯首乱之　守以天而人莫較

○卷之四

二十一　**楚侵隨　楚敗隨**　論機謀

傾人國者匿其機　論鬥伯比之機　先示弱誘少師　兆機於數年前　再考伯比之謀

二十二　**魯爲班後鄭　齊衛鄭戰于郎**　論當然之理

論當爲不當爲　忽之救齊所當爲　恃功陵大不當爲

二十三　**鄭太子忽辭昏　鄭昭公敗北戎**〔五〕　論爲國者不可依人

依人爲重者易窮　晉猶不可依　魏武禍生所依　鄭忽非不能依大國　忽辭昏未可非後失之微弱　忽言古今篤論　適留爲我之用

二十四　**桓公問名於申繻**　論謹始

名子當爲孫地　名子慮遠餘不然　論禮之所載　論晉宋魯名子　以諱廢事其害小　開

萬世禍其害大　申繻言有鑒規

二十五　**王師伐虢**　論名分

分理皆不可屈　不當以曲直廢分　罪桓王則非　襄欲矯桓王失　未免直元咺　君子言分必及理　詹父元咺不當訴君　君臣非較曲直之地

二十六　**虞叔伐虞公**　論貪吝

貪與吝遇禍以成　虞叔虞公不相恕　以貪吝治貪吝　求財不如求道　守財不如守道

二十七　**楚屈瑕敗蒲騷　楚伐絞　楚瑕大敗**　論持滿之道

屈瑕委計鬭廉　成屈瑕之禍在絞　屈瑕死生在絞勝敗　以易爲常是禍原　以難爲常是福基

〇卷之五

二十八　**祭仲立厲公　祭仲殺雍糾　高渠彌殺昭公　齊人殺子亹　楚殺子南**　論死生之義

衆人見形後悟　祭仲受逐君之名　祭仲之死未足難　君子死親之難　可占二人之爲人

二十九　**盜殺伋壽　衛侯放公子黔牟**　論天理

衆　不校莊之所易　莊争不争皆失

〇卷之六

三十六　**齊侯見豕　蛇鬥于鄭　神降于莘　卜偃童謡　狐突遇申生　城鄶有夜登丘　樞有聲如牛　蛇出泉宫　顆見老人　鳥鳴亳社**〔六〕**　鄭伯有石言于晋　當璧而拜　鄭龍鬥　玉化爲石　鸜鵒來巢　龍見于絳**　論左氏嗜怪之非

怪生於罕　左氏嗜神怪　范甯闢其誣　載非闢亦非　論子路問事鬼神　論易群疑亡

三十七　**齊公孫無知弑襄公**　論救患之術

論前失不能已今禍　請論救患之術　假無知非分之寵　論漢元成

三十八　**齊桓公入齊**　論管仲大概

論君父與身之讎　孔子是非有定論　殺糾非兩下相殺　仲不當讎桓公　仲實未嘗事讎

三十九　**齊魯戰長勺　士蔿諫晋侯伐虢**　論民心去就

儒論每爲武夫所輕　對曹劌若迂闊　曹劌權略并孫吴　論子羔之哀矜　古人言兵異後人

有論戰論所以戰　士蔿莊公得戰之本　闢柳宗元説

四十　**禹湯罪己桀紂罪人**　論善惡所行者一

論禹湯桀紂　善惡行之者一　聖狂特翻覆手　臧文仲知此理　又論禹湯桀紂善惡

○卷之七

四十一　**宋萬弑閔公**〔七〕　論駕御豪傑之術

小禮非以待豪傑　爲君當持以度外　宋閔公靳侮南宫　召萬怨至見弑　漢祖能鼓舞一世

四十二　**息嬀過蔡　楚滅息入蔡　子元振萬　鬥班殺子元　陳夏徵舒殺靈公　巫臣聘夏姬**〔八〕　**子重子反殺巫臣族**〔九〕　**叔向取申公巫臣氏**　論色禍

色者禍之首　女夸傾城傾國　息嬀夏姬禍不可數　巫臣叔向賢智皆甘心　巫臣正義拒而陰取　巫臣共王笑孰得失　論共王大過人　共王爲後王謀則忠

四十三　**鄭厲公殺傅瑕原繁**　論中立之患

論内寇與無助　内叛易見中立難知　原繁自謀則密　天假手厲公　中立者無往不得志　中立如原繁亦干誅

四十四　**王賜虢公晋侯玉馬**　論名分

爲天守名者君　周王不知天所重　啓晋文僭心　儒議禮力争毫釐

四十五　原莊公逆王后于陳　蘇公奉子頹　王處櫟　鄭伯虢公納王　會于首止　惠王崩　盟于洮　王子帶召戎　王帶奔齊　仲孫湫言王子帶　滑人叛鄭　富辰請召子帶　襄王以狄伐鄭以女爲后太叔以狄師攻王王使告難　晉侯納王　論人心不可有所蔽

近易見莫如身親歷　惠王蔽於愛　鄭伯蔽於侈　襄王蔽於忿　心蔽則觸情縱欲　蔽私情而不見禍　與狄共功必反噬

四十六　鬻拳兵諫　論進諫之道

臣憂在諫未善　論拳脅君　拳自知心忠迹逆　刖足明兵諫之迹　拳欲以力强其君

四十七　陳敬仲辭卿飲桓公酒　論人臣不可嗜進

論敬仲不處卿位　不當夜宴　恐位盡而寵極　敬仲深托子孫於齊　論勢盈爲君所厭

論宋劉湛　論晉謝安

○卷之八

四十八　懿氏卜妻敬仲　晉侯賜畢萬魏　成季將生桓公使卜楚丘之父卜之　秦伯卜伐晉　晉獻公筮嫁伯姬於秦　梁嬴孕過期卜招父卜之　晉侯卜納王　齊侯戒師期而有疾　晉楚遇於鄢陵晉侯筮之吉　施氏卜宰　穆姜薨于東宮　宋公享晉侯　鄭皇耳侵衛孫文子卜追

之　崔子卜妻齊棠公之妻　盧蒲癸王何卜攻慶氏　晉侯有疾問祟於子産　穆子之生莊叔筮之　孔成子卜立靈公　南蒯將叛枚筮之示子服惠伯〔一〇〕　臧昭伯如晉臧會竊其寶龜僂句以卜　晉趙鞅卜救鄭　楚卜子良爲令尹　巴人伐楚楚卜師　論吉凶之理由心生

微物先見其幾　論心卜心筮　蓍龜即聖人之心　聖人不煩卜筮　論舜禹武王周公　論左氏所載之疏　如穆姜之屬庶幾　心外無蓍龜

四十九　曹劌諫觀社　論作史直筆

春秋惟史官不失守　公議猶明於下　使周澤不淪於夷狄　史官扶持之力

五十　晉桓莊之族偪　晉士蔿殺游氏二子　晉士蔿殺群公子　晉獻公使太子居曲沃重耳夷吾居蒲屈〔一一〕　晉侯爲太子城曲沃　晉侯使太子伐東山　晉殺太子申生　晉使士蔿築蒲與屈　晉侯使賈華伐屈　論始禍之端

殺申生者士蔿　士蔿開隙驪姬乘隙　士蔿開獻公殘忍　教驪姬離間　考晉國本末　開端非獨士蔿　私勝心狹毒日深　愛申生奚齊不可保

五十一　莊公丹楹刻桷宗婦覿用幣〔一二〕　莊公問後季友

四者有一足亡國　莊閔兼四者　問生於疑　莊一問起二奸　除惡留其根　論唐儒之爲害　悲二君恨二臣　莊失驕疑基禍　季友懦弱成禍　荀息當愧季友　季友所輔者正

五十二　**管敬仲言宴安酖毒不可懷**〔一三〕　論憂勤逸樂

言不可駭世　仲駭世未敢盡言　自棄之根皆宴安　人憎憂勤趨宴安

五十三　**齊仲孫湫觀政**　論風俗

善覘國先野後朝　論子賤魯恭　以政移俗難　論漢風俗　魯秉周禮以本　爲惡獨哀姜慶父　仲孫湫妙於覘國

○卷之九〔一四〕

五十四　**舟之僑奔晋**　論恃智者必敗

智於前愚於後　恃功恃智其禍一　虢以福召禍　僑以智召愚　論項梁之亡即虢　宋義之死即僑

五十五　**衛懿公好鶴**　論名實

浮華士何異鶴　論數國尊用之人　所用非所養　論鶴非凡禽

五十六　**里克諫晋侯使太子伐東山皋落氏**　論中立之患

心不可偏不可分　里克慈孝告父子　驪姬得中立之言　人心不可兩用

五十七　**齊侯戍曹遷邢封衛　諸侯救邢　城楚丘**　論王霸用心

王憂名霸喜名　論王霸之異　養亂而後恤患　長亂欲張吾惠　真心不可禦

五十八　**衛文公大布之衣　趙宣子爲國政　晉悼公即位　晉侯謀所以息民　楚蔿掩爲司馬　平王封陳蔡復遷邑　子期請伐吴　楚子使然丹屈罷簡兵　楚城州來**（一五）　論治國之法

論事非立談能決　論數公平生精力　論數公治國之法　左氏盡發其祕　楚平不能常守法

五十九　**晉荀息請假道於虞伐虢**（一六）　**復假道滅虢滅虞**（一七）　論拒諫之禍

已喻不改不當諫　虞貪虢驕自取滅　宫之奇不切事情　虞公怵利冒害而爲　虞公托神怪無考　荀息亦未爲智　荀息不能謀驪姬

六十　**齊寺人貂漏師　寺人貂立無虧　宋襄公伐齊立孝公**（一八）　論小人干政之禍

仲以用小人害霸　論貂漏師仲不治　失初不能救於末　仲不争者畏辱　仲開福亂之原致後來庶孽交争

○卷之十

六十一　**會陽穀謀伐楚　齊歸蔡姬　齊侵蔡伐楚**　論霸者持心不公

論治小人緩急　桓不當問楚昭王　論君子小人之誣　齊不問楚僭王

六十二　**楚伐鄭　齊執濤塗**〔一九〕　**申侯城賜邑鄭伯逃歸**〔二〇〕　**鄭殺申侯説齊**〔二一〕

論小人得志必敗

論徇時之説　論齊楚争鄭　孔叔終始主齊　申侯且齊且楚　孔無禍申反殺身　申侯狃爲惡之利

六十三　**楚滅弦　黄不歸楚貢　楚滅黄**

論恃人禍必至

論所恃者不足恃　二國深信齊可恃　誤信中國至此極　齊桓坐視不救　絶蠻夷向内之心

六十四　**楚文王寵申侯**

論爲君者不可寵奸惡

知惡於愛中者難　明皇知惡不能滅愛　德宗愛杞而不知惡　楚文嬖申猶明皇　郭公惡惡不能去

六十五　**齊桓公辭鄭太子華**

論爲善不可無本

論有待無待　管仲不能以道格君　待簡冊毁譽制君　幸桓公從其諫　視史冊爲外物

六十六　**晉里克帥師敗狄**

論禦戎之策

治戎如治奸　戎狄折服縱驕　嫚書渭橋之恕　當治於未侮之前　宣王逐戎狄　里克小勝遽卷甲　縱戎狄者有二

六十七　**宋太子茲父請立子魚**　論宋襄沽名
宋襄求名之尤者　論宋襄無故遜國　堯舜揖遜理固然

○卷之十一

六十八　**會于葵丘尋盟**　論自滿之患
王霸皆有所期　自期於霸止於霸　論葵丘之會　所期既滿心亦滿　來宰孔之譏　召五公子之禍　罪在自期時　自期之不可小

六十九　**晉獻公使荀息傅奚齊**　**秦伯納晉惠**　**晉侯殺里克丕鄭**　**晉乞糴於秦**　**秦乞糴於晉**　**秦晉戰韓原**　論正始之道
正始萬事之本　荀息秦穆晉惠皆失始　荀息禍大不可救　秦穆禍小不必救　晉惠事在二者間　論晉惠不能收於終　晉負秦理當怨　秦報晉亦已甚

七十　**沙麓崩**　**隕石鷁退飛**　**星孛北斗**　**梁山崩**　**晉侯論宋災**　**梓慎論無冰**　**裨竈論周楚**　**子産論參商**　**大雨雹**　**士文伯論火見**　**晉侯問日食**　**晉侯問史趙**　**裨竈論陳災**　**星出婺女**　**景王問萇弘**　**梓慎論禘**　**星孛大辰**　**火始昏見**　**梓慎望氣**　**梓慎對日食**　**論日食**〔三〕　**齊有彗星**　**史墨占日食**　**楚雲如赤烏**　論感召之機

災祥各以類應　明晦旁互遠反類　論變異之説所興　天地人未嘗不通　末論堯舜

七十一　**楚子賜鄭伯金　趙姬請逆叔隗　楚子討陳　晉使魯歸汶陽田　鄭伯石辭卿**

楚復取魯大屈　論予奪辭受不可中悔

予奪猶辤受　趙姬已受者可辤　伯石已辤不可受　楚莊已奪者可與　晉景已予不可奪

論王述伊尹　論楚成楚靈　末引孟子論舜

七十二　**邢人狄人伐衛　衛叛晉　公孫文子拒衛侯**　論君臣感動之機

王者天下之大機　真機既生不可禦　衛君兩用此機　靈公動其機　衛民天機動人機隨

七十三　**秦取梁新里梁亡**　論天理所在

觀治美不若觀亂惡　論紂跖言天道　罪中知天理

○卷之十二〔二三〕

七十四　**宋公使邾用鄫子**〔二四〕　**季平子用人亳社**〔二五〕　**楚子用隱太子**　論仁不仁之心

無間仁有間暴　不仁則不覺　三人禽獸不忍爲理有通塞

七十五　**衛旱伐邢**　論譎衆之術

用兵不可記神怪　論田單諸子　辨衛伐邢之所托　甯莊子因旱動衆　使漢人矯誣上天

論華夷之召　曠百世而相合者心　辛伯能預期無他術　辛伯知幾猶未盡　吾心之夷狄可畏

八十二　**子圍逃歸**　論至親不可有隱情

愛淺慮略愛深慮詳　論真對真應　嬴氏親同室情塗人　欲苟免不免二嬖之辱　嬴氏不少致思

○卷之十三

八十三　**邾敗魯於升陘**　論恃大者必敗

用兵恃大與無力同　公卑物不設備　論僖公爲君盛衰　臧文仲未知受病之源　末論舜

八十四　**鄭文夫人勞楚子入享于鄭**　論禮

事不待見形後悟　叔詹何見之晚　不知受享非禮　謹籩豆即謹其分　楚當上公九獻燕享男女無别均　叔詹捨隱譏其彰

八十五　**楚子文使成得臣爲令尹　范武子請老**　論懲忿窒欲

治欲忿之法　忿欲之譬　先王嚴權位巨防　令尹非賞功之物　晋非逞憾之具　論晋行人見辱　子文武子不思　論二子之言

八十六　**晉懷公殺狐突**　論人從違在德

論觀人觀己　晉懷未嘗以人觀己　論亡公子懷公不能自反　肆褊心殺人以逞

八十七　**晉重耳奔狄止降服而囚　秦伯納重耳止頭須求見**　論晉文終始

晉文皆諸臣之功　策勛以去齊爲首　論城濮諸將功　終爲文公恨　未論夫子

八十八　**晉文公秦穆公賦詩　晉侯享公賦詩　甯武子來聘公賦詩　荀林父賦詩　鄭伯宴公賦詩　公享季文子賦詩　公享范宣子賦詩　叔孫穆子賦詩　高厚賦詩　穆叔賦詩　公享季武子賦詩　晉侯鄭伯賦詩　慶封來聘賦詩　鄭七子賦詩　薳罷賦詩　穆叔食慶封誦詩　令尹趙孟賦詩　穆叔子皮賦詩　季武子韓宣子賦詩　楚子賦詩　鄭六卿賦詩　小邾穆公季平子賦詩　宋公賦詩**　論心學

至理可以心遇　學者不知用力之害　天下不以理視經　六經所以形理　聖人以詩救五經　春秋之時善用詩

○卷之十四

八十九　**介之推不言禄**　論逞怨非人臣所尚

東萊先生左氏博議綱目

之推借正義泄私怨　之推言不主於理　以怨斷推之罪　咎濫賞又咎不賞

九十　**鄭伯使盜殺子臧**　論禍患必有根

有根者遇物必發　鄭伯之怨遇冠而發　禍根於附子華時　鄭伯子臧皆根一念　過在子臧怒在鄭伯

九十一　**衛禮至殺邢國子**　論有所托必不朽

物托金石不朽　金石未必真可恃　善托君子之論不朽　禮至惡不因金石　遇左氏者至不幸　左氏一字之辱　吾心之真輕重

九十二　**晉文請隧　啓南陽　圍陽樊　圍原　問原守**　論周秦形勢

周秦形勢强弱　秦乃文武成康之周　周德勢兩極其至　陋哉婁敬之論　不惜畿甸之王章　封秦失周之半　晉文不可以人理責

九十三　**展喜犒齊師　魯如楚乞師　楚伐宋齊**　論君子善於辞命

濟難者不暇顧詐　展喜受辭於下惠　下惠之辭温厚　爲魯慮又爲齊慮　魯用其辭命則不善

九十四　**楚滅夔**　論言有邪正

邪正在人所發　君子治氣不治言　夔不當祀融熊　夔子治言不治氣　忿戾之移人可畏

○卷之十五

九十五　宋叛楚即晋　楚子將圍宋止文之教〔二七〕　晋侯將伐曹止會于許〔二八〕　論譎正

言亦有樞的　夫子斷晋文曰譎　名救宋實勝楚　一世爲其惑而不知　譎非一端而已

論文公不仁　終不免爲人所譎　醫巫之譎在其上

九十六　晋文夢與楚子博　楚子玉夢與河神求瓊弁玉纓　燕姞夢天與己蘭　魏顆夢結草老人〔二九〕　韓厥夢子輿　趙嬰夢天使　晋侯夢大厲　夢疾爲二童子〔三〇〕　小臣夢負公登天　吕錡夢射月　聲伯夢瓊瑰　中行獻子夢與厲公訟　叔孫穆子夢天壓己　魯昭夢襄公祖　晋侯夢黄熊　孔成子夢康叔　泉丘人有女夢以其帷幕孟氏廟　趙宣子夢文公授之陸渾　宋元公夢太子欒即位　曹人夢衆君子立于社宫　衛侯夢渾良夫　宋得夢己爲烏　論因想之説

夢生於想與因　歷舉左氏所載夢　論穆子曹人之夢

九十七　晋侯作三行　論軍制

晋文内借天子之實　論周軍旅之制　晋當周出政之時　事有當責而不可責　周當絶兼并之原

九十八　周公閱聘晋　論身位不可二觀

論蘇孺文苟道　閔以無德廢常尊　閔愧心猶在　不愧其大愧其細

九十九　**臧文仲如晉分曹田**　論趨利之失

見利害先後　論重館人所謂共　臧文仲反爲所動　文仲反不如萬章　文仲本心易失

一百　**晉作五軍禦狄**〔三一〕　論改過

堯舜桀紂善惡　益過非改過　晉文爲文過之事　外邀恭順之名

〇卷之十六

百一　**先軫死狄師**　論悔過當持以心

悔心難持　悔可生善生不善　傷先軫無以持悔　改過反至生過　悔無力不能生善

百二　**臼季舉郤缺**　論士遇合

觀隨所遇而變　臼季異人之觀　臼季何以勸冀缺　論郭泰觀茅容　季之見拔於污俗

百三　**晉陽處父侵蔡止泜水而軍**　論辨謗

國身不可格以一律　論夫子忍不忍　子上不思身謗國謗　君子勇公怯私

百四　**周叔服相公孫敖二子　越椒生而文子知其滅宗**〔三二〕　**伯石生而叔向母知其喪羊**

舌氏　論荀卿不當著非相論

荀卿增相師之氣　相預言禍福　孔子未嘗問　卿無故增一異端　孔門自有相書　子思曾子孟子相傳

百五　**閏三月非禮　閏不告朔　辰在申再失閏　火西流司曆過**　論曆法

閏若贅而不可闕　閏實曆數基本　聖人陰養天下之有用　閏亦四時之一

百六　**楚太子商臣弑成王**　論未然之患

未驗已驗難易　子上之事若易實難　二說禍亂權輿　二禍熊蹯孰先後　末論張角盧循

百七　**晉襄公朝王先且居胥臣伐衛**　論爲善不可因人

論周孔之過因人　高帝劉裕爲善不出己　晉因討衛後朝周　大學在於無諸己

○卷之十七

百八　**禘太廟躋僖公　順祀先公**　論禮者當本人情

善斷禮者出訓釋外　古今斷禮者每爲人屈　禮說互有從違　專以人情明　文公溺夏父之諂　愛僖乃所以辱僖　使順祀出於陽虎　末以唐證魯

百九　**出姜貴聘而賤逆　襄仲殺惡及視立宣公出姜歸齊**　論守禮者不可犯禮

論所責厚薄輕重　論身過心過　失禮在魯則不可　他國小過魯謂大類　論君子小人

百十　**楚滅六蓼**　論君子以心相契

物皆惡傷其類　六蓼與魯無與　同類千歲一朝　四凶皋陶同時異類　文仲皋陶異時同類　論君子小人

百十一　**秦穆公以三良爲殉**〔三三〕　論三良不當以身從殉

古今之論不一　三子不知有吾身　爲身計不爲君計　厚君乃薄其君

百十二　**季文子如晉求遭喪之禮行**　論有備無患

患發於人所不備　爲備不盡之難　文子以爲變無常　屬意衆人所無　始笑其迂闊　終服其精審　文子猶有所未盡

百十三　**趙孟立公子雍　趙孟背先蔑立靈公**〔三四〕　**齊景公使國惠子高昭子立荼　陳乞逐高國　陳僖子立公子陽生**〔三五〕　論公私之惡

一國一夫惡難以義争　晉人陳乞惡同　雍謀一國共宜　陽生謀一夫所專　迎雍事惡心公　立陽生心私事私　晉以公自處不畏知泄　乞以私畏知泄

○卷之十八

百十四　**陽處父改蒐賈季殺陽處父**　論示公行私

私之私尤可惡　處父私於趙盾　盾之用心可畏　盾疏絶處父示公　矯情以示公　送帑而使其讎　臾駢不悟其機　論衛瓘報江油

百十五　**宋昭公將去群公子**　論無心則可解辨

論親疏解怒疑　自辨必審勢察言觀色　獨樂豫力諫昭公　豫不以公子自處　兩相安而不忌　昔以言諫今以身諫

百十六　**士會不見先蔑**　論君子處患難之道

易合莫如患難時　人未知患難所以合　士會矯枉過正

百十七　**穆伯取己氏　穆伯以幣奔莒　穆伯歸魯復過莒　齊人歸公孫敖喪聲己不視**　論兄弟恩本於天理

不可專報怨忘怨　聖門未嘗主一説　兄弟非較輕重之地　穆伯於襄仲兄弟　末論舜象

百十八　**鄋舒問趙衰趙盾於賈季**　論物不可疑心觀

物不可以疑心觀　賈季仇盾耆以公心　一言決勝負兩意　季未嘗優衰劣盾

百十九　**晉郤缺言於趙宣子歸衛地**〔三六〕　論進言當優游和緩

言不傷緩傷於急　宣子取古人陳言　言出而地歸　郤缺不與争是非　心融如朝舜禹

○卷之十九

百二十　**宋襄夫人殺昭公之黨　殺昭公**〔三七〕　論待人與論人不同

待人論人不同　夫子譏賜自作春秋　待人論人自有體　宋襄夫人之亂　凶德参會待釁而發　見亂始去見弑始死　不爲意諸懼爲吾身懼

百二一　**箕鄭父殺先克**　論左氏之失

論舜孔子　左氏不求召禍之由　積二事爲先克召禍之由　無一言直先克　若爲箕鄭父解謗

百二二　**范山説楚子圖北方**　論觀人之術

觀人之道自近始　范山何知靈公可輕　近者蔽遠者明　三蔽盡一心明　味山語有所感察其心妙於觀國

百二三　**楚范巫矞似謂成王止皆彊死**〔三八〕　論邪説之害

人情嗜怪從僞　巫覡之説僞之尤　巫言其三中其二　信巫作亂皆私心　子西復逆亂殺身　詭幻不能久使人信

百二四 **楚文無畏戮宋公僕　宋殺申舟** 論邀名之禍

名不可幸取　君子不敢乘似邀名　無畏借楚威爲己名　僞名適招實禍

百二五 **叔孫得臣獲長狄**〔三九〕 論恃形之禍

形不足恃　論張良裴度　無恃存有恃亡　長狄偶得氣之偏　四出四斃形爲之累　形等四夷必不抗　偉岸自伐覆宗祀　論賦形不如制形

○卷之二十

百二六 **秦伯使術來聘**〔四〇〕 論夷狄不可以禮責

論待責厚薄　魯預以狄待秦　來魯者鮮不失禮受辱

百二七 **隨會料晉師　吴將伐魯問公孫輒公山不狃** 論事主不可有二心

一事通則萬事通　論隨會不狃過與善　會不失爲良大夫　不狃不免爲叛人　素行不可無　小節不足恃　會不見遲行之風　不狃聞洙泗之教　君子不可以易處心

百二八 **晉使魏壽餘僞以魏叛誘士會** 論信義

大不可棄奪其愛　會何忍於自棄　會不善處輕重間　爲國謀而棄信義　論温嶠

百二九 **魏壽餘履士會之足於朝** 論感發之機

論喻人之難　魏壽餘誘士會　乃士會聽之切　切誠入道之門　道不可離理不可忘

百三十　**趙盾納捷菑于邾**　論改過之善

言有相反不可無者　責獎二説當兩行　悔於邾不若悔於晉　盾不能審於初　論宋牼淳于髡

百三一　**周公王孫蘇訟于晉**　論國以獄訟卜興亡

論舜文　未有失權國不亡　訟不之王而之晉　周危敝過於商　紂威令尚行而虐民　周無可亡

○卷之二十一

百三二　**晉侯秦伯圍鄭**　論施報之禮

矯情而爲者有説　人己無二情　論秦晉争端　晉文興皆秦力　秦反致其報　隙開於圍鄭　成於殽之役　始加乃終損　秦穆以恩召怨

百三三　**秦穆出師襲鄭　秦師過周北門　秦使孟明爲政　晉秦戰彭衙用孟明**〔四一〕　**濟河焚舟**〔四二〕　論人不可有利心

以利合必以利離　燭之武使秦背晉　戍鄭者非愛鄭　襲鄭者非憎鄭　心無晉鄭惟利是

趨　利心一開不能自窒　殺役曲不專在晉　懲敗竟刷大耻

百三四　**齊國莊子聘魯止以敏**〔四三〕　**鄭公孫段相鄭伯禮無違者**〔四四〕　**昭公如晉郊勞贈賄無失禮　孟僖子不能荅郊勞　孟僖子病不能相禮乃講學之　趙簡子問子太叔揖遜周旋之禮**　論儀與禮一

三子言同事同　未嘗有禮外之儀　亦無儀外之禮　臧文仲不爲區別　德下衰禮儀始判叔齊太叔非得已　君子願如文仲不辨

百三五　**狼瞫死秦師**　論君子待人常恕

君子求善不求惡　瞫在毀不在譽　名忠晉實愧先軫　以正義責瞫　待瞫當恕不當嚴瞫非常人所能望

百三六　**楚人滅江秦伯降服**　論人不可無戒懼心

出利害外者能懼　大變大可懼　秦穆出利害外　深見可懼之真

百三七　**隨會能賤而有耻**　論人各有所長

形有疾心亦有疾　晉稱士會者非一　郤成一語見全德

○卷之二十二

百三八　**甯嬴從陽處父**　論用剛者必敗

易喜必易厭　論夫子　處父移人若過夫子　不能留甯嬴於數日　考甯嬴之言

百三九　**郗文公遷于繹**　論瞽史説不足信

妖祥之説迷民　論武王明帝太宗　君子所恃者理在　左氏以知命許郗文　左氏所主在理

事雖偶合理本不然

百四十　**齊公子商人驟施國**〔四五〕　論奸邪之隙不可用

名似實非可不辨　昭公開商人隙　商人未嘗乘隙　當追咎昭公生奸

百四一　**楚鬥克公子燮作亂**　論事有適然

君子不以事疑理　二子變出常理外　楚莊無君人之明

百四二　**單伯請子叔姬　季文子如晉　齊赦單伯歸叔姬**〔四六〕　論三傳異同

從左氏則單伯無罪　從公穀則單伯有惡　左氏指爲周臣　左氏不能折二家　孔子是則公穀非

百四三　**宋華耦辭宴**　論左氏之失

君子待天下尊重　左氏以魯爲父母邦　耦言人皆賤之　以爲敏者左之黨

百四四 〔四七〕**公孫敖二子** 論權位移人

居權位間不可輕　愛而不敬已非禮　二子忘天屬之重

○卷之二十三

百四五 **齊人侵我西鄙** 論取守之說

論衆人君子之觀　儒者未知取守所由　叔孫通陸賈進説　文子言爲懿公發　文子心猶未安　論唐

百四六 **楚大饑庸人帥群蠻叛楚** 論得人

豐歉彊弱在人　蔿賈未謀以强爲弱　賈既謀則歉爲豐　至難回者勢　論張良邳彤　賈扶楚國之勢

百四七 **鄭子家爲書告趙宣子** 論過求之患

理惟厚養薄求　晋於鄭何益　鄭不勝其求　移書以直之　求太盡有以招之　以迹論以心論

百四八 **邴歜閻職弒齊懿公** 論姑息之禍

無智而欲爲非常事　懿公親近二人　懿公未嘗不用其情　懿於父子親族已薄　禍在以

己度人　論太子劭之事

百四九　**襄仲殺惡視**止**立宣公**　論弑會

合三無以成亂　惠伯見亂形不爲備　襄仲所恃獨齊　襄仲失齊助則塊然

百五十　**季文子出莒僕**　論竊權之禍

季氏竊權之由　於莒僕歎其險譎　深哉文子之謀　文子斥僕試宣公　宣公果感史克對克辞浮夸

百五一　**宋公殺須及昭公子**〔四八〕**武氏之族以曹師伐宋**〔四九〕　論遺惡之禍

宋昭公無道　武氏道昭公子爲亂　昭公嘗托在君位　昭公不〔五〇〕

○卷之二十四

百五二　**晋不競於楚**　論臣不可歸惡於君

晋靈衆惡所歸　荀林父亦取賂　有靈公爲歸惡之地　左氏亦不歸罪林父　林父爲謀亦密

林父是亦靈公　分謗所以增謗

百五三　**鄭人獲狂狡**　論邪説之害

君子不得已辨邪説　患自不辨始　宋襄不足與辨　襄公之説不足誤人　君子所不必辨

狂狡聞風而悅　祖襄餘論取俘虜　襄説遠誤後世　辨邪不可以當時爲斷　邪説果不可存於世　論孟子與諸子辨

百五四　**鄭伐宋囚華元**　論待君子小人之説

論情之厚薄　吾獨以華元待斟厚　斟久不爲元御　羊雖不及意已厚　斟徒欲享其食斟非特負元乃負國　元之爲人樂易　元尚能恕斟於變後　元待斟厚而非薄　元亦有三罪惜元有君子之資不孝

百五五　**晉趙盾侵鄭　楚滅若敖氏**　論以逆觀順之道

物順至者必逆觀　論順之生禍　趙盾退師陽順椒　椒不觀之以逆　盾爲謀於難察中盾逡巡若有所懼　意在善惡隨所遇

百五六　**晉靈公不君**　論拒諫之禍

亂基於微成於著　靈公素與争臣爲敵　論兵法形聲　盾心攻不下始力攻　不知君以仇敵遇己　君臣有復通之理　靈公與盾本君臣　論敬之能動人　盾能保養此敬　未必公意不回

百五七　**晉趙穿弑靈公　許悼公飲止藥卒**〔五一〕　論作史之公

至公裁天下不公　左氏托仲尼之言　聖人不肯加以惡　罪與法非兩物　盾朝出穿變夕

興　弑由實起於盾　穿弑爲盾不爲己　殺人有謀故戲誤　書止弑亦法當然　左氏托聖人言誤後世

百五八　**晉成公爲公族**　論立法

論法之良弊　美在後責在前　晉文循驪姬之約

百五九　**楚子問鼎**　論辨説不足恃

王孫滿善爲亂説　楚子退聽亦幸　自後相襲成俗　滿功不足償怠周之罪

○卷之二十五

百六十　**鄭公子宋公子歸生弑靈公　鄭討幽公之亂**〔五二〕　論正心術

養心猶養生　論心之三變　相戲不意既至此　三變後陷大逆　三人無一善養心　三人情性俱不治　非專一人之尤

百六一　**楚箴尹克黄不棄君命**　論信義

謀利計功之害大　論伍奢李廣利　箴尹以君命爲重　死地爲生地　楚子非嘉其復命繫於爲子文後與否

百六二　**赤狄伐晉圍懷　晉敗赤狄滅潞**　論謀策

惠守不在物與城　善言煖於布帛　名實本末相資　君子之論止於中　論唐德宗

百六八　公孫歸父言魯樂　論嗜利之禍

士思聖愚之所共　歸父曷爲晏氏譏　去國懷在國之樂　不若居國知其樂　歸父必棄常嗜利　論孔顏之樂

校勘記

〔一〕皇，原作「里」，據宋刻本正文及明刻本改。

〔二〕蔡衛郕，宋刻本正文、明刻本作「蔡人衛人郕人」。

〔三〕穆叔，原作「滕叔」，據明刻本改。

〔四〕泣，宋刻本正文、明本作「語相泣」。

〔五〕明刻本此後有小字「止」，并接「昭公奔衛」。宋刻本正文同。

〔六〕亳，原作「毫」，據明刻本改。

〔七〕此篇宋刻本目録、正文皆位於卷六之末，今據明刻本目録及正文調整爲卷七之首。

〔八〕巫臣，宋刻本正文、明刻本作「申公巫臣」。

〔九〕巫臣族，宋刻本正文、明刻本作「巫臣之族」。

〔一〇〕惠伯，原作「景伯」，據宋刻本正文、明刻本改。

〔一一〕重耳夷吾居蒲屈，宋刻本正文、明刻本作「重耳居蒲夷吾居屈」。

〔一二〕桷，原作「角」，據宋刻本正文、明刻本改。宋刻本正文、明刻本此句作「莊公丹桓宫楹刻其桷使宗婦覿用幣」。又，此篇之主意，宋刻本目録原奪，宋刻本正文題下小字註云「此篇論驕疑懦弱之禍」，故主意可補爲「論驕疑懦弱之禍」。

〔一三〕此句宋刻本正文、明刻本作「管敬仲言於齊侯曰宴安酖毒不可懷也」。

〔一四〕卷之九，宋本奪，據明刻本補。

〔一五〕治國，原作「治」，據宋刻本正文題下小註補。

〔一六〕伐虢，宋刻本正文、明刻本作「以伐虢」。

〔一七〕此句，明刻本作「虢公敗戎于桑田○晉道於虞滅虢滅虞」。

〔一八〕宋襄公，宋刻本正文、明刻本作「宋襄」。

〔一九〕濤塗，宋刻本正文、明刻本作「陳轅濤塗」。

〔二〇〕鄭伯，原作「鄭」，據宋刻本正文、明刻本補。

〔二一〕説齊，宋刻本正文、明刻本作「以説齊」。

〔二二〕論日食，明刻本作「梓慎論日食」。

〔二三〕宋刻本卷十二自第七十六篇「子魚宋公圍曹」始，今據明刻本調整。

〔二四〕邾，明刻本作「邾文公」。

〔二五〕用人，明刻本作「用人於」。

〔二六〕于，據明刻本補。

〔二七〕教，明刻本作「教也」。

〔二八〕會于許，明刻本作「會諸侯于許」。
〔二九〕結草老人，明刻本作「結草之老人」。
〔三〇〕童子，明刻本作「豎子」。
〔三一〕禦狄，明刻本作「以禦狄」。
〔三二〕宗，明刻本作「若敖氏」。
〔三三〕三良，明刻本作「子車氏之三子」。
〔三四〕立，明刻本作「而立」。
〔三五〕陽生，底本作「陽」，據明刻本補。
〔三六〕明刻本此後尚有「晋歸魏田」一條。
〔三七〕殺昭公，明刻本作「宋襄夫人殺昭公」。
〔三八〕明刻本此條作「楚范巫矞似謂成王子玉子西皆强死」。
〔三九〕長狄，明刻本作「長狄僑如」。
〔四〇〕術，明刻本作「西乞術」。
〔四一〕用，明刻本作「復用」。
〔四二〕濟河，明刻本作「秦濟河」。
〔四三〕明刻本此條作「齊國莊子聘魯郊勞贈賄禮成而加之以敏」。
〔四四〕違者，明刻本作「違」。
〔四五〕國，明刻本作「於國」。

〔四六〕此條明刻本作「齊人赦單伯歸子叔姬」。

〔四七〕底本此篇爲卷二十三之首篇，今據明刻本目録及正文調整。

〔四八〕須，明刻本作「母弟須」。

〔四九〕武氏，明刻本作「武穆」。

〔五〇〕昭公不，底本如此，似有脱文，據正文，可補爲「昭公不及待他日之思」。

〔五一〕止，明刻本作「太子止」。

〔五二〕幽公，底本作「出公」，據明刻本改。

東萊先生左氏博議卷之一

鄭莊公共叔段

隱元年　鄭武公娶於申，曰武姜，生莊公及共叔段。莊公寤生，驚姜氏，遂惡之。愛共叔段，欲立之，亟請於武公，公弗許。及莊公即位，爲之請制，公曰：「制，巖邑也。虢叔死焉，他邑唯命。」請京，使居之。謂之京城太叔。祭仲曰：「都城過百雉，國之害也。先王之制，大都不過叁國之一，中五之一，小九之一。今京不度，非制也，君將不堪。」公曰：「姜氏欲之，焉辟害？」對曰：「姜氏何厭之有？不如早爲之所，無使滋蔓，蔓，難圖也。蔓草猶不可除，況君之寵弟乎？」公曰：「多行不義，必自斃。子姑待之。」既而太叔命西鄙、北鄙貳於己。公子呂曰：「國不堪貳，君將若之何？欲與太叔，臣請事之；若弗與，則請除之。無生民心。」公曰：「無庸，將自及。」太叔又收貳以爲己邑，至於廩延。子封曰：「可矣！厚將得衆。」公曰：「不義不暱，厚將崩。」太叔完聚，繕甲兵，具卒乘，將襲鄭。夫人將啓之。公聞其期，曰：「可矣！」命子封帥車二百乘以伐京。京叛太叔段，段入於鄢，公伐諸鄢。太叔出奔共。書曰：「鄭伯克段於鄢。」段不弟，故不言弟；如二君，故曰克。

釣者負魚，魚何負於釣？［宗曰］領起。獵者負獸，獸何負於獵？莊公負叔段，叔段何負於莊公？且爲鈎餌以誘魚者，釣也；爲陷穽以誘獸者，獵也。不責釣者而責魚之吞餌，不責獵者而責獸之投穽，天下寧有是耶？莊公雄猜陰狠，視同氣如寇讎，而欲必致之死。故匿其機而使之狎，宗曰定案。肆其欲而使之放，養其惡而使之成。甲兵之强、卒乘之富，莊公之鈎餌也；百雉之城、兩鄙之地，莊公之陷穽也。彼叔段之冥頑不靈，魚耳獸耳，豈有見鈎餌而不吞，過陷穽而不投者哉！導之以逆而反誅其逆，教之以叛而反討其叛，莊公之用心亦險矣！宗曰通篇拈二「險」字作骨。

莊公之心，以謂亟治之，則其惡未顯，人必不服；緩治之則其惡已暴，人必無辭。其始不問者，蓋將多叔段之罪而斃之也。殊不知叔段之惡日長，而莊公之惡與之俱長；叔段之罪日深，而莊公之罪與之俱深。阪谷曰反射鋭利無比。人徒見莊公欲殺一叔段而已，吾獨以謂封京之後、伐鄢之前，其處心積慮，曷嘗須臾而忘叔段哉？阪谷曰驚心動魄，使人不勝戰栗。苟興一念，是殺一弟也；宗曰筆勢凌兢，亦具殺機。苟興百念，是殺百弟也。由初暨末，其殺段之念，殆不可千萬計，是亦殺千萬弟而不可計也。宗曰劖刻。一人之身，殺其同氣，至於千萬而不可計。天所不覆，地所不載，翻四海之波亦不足以湔其惡矣。阪谷曰老吏斷案無遁情。莊公之罪，顧不大於叔段耶？吾嘗反覆考之，然後知莊公之心，天下之至險也。阪谷曰「險」字一篇血脉，讀者可注目於前段。

祭仲之徒，不識其機，反諫其都城過制，不知莊公正欲其過制；諫其厚將得衆，不知莊公正欲其得衆。是舉朝之卿大夫皆墮其計中矣。鄭之詩人，不識其機，反刺其不勝其母以害其弟，《詩・鄭國風・將仲子》：刺莊公也。不勝其母，以害其弟。弟叔失道，而公弗制；祭仲諫，而公弗聽。小不忍以致大亂焉。不知莊公正欲得不勝其母之名；刺其小不忍以致大亂，不知莊公正欲得小不忍之名。是舉國之人皆墮其計中矣。阪谷曰 舉證審理，史論亦與裁判同。舉朝墮其計，舉國墮其計，莊公之機心猶未已也。

魯隱之十一年，莊公封許叔[一]，而曰：「寡人有弟，不能和協，而使糊其口於四方，況能久有許乎？」《隱十一年》：夏，會鄭伯於郲[二]，謀伐許也。秋，遂入許。鄭伯乃使許大夫百里奉許叔以居東偏，曰：「天禍許國，鬼神實不逞於許君，而假手於我寡人。寡人惟是一二父兄不能供億，其敢以許自爲功乎？寡人有弟，不能和協，而使糊其口於四方，況能久有許乎？吾子其奉許叔以撫柔此民也。君子謂：鄭莊公於是乎有禮。其爲此言，是莊公欲以欺天下也。魯莊之十六年[三]，鄭公父定叔出奔衛。三年而復之，曰：「不可使共叔無後於鄭。」則共叔有後於鄭舊矣。《莊十六年》：夏，諸侯伐鄭，宋故也。鄭伯自櫟入，緩告於楚。秋，楚伐鄭，及櫟，爲不禮故也。鄭伯治與於雍糾之亂者。九月，殺公子閼，刖强鉏。公父定叔出奔衛。三年而復之，曰：「不可使共叔無後於鄭。」使以十月入，曰：「良月也，就盈數焉。」段之有後，是莊公欲以欺後世也。既欺其朝，又欺其國，又欺天下，又欺後世。噫嘻！岌岌乎險哉，莊公之心歟！

阪谷曰 反顧竦然。

然將欲欺人，必先欺心。莊公徒喜人之受吾欺者多，而不知吾自欺其心者亦多。受欺之害，身害也；欺人之害，心害也。哀莫大於心死，阪谷曰 哀莫大於心死，出《莊子·齊物論》。而身死亦次之。受欺者身雖害，而心固自若；彼欺人者身雖得志，其心固已斲喪無餘矣。在彼者所喪甚輕，在此者所喪甚重。本欲陷人而卒自陷，是釣者之自吞鈎餌，獵者之自投陷穽也。非天下之至拙者，詎至此乎？故吾始以莊公爲天下之至險，終以莊公爲天下之至拙。

宗廷輔曰 案左氏云「段出奔共」，而公、穀皆曰「殺」。據隱十一年《傳》，莊公有「寡人有弟，不能和協，使糊口四方」之言，則是「出」非「殺」，確有明徵。東萊既爲左氏作《博議》，當依《左》立論，否則駁之可也。今既主「克」爲「殺」，又不疏明不依左氏之故，何辟於惡人如是耶？故當時黄東發謂其文致鄭伯以滔天之罪，似求之太過。本朝陸清獻亦曰：「孔疏論鄭伯，只譏其失教，而以處心積慮爲非，最是。伯恭未免過當。」則議此文者多矣。惟議論鋭健，讀之可以增長筆力，故删易其過甚處而存之。

校勘記

〔一〕封，臺圖本、安正堂本同，宋刻本作「討」。

〔二〕�，原作「郝」，臺圖本、安正堂本同，據宋刻本改。

〔三〕之，據宋刻本、安正堂本補。

潁考叔還武姜

隱元年　鄭伯克段於鄢，遂寘姜氏於城潁〔一〕，而誓之曰：「不及黄泉，無相見也。」既而悔之。潁考叔聞之，有獻於公。公賜之食。食舍肉。公問之，對曰：「小人有母，皆嘗小人之食矣，未嘗君之羹，請以遺之。」公曰：「爾有母遺，繄我獨無！」潁考叔曰：「敢問何謂也？」公語之故，且告之悔。對曰：「君何患焉！若闕地及泉，隧而相見，其誰曰不然？」公從之。公入而賦：「大隧之中，其樂也融融。」姜出而賦：「大隧之外，其樂也泄泄。」遂爲母子如初。君子曰：「潁考叔，純孝也。愛其母，施及莊公。」《詩》曰：「孝子不匱，永錫爾類。」其是之謂乎？

物之逆其天者，宗曰提「天」字作主。其終必還。凡出於自然，而莫知其所以然者，天也。羽之浮，石之沈，矢之直，蓬之曲，土之止，水之動，自古固然，而不可加損，庸非天乎？苟以人力勝之，則羽可積而沈也，石可載而浮也，矢可揉而曲也，蓬可扶而直也，土可墾而動也，水可壅而止也。人力既窮，則未有不復其初者焉。不積之，則羽還其天而浮矣；不載之，則石還其天而沈矣；不揉之，則矢還其天而直矣；不扶之，則蓬還其天而曲矣。止者，土之天也。宗曰句法又變，始不呆板。墾者窮，則土之止固自若也。動者，水之天也。壅者窮，則水之動固自若也。有限之力，豈能勝無窮之天也耶？阪谷曰「天」字一篇骨子，而其理自《中庸》來。

子之於父母，天也。雖天下之大惡，其天未嘗不存也。莊公怒其弟，而上及其母。囚之城潁[二]，絶滅天理，居之不疑。觀其黄泉之盟，終其身而無可移之理矣。阪谷曰 蓋二句天上飛來，却是平平之理。居無幾何，而遽悔焉。是悔也，果安從而生哉？蓋莊公自絶天理，天理不絶莊公。一朝之忿，赫然勃然，若可以勝天。然忿戾之時，天理初無一毫之損也，宗曰「損」字妙。特暫爲血氣所蔽耳。血氣之忿，猶溝澮焉，朝而盈，夕而涸，而天理則與乾坤周流而不息也。忿心稍衰，愛親之念油然自還而不能已。彼潁考叔特迎其欲還之端而發之耳，阪谷曰 應首段點破。其於莊公之天理，初無一毫之增也。考叔之見莊公，不感之以言，而感之以物；不感之以物，而感之以天。愛其母者，莊公之與考叔同一心也。同一心，是同一天也。其啜羹，其舍肉，其遺母，皆天理之發見者也。阪谷曰 以「天」爲九空中翻弄。考叔以天示之，莊公以天受之，故不下席之間，回滔天之惡爲蓋世之善。是豈聲音笑貌能爲哉？

惜夫！考叔得其體而不得其用，故亦不能無遺恨焉。方莊公語考叔以誓母之故，考叔盍告之曰：「醉之所言，醒必不踐；狂之所行，瘳必不爲。既醒而猶踐之，則其醉必未醒也；既瘳而猶爲之，則其狂必未瘳也。阪谷曰 不學《左傳》語氣，即得《左傳》神理處。君之誓母之辭，未悔則必以爲是，既悔則必知其非。知其非而憚改焉，是猶未悔也，是猶以爲是也。」莊公苟聞此言，則其私情邪念冰泮雪消而無復存者矣。考叔乃曲爲之説，俾莊公闕地及泉，陷於文過飾非之地。莊公天理方開，而考叔遽以人欲蔽之，可勝歎哉！ 阪谷曰 文頗過衍説，蓋吕公教初學以暢達之弊，可仿又不可仿。不特蔽莊公之天理，當考叔發闕地及泉之言，考叔胸中之天理所存亦無幾矣。故開莊公之天理者，考叔也；蔽莊公之天理者，亦考叔也。向若莊公幸而遇孔孟，乘一念之悔，廣其天理而大之，六通四闢，上不失爲虞舜，《史記》：虞舜父頑，母嚚，弟象傲〔三〕，皆欲殺舜。舜不失子道，兄弟孝慈，二十以孝聞。下不失爲曾參，《家語》：曾參志存孝道，後母遇之無恩，供養不衰。豈止爲鄭之莊公哉？惜夫，莊公之不遇孔孟而遇考叔也！

宗廷輔曰 説理精妙，宋人能事。

校勘記

〔一〕頴，原作「穎」，據四庫本及《左傳》改。

〔二〕頴，原作「穎」，據瞿本改。

〔三〕象傲，原作「敖」，據宋刻本及《史記》改。

周鄭交惡

隱三年　鄭武公、莊公爲平王卿士。王貳於虢，鄭伯怨王。王曰：「無之。」故周、鄭交質。王子狐爲質於鄭，鄭子忽爲質於周。王崩，周人將畀虢公政。四月，鄭祭足帥師取温之麥。

秋，又取成周之禾。周、鄭交惡。君子曰：「信不由中，質無益也。明恕而行，要之以禮，雖無
有質，誰能間之？苟有明信，澗溪沼沚之毛，蘋蘩蘊藻之菜，筐筥錡釜之器，潢污行潦之水，可
薦於鬼神，可羞於王公，而況君子結二國之信，行之以禮，又焉用質！《風》有《采蘩》、《采
蘋》，《雅》有《行葦》、《泂酌》，昭忠信也。」

天子之視諸侯，猶諸侯之視大夫也。季氏之於魯，如二君矣，而世不并稱之曰魯季；季氏，
魯國之權臣。陳氏之於齊如二君矣，而世不并稱之曰齊陳。陳，敬仲之後。蓋季氏雖强，猶魯
之季氏也；陳氏雖强，猶齊之陳氏也。烏可謂君臣并稱，而亂其分乎？周，天子也；鄭，諸侯
也。《左氏》序平王、莊公之事，始以爲周、鄭交質，終以爲周、鄭交惡。并稱周鄭，無尊卑之辨。
不責鄭之叛周，而責周之欺鄭。《左氏》之罪亦大矣。

吾以爲《左氏》信有罪，周亦不能無罪焉。周之東遷也，鄭伯入爲卿士，君臣之分猶在也。
君之於臣，見賢則用之，見不賢則去之，復何所隱哉？平王欲退鄭伯而不敢退，欲進虢公而不
敢進。巽懦暗弱，反爲虛言以欺其臣，固已失天子之體矣。又其甚，至於與鄭交質。交質，鄰
國之事也。今周降其尊而下質於鄭，鄭忘其卑而上質於周。其勢均，其體敵，尊卑之分蕩然
矣。未交質之前，周爲天子，鄭爲諸侯；既交質之後，周與鄭等諸侯耳。然亦何所憚哉！溫之
麥，洛之禾，宜其稇載而不顧也。向若平王始惡鄭伯而亟黜之，鄭雖跋扈，不過一叛臣耳。
阪谷曰　名分二字，赫赫如日月，眼目正大，責彼責此，層層進擊，豈有感於南宋而然歟？　吾天子之尊，猶自

若也。苟與之質，是自處以列國，而不敢以天子自處矣。鄭人之心以謂：彼之子來質於我，我之子往質於彼，見其與吾同而不見其與吾異。歲推月移，豈知周之爲君哉？一旦用兵而不忌，阪谷曰 筆勢飛動。非諸侯之叛天子也，是諸侯之攻諸侯也。使周素以天子自處，至尊至嚴之分，鄭遽敢犯乎？惟周以列國自處，故鄭以列國待之，天下亦以列國待之，《左氏》亦以列國待之。周不自伐，人必未敢伐之也；周不自卑，人必未敢卑之也。阪谷曰 斷案如山。無王之罪，《左氏》固不得辭，周亦分受其責可也。

雖然，《左氏》所載君子之言，固出於左氏之筆，然亦推本當時君子之論也。其論周、鄭，概謂之二國而無所輕重，是當時之所謂君子者，舉不知有王室矣。戎狄不知有王，未足憂也；盜賊不知有王，未足憂也〔一〕；諸侯不知有王，亦未足憂也；至於名爲君子者亦不知有王，則普天之下知有王室者其誰乎？此孔子所以憂也，此《春秋》所以作也，此《春秋》所以始於平王也。

校勘記

〔一〕盜賊不知有王未足憂也，此句宋刻本無。

宋穆公立殤公

隱三年　宋穆公疾，召大司馬孔父而屬殤公焉，曰：「先君舍與夷而立寡人，寡人弗敢忘。

若以大夫之靈，得保首領以没，先君若問與夷，其將何辭以對？請子奉之以主社稷。寡人雖死，亦無悔焉。」對曰：「群臣願奉馮也。」公曰：「不可。先君以寡人爲賢，使主社稷，若棄德不讓，是廢先君之舉也，豈曰能賢！光昭先君之令德，可不務乎？吾子其無廢先君之功。」使公子馮出居於鄭。穆公卒，殤公即位。君子曰：「宋宣公可謂知人矣。立穆公，其子饗之，命以義夫！《商頌》曰：『殷受命咸宜，百禄是荷。』其是之謂乎？」

阪谷曰 案與夷即殤公。左氏美此事而公羊駁之。《博議》取《公羊》而立論。

人皆愛奇，而君子不愛奇；人皆愛高，而君子不愛高。君子之情未嘗不與人同也，而愛惡與人異者，何也？蓋物反常爲怪，地過中爲偏。自古自今，惟一常也；自南自北，惟一中也。是常之外而復求奇焉，斯怪矣；是中之外而復求高焉，斯偏矣。是故衆人之所謂奇，即君子之所謂怪也；衆人之所謂高，即君子之所謂偏也。

至貴莫如金，至多莫如粟，然食粟則生，食金則死，宗曰 妙喻解頤。反常之害蓋如此。適百里之都，而必行千里之路，其行愈速，其都愈失。吾又知中之果不可過也。君子所以行不貴苟難，説不貴苟察，治民無可傳之政，治兵無可喜之功者，曷嘗厭奇而畏高哉？奇若果奇，則君子已先出於奇矣；高若果高，則君子已先出於高矣。阪谷曰 全篇奇、高與常、中兩兩翻弄，而以怪與偏反射之。其逡巡退縮、終莫肯就者，非不愛奇也，不愛怪也；非不愛高也，不愛偏也。苟惟不然，則避赫赫之名，受碌碌之毁，果人情也哉？有國者傳之子，常道也，中道也。宋宣公以爲是未足以爲奇，必傳於弟以爲奇焉；是未足以爲高，必傳於弟以爲高焉。一傳穆公而使之逐其子，再傳殤公而使之殺其身。《桓二年》：宋督弑殤公。公羊氏以爲：「君子大居正。宋之禍，宣公爲之。」其説既無以加矣。阪谷曰上一段奔放，入題一點破，即復假題擴張前意。吾嘗推宣公之意，必以爲聖人建國使父子之相繼者，爲衆人設也。堯何人哉，不傳之子而傳之舜；舜何人哉，不傳之子而傳之禹〔一〕。吾何爲以衆人自處，而不慕堯舜至奇至高之行乎？殊不知道無不常，亦無不中。傳賢之事，自衆人視之，則以爲奇、以爲高；自堯舜視之，則見其常而不見其奇也，見其中而不見其高也。阪谷曰讀至此，使人消好奇之心。扛萬鈞之鼎，烏獲以爲常，而他人以爲勇；游千仞之淵，津人以爲常，而他人以爲神。未至堯舜而竊效焉，是懦夫而舉烏獲之鼎，稚子而入津人之淵也〔二〕，何往而不敗哉！

宗廷輔曰愛奇愛高，宋宣當日情事未必如此，然説來却是娓娓可聽，由於蓄理多故也。

〇此文分兩段，明選本削去上段，以「有國者傳之子」作起筆，文勢迫促，不合作法。當時評者、讀者皆不知也。至本朝納蘭常安撰《古文披金》，所録文限一百六十字爲止，亦收此篇，其誤遠矣。

校勘記

〔一〕宋刻本此下有小字注「見《虞書》」。

〔二〕津人，宋刻本作「没人」。

衛州吁

隱三年　衛莊公娶於齊東宫得臣之妹，曰莊姜，美而無子，衛人所爲賦《碩人》也。又娶於陳，曰厲嬀，生孝伯，早死。其娣戴嬀生桓公〔一〕，莊姜以爲己子。公子州吁，嬖人之子也，有寵而好兵，公弗禁，莊姜惡之。石碏諫曰：「臣聞愛子，教之以義方，弗納於邪。驕奢淫佚，所自邪也。四者之來，寵禄過也。將立州吁，乃定之矣，若猶未也，階之爲禍。夫寵而不驕，驕而能降，降而不憾，憾而能眕者，鮮矣。且夫賤妨貴，少陵長，遠間親，新間舊，小加大，淫破義，所謂六逆也；君義臣行，父慈子孝，兄愛弟敬，所謂六順也。去順效逆，所以速禍也。君人者將禍是務去，而速之，無乃不可乎？」弗聽。其子厚與州吁遊，禁之，不可。桓公立，乃老。

隱四年　春，衛州吁弑桓公而立。厚從州吁如陳。石碏使告於陳曰：「衛國褊小，老夫耄矣，無能爲也。此二人者，實弑寡君，敢即圖之。」陳人執之，而請莅於衛。衛人使右宰醜莅殺州吁於濮，石碏使其宰獳羊肩莅殺石厚於陳。君子曰：「石碏，純臣也。惡州吁而厚與焉，大義滅親，其是之謂乎？」

未見之情，人所未知；未動之情，己所不知。歷舉天下之事，其迹可指者，使人評之，曰孰爲善孰爲惡，孰爲忠孰爲邪，孰爲是孰爲非，孰爲誠孰爲僞，猶參差而不得其情，况於情之未見於外者乎？此色厲内荏、面剛心柔之徒所以每誤天下後世也。情之未見者難知如此，抑又有甚難知者焉。博者必盜，宗曰 博盜詈鬥之喻，又見所爲《讀書雜記》中，當是先生所最心賞者。當博之初，未有爲盜之情也，然財匱則必至於盜。詈者必鬥，當詈之初，未有决鬥之情也，然忿極則必至於鬥。蓋博則有盜之理，阪谷曰 二丸躍空，而箇箇與手親切，所以裁判官爲難。詈則有鬥之理。其情未動，其理已萌，非獨人不能覺，己亦不能自覺焉。豈非天下之至難知者乎？

莊公之寵州吁，宗曰 此段完題面。不過溺於所愛而已，初不知其基簒弑之禍也。雖州吁受寵之初，亦未嘗有簒弑之心也。及因寵而驕，因驕而縱，因縱而暴，莊姜惡之，桓公忌之，州吁始憂不能自免，而求免之心生矣。有簒國之利誘其前，有殺身之禍迫其後，而弑逆之謀成矣。阪谷曰 小人窮濫之情狀如畫。彼州吁之初心，豈自料至此哉？石碏之諫善矣，惜其進言之晚也。方碏之諫，州吁既有寵矣，既好兵而不禁矣。有寵而驟奪之，能無怨乎？不禁而驟禁之，能無忿乎？借使莊公聽之〔二〕，父子之際所傷已多矣，况又不聽乎？阪谷曰 責備之論，而其實假以暢吾論，然亦不免饒舌。碏苟能止於未萌，則桓公不至於弑，州吁不至於逆，國不至於危，子不至於戮矣。雖討賊之忠凛然與衛國相終始，吾猶恨其不能消患於未形，而徒救患於已形也。嗚呼！衛，至褊也；州吁，至微也。其簒争猶蠻觸氏之戰，見《莊子》。一切不足論也。

吾獨因州吁之事有所懼焉。宗曰 已下撇去題目，專就學者存發一路言之。殺人不忌者，世謂之暴；冒貨無極者，世謂之貪；沈湎昏縱者〔三〕，世謂之荒；陰賊詭譎者，世謂之險。苟無故加人以四者之謗，其不慍見者幾希〔四〕，**阪谷曰**「見」恐「也」字，或「不見慍」之訛。抑不知世之所共指者，特情之已發、事之已彰者耳。吾平居暇日，一偏於怒，則雖未嘗殺人，而一念之暴已藏於胸中矣；一偏於愛，則雖未嘗冒貨，而一念之貪已藏於胸中矣；**阪谷曰**此是慎獨之説，説得痛快，使人惕然。未能寡欲，則雖無沈湎之過，而一念之荒已藏於胸中矣；未能平心，則雖無陰賊之過，而一念之險已藏於胸中矣。**阪谷曰**中人以下此處，能制之者教法；而中人以上此處，能制之者果何者？四者之根藏於胸中，伏而未發，雖吾亦不自知其惡也。是不由州吁受寵之初，簒弑之惡已藏於胸中而不自知乎？迨夫一念之惡藏於胸中者既熟，**阪谷曰**人所以能忍人，萬古人情唯如此。遇事則見，遇物則動，外之惡習召內之惡念，內之惡念應外之惡習，以惡合惡，若川之決，若火之燎，有不能自制者。吁，亦危矣！

君子之治心，當明白四達，俾秋毫之不正無所容而後可。苟容秋毫之不正焉，猶播一粒之稊稗，雖初未見其害，假之以歲月，潤之以雨露，未有不芃然爲多稼之賊者。蓋既有此根，必有此苗，欲除稊稗之害，當除稊稗之種可也。然則禁過者，苟未知過之所由生，而何暇州吁之笑哉？**阪谷曰**結一句忽入題，不失題而假題之意自明。

宗廷輔曰題既不能別出新意，故原題之後，止就學者立心處親切言之，此猶見古人教學相長之意。

校勘記

〔一〕娣，原作「弟」，據宋刻本及《左傳》改。
〔二〕借，宋刻本作「政」。
〔三〕昏縱，宋刻本作「自縱」。
〔四〕愠見，四庫本改爲「見愠」。按，「愠見」語出《論語·衛靈公》，不誤。

臧僖伯諫觀魚

隱五年　春，公將如棠觀魚者。臧僖伯諫曰：「凡物不足以講大事，其材不足以備器用，則君不舉焉。君，將納民於軌、物者也。故講事以度軌量謂之軌，取材以章物采謂之物。不軌不物，謂之亂政。亂政亟行，所以敗也。故春蒐、夏苗、秋獮、冬狩，皆於農隙以講事也。三年而治兵，入而振旅，歸而飲至，以數軍實。昭文章，明貴賤，辨等列，順少長，習威儀也。鳥獸之肉不登於俎，皮革、齒牙、骨角、毛羽不登於器，則公不射，古之制也。若夫山林川澤之實，器用之資，皂隸之事，官司之守，非君所及也。」公曰：「吾將略地焉。」遂往，陳魚而觀之。僖伯稱疾不從。書曰：「公矢魚於棠。」非禮也，且言遠地也。

游宴之逸，人君之所樂也；諫諍之直，人君之所不樂也。以其所不樂而欲奪其所樂，此人臣之進諫所以每患其難入也。然則進諫之道將奈何？曰：「進諫之道，使人君畏吾之言，不若使人君信吾之言；使人君信吾之言，不若使人君樂吾之言。戒之以禍者，所以使人君之畏也；喻之以理者，所以使人君之信也；悟之以心者，所以使人君之樂也。」

舉天寶之亂，而不能輟敬宗驪山之行；唐敬宗欲幸驪山温湯，李絳、張仲方屢諫不聽〔一〕。張權輿伏紫宸殿下，叩頭諫曰：「昔周幽王幸驪山，爲犬戎所殺；秦始皇葬驪山，國亡；玄宗宫驪山，而禄山亂；先帝幸驪山，而享年不長。」上曰：「驪山若此之凶邪？我宜一往以驗彼言。」遂幸温湯，即日還宫，謂左右曰：「彼叩頭者之言，安足信哉？」舉臺城之圍，而不能解憲宗佛骨之惑。元和十四年，鳳翔法門寺塔有佛指骨，上遣使迎至京師，留禁中三日。韓愈上表切諫，以爲：「佛者，夷狄之一法耳。自黄帝以至禹、湯、文、武，皆享壽考，百姓安樂。當是時，未有佛也。漢明帝始有佛法，其後亂亡相繼，運祚不長。宋、齊、梁、陳、元魏以下，事佛漸謹，年代尤促。梁武帝凡三捨身，竟餓死臺城。事佛求福，乃更得禍。由是觀之，佛不足信矣。」上得表大怒，乃貶愈潮州刺史。豈非徒以禍戒之，而未嘗以理諭之邪？論朝會之禮，而不能止莊公之觀社；《莊二十三年》：夏，公如齊觀社，非禮也。曹劌諫曰：「不可。夫禮，所以整民。故會以訓上下之則，制財用之節；朝以正班爵之義，帥長幼之序；征伐以討其不然。諸侯有王，王有巡狩，以大習之。非是，君不舉矣。君舉必書，書而不法，後嗣何觀？」論律吕之本，而不能已景王之鑄鐘。《昭二十一年》：春，天王將鑄無射。泠州鳩曰：「王其以心疾死乎！夫樂，天子之職也；夫音，樂之輿也；而鐘，音之器也。天子省風以作樂，器以鐘之，輿以行之。小者不窕，大者不槬，則和於物。物和則嘉成。故和聲入於耳而藏於心，心億則樂。窕則不咸，槬則不容，心是以感。感實生疾。今鐘槬矣，王心弗堪，其能久乎？」豈非徒以理諭之，而未嘗以心悟之邪？

蓋禍固可使人畏，然遇驕慢而不畏者，則吾説窮矣；理固可使人信，然遇昏惑而不信者，則吾説窮矣。臧僖伯之諫隱公，先之以不軌不物之亂，次之以蒐狩治兵之理，其言深切著明，可使人畏，可使人信。然訖不能回隱公觀魚之轅者，殆未嘗以心悟之也。【阪谷曰】「以心悟」一句是主意，蓋心悟則怡然自得，上段所謂「樂吾之言」者自生。

彼隱公之心，方溺於觀魚之樂，雖有顯禍將不暇顧，雖有至理將不暇信。僖伯無以開其心，而徒欲奪其樂，亦疏矣。爲僖伯者，誠能以吾道之樂易觀魚之樂，使隱公之心怡然自得，睟於面，盎於背，暢於四支，則反視世之所共嗜若犬馬、若聲色、若珠玉、若文綉，曾土芥瓦礫之不如矣。雖與之觀天池之鯤、龍門之鯉，鬣翻雲而鱗横海者，猶不足以易吾之真樂，况一勺之棠水乎？

吾嘗論之：「人君之游宴，畏人之言而止者，是特不敢爲，而未知其不當爲也；信人之言而止者，知其不當爲，而未知其不足爲也。惟釋然心悟，然後知其不足爲；知其不足爲，雖勸之爲，亦不爲矣！」【阪谷曰】疊「爲」字，乘勢結束。此法古人常用，而善用之則常新。

校勘記

〔一〕李絳張仲方，原本作「李縫張伴方」，安正堂本、臺圖本作「李縫張泮方」，宋刻本作「李絳張伴方」，據《資治通鑑》卷二百四十三改。

鄭敗燕

隱五年　四月，鄭人侵衛牧，以報東門之役。衛人以燕師伐鄭。鄭祭足、原繁、泄駕以三軍軍其前，使曼伯與子元潛軍軍其後。燕人畏鄭三軍，而不虞制人。六月，鄭二公子以制人敗燕師於北制。君子曰：「不備不虞，不可以師。」

鄭敗北戎

隱九年　北戎侵鄭，鄭伯禦之。患戎師，曰：「彼徒我車，懼其侵軼我也。」公子突曰：「使勇而無剛者嘗寇而速去之，君爲三覆以待之。戎輕而不整，貪而無親，勝不相讓，敗不相救。先者見獲必務進，進而遇覆必速奔，後者不救則無繼矣。乃可以逞。」從之。戎人之前遇覆者奔。祝聃逐之，衷戎師，前後擊之盡殪。戎師大奔。

楚敗鄧

桓九年　巴子使韓服告於楚，請與鄧爲好。楚子使道朔將巴客以聘於鄧。鄧南鄙鄾人攻而奪之幣，殺道朔及巴行人。楚子使薳章讓於鄧，鄧人弗受。楚使鬭廉帥師及巴師圍鄾，鄧養甥、聃甥帥師救鄾。三逐巴師，不克。鬭廉衡陳其師於巴師之中以戰，而北。鄧人逐之，背巴師而夾攻之。鄧師大敗，鄾人宵潰。

商密降秦

僖二十五年　秦、晉伐鄀。秦人過析隈，入而係輿人以圍商密，昏而傅焉。宵，坎血加書，僞與子儀、子邊盟者。商密人懼，曰：「秦取析矣，戍人反矣。」乃降秦師。

鄭敗宋

成十六年　鄭子罕伐宋，宋將鉏、樂懼敗諸汋陂。退，舍於夫渠，不儆。鄭人覆之，敗諸汋陵，獲將鉏、樂懼。宋恃勝也。

楚滅舒庸

成十七年　舒庸人以楚師之敗也，道吴人圍巢，伐駕，圍釐、虺，遂恃吴而不設備。楚公子橐師襲舒庸，滅之。

楚敗吴滅舒鳩

襄二十五年　吴子諸樊伐楚，以報舟師之役。門于巢，巢牛臣曰：「吴王勇而輕，若啓之，將親門。我獲射之，必殪。是君也死，彊其少安。」從之。吴子門焉，牛臣隱於短墻以射之，卒。

襄二十四年　吴人召舒鳩人叛楚。楚子師於荒浦，使沈尹壽與師祁犂讓之。舒鳩子敬逆二子，而告無之，且請受盟。二子復命，王欲伐之。薳子曰：「不可。彼告不叛，且請受盟，而又伐之，伐無罪也。姑歸息民，以待其卒。卒而不貳，吾又何求？若猶叛我，無辭，有庸。」

二十五年　秋，薳子馮卒，屈建爲令尹，舒鳩人卒叛，子木伐之。遂滅舒鳩。冬，楚子以滅舒鳩賞子木。辭曰：「先大夫蔿子之功也。」以與蔿掩。

晋滅肥

昭十二年　晋荀吴僞會齊師者，假道於鮮虞，遂入晋陽。秋八月壬午，滅肥，以肥子緜皋歸。

晉滅陸渾

昭十七年　秋，晉侯使屠蒯如周，請有事於雒與三塗。萇弘謂劉子曰：「客容猛，非祭也。其伐戎乎？陸渾氏甚睦於楚，必是故也。君其備之！」乃警戎備。九月丁卯，晉荀吳帥師步自棘津，使祭史先用牲於雒。陸渾人弗知，師從之。庚午，遂滅陸渾，數之以其貳於楚也。陸渾子奔楚，其衆奔甘鹿。

吴敗楚取餘皇

昭十七年　吴伐楚〔一〕，戰於長岸。大敗吴師，獲其乘舟餘皇。使隨人與後至者守之，環而塹之，及泉，盈其隧炭，陳以待命。吴公子光請於其衆，曰：「喪先王之乘舟，豈惟光之罪，衆亦有焉。請藉取之，以救死。」衆許之。使長鬣者三人潛伏於舟側，曰：「我呼餘皇，則對。」師夜從之。三呼，皆迭對。楚人從而殺之。楚師亂，吴人大敗之，取餘皇以歸。

吴敗胡沈陳三國

昭二十三年　吴人伐州來，楚薳越帥師及諸侯之師奔命救州來。吴人禦諸鍾離。子瑕卒，楚師熸。戰於雞父。吴子以罪人三千，先犯胡、沈與陳。三國争之。吴爲三軍以繫於後，中軍從王，光帥右，掩餘帥左。吳之罪人或奔或止，三國亂。吳師擊之，三國敗，獲胡、沈之君及陳大夫。舍胡、沈之囚，使奔許與蔡、頓，曰：「吾君死矣。」師譟而從之，三國奔，楚師大奔。

越敗吳於檇李

定十四年　吳伐越，越子勾踐禦之，陳於檇李。勾踐患吳之整也，使死士再禽焉。不動，使罪人三行，屬劍於頸而辭曰：「二軍有治，臣奸旗鼓，不敏於君之行前，不敢逃刑，敢歸死。」遂自剄。師屬之目，越子因而伐之，大敗之。靈姑浮以戈擊闔廬，闔廬傷將指，取其一屨。還，卒於陘。夫差使人立於庭，苟出入必謂己曰：「夫差，而忘越王之殺而父乎？」則對曰：「唯，不敢忘！」三年乃報越。

越敗吳於笠澤

哀十七年　三月，越子伐吳。吳子禦之笠澤，夾水而陳。越子爲左右句卒，使夜或左或右，鼓譟而進。吳師分以禦之。越子以三軍潛涉，當吳中軍而鼓之，吳師大亂，遂敗之。

阪谷曰 此篇依「鄭敗燕」，并及《左傳》中詭計，大要下面所列是也。其文多，可就《傳》而考。

兵者，君子之所長，小人之所短。阪谷曰 奇想自天落。此理之必然，而世未有知其然者也。吾嘗以此理試語於衆矣，談兵之士勃然而見難曰：「君子何爲而名君子？」吾應之曰：

「誠而已矣！」【阪谷曰】「誠」字大頭腦，「誠」、「詐」兩兩對照，猶日月、男女、晝夜、寒暑。「小人何爲而名小人？」吾應之曰：「詐而已矣！」難者曰：「果如是，則兵者乃小人之所長，而君子之所短也。萬物皆賤詐，惟兵獨貴詐。君臣相詐，則其國危；父子相詐，則其家敗；兄弟相詐，則其親離；朋友相詐，則其交疏；商賈相詐，則其業廢。至於用兵，小詐則小勝，【阪谷曰】小詐假誠小巧，大詐則大巧。假愈巧而誠之重愈見。詐者不假誠，則不能爲一事。大詐則大勝。小人長於詐，故其用兵亦長；君子短於詐，故其用兵亦短。自曼伯以降，制勝不同，同歸於詐。是數子者，苟以君子長者之道處之，安能成其功乎？故儒家之小人，兵家之君子也；兵家之君子，儒家之小人也。彼區區忠信誠慤，何足稱於孫、吴之門哉？」【宗曰】跌得足。

吾應之曰：「吾姑言其理耳。今子舉前古之事以攻之，以子之事證吾之理，益知兵非君子莫能用也。【阪谷曰】大綱重提進一層，而衆目隨張。春秋諸子所以能收一日之功，特以小人而遇小人耳。若君子遇之，【宗曰】融化全題。雖鄭、楚、秦、晋十餘國之衆爲一軍，合曼伯、子突十餘人之知爲一將，吾知其談笑麾之〔二〕，綽綽乎有餘裕矣。吾非爲大言以誇衆也，亦理之必然者也。蓋君子之於兵，無所不用其誠。【宗曰】選本截去上文，以此句爲始，下復加以節縮，機勢局促，了無生氣。世未有誠而輕者，敵雖欲誘之，烏得而誘之？世未有誠而貪者，敵雖欲餌之，烏得而餌之？世未有誠而擾者，敵雖欲亂之，烏得而亂之？用是誠以撫御，則衆皆不疑，非反間之所能惑也；用是誠以備禦，則衆皆不怠，非詭謀之所能誤也。彼向之所以取勝者，因其輕而入焉，因其貪而入焉，因其擾而入焉，因其疑因其怠而入焉。一誠既立，五患皆除。兕無所投其角，兵無所投其刃，曼伯、子突之徒無所投其詐矣。豈特曼伯、子突之徒哉？縱使盡號召自古之知兵者環而攻之，聚而譟之，雖極其詐計至於百，君子待之一而已矣。又極其詐計至於千，君子待之亦一而已矣。又極其詐計至於萬，君子待之亦一而已矣。彼之詐至於萬而不足，我之誠守其一而有餘。阪谷曰 先爲不可勝者，一也；以待敵之可勝者，乘彼之不一也。彼常勞，而我常佚；彼常動，而我常靜。以佚制勞，以靜制動，豈非天下常勝之道乎？然則論天下之善用兵者〔三〕，不得不歸之君子；用兵之善者，固無出於君子矣。

「然自古書帝籍而勒景鍾者，黥髡盜販相望於史，而宋襄、見《僖二十二年》。陳餘《本傳》。之流〔四〕，每以仁義爲天下笑，抑又何也？」

「蓋盡小人之術者，方無愧於小人之名；盡君子之道者，方無愧於君子之名。世之所謂小人，已極其術，稱小人之名者也；世之所謂君子，未得其道，托君子之名者也。以僞君子對真小人，持一日之誠而欲破百年之詐，安得而不敗哉？舉斧以伐木，苟不能仆焉，謂斧之鈍則可，謂木勝斧則不可也；酌水以沃火，苟不能息焉，謂水之微則可，謂火勝水則不可也。安得以宋襄輩，遂疑君子之短於兵哉？」阪谷曰 此篇立意正大，然道德、智識之分未明，讀者宜深致思也。

宗廷輔曰 黄河之水天上來，奔流到海不復回，可以方斯文境。昔人言周萊峰時文，從横奔放，如傾河注海，滔滔汩汩，一瀉千里，遂以爲善學大蘇。夫大蘇談何容易，庶其得力此編乎？至核以事理，則自古至今，未聞有僅恃一「誠」可制全勝者，知其爲講學家言斯可矣。

校勘記

〔一〕伐，宋刻本作「與」。

〔二〕其，據宋刻本補。

〔三〕論，據宋刻本、安正堂本補。

〔四〕宋襄、陳餘之下小注，宋刻本列於「天下笑」之下，作「見《僖二十二年》及《漢·陳餘傳》」。

東萊先生左氏博議卷之二

隱公問羽數於衆仲

隱五年　九月，考仲子之宫，將萬焉。公問羽數於衆仲，對曰：「天子用八，諸侯用六，大夫四，士二。夫舞，所以節八音而行八風，故自八以下。」公從之，於是初獻六羽，始用六佾也。

問之名何如哉？問道者未達其道，問禮者未習其禮，問塗者未識其塗，問俗者未通其俗。凡謂之問者，非有所未知，必有所未安也。故晋人不問晋，齊人不問齊，秦人不問秦，楚人不問楚。豈非心知之、身安之，無所復待於問耶？

隱公生於魯、長於魯、君於魯，其視魯之舞、樂，用於禴祠烝嘗，不知其幾祭也；動於屈伸綴兆，不知其幾成也。至於考仲子之宫，始問羽數於衆仲，豈真有所不知耶？是必其心有所大不安也。自成王以天子之禮樂祀周公，至於隱公，蓋數百年矣。以成王之賢而賜之，以伯禽之賢而受之，舉世莫知其非也。其後因而用之群公之廟，舉國亦莫知其非也。隱公生於數百載之後，獨能疑數百載之非，其心蹙然不安而發於問焉，其天資亦高矣。衆仲告之以先王之正禮，使六羽之獻復見於仲子之廟，不可謂無補也。然隱公之問，豈止爲仲子一廟而已哉？

【阪谷曰】有疑故問，問之所發，即明之所生。孟子所謂「此心足以王」者，吕公設此對，意亦如是矣。特因仲子之廟而發耳。爲衆仲者，盍申告之曰：「周公制禮作樂以致太平，天子八佾，諸侯六佾，是乃周公所作之樂也。周公制是樂舞之數，蓋欲行之天下，傳之萬世也。周公在諸侯之位而薦天子之樂，【阪谷曰】天下此類比比，可深省。豈非欲尊周公之身而廢周公之樂耶？周公欲行之天下，而子孫已亂之；周公欲傳之萬世，而身没已違之。使周公而有知，吾知其不享魯祭矣！君盍因是舉，正禮樂之僭，復諸侯之舊，告於天子，告於周公之廟，使天下再見周公之禮樂，是魯有二周公也。今猶用六佾於仲子之廟，是以禮處仲子而不以禮處周公，何其待仲子之厚而待周公之薄耶？」苟衆仲能爲此言，隱公能爲此舉，則可以尊王室，可以服諸侯，可以塞亂臣賊子之原。五伯之首，不在齊桓而在隱公矣。

雖然，此非所以責衆仲也。【阪谷曰】此一轉更不測。當成王祀周公以天子之禮樂，雖召公、畢公之賢未嘗固争，至孔子始慨然有言曰：「魯之郊禘非禮也。周公其衰矣！」《家語・禮運》。蓋必入聖人之域，然後知聖人之心。降聖人一等，雖召公、畢公猶不能盡知，况衆仲乎！惟衆仲一失其機，故僭悖之習流及後世，甚至於季氏以陪臣之微，傲然舞八佾於庭，《論語・八佾》〔一〕。重形孔子之歎焉〔二〕。嗚呼！【阪谷曰】叠字叠句，節奏繹如也。「吾」一句忽顧題收結，是吕公熟用法。隱公之問，在於三家未興之前；孔子之歎，在於三家既盛之後。防於未興之前，衆人之所易；禁於既盛之後，聖人之所難。吾是以益爲隱公惜也。

校勘記

〔一〕論語八佾，宋刻本作「語見《八佾》」。

〔二〕重形，宋刻本作「發」。

隱公辭宋使

隱五年　宋人取邾田。邾人告於鄭曰：「請君釋憾於宋，敝邑爲道。」鄭人以王師會之，伐宋，入其郛，以報東門之役。宋人使使來告命。公聞其入郛也，將救之。問於使者曰：「師何及？」對曰：「未及國。」公怒，乃止。辭使者曰：「君命寡人同恤社稷之難，今問諸使者，曰：『師未及國』，非寡人之所敢知也。」

始吾讀《戰國策》，見儀、秦、髡、衍之徒，駕其詭辯，玩時君於股掌之上：驟使之喜，驟使之怒，驟使之憂，驟使之樂。指川爲陸，亦從而謂之陸；指虎爲羊，亦從而謂之羊。雖有耳目鼻口，不得自用，而聽辯士之所用。抵掌扼捥，俯吊仰賀。反晦明於呼吸，變寒暑於須臾。其三寸之舌，實百萬生靈之司命也。及精思而博考之，然後知詭辯初不足恃，彼《戰國策》所載，特幸而成功者耳。〔阪谷曰〕欲抑而先揚，然後揭主意。結一段「吾故」一句，則結上起下，全篇樞紐。

然姑以兩端明之：趙、魏攻韓華陽，韓告急於秦。秦不救韓，遣陳筮見穰侯。穰侯曰：「事急乎？」陳筮曰：「未急也。」穰侯怒曰：「冠蓋相望，告敝邑甚急。公來言『未急』，何也？」陳筮曰：「彼韓急則將變而他從，以未急，故復來耳。」穰侯曰：「公無見王，請今發兵救韓。」八日而敗趙、魏於華陽之下。見《戰國策》。是説也，阪谷曰 一端。世皆以爲工也。

鄭伐宋，入其郛，宋人使來告於魯隱公。公聞其入郛也，將救之。問於使者曰：「師何及？」對曰：「未及國。」公怒，乃止。辭使者曰：「君命寡人同恤社稷之難，今問諸使者，曰：『師未及國。』非寡人之所敢知也。」是説也，阪谷曰 一端。世皆以爲拙也。

吾以爲陳筮之言「未急」，宋使之言「未及國」，其説初無異者。陳筮幸而遇穰侯之聽，故人以其説爲工；宋使不幸而遇隱公之怒，故人以其説爲拙。陳筮得其時者也，非智也；宋使失其時者也，非愚也。使陳筮而遇隱公則爲愚，使宋使而遇穰侯則爲智。愚智初無定名，工拙初無定論。阪谷曰 應前段結語。以是而推之，凡戰國之策士所以能動時君之聽者，皆出於幸而已，豈區區之説真足恃哉？

杜預謂宋使忿隱公知而故問，是大不然。阪谷曰 題外立説，假題證明，故以題爲客，説客則所以説主也。宋使以鄭師之伐告急於魯，魯隱公問鄭師之所及遠近，此人情之常也。雖聞其入郛，然問諸道路，不如問其使者之爲審，則知而復問亦人情之常也。況宋使之使指專在於鄭師，隱公其可捨鄭師而問他事乎？是則「師何及」之語，隱公之所當問也，宋使之所當答也。彼使者苟非狂惑喪心，何自而起其怒乎？其所以發「未及國」之言，蓋亦如陳筮之謀，欲以激魯侯之救耳。不意逢隱公之暴怒，不得嗣進其説，遂至於辱命而歸。是以知詭辯之果不足恃也。阪谷曰「是以」一句入主意，便復主客雙綰，然後説明首段之意。

自陳筮言之，則回穰侯不救之心，其説似有功；自宋使言之，則沮隱公欲救之意，其説深可罪。利害禍福，特繫乎所逢之時耳。後世徒見《戰國策》所載百發百中，遂以爲正論不如詭辯，君子不如策士。殊不知《戰國策》之書，策士之所作也。書出於策士之手，必不自揚策士之非。阪谷曰書出乎君子之手者，亦往往而然，讀書不可無識也。其一時之謀議，成者則載之，敗者則删之；中者則載之，失者則删之。如陳筮之徒，幸而有功，則大書特書，以示後世；如宋使之徒，敗人之事不載於書，亦不知其幾何矣。惟合《戰國策》而觀之，阪谷曰此是讀書法。然後知策士之謀得不償失，利不償害，初不能使人之必聽也。吾故表而出之，以爲策士之戒。

鄭伯侵陳大獲

隱六年　鄭伯侵陳，大獲。往歲，鄭伯請成于陳，陳侯不許。五父諫曰：「親仁善鄰，國之寶也。君其許鄭。」陳侯曰：「宋、衛實難，鄭何能爲？」遂不許。君子曰：「善不可失，惡不可長，其陳桓公之謂乎？長惡不悛，從自及也。雖欲救之，其將能乎？《商書》曰：『惡之易也，如火之燎于原，不可鄉邇，其猶可撲滅？』周任有言曰：『爲國家者，見惡，如農夫之務去草焉，芟夷蘊崇之，絶其本根，勿使能殖，則善者信矣。』」

盛怒不發於微罪，峻責不加於小疵，此人情之常也。陳侯不許鄭伯之請成，遂至於見伐〔一〕，其失講信修睦之義，固可責矣。然春秋諸侯，一戰一和，一通一絶，習以爲常，如陳侯之罪，晉、楚、齊、秦以降，莫不有之也。左氏乃深排而力詆之，至以謂「如火之燎于原，不可鄉邇」，雖大無道之君，責之不過如是，何其遠於人情耶？以左氏之言，較陳侯之過，猶犯笞杖之罪，而加斧鉞之刑；逋升斗之租，而責倉廩之粟〔二〕。苟左氏愚人也則可，使左氏少知治體，豈容若是之舛耶？

辭之嚴，責之峻，是必有深意存於其間也。天下之事，成於懼而敗於忽。宗曰 名言。懼者，福之原也；忽者，禍之門也。陳侯以宋、衛之强而懼之，以鄭之弱而忽之，遂以爲「鄭何能爲」，而不許其成。及兵連禍結，不發於所懼之宋、衛，而發於所忽之鄭，則忽者豈非禍之門耶？雖鄭師之所侵，不過毁廬舍、歐老弱、略牛馬，然推「鄭何能爲」之一語，實亡國敗家之本，殆古人所謂一言而喪邦者也。

秦弱百姓而備匈奴，秦遣蒙恬發兵三十萬人北伐匈奴，築長城，因地形用制險塞。陳涉一唱，天下共起以亡秦。豈非懼匈奴之勢强，而謂百姓「何能爲」乎？然亡秦者，非匈奴也，乃「何能爲」之百姓也。漢抑宗室而任外戚，七國既反，武帝遂用主父偃之議，下推恩之令，詔諸侯分王子弟，於是藩國始分，宗室稍弱。然而委政外戚，元、成以後，權柄下移，卒成王莽之篡。豈非懼宗室之勢迫，而謂外戚「何能爲」乎？然亡漢者，非宗室也，乃「何能爲」之外戚也。晉武帝以戎狄「何能爲」而不徙，故卒亡於戎狄。晉惠帝元康元年，憂匈奴郝度元與馮翊、北地馬蘭羌、盧水胡俱立氐帥齊萬年爲帝〔三〕，將軍孟觀大破氐衆於中亭，獲齊萬年。太子洗馬江統以爲戎狄亂華，宜早絶其源，乃作《徙戎論》以警朝廷。朝廷不能用，而五胡肆虐，社稷丘墟。隋煬帝以盜賊「何能爲」而不戒，故卒亡於盜賊。隋内史侍郎虞世基以帝惡聞盜賊，諸將及郡縣有告敗求救者，世基皆抑損表狀，不以實聞，但云「鼠竊狗盜，郡縣捕逐，行當殄盡」，帝以爲然。由是盜賊徧海内，陷没郡縣，帝弗之知。十四年，在江都遇弑，隋祚遂移。以至項羽之視高帝，項羽與高祖争天下，高祖戰數不利，而羽益輕漢，卒敗垓下。王莽之視漢兵，王莽遣王邑、王尋發兵平定山東，兵號百萬，縱兵圍昆陽。光武悉發諸營兵，自將千騎爲前鋒，尋、邑遣兵數千合戰。光武奔之，連勝，遂前〔四〕。莽兵大潰，漢兵至長安。莽曰：「天生德於予，漢兵其如予何？」兵衆斬莽，傳首於宛。梁武之視侯景，侯景叛魏歸梁，而武帝用朱异之言而納景，履霜不戒，卒致亂亡。明皇之視禄山，安禄山傾巧善事人〔五〕，人多譽之，上益以爲賢。張九齡、楊國忠數言其必反，而帝不以爲意，寵待日盛，卒致范陽之變。皆始以爲「何能爲」，而終至於敗亡也。是則陳侯「何能爲」之一語，實千載亂亡之所自出，左氏安得不深排而力詆之乎？

嗚呼！君子之論常得其本，衆人之論常得其末。凡人臣之深戒人君者，必曰暴虐也，淫侈也，拒諫也，黷武也，皆人君之大禁也。至於論桀、紂、幽、厲之惡，亦必以前數者歸之。殊不知是數者皆末也，其本果安在哉？阪谷曰 更推其原，曰「怠」。人君必謂民怨「何能爲」，故敢暴虐；必謂財匱「何能爲」，故敢淫侈；必謂争臣「何能爲」，故敢拒諫；必謂窮兵「何能爲」，故敢黷武。是則「何能爲」者，萬惡之所從生也。宗曰 財匱、窮兵兩項下接「何能爲」三字，尚欠妥。苟不探其本，則「何能爲」之言，雖有致亂之端，而未有致亂之形；雖有可畏之實，而未有可畏之迹。非知幾之君子，阪谷曰 應首段末句。孰能遏滔天之浪於涓涓之始乎？深矣哉！左氏之論也。

宗廷輔曰 就《傳》中「何能爲」三字切實發揮，復取後世史事佐之，崇論閎議，警策非常。亦開後來制藝中提虚字做之一法。

校勘記

〔一〕遂，宋刻本作「罪」。

〔二〕倉廩，宋刻本作「倉箱」。

〔三〕晋惠帝元康元年憂匈奴，宋刻本作「初」。馬蘭羌，原作「馮蘭羌」，據四庫本及《晋書》改。

〔四〕遂，原作「逐」，據四庫本及《後漢書》改。

〔五〕傾巧，原作「使巧」，宋刻本同，據臺圖本、安正堂本、四庫本及《資治通鑑》改。

鄭伯朝桓王

隱六年　鄭伯如周，始朝桓王也。王不禮焉。周桓公言於王曰：「我周之東遷，晋、鄭焉依。善鄭以勸來者，猶懼不蔇，况不禮焉？鄭不來矣。」

鄭伯請釋泰山之祀

隱八年　鄭伯請釋泰山之祀而祀周公，以泰山之祊易許田。三月，鄭伯使宛來歸祊，不祀泰山也。

桓公元年　鄭人請復祀周公，卒易祊田。公許之。鄭伯以璧假許田，爲周公、祊故也。

虢公作卿士于周

隱八年　夏，虢公忌父始作卿士于周。

鄭伯以齊人朝王

隱八年　八月丙戌，鄭伯以齊人朝王，禮也。

鄭伯以王命討宋

隱九年　宋公不王，鄭伯爲王左卿士，以王命討之，伐宋。宋以入郛之役怨公，不告命。公怒，絶宋使。鄭人以王命來告伐宋。冬，公會齊侯于防，謀伐宋也。

羽父會鄭伐宋

隱十年　夏五月，羽父先會齊侯、鄭伯伐宋。六月戊申，公會齊侯鄭伯于老桃。壬戌，公敗宋師于菅。庚午，鄭師入郜。辛未，歸于我。庚辰，鄭師入防。辛巳，歸于我。君子謂：「鄭莊公於是乎可謂正矣！以王命討不庭，不貪其土以勞王爵，正之體也。」

蔡人衛人郕人不會王命

隱十年　蔡人、衛人、郕人不會王命。秋七月庚寅，鄭師入郊，猶在郊。宋人、衛人入鄭，蔡人從之，伐戴。八月壬戌，鄭伯圍戴。癸亥，克之，取三師焉。宋衛既入鄭，而以伐戴召蔡人，蔡人怒，故不和而敗。九月戊寅，鄭伯入宋。冬，齊人、鄭人入郕，討違王命也。

王與鄭人蘇忿生之田

隱十一年　王取鄔、劉、蒍、邘之田于鄭，而與鄭人蘇忿生之田。君子是以知桓王之失鄭也。恕而行之，德之則也，禮之經也。己弗能有，而以與人，人之不至，不亦宜乎？

鄭伯以璧假許田

桓元年　春，公即位。修好于鄭。鄭人請復祀周公，卒易祊田。公許之。三月，鄭伯以璧假許田，爲周公、祊故也。夏四月，公及鄭伯盟于越，結祊成也。

王伐鄭

桓五年　王奪鄭伯政，鄭伯不朝。秋，王以諸侯伐鄭。鄭伯禦之，王卒大敗。祝聃射王中肩，王亦能軍。祝聃請從之，公曰：「君子不欲多上人，況敢陵天子乎？苟自救也，社稷無隕，多矣。」夜，鄭伯使祭足勞王，且問左右。〔一〕

君子之論事，必使事爲吾用，而不使吾爲事所用。古今之事所當論者，不勝其多也。苟見事之難者，亦從而謂之難；見事之易者，亦從而謂之易；甚者反遷就吾說以就其事，豈非爲事所用乎？ 阪谷曰 孫子所謂「致人而不致乎人」者，豈獨兵法而已哉？ 所貴乎立論者，蓋欲發未明之理，非徒議已見之迹也。若止論已見之迹，是猶言火之熱、言水之寒、言鹽之鹹、言梅之酸，天下之人知之，何假於吾説乎？惟君子之立論，信己而不信人，【阪谷曰】有身不可無己，然而不光明正大之己，則其害勝無己矣，學所以貴窮理盡性。信心而不信目，故能用事，而不用於事。見在此之事，則得在彼之理；見在前之事，則得在後之理。衆人徒知是事，而君子獨知事外之理焉。

試舉一二以明之：【阪谷曰】「試舉」一句，開中一大段，此文之咽喉，必不可缺者。春秋之初，鄭之事周，其叛服不一，【宗曰】已下五段，均就周鄭交搆一事論之，故在此處揭明。人之論者亦不一；然皆隨事立論，鮮有得事外之理者。

鄭伯朝周，桓王不禮之。【宗曰】《隱六年》。衆人之説，不過以王不禮之爲非，此《左氏》之所已言也。君子論之，則以爲王綱既墜，傲固招禍，卑亦納侮，如夷王下堂見諸侯，禮雖卑而周益衰；《史記・本紀》。襄王從晋文之召，禮雖卑而晋益僭。《僖二十八年》。是知桓王之失，不專在於不禮鄭伯，而在於不能振王綱。此事外之理，《左氏》之所未言也。【阪谷曰】五「此所已言」，五「所未言」，如人身骨節，此亦文必不可缺者，而此篇易見，初學者宜注目。

周、鄭交惡，衆人之説，【宗曰】《隱二年》。不過以畀虢公之政，此《左氏》之所已言也。君子論之，則以爲王者之於諸侯，有畏之之迹則驕，無畏之之迹則服。在平王世，將用虢公而不敢用，反與鄭交質。《隱二年》。鄭知周畏之，故於將用虢公之初，凌犯王室，蹂踐麥禾，略無所憚。

在桓王世，將用虢公而即用之，未嘗猶豫。鄭伯知周不畏之，故於既用虢公之後，奉承王命，朝會征討，初不敢違。是知周、鄭交惡不在於用虢公，而在於畏鄭，此事外之理，《左氏》之所未言也。

桓王與鄭伯蘇忿生之田，宗曰《隱十年》。由是失鄭。衆人之説，不過謂有錫田之名，而無錫田之實，此《左氏》之所已言也。君子論之，則以爲蘇忿生既叛，其田非周之所有，與之以虚名，固足以起鄭之怨。然蘇忿生者，王室之卿士，蘇忿生之田，王室之田。叛臣盗據王之土地，王不能自取，反假他人以取之，安得不取輕於鄭乎？阪谷曰 滔滔一氣，而頓折嚴肅，不跌一步，故愈出愈妙，不覺其長。是知鄭之叛周，不專在於怨周，而在於輕周。此事外之理，《左氏》之所未言也。

桓王奪鄭伯政，宗曰《桓五年》。率諸侯伐鄭，反爲所敗。衆人之説，不過謂不當奪鄭伯之政，此《左氏》之所已言也。君子論之，則以爲鄭伯之政在所當奪，特桓王不能正其名耳。當鄭伯擅釋太山之祀之時，以廢祀而討之，其名豈不正乎？當鄭伯以璧假許田之時，以專地而討之，其名豈不正乎？使於是時討之，其名正，其義順，鄭將覆亡之不暇矣。桓王當其時而不能討，遷延數年，乃無故而奪其政，伐其國，宜鄭之不服也。是知桓王之致敗，不在於奪鄭伯政，而在於奪之非其時。此事外之理，《左氏》之所未言也。

鄭既敗王師，宗曰《桓五年》。乃斂兵而止。阪谷曰 鄭在《春秋》起頭第一雄傑，略似吾邦武田機山，可謂春秋戰國詐力之唱首也。衆人之説，不過謂鄭伯苟欲自救，此《左氏》之所已言也。君子論之，則以爲鄭伯未勝，則使祝聃射王，其事甚悖；既勝，則使祭足勞王，其辭甚恭。其前之悖，蓋出於真情，欲以取一時之勝；其後之恭，蓋出於矯情，欲以避天下之責。雖杜預亦信以爲志在苟免而不悟，是鄭伯不惟能欺當時，其遺奸餘詐，猶能欺千餘年之杜預，可謂險矣！盗賊以盗賊自處，其情猶可恕；盗賊以君子自處，其情尤可誅。是知論鄭伯者，不當信其苟免之言，而當疾其詐爲苟免之言。此事外之理，《左氏》之所未言也。

大抵論事之體，與敘事之體不同。阪谷曰 此篇論讀史立言之要，確乎爲千古之卓見，抑立國而取各國之長者，宜最致思焉也。敘事者載其實，論事者推其理。彼方冊之所載，既序其事之實矣，論者又從而述其事，曾不能推事外之理，是與序事者無以異也，非所謂論事也。况方冊既已序之，何待吾復爲贅辭以序之？雖削吾之論，於彼之事豈能有所損益乎？是吾之論反待彼之事而立，而彼之事不待吾之論而明也。故善論者，事隨於論；不善論者，論隨於事；善論者，事資於論；不善論者，論資於事。苟論資於事，是論反爲事之累也，尚何以操筆爲哉？阪谷曰 臨終急管留餘音，則其慣用法，而於此篇中間板重，尤爲得宜。

宗廷輔曰 此篇全無辭采可觀，然必如此讀書，始可云貫穿，始可云透徹。特録存之，以爲學者讀經史之法。

校勘記

〔一〕原本「鄭伯朝桓王」下有小注「注見《隱公元年》」，此後直接正文。現據宋刻本校補。

陳五父如鄭莅盟歃如忘

隱七年　陳及鄭平，陳五父如鄭莅盟。壬申，及鄭伯盟，歃如忘。泄伯曰：「五父必不免，不賴盟矣。」

桓五年〔一〕　陳亂。

曹太子朝魯奏樂而歎

桓九年　曹太子來朝，賓之以上卿，禮也。享曹太子，初獻，樂奏而歎。施父曰：「曹太子其有憂乎？非歎所也。」

晉侯受玉惰

僖十一年　天王使召武公、内史過賜晉侯命。受玉惰。過歸，告王曰：「晉侯其無後乎？王賜之命，而惰於受瑞，先自棄也已，其何繼之有？」

齊君語偷

文十七年　襄仲如齊，拜穀之盟。復曰：「臣聞齊人將食魯之麥。以臣觀之，將不能。齊君之語偷。臧文仲有言曰：『民主偷，必死。』」

公孫歸父言魯樂

宣十四年　秋九月，楚子圍宋。冬，公孫歸父會齊侯于穀。見晏桓子，與之言魯樂。桓子告高宣子曰：「子家其亡乎！懷於魯矣。懷必貪，貪必謀人。謀人，亦謀己。一國謀之，何以不亡？」

趙同不敬

宣十五年　晉侯使趙同獻狄俘于周，不敬。劉康公曰：「不及十年，原叔必有大咎，天奪之魄矣。」

晉侯見魯侯不敬

成四年　公如晉。晉侯見公，不敬。季文子曰：「晉必不免。《詩》曰：『敬之敬之，天惟顯思，命不易哉！』夫晉侯之命在諸侯矣，可不敬乎？」

鄭伯授玉視流而行速

成六年　春，鄭伯如晉拜成，子游相，授玉於東楹之東。士貞伯曰：「鄭伯其死乎？自棄也已。視流而行速，不安其位，宜不能久。」

郤錡將事不敬

成十三年　晉侯使郤錡來乞師，將事不敬，孟獻子曰：「郤氏其亡乎！禮，身之幹也；敬，身之基也。郤子無基。且先君之嗣卿也，受命以求師，將社稷是衛，而惰，棄君命也。不亡何爲？」

成子受脤不敬

成十三年　公如京師。及諸侯朝王，遂從劉康公、成肅公會晉侯伐秦。成子受脤于社，不敬。劉子曰：「吾聞之：民受天地之中以生，所謂命也。是以有動作禮義威儀之則，以定命也。能者養之以福，不能者敗以取禍。是故君子勤禮，小人盡力。勤禮莫如致敬，盡力莫如敦篤。敬在養神，篤在守業。國之大事，在祀與戎。祀有執膰，戎有受脤，神之大節也。今成子惰，棄其命矣，其不反乎！」

苦成叔傲

成十四年　衛侯享苦成叔，甯惠子相。苦成叔傲。甯子曰：「苦成家其亡乎？古之爲享食也，以觀威儀、省禍福也。今夫子傲，取禍之道也。」

衛孫文子聘魯無悛容

襄七年　衛孫文子來聘，公登，亦登。叔孫穆子相，趨進曰：「諸侯之會，寡君未嘗後衛君。今吾子不後寡君，寡君未知所過，吾子其少安。」孫子無辭，亦無悛容。穆叔曰：「孫子必亡，爲臣而君，過而不悛，亡之本也。」

齊高厚相太子會諸侯皆不敬

襄十年　春，齊高厚相太子光，以先會諸侯于鍾離，不敬。士莊子曰：「高子相太子以會諸侯，將社稷是衛，而皆不敬，棄社稷也。其將不免乎？」

齊侯衛侯不敬

襄二十一年　會于商任，錮欒氏也。齊侯、衛侯不敬。叔向曰：「二君者必不免。會朝，禮之經也；禮，政之輿也；政，身之守也。怠禮失政，失政不立，是以亂也。」

蔡侯享于鄭不敬

襄二十八年　蔡侯歸自晋，入于鄭。鄭伯享之，不敬。子産曰：「蔡侯其不免乎？日其過此也，君使子展迋勞于東門之外〔二〕，而傲。吾曰：『猶將更之。』今還，受享而惰，乃其心也。君小國，事大國，而惰傲以爲己心，將得死乎？若不免，必由其子。其爲君也，淫而不父。僑聞之，如是者，恒有子禍。」

穆叔見孟孝伯語趙孟語偷

襄三十一年　穆叔至自會。見孟孝伯，語之曰：「趙孟將死矣。其語偷，不似民主。且年未盈五十，而諄諄焉如八九十者，弗能久矣。若趙孟死，爲政者其韓子乎？吾子盍與季孫言，可以樹善，君子也。」孝伯曰：「人生幾何，誰能無偷？朝不及夕，將安用樹？」穆叔出，而告人曰：「孟孫將死矣。吾語諸趙孟之偷也，而又甚焉。」

趙孟對劉定公以吾儕偷食朝不謀夕

昭元年　天王使劉定公勞趙孟于潁[三]，館于雒汭。劉子曰：「美哉禹功，明德遠矣！微禹，吾其魚乎！吾與子弁冕端委，以治民、臨諸侯，禹之力也。子盍亦遠績禹功，而大庇民乎？」對曰：「老夫罪戾是懼，焉能恤遠？吾儕偷食，朝不謀夕，何其長也？」劉子歸，以語王曰：「諺所謂老將知而耄及之者，其趙孟之謂乎？爲晉正卿，以主諸侯，而儕於隸人，朝不謀夕，棄神人矣。神怒民叛，何以能久？趙孟不復年矣。神怒，不歆其祀；民叛，不即其事。祀事不從，又何以年？」

單子視下言徐

昭十一年　單子會韓宣子于戚，視下言徐。叔向曰：「單子其將死乎！朝有著定，會有表，衣有襘，帶有結。會朝之言，必聞於表著之位，所以昭事序也。視不過結襘之中，所以道容貌也。言以命之，容貌以明之，失則有闕。今單子爲王官伯，而命事於會，視不登帶，言不過步，貌不道容，而言不昭矣。不道不共，不昭不從，無守氣矣。」十二月，單成公卒。

宋公與叔孫昭子語相泣

昭二十五年　宋公享昭子，賦《新宫》。昭子賦《車轄》。明日宴，飲酒，樂，宋公使昭子右坐，語相泣也。樂祁佐，退而告人曰：「今兹君與叔孫其皆死乎？吾聞之：『哀樂而樂哀，皆喪心也。』心之精爽，是謂魂魄。魂魄去之，何以能久？」

魏獻子南面

昭三十二年　十一月，晋魏舒、韓不信如京師，合諸侯之大夫于狄泉，尋盟，且令城成周。魏子南面。衛彪傒曰：「魏子必有大咎。干位以令大事，非其任也。」

邾子執玉高魯受玉卑

定十五年　春，邾隱公來朝。子貢觀焉。邾子執玉高，其容仰；公受玉卑，其容俯。子貢曰：「以禮觀之，二君者，皆有死亡焉。夫禮，死生存亡之體也，將左右周旋，進退俯仰，於是乎取之；朝祀喪戎，於是乎觀之。今正月相朝，而皆不度，心已亡矣。嘉事不體，何以能久？高、仰，驕也；卑、俯，替也。驕近亂，替近疾。君爲主，其先亡乎？」夏五月，公薨。仲尼曰：「賜不幸言而中，是使賜多言者也。」

春秋之際，盟會聘享，人皆視升降語默之節爲吉凶禍福之占。其矯誕不經，世所共知也，吾猶有所疑焉。觀人之術，在隱不在顯，在晦不在明。阪谷曰 孔子視觀察之用，説得分明，以發後段《中庸》説之端。顯與明，人之所畏也；隱與晦，人之所忽也。人之所畏，雖小人猶知自飾；人之所忽，雖君子不能無疵。蓋畏則加意，而忽則多不加意耳。苟不能乘其不意，而徒觀其加意之時，則令色足恭，阪谷曰《論語集註》：令，善也。足，過也。矯僞蠭起，其本質真態亦何自而見哉？莅衆之容，必肅於燕閑之日〔四〕；對賓之語，必嚴於私昵之時。又况盟會聘享之際，金石在庭，籩豆在席，擯相在前，三揖在下。旦失色於堂，暮傳笑於國，片言之誤，可以起萬口之譏。人情好勝而惡辱，豈不能勉强於須臾耶？阪谷曰 自人情推而詰問出其源，是此篇着眼處。

今考《左氏》之所載，其周旋揖遜、辭氣容貌可嗤可指者，相望於冊。此理之不可曉者也。嗚呼！吾得之矣。凡人之情，爲惡於人之所不見，爲善於人之所見。欲以欺世而售其奸，胡不反觀一身以近取譬乎？肝受病則目不能視，腎受病則耳不能聽，脾受病則口不能食，心受病則舌不能言。肝也，腎也，脾也，心也，在内而人所不見者也；目也，耳也，口也，舌也，在外而人所見者也。受病於人之所不見，則其病必發於人之所見矣。

是故隱顯晦明，本無二理。阪谷曰 太極生兩儀、陰陽亦一理。分析宜精，而又可知一致合用之妙。隱之所藏，待顯而露；晦之所蓄，待明而彰。彼春秋之公侯卿大夫，未嘗致力於暗室屋漏之學，及盟會聘享之際〔五〕，雖欲勉强修飾，終有時而不能揜。歃血而忘者，不自知其忘也；受玉而惰者，不自知其惰也；奏樂而歎者，不自知其歎也；相語而泣者，不自知其泣也。方正冠鳴佩，儼然肅然，自謂中禮，而不知人已議其後矣。阪谷曰 化腐作新，在發明與辭彩。平居暇日，暗室屋漏之所爲，至於此時，如遇明鏡，無不發見。吾是以知顯者隱之影，明者晦之響也。

君子欲無得罪於衆，必先無得罪於獨；欲無得罪於朝，必先無得罪於家。苟徒以一日之敬，而蓋終身之邪，是濁其源而揚其流，斧其根而溉其葉也。雖然，春秋之時，阪谷曰 反覆推文勢。「雖然」二字，恐屬衍文，作「夫」一字，更似可。旁觀竊議者，特爲瞽史之學者耳，而愆失繆戾已不能逃其目。使有知道者立於其側，又將若之何？宗廷輔曰 即誠中形外之理，而剖析言之。

校勘記

〔一〕桓五年，宋刻本作「桓六年」。按《桓五年》：「春正月，甲戌，己丑，陳侯鮑卒，再赴也。於是陳亂，文公子佗殺太子免而代之。」《六年》秋八月，「蔡人殺陳佗」。五年、六年陳亂，即指此而言。宋刻本亦不誤。

〔二〕迋，原作「延」，宋刻本作「廷」，據四庫本及《左傳》改。

〔三〕頴，原本、臺圖本、安正堂本皆作「賴」，宋刻本作「穎」，據四庫本及《左傳》改。

〔四〕燕閑，宋刻本作「閑燕」。

〔五〕盟會聘享，原本、臺圖本作「盟會燕享」，宋刻本作「聘會聘享」，據安正堂本、四庫本及上文改。

隱公問族於衆仲

隱八年　無駭卒，羽父請謚與族。公問族於衆仲。衆仲對曰：「天子建德，因生以賜姓，胙之土而命之氏。諸侯以字爲謚，因以爲族。官有世功，則有官族。邑亦如之。」公命以字爲展氏。

天下之事，簡則易知，繁則難知，此理之常也。至於氏族之説，則反是焉。氏族莫繁於古，而知之者甚易；氏族莫簡於今，而知之者甚難。

三代之時，曰姓者，統其祖考之所自出者也，百世而不變者也；曰氏者，别其子孫之所自分者也，數世而一變者也。天子建德，因生以賜姓，因其所由生以賜姓。若舜由嬀汭，故陳爲嬀姓。其得姓雖一，而子孫别而爲氏者，不勝其多焉。有以王父之字爲氏者矣，且如陳伯袁之後而爲袁氏，齊公子高之後而爲高氏，衛公子惠孫之後而爲孫氏，宋公子樂父之後而爲樂氏，宋司寇牛父之後而爲牛氏，魯閔子騫之後而爲騫氏，是皆以王父之字爲氏者也。有以先世之謚爲氏者矣，杜預曰：「或使先人之謚稱以爲族。」有以所居之官爲氏者矣，祭仲初爲祭封人，掌封疆者，後以爲氏。有以始封之邑爲氏者矣，如文王封子時叔於沈，故其後爲沈氏；武王封太伯曾孫於閻，故其後爲閻氏；晋穆侯封少子成師於韓〔一〕，故其後爲韓氏；晋獻公封畢萬於魏，故其後爲魏氏；宋公子段食於褚，故其後爲褚氏；宋太公食於蕭，故其後爲蕭氏；楚賁皇食於苗，故其後爲苗氏；晋叔向食於楊，故其後爲楊氏；杞之後食於婁，而爲婁氏；越之後食於歐山之陽，而爲歐陽氏。是皆以始封之邑爲氏也。枝分派别，千塗萬轍，初若參錯紛亂而難考，及徐而視之，有綱有條，猶指諸掌焉。孟、仲、季、臧、東門、子叔，同出於魯也；孟穆伯、仲子、季文子、臧僖伯、東門襄仲、子服昭伯、叔孫氏是也。游、國、豐、印、公父、伯張，同出於鄭也；游吉、國參、豐卷、印堇父、公孫泄、伯張之類是也。向、華、蕩、樂、鱗、魚、仲、老，同出於宋也；向宜、華督父、蕩意諸、樂吕、鱗朱、魚石、仲幾、老佐是也。欒、高、崔、國、叔、仲、東郭，同出於齊也。欒子雅、高傒、崔夭、國歸父、叔孫還、仲孫湫、東郭偃是也〔二〕。尋其流可以知其源，尋其葉可以知其根，抑何易耶？ 阪谷曰 以上説古繁而易。

自秦、漢以來，氏族之制，出於上之所賜、下之所更者，絶無而僅有；至於世守一氏，傳千餘年而不變者，天下皆是也。其變非若古之屢，其列非若古之多，可謂簡而易知矣。然人罕有能辨氏族之源者。王之氏一也，吾不知出於元城之王耶？後漢王充，會稽人，其先自魏郡元城徙居於此。宜春之王耶？前漢宜春侯王訢之後。邛成之王耶？前漢邛成侯王奉光之後。奉光，宣帝皇后父。劉之氏一也，吾不知出於陶唐之劉耶？《高祖贊》：漢帝本系，出自唐帝。降及于周，有秦作劉〔三〕。奉春之劉耶？劉敬説高帝都關中〔四〕，高帝封敬爲奉春君，賜姓劉。

元海之劉耶？ 晋趙劉元海，本匈奴種，漢光武時内附，號南匈奴。其能明辨而不惑者，鮮矣！氏之馬者，未必能辨其爲馬服之馬，趙奢因封馬服君，其後遂轉而爲馬氏。及馬矢之馬也。後漢馬隆，其先本姓馬矢氏。氏之石者，未必能辨其周、衛之石，周石速、衛石碏。及後趙之石也。後趙石勒本羯種。【阪谷曰】以上説今簡而難。

古之氏族繁，而知之者反多；今之氏族簡，而知之者反少。【阪谷曰】首揭古今難易字，承之分説，而合糾結束入主意，是文字定法。在古則宜難而反易，在今則宜易而反難。其説果安在耶？蓋由譜牒之明與廢而已。譜牒明，則雖難者猶且知之，况其易者乎？譜牒廢，則雖易者猶不知之，况其難者乎？吾以是知譜牒之學不可不講也。【阪谷曰】一句表明主意。

世之學者，仰則欲知天文，俯則欲知地理，大則欲知治亂興衰之迹，小則欲知草木蟲魚之名。至於己之氏族，吾祖考之所自出，則茫然不知，豈可不耻乎？不知吾祖考氏族之所自，是固可耻也。【阪谷曰】大儒之言不苟發。乃若吾一身之間，視而不知視之所自，聽而不知聽之所自，言而不知言之所自，動而不知動之所自，以至喜怒哀樂皆不知其所自，是又大可耻也！不知吾祖考氏族之所自，問諸明譜學者足矣；【阪谷曰】人或曰腐，素曰吁！不知吾一身視聽言動、喜怒哀樂之所自，將問諸何人乎？ 噫！

校勘記

〔一〕晋穆侯，原作「晋穆族」，據宋刻本及《左傳》改。
〔二〕叔孫還，原作「叔仲還」，據《左傳》改。
〔三〕有，宋刻本作「在」，《漢書·高帝紀》同。
〔四〕劉敬，宋刻本作「婁敬」。

東萊先生左氏博議卷之三

滕薛爭長

隱十一年　滕侯、薛侯來朝，爭長。薛侯曰：「我先封。」滕侯曰：「我，周之卜正也；薛，庶姓也。我不可以後之。」公使羽父請於薛侯，曰：「君與滕君辱在寡人。周諺有之曰：『山有木，工則度之；賓有禮，主則擇之。』周之宗盟，異姓爲後。寡人若朝於薛，不敢與諸任齒。君若辱貺寡人，則願以滕君爲請。」薛侯許之，乃長滕侯。

以辭服人主于直，世之通論也。吾以謂辭之直，固可使人服〔一〕，然亦可以起人之爭。天下之理至於直而止，今反曰「起人之爭」，何耶？蓋聞過而喜者，君子也；聞過而怒者，衆人也。君子心口爲一，故其與人辨，心既屈，則口亦屈；衆人心口爲二，故其與人辨，心雖屈，而口不屈。辭之直者固可以服君子矣，苟與衆人辨，則在我雖直，在彼雖曲，阪谷曰 對論情態如畫。苟恃吾之直而與之較曲直，彼安肯内訟其曲而甘處于不勝之地乎？其勢必與吾辨，辨而不勝必爭，爭而不勝必忿，忿心一生，其禍有不可勝言者矣。阪谷曰 自激則激人，激與激鬥，如兩石觸生火。君子常少，衆人常多，則辭之直者利天下少而害天下多。信如是，則辭不可以直乎？曰：

非直之罪也，有其直之罪也。［阪谷曰］「有其直」三字，一篇眼目，又人生忿争根柢。使吾不有其直，亦何自而起人之争哉？

昔滕侯、薛侯朝于魯。滕，同姓也，所當先也；薛，異姓也，所當後也。方其争長，舉魯國之人，孰不知滕之直而薛之曲乎？爲隱公者，若主滕之直責薛之曲，則滕將自矜其直而益驕，薛將自耻其曲而益忿。使隱公之辭果出于此，非徒不能解二國之鬭，乃合二國之鬭也。惟隱公不有其直而婉其辭，未嘗明言薛侯之曲，乃退托於卑下寡弱之域，以己而喻人。其辭曰：「寡人若朝于薛，不敢與諸任齒。君若辱貺寡人，則願以滕君爲請。」其言巽順和易，紆餘閑暇，不躁不迫，不矜不揚。想薛侯聞之，必自思曰：「爲主者謙抑如此，爲賓者當如何耶？」［阪谷曰］起好起戎，唯此口。故君子慎其言，又文其言。爲大國者謙抑如此，爲小國者當如何耶？」雖有忿戾之心，游泳此言，如隨春風，如醉醇酎。［阪谷曰］女子能制醉客，亦柔勝剛耳。見魯之恭，而不見滕之傲也；見魯之遜，而不見滕之争也。向之虚氣驕色，固已雲散霧除而無復存矣。吾以是知魯之善爲辭令也。

嗚呼！屈己服人近於弱，屈人服己近于强。凡人之情，未有不耻弱而喜强者。然我欲服人，人亦欲服我，兩强不相下，其争何時而已乎？隱公降大國之尊，而屈於小國之卑，其始雖若弱，然以片言而平二國之争，强孰大焉？故致强之道始於弱，致弱之道始于强。［阪谷曰］《老子》曰：知其雄，守其雌，爲天下谿。非忘强弱者，孰能真知强弱之辨哉？

校勘記

〔一〕使人服，原作「使人之服」，據宋刻本改。

潁考叔争車

隱十一年　公會鄭伯于郲，謀伐許也。鄭伯授兵于太宫。公孫閼與潁考叔争車，潁考叔挾輈以走，子都拔棘以逐之〔一〕。及大逵，弗及，子都怒。七月，公會齊侯、鄭伯伐許。傳於許。潁考叔取鄭伯之旗蝥弧以先登，子都自下射之，顛。瑕叔盈又以蝥弧登，周麾而呼曰：「君登矣！」鄭師畢登。遂入許。

理之在天下，宗曰 冒頭。猶元氣之在萬物也。一氣之春，播於品物，其根其莖，其枝其葉，其華其色，其芬其臭，雖有萬而不同，然曷嘗有二氣哉？理之在天下，遇親則爲孝，遇君則爲忠，遇兄弟則爲友，遇朋友則爲義〔二〕，遇宗廟則爲敬，遇軍旅則爲肅。隨一事而得一名，名雖至于千萬，而理未嘗不一也。氣無二氣，理無二理。宗曰 深得格物之理。然物得氣之偏，故其理亦偏；人得氣之全，故其理亦全。惟物得其偏，故蕕之不能爲薰，荼之不能爲薺，松之不能爲柏，李之不能爲桃。各守其一而不能相通者，非物之罪也，氣之偏也。阪谷曰 起首正大，方是大儒氣象。至于人則全受天地之氣，全得天地之理，今反守一善而不能相推，豈非人之罪哉？

潁考叔以孝聞于鄭，宗曰入題。一言而回莊公念母之心，其孝固可嘉矣。《隱元年》。使考叔能推是孝而極之，則塞乎天地，横乎四海，凡天下之理未有出于孝之外也。奈何考叔有是孝而不能推之伐許之役，反争一車而殺其身，可勝惜哉！其與莊公問答之際，宗曰講題。温良樂易，何其和也！其與子都鬭争之際，忿戾攘奪，何其暴也！一人之身，前後相反如此。當捨肉之時，則思其親；至授兵之際，獨不思其親乎？阪谷曰比較辯詰，且揚且責，誰不首伏？當賜食之時，則思其親；至挾輈之時，獨不思其親乎？前則思之，後則忘之。是見親于羹，而不見親於車也。苟考叔推事親之敬爲宗廟之敬，必不敢争車于大宫矣；推事親之肅爲軍旅之肅，必不敢挾輈於大逵矣。惟其不能推，故始得純孝之名，終不免犯鬭狠危父母之戒也。

或曰：宗曰餘波。「考叔之伐許，輕身以先登，豈亦不能推其孝乎？」吾應之曰：「争車者，私也，宗曰好剖析。所以爲不孝也；先登者，公也，所以爲孝也。愛其身者，事親之孝；忘其身者，事君之忠。忠孝豈有二道乎？曾子以戰陳無勇爲非孝，宗曰好證據。則考叔之勇正曾子所謂孝也。然考叔不死于先登之傷，而死於子都之射。阪谷曰精到不漏一線。前段「不能相推」句、「可勝惜哉」句，至此一句收束。死於私，不死於公，君子安得不責之乎？此吾所以深惜其不能推也。

昔《左氏》嘗舉「孝子不匱，永錫爾類」之詩以美考叔[三]，宗曰 結題。自今觀之，能捨肉而不能捨車，則其孝有時而匱矣；能化莊公而不能化子都，則其類有時而不能錫矣。考叔三復是詩，能無愧乎？《左氏》以此詩而美考叔之孝，吾請移此詩以責考叔之非。阪谷曰 全篇責備而不露「責」字，至結翻《左氏》始出之，所謂畫龍點睛者。

宗廷輔曰 援前章之事，爲此章定案，筆下極清晰之致。

校勘記

〔一〕拔，原作「扶」，據宋刻本、安正堂本、四庫本改。

〔二〕義，宋刻本作「信」。

〔三〕宋刻本此後有小字注「《既醉》篇」。

齊魯鄭入許

隱十一年　公會鄭伯于郲，謀伐許也。許莊公奔衛。齊侯以許讓公。公曰：「君謂許不共，故從君討之。許既伏其罪矣，雖君有命，寡人弗敢與聞。」乃與鄭人。

共患易，共利難。患者，人之所同畏也；利者，人之所同欲也。同有畏心，其勢必合；同有欲心，其勢必争。自古及今，變親爲疏，變恩爲怨，變黨爲讎，鮮不以共利者。吁！亦難矣。

吾觀三國之克許，何其善處於功利之間也！當伐許之際，先登者鄭之大夫，而齊、魯之大夫無與焉；畢登者鄭之師，而齊、魯之師無與焉。是則克許之功獨出于鄭，以許歸鄭〔一〕，固其所也。然常人之情，戰則避患而居後，勝則争利而居前。不慚己之無功，反不容人之有功。昔鄧艾、鍾會同將兵而伐蜀矣，人皆知平蜀者鄧艾之功也，而鍾會反攘其功而殺之；見《三國志·艾、會傳》。王渾、王濬同將兵而伐吴矣，人皆知平吴者王濬之功也，而王渾反攘其功而劾之。見《晋書·渾、濬傳》。使齊、魯之君亦如鍾會、王渾之用心，則三國之禍，吾知其始於克許之日矣。許地雖偏，然亦古之建國也。一兔在野，百人逐之；阪谷曰 忙中取喻，妙在簡。一金在地，百人競之，况一國之利乎？今舉以與齊，齊不敢受；舉以與魯，魯不敢受。計其義，推其功，而卒歸之於鄭焉。嗚呼！阪谷曰「嗚呼」一句，如孤峰聳雲間。孰謂春秋争奪之世，而復見群后德遜之風乎！

許國之破，鄭師克之，齊、魯推之。爲鄭伯者，固可安受而無愧也。且不絶許之祀，不縣許之疆，將何所待耶？鄭伯之意，豈不曰克許者雖我師之功，然齊、魯之師亦與有暴露之勞也？三國同其勞，一國專其利，彼雖不校，吾獨不愧於心乎？此所以啓許叔之封也。

齊、魯無功，而不敢奪人之功；阪谷曰 號旗一動，諸軍皆會於旗鼓下。鄭雖有功，而不敢恃己之功。是善處無功者莫如齊、魯，善處有功者莫如鄭也。是心也，豈特可用之戰陣之間哉？凡與人共利者，大而共政，小而共財，推是心而居之，將無入而不自得矣。

雖然，伐許之役所以全其美者，由彼此之善處也。苟與人共利，我雖推之，彼益競之，則將奈何？吾以謂使齊、魯推其功而鄭專其功，阪谷曰《老子》曰「知與之爲取」，蓋非知真利者，豈知利之虚實果存乎何處？在齊、魯者不害其爲美；使我推其利而人專其利，在我者不害其爲廉。盡其在我，聽其在人可也。吾又發之，以告與人共利者。

校勘記

〔一〕鄭，據安正堂本、瞿本補。

息侯伐鄭

隱十一年　鄭、息有違言，息侯伐鄭。大敗而還。君子是以知息之將亡也。不度德，不量力，不親親，不徵辭，不察有罪。犯五不韙，而以伐人，其喪師也，不亦宜乎！

居賤惡勞，居貧惡困，居難惡辱，皆禍患之招也。天下之理，賤不與勞期而勞自至，貧不與困期而困自至，難不與辱期而辱自至。是猶形影之相隨、聲響之相應也，豈有形能離影、聲能離響者乎？不知其不可離而欲離之，此所以連臂而自投于禍患之網也。

君子以謂：「勞者賤之常，困者貧之常，辱者難之常。彼其所以冒禍患者，特不能處其常而已。自處于勞，則在賤而安矣；自處於困，則在貧而安矣；自處于辱，則在難而安矣。處小國之道，亦猶是也。處小國者，當卑，當遜，當忍耻，當屈身。豈不以弱者小國之常耶？

息之爲息，在春秋之時至微也。介乎大國之間，雖祇慄危懼，猶恐不能自保，况敢與人争乎？當其與鄭違言之際，息侯盍自咎曰：「小大之不敵，天也；小國之見陵於大國，亦天也。天實爲之，吾其敢逆天乎？」今乃不勝一朝之忿，忘其小而犯大，宜其自取覆敗。阪谷曰 入題出題如轉丸，「然」一字有萬鈞之力。而五不韙之責，皆歸其身也。然鄭、息俱有違言，鄭之大，不先加兵於息；息之小，反先加兵於鄭，何耶？蓋小國之心，常疑人之陵我，故忿心易生，此息師所以先動也。

是心也，非特息侯爲然，凡人之處於困阨窮弱之地，阪谷曰 人情徹底，而此情生於好名譽，名譽之重乎人，可知也。其最不平者莫甚於人之陵我。吾將有以曉之：宗曰 已下就事指點，爲弟子言之。當貴盛之時，人之奉我者，非奉我也，奉貴者也；當貧賤之時，人之陵我者，非陵我也，陵賤者也。奚以知其然耶？使吾先貴而後賤，阪谷曰 議論精深，深入骨。一死一生，乃見交情；一貴一賤，交情乃見。淺矣哉，唯知咎人而已。我之爲我，自若也，而奉我者遽變而見陵，則回視前日之奉我者，豈真奉我乎？使吾先賤而後貴，我之爲我，亦自若也，而陵我者遽變而見奉，則回視前日之陵我者，豈真陵我乎？彼自奉貴者耳，我何爲而喜？宗曰 妙語解頤，即朱子之所謂巧也。彼自陵賤者耳，我何爲而怒？心者我之心，阪谷曰 轉轉終歸於其心，使人爽然自失。固將治我之事也，何暇助貴者之喜，助賤者之怒哉？

宗廷輔曰 篇末論貧富無常、人情變幻之處，令人首肯不已。《博議》文字往往于講題之後、正論已完，别開一段議論，以與門弟子相警切。疑後來制藝之有大結，實基于此。所謂大結者，有明規制，許作者於篇終之後，或比附史事，或自抒所見，更作一段文字，將以觀其志趣之所在也。行之既久，或涉干請，甚至暗通關節，故本朝功令遂不准用。而後之選文者因去此一段，不以入選，於是知此者鮮矣。

羽父弑隱公

隱十一年　羽父請殺桓公，將以求太宰。公曰：「爲其少故也，吾將授之矣。使營菟裘，吾將老焉。」羽父懼，反譖公於桓公，而請弑之。十一月壬辰，羽父使賊弑公，立桓公。

嗚呼！敗天下爲義之心者，隱公之弑也。利者，人之所趨；義者，人之所憚。使爲義而無禍，人猶且不肯爲，况重之以禍乎！隱公輕千乘之國，而推之桓公，桓公反不亮其心而弑之。有甚高之節，而罹甚酷之禍。世將指隱公爲戒，而諱言義矣。是隱公之弑，非隱公之不幸，乃道義之不幸也。君子所恃以勝小人者，惟有福善禍淫之戒，僅可以動愚俗。既有隱公之變，則平日所恃以勝小人之具索然矣。此有志之士所以憤天道之無知，撫遺編而浩歎也。吾之所聞則異於是焉。

人皆以爲隱公之弒，敗天下爲義之心；吾獨以爲隱公之弒，可以勉天下爲義之心。是何耶？隱公之禍，非坐爲義也，乃坐爲義不盡耳。阪谷曰排雲霧，揭主峰，此法自老泉來，但勁拔未及耳。隱公遜國之節，心甚明，迹甚顯。當桓公幼弱之時，隱公苟有他志，微見風采，立可齏粉。桓公在隱公之掌握十有一年〔二〕，不惟無纖芥之隙，又且長育而輔翼之。上有天，下有地，其心迹不可誣也。所可恨者，特爲義不盡，貪數年之權，而去位不亟耳。惟其去位不亟，故貪慕顧惜之形見於外，阪谷曰欲討其病源，先責其外症。風凜然在人，則不仁者不敢至其墻，不義者不敢至其廬，況敢以戕殺之謀、狗彘之行浼我乎？今羽父敢對隱公明發戕殺之言而不忌，是隱公貪慕顧惜之形有以召之也。

隱公尚不自警，方且告羽父曰：「爲其少故也，吾將授之矣。使營菟裘，吾將老焉。」「將」之一字，阪谷曰「將」一字是全篇着眼處，所謂「坐爲義不盡」者，病根自此生。古人云：「可」一字誤兵機，況「將」乎？是隱公貪慕顧惜之心形于言者也。當授即授，何謂「將」授？當營即營，何謂「將」營？投機之會，間不容髮，豈容有所謂「將」者耶？此所以招羽父之侮、起桓公之疑，而迄至于殺其身也。

隱公遜國之義，心如此之明，迹如此之顯，秋毫不盡，遽受大禍。況心迹未如隱公之所見者，其敢不自勉乎？以是知大恩與大怨爲鄰，阪谷曰以下更推「將」字病因。大名與大辱爲朋。

隱公之于桓公，恩可謂大矣，少有不盡，遂變而爲大怨；隱公之遜魯國，名可謂大矣，少有不盡，遂變而爲大辱。然則君子之爲義，夜以繼日，不敢不用其極者，非特就義，亦所以避禍也。向無隱公之禍迫之，則爲義者立一善、修一行，沾沾自足〔二〕，怠而不復前矣。〔阪谷曰〕此一節説病因在自怠。

抑又嘗反覆觀之，隱公之禍實生於自恕焉。隱公之心以謂，吾遜國之志，左右知之，卿士亦知之；國人知之，諸侯亦知之；吾終不有魯國決矣。幸桓公之少，尚可偷安居位，少假歲月，然後脱屣而去之，人未必見責也。彼桓公無故而得一國，寧不能忍歲月之淹乎？然隱公雖自恕，而不知桓公之不我恕也。人之欲自恕者，其可不鑒隱公之覆轍乎！〔阪谷曰〕此一節説病因在自恕。兩節綰合，乘勢複首段一語結之。

隱公之禍，既可以激自怠之志，又可以破自恕之私。凡人之所以不能爲義者，自怠耳，自恕耳。一經此變，二病俱瘳。蕩蕩平平之義路，可以長驅而横騖矣。故曰：「勉天下爲義之心者，隱公之弑也。」

校勘記

〔一〕一，原作「二」。按魯隱公在位十一年，據宋刻本、安正堂本、瞿本改。

〔二〕自足，宋刻本作「自是」。

臧哀伯諫納郜鼎

桓二年　夏四月，取郜大鼎于宋。納于大廟，非禮也。臧哀伯諫曰：「君人者，將昭德塞違，以臨照百官，猶懼或失之，故昭令德以示子孫。是以清廟茅屋，大路越席，大羹不致，粢食不鑿，昭其儉也。衮、冕、黻、珽、帶、裳、幅、舄、衡、紞、紘、綖，昭其度也。藻、率、鞞、鞛、鞶、厲、游、纓，昭其數也。火、龍、黼、黻，昭其文也。五色比象，昭其物也。鍚、鸞、和、鈴，昭其聲也。三辰旂旗，昭其明也。夫德，儉而有度，登降有數。文、物以紀之，聲、明以發之，以臨照百官。百官於是乎戒懼，而不敢易紀律。今滅德立違，而寘其賂器于大廟，以明示百官。百官象之，其又何誅焉？國家之敗，由官邪也。官之失德，寵賂章也。郜鼎在廟，章孰甚焉？武王克商，遷九鼎於雒邑，義士猶或非之，而況將昭違亂之賂器于大廟，其若之何？」公不聽。周内史聞之，曰：「臧孫達其有後於魯乎！君違不忘諫之以德。」

鄰國之賢，敵國之讎也；權門之良，公門之蠹也。蕭何、韓信之徒，高祖視之則爲忠，項羽視之則爲賊；漢高祖與項羽争天下，蕭何之徒爲佐，卒敗羽于垓下。杜欽、谷永之徒，王鳳視之則爲忠，漢室視之則爲賊。漢成帝時，詔舉直言極諫之士。杜欽、谷永應詔後，詣白虎殿問策。是時帝委政王鳳〔一〕，欽、永皆阿附之。然則篡君之忠臣，庸非治世之賊臣耶？臧哀伯之諫郜鼎，其言則是，其所與言者則非也。宗曰　一篇主意。

臣弑君，凡在官者殺無赦；子弑父，凡在官者殺無赦。桓公以弟弑兄，以臣弑君，凡在魯國者，雖牧圉厮養之賤，皆可劇刃以戮之〔二〕，况哀伯魯之世卿，有禄於國，有賦於軍，有職於祭，寧忍坐視而不救乎〔三〕？力能討，則誅之可也；力不能討，則去之可也。今乃低首下心，日趨于朝，又發忠言以裨其闕，其於桓公信無負矣，獨不負於隱公耶？

斬關之盜，人不責其穿窬；殺人之囚，人不責其鬬毆。以斬關而概穿窬，餘事也；以殺人而概鬬毆，微罪也。彼桓公親爲簒逆而不忌，况可責其取亂人之一鼎乎？宜其説之不納也。由前言之則不忠，由後言之則不智。阪谷曰 斷案入骨。一進説而二失具焉。人謂哀伯爲賢，吾不信也。

嗚呼！嚴尤匈奴之策，宗曰 比例得妙。奇策也。然君子不謂之奇，以其所告者王莽耳；《漢書》：王莽新即位，欲立威，迺拜十二部將，三十萬衆，齎三百日糧〔四〕，同時十道并出，窮追匈奴。嚴尤諫曰「臣聞匈奴爲害，所從來遠矣，未聞上世有必征之者也。後世三家周、秦、漢征之，然皆未得上策者也。周得中策，漢得下策，秦無策焉」云云，「大用民力，功不可必立，臣伏憂之」。莽不聽。陳子昂明堂之議，正議也，然君子不謂之正，以其所告者武后耳：武后垂拱初，詔群臣：「調元氣當以何道？」陳子昂因是勸復興明堂，上言曰「昔黄帝合宫、有虞總章、堯衢室、周世室，皆所以調元氣，治陰陽也」云云。臧哀伯郜鼎之諫，忠諫也。然君子不謂之忠，以其所告者桓公耳。觀人之言，當先考其所處之地，然後聽其所發之言。苟失身于簒逆之區，雖有忠言嘉謀，未免爲助亂也。以亂助亂，其罪小；以治助亂，其罪大。濟之以淫侈，佐之以暴虐，凶德參會，神怨人怒，適所以趣其誅而速其死，此以亂助亂之罪小也；導之以典型，規之以箴諫，使亂人之身安固而不可拔，忠臣孝子之憤亦無自而雪，此以治助亂之罪大也。向若桓公用哀伯之言，動遵法義，自附於逆取順守之説，則終無彭生之禍，公子彭生。而隱公之目永不瞑于地下矣。哀伯之罪，顧不大耶！

吾嘗謂羽父之請，爲桓公畫篡國之謀；哀伯之諫，爲桓公建保國之策。始亂者，羽父也；成亂者，哀伯也。阪谷曰 文鋒鋭利，不可不如此，抑論則頗近酷。正名定罪，不當置哀伯于羽父之下。

宗廷輔曰 責哀伯之不當正諫，當先責其不當立桓之朝，食其禄而不忠其主，聖門無是教也。桓之朝既無一正人君子，則周公、伯禽將不血食，哀伯且欲爲魯臣而不可得，而後之修《明史》者，凡永樂一朝之臣，宜悉簒入叛臣傳矣。此東萊之論，似是而實非也，而文則鋭甚。

校勘記

〔一〕帝，宋刻本作「上」。

〔二〕劓，宋刻本作「剸」。

〔三〕救，宋刻本作「顧」。

〔四〕三百日，原作「二百日」，據宋刻本及《漢書》改。

晉穆侯命二子名及晉封曲沃

桓二年　穆侯之夫人姜氏以條之役生太子，命之曰仇。其弟以千畝之戰生，命之曰成師。

師服曰：「異哉，君之名子也！夫名以制義，義以出禮，禮以體政，政以正民，是以政成而民聽，易則生亂。嘉耦曰妃，怨耦曰仇，古之命也。今君命太子曰仇，弟曰成師，始兆亂矣。兄其替乎？」惠之二十四年，晋始亂，故封桓叔于曲沃。靖侯之孫欒賓傅之。師服曰：「吾聞國家之立也，本大而末小，是以能固。故天子建國，諸侯立家，卿置側室，大夫有二宗，士有隸子弟，庶人、工、商，各有分親，皆有等衰。是以民服事其上，而下無覬覦。今晋，甸侯也，而建國，本既弱矣，其能久乎？」

曲沃晋莊伯伐翼

隱五年　曲沃莊伯以鄭人、邢人伐翼，王使尹氏、武氏助之，翼侯奔隨。

王伐曲沃

隱五年　曲沃叛王。秋，王命虢公伐曲沃，而立哀侯于翼。

曲沃武公伐翼

桓三年　春，曲沃武公伐翼，次于陘庭。韓萬御戎，梁弘爲右。逐翼侯于汾隰，驂絓而止，夜獲之，及欒共叔。

曲沃伯殺小子侯

桓七年　冬，曲沃伯誘晋小子侯殺之。

王命曲沃伯爲晋侯

莊十六年　冬，王使虢公命曲沃伯以一軍爲晋侯。

千萬世之争端，非人力之所能塞也。凡有血氣之屬，利小則争亦小，利大則争亦大。國者，其千萬世之大争端乎？阪谷曰「國者其大争」云云之一句，青天霹靂，而爲千古之確言。集人之所同欲聽而不可得者，以奉吾之耳；集人之所同欲視而不可得者，以奉吾之目；集人之所同欲嗜而不可得者，以奉吾之口；集人之所同欲享而不可得者，以奉吾之身。聚天下之大利，而萃之於此。有國者雖欲絶争奪之禍，然傳諸後世，其子孫以謂均襲先君之業，均出先君之胄，年相若也，貌相若也，材氣相若也，智力相若也，彼何爲而獨尊，我何爲而獨卑？彼何爲而獨强，我何爲而獨弱？争心一起，是豈人力之所能禦乎？阪谷曰老泉秘訣之口吻。

昔之聖人知人力之不能禦也，于是反求諸天，而得塞之之術，曰嫡庶長幼之分。是分既立，而争奪之門始閉矣。嫡與長，天之所生，而非人之所能爲使嫡爲長也；庶與幼，亦天之所生，而非人之所能爲庶爲幼也。阪谷曰此篇以老泉《詩》、《禮》論等文發周程之理，吕公亦狡獪。然而立惡主以覆國，其弊生於此者亦比比矣。近日公論歸君民同權，宜致思也。嫡者，天實嫡之；庶者，天實庶之；長者，天實長之；幼者，天實幼之。今聖人制爲定分，傳於長嫡。爲支子者，咸知其出於天，而不出於人。命當爲庶，初非人之賤我也；命當爲幼，初非人之後我也。仰視嫡長之貴，如垤之於嶽，如瀆之於海，如石之於玉，如魚之於龍，如鳥之於鳳，如獸之於麟，邈然超軼，非吾流輩。其自然之尊，蓋判於有生之初，天既命之，豈人之所敢干哉？由開闢以來，所以共守是分而不敢變者，非專畏聖人也，畏天也。是故微子不敢代紂；微子開者，殷紂之庶兄也。目夷不敢代襄公；《僖八年》：宋公疾，太子兹父固請曰：「目夷長且仁，君其立之。」公命子魚，子魚辭曰：「能以國讓，仁孰大焉？臣不及也，且又不順。」遂走而退。子西不敢代昭王；《昭二十六年》：楚平王卒。令尹子常欲立子西，曰：「太子壬弱，其母非適也，王子建實聘之。子西長而好善。立長則順，建善則治。王順、國治，可不務乎？」子西怒曰：「王有適嗣，不可亂也。」令尹乃立昭王。季札不敢代諸樊。諸樊遜位季札，季札謝。吳壽夢有子四人〔一〕，長曰諸樊〔二〕，次曰季札。季札賢，壽夢欲立之。以數子之賢，苟承祀繼統，可以大前人之業，可以啓無窮之基，然終逡巡却避者，豈非不忍以一國之私欲利害，而啓千萬世爭奪之禍乎？阪谷曰 長句關結，見筆力。

嫡庶長幼之定分，歷聖歷賢，歷古歷今，不敢輕變。晉穆侯何人也，乃敢首亂之。阪谷曰 是亦假題示教者。溺于私愛，命名之際妄有輕重，馴致曲沃之禍，卒覆宗國，爲周王者又從而寵秩之。自古聖人所恃以塞千萬世之争端者，至是皆壞。世始知人可勝天，庶可奪嫡，幼可陵長。簒奪之禍，史册相望。納中國於戎狄夷貊之域者，未必非晋與周啓之也。

噫！至貴之無敵，至富之無倫，染指垂涎者至衆也。阪谷曰 更開一境，叠巒層峰，遠勢無極。使勇者守之，遇勇之倍者，則奪之矣；使智者守之，遇智之尤者，則奪之矣。守以盟誓，則有時而渝；守以法度，則有時而廢；守以城郭，則有時而隳；守以甲兵，則有時而衂。惟守之以天，然後人莫敢與之較。是則嫡庶長幼定分之出於天，乃有國者之所恃也。民恃吏，吏恃國，國恃天，爲國而無故亂天之定分，是自伐其恃也。嗚呼殆哉！

宗廷輔曰 拈「天」字立論，言明且清，氣疏以越。唐宋明三朝皆爲立嫡所誤，遂致釀成巨變，久而後定，國本之傷已多。至本朝深鑒其弊，決策立賢，而我高宗純皇帝復於《御批通鑑輯覽》中痛切言之，豎儒無所容其喙矣。然在已前，則斯篇所論自正。

校勘記

〔一〕吴壽夢，宋刻本作「吴子壽夢」。

〔二〕宋刻本此後尚有「次曰餘祭，次曰餘（抹）〔眛〕」。

東萊先生左氏博議卷之四

楚侵隨

桓六年　楚武王侵隨，使薳章求成焉，軍於瑕以待之。隨人使少師董成。鬭伯比言於楚子曰：「吾不得志於漢東也，我則使然。我張吾三軍而被吾甲兵，以武臨之，彼則懼而協以謀我，故難間也。漢東之國，隨爲大。隨張，必棄小國。小國離，楚之利也。少師侈，請羸師以張之。」熊率且比曰：「季梁在，何益？」鬭伯比曰：「以爲後圖。少師得其君。」王毀軍而納少師。少師歸，請追楚師，隨侯將許之。季梁止之，曰：「天方授楚。楚之羸，其誘我也。君何急焉？臣聞小之能敵大也，小道大淫。所謂道，忠於民而信於神也。上思利民，忠也；祝史正辭，信也。今民餒而君逞欲，祝史矯舉以祭，臣不知其可也。」公曰：「吾牲牷肥腯，粢盛豐備，何則不信？」對曰：「夫民，神之主也，是以聖王先成民而後致力於神。故奉牲以告曰『博碩肥腯』，謂民力之普存也，謂其畜之碩大蕃滋也，謂其不疾瘯蠡也，謂其備腯咸有也；奉盛以告曰『絜粢豐盛』，謂其三時不害而民和年豐也；奉酒醴以告曰『嘉栗旨酒』，謂其上下皆有嘉德而無違心也。所謂馨香，无讒慝也。故務其三時，修其五教，親其九族，以致其禋祀，於是乎民和而神降之福，故動則有成。今民各有心，而鬼神乏主，君雖獨豐，其何福之有？君姑修政而親兄弟之國，庶免於難。」隨侯懼而修政，楚不敢伐。

楚敗隨

桓公八年　隨少師有寵，楚鬭伯比曰：「可矣。讎有釁，不可失也。」楚子伐隨，軍於漢、淮之間。季梁請下之：「弗許而後戰，所以怒我而怠寇也。」少師謂隨侯曰：「必速戰！不然，將失楚師。」隨侯禦之，望楚師。季梁曰：「楚人上左，君必左，无與王遇。且攻其右，右无良焉，必敗。偏敗，衆乃攜矣。」少師曰：「不當王，非敵也。」弗從，戰於速杞，隨師敗績。隨侯逸，鬭丹獲其戎車，與其戎右少師。秋，隨及楚平。楚子將不許，鬭伯比曰：「天去其疾矣，隨未可克也。」乃盟而還。

昔之傾人之國者，匿其機而使人陰墮其計，非受害之後莫能悟，何其深也！方始墮其計，終日奔走馳驅，聽其所役，投於禍患而不自知。及師已喪，國已破，回視前日之所蹈者，無非陷穽，然後噬臍頓足，有不可追之悔。吁！亦晚矣。謀之深者，豈復有加於此耶？曰：有使敵人既敗，而識吾之機，猶未足爲深也。天下固有奇權密機，非特敵人既敗，尚不知其所以然，雖至於數千百年之後，亦不知其所以然，可謂極天下之至深矣。

吾觀鬭伯比之謀隨，未嘗不三歎其深也。世之論鬭伯比之謀者，不過謂季梁之正，終不能勝少師之寵。季梁之諫，必有時而不用也；少師之説，必有時而用也。吾之謀雖未行於今，終必行於後。嗚呼！是何足以窺鬭伯比之機乎？【阪谷曰】發「機」字，一篇機關自此運轉。人見隨侯初拒少師追楚之請，從季梁修政之諫，以爲伯比之謀未行也，而不知其謀已深行乎其間矣。市中有虎，曾參殺人，必三至而後信。其始告之者，明知其不信也；其再告之者，亦明知其不信也。明知其不信而續告之者，何耶？蓋有一則有二，有二則有三，無兩人之説居其前，雖有善譖者，無以成三至之説也。其始之不信，所以成其後之信也。知此則可以窺伯比之機矣。【阪谷曰】開張「機」字。隨侯之始拒少師，所以成其後之從；隨侯之始從季梁，所以成其後之拒。季梁者，隨之望，其君素所畏者也。伯比以謂：吾苟欲一舉而成功，彼少師雖愛，豈能使其君遽違素所畏者之諫乎？今先示弱以誘少師，則少師必有伐楚之請，季梁必有修政之諫。隨侯迫於平日之所畏，必勉從季梁而拒少師。【阪谷曰】翻弄季梁、少師，以刻畫伯比之心事。婉轉玲瓏，如雙玉舞銀盤。使季梁之諫虛用於無事之時，及其有事而又諫，其君必以爲瀆矣。隨之所恃者，獨一季梁而已。季梁之術既窮，則吾他日之舉兵，誰復齟齬於其間哉！蓋人之情，迫於不得已而勉從所畏者之言，不過能一從之耳，至於再，豈肯復從之乎？迫於不得已而勉拒所愛者之説，不過能一拒之耳，至於再，豈能復拒之乎？不待至於再也，其勉從所畏之時，雖曰從之，而已有不平之心矣；其勉拒所愛之時，雖曰拒之，而已有不忍之心矣。【阪谷曰】古今來惑溺情狀，推究入精入微，純然一枚寫真鏡。隨侯一念之不平，發於始從季梁之諫，積而至數年，其不平日增。當楚再駕之際，季梁之諫安得而不廢乎？一念之不忍，發於始拒少師之説，積而至數年，其不忍日深。當楚再駕之際，少師之説安得而不入乎？是拒生於從，而從生於拒也。想隨侯恐懼修政之時，舉國交賀，頌其君納諫之明，而不知伯比欣然獨笑「已入於吾之機」矣。兆破隨之機於數年之前，收破隨之功於數年之後，伯比之機微矣哉！阪谷曰「機」字叠摺，鎖上文二「機」字。

吾嘗深考伯比之謀，既假毁軍之詐，而中少師之欲；復假少師之請，而激季梁之諫；復假季梁之重，而致隨侯之懼；復假隨侯之止，而增少師之慚；復假少師之寵，而沮季梁之策。置毫末之毒於少師之心，而一國君臣展轉薰染，自勝自負，自起自仆，自予自奪，如輪如機，不得少息。阪谷曰不特致於人者，凡致於事物者皆如此。其狀如紙鳶之從風，豈得有自主乎？吾端坐拱手，不動聲色，而徐制其弊焉。雖事往迹陳，書之簡牘，讀者猶不知其端倪，况於當時自墜其網者乎！阪谷曰上文四處「機」字，節節呼應，合歸「網」字。然則將何以自免？曰：無受焚之地，則烈火不能焚玉；無受病之地，則癘氣不能病人。鬬伯比謀隨累年，不乘其潰敗之餘，一舉平之，反以敵遺子孫；勇於伐隨，而怯於滅隨。非前工而後拙也，以少師既死，則隨無受病之地也。

嗚呼！小人之根未去，則雖從諫不足喜；阪谷曰千古病根，大書特書。小人之根既去，則雖軍敗不足憂。爲國者，其務去小人之根也哉！

魯爲班後鄭

桓六年　北戎伐齊，齊使乞師於鄭。鄭太子忽帥師救齊。大敗戎師，獲其二帥大良、少良，甲首三百，以獻於齊。於是諸侯之大夫戍齊，齊人饋之餼，使魯爲其班，後鄭。鄭忽以其有功也，怒，故有郎之師。

齊衛鄭戰于郎

桓十年　冬，齊、衛、鄭戰于郎，我有辭也。初，北戎病齊，諸侯救之，鄭公子忽有功焉。齊人餼諸侯，使魯次之。魯以周班後鄭，鄭人怒，請師於齊，[一]齊人以衛師助之，故不稱侵伐。先書齊、衛，王爵也。

天下之事有當爲者，有不當爲者。凡當爲者，皆常也；凡不當爲者，皆過也。曰是，曰正，曰善，皆所當爲也；曰非，曰邪，曰惡，皆不當爲也。事雖有萬而不同，豈有出於此兩端之外者哉？古今以驕矜爲通患，抑亦未之思也。盍反觀吾之所行：果不當爲耶，方且愧懼之不暇，何敢誇人？果當爲耶，則亦飢食渴飲之類耳，何足誇人？是天下本無可誇之事，彼驕矜之心亦何自而生乎？目當視而反盲，耳當聽而反聵，則爲殘疾人矣。阪谷曰 妙在取喻之近且切。苟目能視、耳能聽，始可謂之無疾之人，豈有持此以誇世者哉！雖舜之孝、禹之功、皋陶之謨、稷契之忠、夷齊之清、孔孟之學，冠萬世而絶出者，其實皆人之所當爲也。世之人僅有一善如毛髮，遽自衒以爲過人之行，亦惑矣。人之爲人，非聖人莫能盡也。今受人之形，而反自謂過人，豈特翼而飛、鬣而馳耶？甚矣，其惑也！

鄭太子忽之救齊，雖曰有功，然捄灾卹鄰，亦諸侯之所當爲耳。遽軒然伐其功，輕周室之爵禄，而欲躐之，又從而加忿兵於魯。嗚呼！使小國有功而可躐處於大國之上，則臣有功可陵其君，子有功可傲其父矣，曾不如無功之爲愈也。吾嘗觀鄭忽始敗戎師之時，囚二帥，陳俘馘，振旅而獻乎齊，氣吞諸侯，邈視王爵；饑饋之際暫爲人所先，亟連三國之兵而伐之，何其壯也！阪谷曰唐玄宗、後唐莊宗皆英武，非忽比。然而一旦驕怠，究與忽同揆。客氣無所主者概如此，可不懼哉？及其嗣位，微弱不振，爲國人所賤。其出奔，其復歸，斥其名而赴諸侯，曾不以君視之，甚者詆以「狡童」。《詩·衛風·狡童》：「刺忽也。」「狡童」之稱，其受侮受辱一至於此，前日之壯氣安在耶？蓋忽之爲人，得志則氣盈，而自視其身不勝其大，人少慢之，已不能平；失志則氣涸，而自視其身不勝其小，人共賤之，反不能較。其中初無所主，惟視外物以爲輕重，隨物而盈，隨物而涸，隨物而大，隨物而小，終身爲物所驅〔二〕。乍驕乍沮，乍勇乍怯，己亦不能自必也。阪谷曰世所謂神童者，亦如忽而已。成立之自困勉忍耐來，可知已。一身且不能自主，况欲主人之國哉？

校勘記

〔一〕鄭人怒請師於齊，據宋刻本及《左傳》補。

〔二〕終身，宋刻本作「一身」。

鄭太子忽辭昏

桓六年　齊侯欲以文姜妻鄭太子忽。太子忽辭。人問其故，太子曰：「人各有耦，齊大，非吾耦也。《詩》云：『自求多福。』在我而已，大國何爲？」君子曰：「善自爲謀。」及其敗戎師也，齊侯又請妻之。固辭。人問其故，太子曰：「無事於齊，吾猶不敢。今以君命奔齊之急，而受室以歸，是以師昏也。民其謂我何？」遂辭諸鄭伯。

鄭昭公之敗北戎止昭公奔衛

桓十一年　鄭昭公之敗北戎也，齊人將妻之，昭公辭。祭仲曰：「必取之！君多内寵，子无大援，將不立。三公子皆君也。」弗從。鄭莊公卒。初，祭仲立昭公宋雍氏女於鄭莊公，曰雍姞，生厲公。雍氏宗有寵於宋莊公，故誘祭仲而執之，曰：「不立突，將死！」亦執厲公而求賂焉。祭仲與宋人盟，以厲公歸而立之。昭公奔衛。己亥，厲公立。十五年，鄭伯突出奔蔡，鄭世子忽復歸於鄭。

爲國者當使人依己，不當使己依人。己不能自立，而依人以爲重，未有不窮者也。所依者不能常盛，有時而衰；所依者不能常存，有時而亡。一旦驟失所依，將何所恃乎？嗚呼！此特論依之不可常耳。

抑有甚者焉。使所依者常盛而不衰，常存而不亡，可謂得所依矣，然猶未足恃也。晋方主盟諸夏，宋深結而謹事之，倚以自固。想其心，必自以爲善擇所依矣。及阨於楚師之圍，析骸而炊，易子而食。晋迫於狄，坐視而莫能救也。《宣十五年》。當時諸侯之强盛者莫如晋，諸侯之可依者亦莫如晋。晋猶不可依，而况其他乎！嗚呼！此特論人之不足依爾。阪谷曰 以二「嗚呼」三層跌進，發起首「不當依人」之義。文勢夭矯，如登高闊。

抑又有甚者焉。西魏孝武脅於高歡，日有篡奪之憂，所恃以爲依者，宇文泰耳。一旦脱身虎口，自杖策入關〔一〕，捨所畏而得所依，天下之樂有過於是乎？然孝武之禍，不在於所畏之高歡，而在於所依之宇文泰。見《北史·本紀》。以是論之，非惟人不可依，而禍實生於所依也。外物之變不可勝窮，恃外以爲安者，其患夫豈一端耶？

人皆咎鄭忽之辭齊女，不能依大國以自固，殆非也。使忽不辭而取文姜，則彭生之禍移於鄭矣，《桓十八年》。豈有禍魯而福鄭者耶？自古小國連姻大國，得其所依者蓋無幾，而啓釁召兵，如銅斗摩笄之禍者《史記·趙世家》皆是也。然則忽之辭昏，固亦未可厚非也。後世徒見其終以微弱致禍，遂并與辭昏譏之。殊不知忽前得之於辭昏，後失之於微弱，一是一非，兩不相掩，烏得以後之非廢前之是哉！

忽之言曰：「自求多福，在我而已，大國何爲？」斯言也，實先王之法言，古今之篤論也。在我之福，以堯爲父，而不能與丹朱；以周公爲兄，而不能與管、蔡；以周宣爲子，而不能與厲王。彼大國〔二〕，亦何有於我哉？苟忽能充是言，則《洪範》之「五福」，周《雅》之「百禄」，皆我有也。尚何微弱之足患乎？論者不譏忽之不能蹈其言，而反譏其言之失，亦惑矣。苟不以人廢言，而深味其言，釋然深悟天下之福皆備於我，無在我之外者。攀援依附，一掃俱除；天下無對，制命在内。阪谷曰 不以人廢言之意，説得新奇異狀。忽言之於千載之上，我用之於千載之下。是忽雖不能自用，適所以留爲我之用也，豈曰小補之哉！

校勘記

〔一〕自杖策，原作「自杖」，據宋刻本補。瞿本作「杖策」。

〔二〕彼，原作「以」，據瞿本改。

桓公問名於申繻

桓六年　九月丁卯，子同生。以太子生之禮舉之：接以太牢，卜士負之，士妻食之，公與文姜、宗婦命之。公問名於申繻。對曰：「名有五：有信，有義，有象，有假，有類。以名生爲信，以德命爲義，以類命爲象，取於物爲假，取於父爲類。不以國，不以官，不以山川，不以隱疾，不以畜牲，不以器幣。周人以諱事神，名，終將諱之。故以國則廢名，以官則廢職，以山川則廢主，以畜牲則廢祀，以器幣則廢禮。晉以僖侯廢司徒，宋以武公廢司空，先君獻、武廢二山，是以大物不可以命。」公曰：「是其生也，與吾同物，命之曰同。」

名子者當爲孫地，世所共守也。生而名，没而諱。子之始生，嬰孩耳，幾年而免乳，又幾年而成童，又幾年而冠昏，又幾年而有孫，又幾年而老，又幾年而没。由命名之日，而遐想諱名之時，茫昧荒遠，若存若亡，若滅没而不可知也。今乃預料於百年之外，恐其廢名，恐其廢職，恐其廢主，恐其廢祀，恐其廢禮，博詢詳擇，精思熟慮，俾不爲後世之累。當始生之初，而思既没之後，可謂遠也已矣。

名子之際其遠慮蓋如此，至於餘事則每不然。阪谷曰 古今失策歷舉，粲如列眉。法度苟以趨一時之便，未嘗憂他日之弊也；政事苟以濟一時之欲，未嘗憂他日之害也；財用苟以供一時之求，未嘗憂他日之匱也；兵革苟以快一時之忿，未嘗憂他日之危也。名子且爲百年計，况於創業垂統以遺子孫者，反不能爲明日計乎？大而國，小而家，苟以名子之心推之，則「詒厥孫謀」之理盡矣，奚必他求哉！阪谷曰 此篇名子是主，而轉爲客；貽孫謀是客，而轉爲主。起頭一點，至此綰合。「抑」字以下，更説客入主，結構爲明白，然竊不能無疑乎主客布置之間，讀者細心思之。抑嘗稽禮之所載，子見於父，父執子之右手，咳而名之；庶子則撫其首，咳而名之。是知命名特咳唾之頃耳。

一有不審，遂流患於無窮。晉名僖侯以「司徒」，豈知終晉之世易中軍之名乎？僖侯名司徒，廢爲中軍。宋名武公以「司空」，豈知終宋之世易司城之名乎？武公名司空，廢爲司城。魯名獻公、武公以「具」、「敖」，豈知終魯之世易二山之名乎？二山，具、敖也。魯獻公名具，武公名敖，更以其鄉名山。失之於咳唾之間，而其患乃與國相終始。信矣，始之不可不審也。

然名子之不審，不過後世以諱廢事耳。孰知有一顰一笑而開子孫萬世之禍者乎？觀名子之遠慮，可以爲有國家者之大法；觀名子之不審，可以爲有國家者之大戒。阪谷曰 至結尾始點題，亦是假題之一法。申繻之言有鑒有規，固不可以易心讀之也。

王師伐虢

桓十年　春，虢仲譖其大夫詹父於王。詹父有辭，以王師伐虢。夏，虢公出奔虞。

屈天下之理，以信天下之分，非善持名分者也。世之持名分者，皆曰分可勝理，理不可勝分。不幸而聽上下交爭之分，寧使下受抑，勿使上受陵。所屈者，一夫之理；所信者，萬夫之分。屈尺寸而信尋丈，亦何爲而不可哉？嗚呼！分固不可屈也，理其可屈乎？宜人之滋不服也。

虢公譖其大夫詹父於桓王，詹父有辭，王爲之伐虢，而逐虢公。以臣逐君，固可罪矣。然人之咎周者，不過曰：「虢公雖曲，君也；詹父雖直，臣也。桓王之失，阪谷曰「桓王之失」云云，

「之失」二字，一本無之，似是。不當以曲直之理，而廢上下之分耳。」其罪桓王則是也，其所以罪桓王則非也。

數傳而至於襄王，晋文公以元咺執衛侯而請殺之，襄王曰：「夫君臣無獄，今元咺雖直，不可聽也。爲臣殺其君，將安庸刑？」見《國語·周語》。襄王之意，豈非欲矯桓王之失乎？所謂君臣無獄者，固可以爲萬世訓。至若「元咺雖直」之一語，猶未免墮世俗之見也。苟如襄王之説，是元咺之理未嘗不直，所以不可聽者，恐亂君臣之分焉耳。有所謂理，又有所謂分，是理與分判然二物也。【阪谷曰】朱子曰：「陰陽論流行底則只是一個，對待底則兩個。」案理與分，蓋亦如是。捨理而言分，是分孤立於理之外也。分孤立於理之外，則分者特一虚名耳。天下之亂臣賊子，豈虚名所能束縛耶？人情所不平者，莫甚於理直而受屈。今告之以汝理雖直，姑爲名分屈，是導之争也。【阪谷曰】善描不平人之情態，然古今所以致顛覆者，皆自人主失理。蓋失理即其分隨失，以人主之分與保民之理本一，上自失其分，下誰不失其分？此篇就臣立説，故論不及此。彼亦安能鬱鬱受屈，久爲虚名之所壓乎？必將不勝其忿，决壞名分而不暇顧。是吾之持名分，適所以壞名分也。

君子言分必及理，言理必及分。【阪谷曰】理與分離，則爲對待底，而不流行。此時逆境，唯君子守其理，不紊其分。分不獨立，理不虚行。得則俱得，失則俱失。豈有既犯分而不犯理者乎？子之證父者，先有證父之曲，不必復問其所證之事也；弟之紾兄者，先有紾兄之曲，不必復問其所紾之由也；臣之訴君者，先有訴君之曲，不必復問其所訴之辭也。當詹父、元咺未訴君之時，其理固直；既啓訴君之口，則已陷於滔天之惡矣，尚安得有所謂直哉？ 阪谷曰 論則鋭利矣，然以訴時之曲，而全滅未訴時之直，事理混淆，憎知其善之義不立，恐不可服二人之心，特可施之抑制之世而已。 是詹父之直，因訴號公而曲也；元咺之直，因訴衛侯而曲也。 二人之理已曲，吾從而治之，亦治所當治而已。 彼本自不直，復何所屈哉？ 周王苟以是正其罪，則二人者釋然内省其理之曲，没齒無憾矣。 非特可服二人之心也，凡當時諸侯之臣，有欲犯上而訴其君者，必以謂訴所以求直，今訴君而反變爲不直，曷若不訴以全吾直乎？ 阪谷曰「不訴以全吾直」一語，太有妙理。 勞而不怨，虐而不叛，益所以彰吾之直也。 又推而上之，則知君臣之際，本非較曲直之地。 阪谷曰 曲直不可較，固也；而曲直之理，則到底不滅。 人主而使其下忘其直，世道倒轉，豈得不招亂哉？ 臣之理雖直，其敢自謂直以加吾君乎？ 蚤朝晏退，戰戰兢兢，上不知君之曲，下不知我之直，所知者盡臣道而已。 爲人臣者皆懷是心，雖極天地、窮古今，安得有犯上之釁耶？

惜夫！ 桓王昧之而不知，襄王知之而不盡，此分與理所以終離而不可復合者也。 阪谷曰 治則以理爲之者，故理立而後分亦立，非以分爲抑制資之謂也。 後之爲治者，非合分與理爲一，亦安能洗犯上之習而還於古哉？

宗廷輔曰 辨駁至精，令人一無躲閃，斯爲扶植名教之言。

虞叔伐虞公

桓十年　初，虞叔有玉，虞公求旃。弗獻。既而悔之，曰：「周諺有之：『匹夫无罪，懷璧其罪。』吾焉用此，其以賈禍也？」乃獻之。又求寶劍。叔曰：「是無厭也。无厭，將及我。」遂伐虞公。故虞公出奔共池。

虞公以貪失國，虞叔以吝逐君。貪與吝遇，此禍之所以成也。貪者惟恐不得人之物，吝者惟恐失己之物；貪者雖得萬金而不能滿，吝者雖失一金而不能忘。虞之君臣，上貪而下吝。貪者求之，吝者共之，亂安得而不作乎？然貪與吝非二法也，視人之物則貪，視己之物則吝；未得而求之則貪，既得而守之則吝。名雖不同，其心則同出於嗜貨焉。使虞公思吾求劍之心即虞叔守劍之心，必不至於貪矣；使虞叔思吾守劍之心即虞公求劍之心，必不至於吝矣。惟其不能交相恕而反相責，此其所以釀莫大之釁也。由古而暨今，人所以相戕相賊、相刃相靡者，職此之由。

吾將告貪者以廉，告吝者以施，庶幾其有瘳乎！嗚呼！彼方貪而吾告之以廉，是教餓虎之不求肉也；【阪谷曰】妙喻。世之以忠告激成其禍者，多類此。彼方吝而吾告之以施，是將求肉於餓虎也。無益於彼，只取辱焉。信如是，則果無術以救之乎？曰：此固不必他求也，不過以貪治貪，以吝治吝而已。

至理之中，無一物之可廢；人心之中，無一念之可除。貪吝之念，苟本無邪，安從而有？苟本有邪，安得而無？是貪吝固不可强使之無，然亦不必使之無也。吾心一旦涣然冰釋，則曰貪曰吝，孰非至理哉！蓋事有善惡，而念無善惡。是念加於事之善者，則名善念；是念加於事之惡者，即名惡念。所謂念者，初無二也。阪谷曰上文貪與吝無二法之意，至此説發無餘藴。譬之於火，用之爨釜則爲善，用之燎原則爲惡，然曷嘗有二火哉；譬之於水，用之溉田則爲善，用之灌城則爲惡，然曷嘗有二水哉？自人觀之，雖若爲二，而其一未嘗不卓然獨存於二之中也。阪谷曰對待流行，凡物皆然。忘一則支離，混二則潰亂。

世所以指虞公爲貪者，以其求財常不厭耳。苟用是念以求道不厭，立而不已，必求與權；賢而不已，必求爲聖，則與夫子「學而不厭」何以異乎？見《論語》。世所以指虞叔爲吝者，以其守財欲不失耳。苟用是念以守道不失，與生俱生，欲不能遷；與死俱死，威不能奪，阪谷曰干將莫邪，可以斬賊，可以弑親。則與顔子「服膺弗失」何以異乎？《記·中庸》。求財與求道相去遠矣，而所謂不厭者，其念未嘗加損也；守財與守道相去遠矣，而所謂不失者，其念未嘗加損也。向之惡，今之善，特因物而改其名耳，吾之念曷嘗改哉？人徒見其嘗名「貪」、嘗名「吝」，遂疑而惡之，阪谷曰佛氏則惡是念者歟？乃欲求道於是念之外，是猶惡焚而廢火食，惡溺而廢水飲也，阪谷曰自上喻摘來，簡便法。誤矣！

宗廷輔曰：東萊心境澄明，眼光高遠，故其於説理處，獨能透進一層，通集皆然，而斯篇尤明爽。

楚屈瑕敗蒲騷

桓十一年　楚屈瑕將盟貳、軫。鄖人軍於蒲騷，將與隨、絞、州、蓼伐楚師。莫敖患之。鬭廉曰：「鄖人軍其郊，必不誡，且日虞四邑之至也。君次於郊郢，以禦四邑。我以鋭師宵加於鄖。鄖有虞心，而恃其城，莫有鬭志。若敗鄖師，四邑必離。」莫敖曰：「盍請濟師於王？」對曰：「師克在和，不在衆。商、周之不敵，君之所聞也。成軍以出，又何濟焉？」莫敖曰：「卜之。」對曰：「卜以決疑，不疑何卜？」遂敗鄖師於蒲騷，卒盟而還。

楚伐絞

桓十二年　楚伐絞，軍其南門。莫敖屈瑕曰：「絞小而輕，輕則寡謀，請無扞采樵者以誘之。」從之。絞人獲三十人。明日，絞人争出，驅楚役徒於山中。楚人坐其北門，而覆諸山下，大敗之，爲城下之盟而還。

屈瑕大敗

桓十三年　楚屈瑕伐羅，鬭伯比送之。還，謂其御曰：「莫敖必敗，舉趾高，心不固矣。」遂見楚子，曰：「必濟師。」楚子辭焉。入告夫人鄧曼，鄧曼曰：「大夫其非衆之謂，其謂君撫小民以信，訓諸司以德，而威莫敖以刑也。莫敖狃於蒲騷之役，將自用也，必小羅。君若不鎮撫，其不設備乎？夫固謂君訓衆而好鎮撫之，召諸司而勸之以令德，見莫敖而告諸天之不假易也。不然，夫豈不知楚師之盡行也？」楚子使賴人追之，不及。莫敖使徇於師曰：「諫者有刑！」及鄢，亂次以濟。遂無次，且不設備。及羅，羅與盧戎兩軍之，大敗之。

楚人有習操舟者，其始折旋疾徐，惟舟師之是聽。開帆擊楫，雲興鳥逝，一息千里。雖未知操舟之術，而動於操舟之利，既不能自制，亦不能自決也。於是小試於洲渚之間，平瀾淺瀨，水波不興，投之所向，無不如意。不知適有大幸，遂以爲盡操舟之術矣。遽謝遣舟師，傲然自得，沼視溟渤而杯視江湖。椎鼓徑進，亟犯大險。吞天沃日之濤，排山倒海之風，轟豗澎湃，奔鯨駭虬，乃彷徨四顧，膽落神泣，墮槳失柂，身膏魚鱉之腹。然則召今日之危者，豈非前日之幸乎？使其自試之時已遇風濤之變，則將知難而悔，終身不敢言舟楫矣。

屈瑕之禍，不幸類是。當屈瑕與鄖師相距於蒲騷，自知將略非長，委計鬭廉。教以次郢禦四邑者，鬭廉也；教以鋭師宵加於鄖者，又鬭廉也；教以師不在衆、不疑何卜者，又鬭廉也。無小無大，惟鬬廉之謀是從，以成厥功，豈不猶操舟者其始惟舟師之聽乎？屈瑕徒見用奇之功，而欲竊效焉。伐絞之役，是身試於洲渚之時也。幸而絞人偶入其計，志滿氣揚，自謂算無遺策，凡天下之言兵者，無出我之右矣，彼區區之羅人，政須折箠笞之耳。削規破矩，任意直前，變出不圖，軍僨身蹶。其得禍，蓋與操舟者無以異也。鄧曼推其禍端，歸之蒲騷之役。吾以爲成屈瑕之禍者，在絞而不在蒲騷。方伐絞之初，屈瑕雖欲自用，尚未敢自信也。苟又挫於絞人，必謂昔以用人言而勝，今以自用而敗，將益求其所未至，不敢以兵爲戲矣。彼既見其謀之驗，〔阪谷曰〕得意之狀如畫。忘其幸而矜其能，心口相語：疇昔蒲騷之勝，借曰鬬廉之謀；今采樵誘敵之策，豈亦鬬廉教我乎？此所以堅其自用之意，而趣其荒谷之縊也。屈瑕之死生，在於伐絞之勝敗，驕之於先而陷之於後，庸非天欲斃之乎？

苻堅之治秦，一則王猛，二則王猛。猛之死，下詔以新失丞相，置觀以聽訟，其辭至兢兢也。繼踵而張掖西域之捷交至，見《苻堅載記》。其心始縱，謂天下之事止此耳。猛雖亡，吾豈不能獨辦乎？迄自用而致淝水之辱。見《謝玄傳》。嚮若猛死之後，其鋒嘗小挫，必不敢遽輕天下。堅之喪國，即屈瑕之喪師也。

由天子至於庶人，免於師傅之嚴而驟欲獨行其志，遇事之易者，未足喜；遇事之難者，未足憂。蓋先遇其易，則以易爲常，是禍之原也；先遇其難，則以難爲常，是福之基也。世固有以一勝累一國，以一能敗一身者矣，豈不甚可畏耶！

東萊先生左氏博議卷之五

祭仲立厲公

桓十一年　註見四卷。

祭仲殺雍糾

桓十五年　祭仲專，鄭伯患之，使其婿雍糾殺之。雍姬知之，謂其母曰：「父與夫孰親？」其母曰：「人盡夫也，父一而已，胡可比也？」遂告祭仲，仲殺糾。公曰：「謀及婦人，宜其死也。」

高渠彌殺昭公

桓十七年　初，鄭伯將以高渠彌爲卿。昭公惡之，固諫不聽〔一〕。昭公立，懼其殺己也，辛卯，弑昭公而立公子亹。君子謂：「昭公知所惡矣。」公子達曰：「高伯其爲戮乎！　復惡已甚矣。」

齊人殺子亹

桓十八年　齊侯師于首止。子亹會之，高渠彌相。七月戊戌，齊人殺子亹而轘高渠彌，祭仲逆鄭子于陳而立之。是行也，祭仲知之，故稱疾不往。人曰：「祭仲以智免。」仲曰：「信也。」

楚殺子南

襄二十二年　楚觀起有寵於令尹子南，未益禄而有馬數十乘。楚人患之，王將討焉。子南之子棄疾爲王御士，王每見之，必泣。棄疾曰：「君三泣臣矣，敢問誰之罪也？」王曰：「令尹之不能，爾所知也。國將討焉，爾其居乎？」對曰：「父戮子居，君焉用之？泄命重刑，臣亦不爲。」王遂殺子南於朝，轘觀起於四竟。子南之臣謂棄疾：「請徙子尸於朝。」曰：「君臣有禮，惟二三子。」三日，棄疾請尸，王許之。既葬，其徒曰：「行乎？」曰：「吾與殺吾父，行將焉入？」曰：「然則臣王乎？」曰：「棄父事讎，吾弗忍也。」遂縊而死。

告君子以理，告衆人以事。所謂衆人者，見形而後悟，按迹而後明，非遽可理曉也。孟子曰：「所欲有甚於生者，所惡有甚於死者。」君子於處死生之際，固自得於言意之表矣。由衆人觀之，則天下之可惡者，孰有甚於死乎？雖申告以義之重，然彼不知義果何物，口誦心惟，淡乎若大羹明水之無味也。以無味之言而驅之就其所惡之死，吾知其難也。曷若告之以事，因其素所曉者而入之乎？

祭仲當宋人之執而不能死，必以所惡者莫甚於死也，故寧受逐君之名。然不數年而有雍糾之謀，使仲弗先知，則蹈厲公之機矣。向之死以徇國，今之死以怙權，其榮辱天淵也。當是時，雖欲復死於宋，其可得乎？其後當昭公之弒而又不能死，亦必以所惡者莫甚於死也，故寧縱弒君之賊。不數月而有首止之會，使仲弗先知，則隨渠彌之戮矣。向之死以討亂，今之死以從逆，其榮辱天淵也。當是時，雖欲復死於昭公，其可得乎？人之所不可復得者生耳，今反思死不可復得，則孟子「所惡有甚於死」之論非矯情也。既達者觀其理，未達者觀其事，處死之道思過半矣。

然祭仲之處死，猶未足爲難也。臣之死於君，死於國，職也。乃若雍糾將殺祭仲而謀於其女，楚子將殺子南而告於其子，爲其女，爲其子者，將若之何？阪谷曰前半假祭仲以解孟子之語，後半因雍糾以及棄疾，論君子當講之急者。文前後兩意合爲一篇，如東坡論始皇、扶蘇文。凡一篇而分兩意者，宜略如此。父也、君也、夫也，鼎立爲三綱，而世未有能輕重之者也。全彼則害此，全此則害彼，豈非天下之至難處，而君子所當先講乎？曰：是不必講也。阪谷曰突如來如，驚人而細思之，則亦平平之想。有是事，則有是理；無是事，則無是理。若雍姬、棄疾之事，君子之所必不遇也。伐國不問仁人，對孝子而公言將殺其親，世之所無也。君子之深愛婉容，見者意消，雖欲微詆其親，猶忸怩而不能出口，矧曰殺之云乎？聞君子死親之難矣，不聞人敢以殺其親之謀告君子也。里閭之相毁訾者，遇其所厚在席，必爲之止，父子間豈朋友比哉？雍糾不以雍姬爲可忌而謀之，楚子不以棄疾爲可憚而告之，固可占知二人之爲人矣。平居暇日，誠不足以動人，禍已至此，告者殺夫，不告者殺父，左右皆坑谷也。果君子，則必不至聞此言；果聞此言，則必非君子。阪谷曰 君子講道，一刀兩斷，豈可如刑法以酌量輕減待罪犯哉？兩者烏可并立耶？

吾之所憂者，不能造君子之域耳。未有既爲君子，而復遇此變者也。今緩於爲君子，而急於講二人之得失；不欲消此變，而欲當此變，抑末矣。故曰：雍姬、棄疾之事，非君子所當講也。

校勘記

〔一〕昭公惡之固諫不聽，據宋刻本及《左傳》補。

盗殺伋壽

桓十六年　初，衛宣公烝於夷姜，生急子，屬諸右公子。爲之娶於齊，而美，公取之。生壽及朔，屬壽於左公子。夷姜縊。宣姜與公子朔構急子。公使諸齊，使盗待諸莘，將殺之。壽子告之，使行。不可，曰：「棄父之命，惡用子矣？有無父之國則可也。」及行，飲以酒。壽子載其旌以先，盜殺之。急子至，曰：「我之求也，此何罪？請殺我乎！」又殺之。二公子故怨惠公。十一月，左公子泄、右公子職立公子黔牟。惠公奔齊。

衛侯放公子黔牟

莊六年　夏，衛侯入，放公子黔牟於周，放甯跪於秦，殺左公子泄、右公子職，乃即位。君子以二公子之立黔牟爲不度矣。夫能固位者，必度於本末而後立衷焉。不知其本，不謀；知本之不枝，弗强。《詩》云：「本枝百世。」

和氣致祥，乖氣致異，二氣之相應，猶桴鼓也。物之祥不如人之祥，故國家以聖賢之出爲佳祥，而景星、矞雲、神爵、甘露之祥次之；物之異不如人之異，故國家以邪佞之出爲大異，而彗孛、飛流、龜孽、牛禍之異次之。是以王季、文王迭出於古公之裔，古公亶父，王季之父，文王之祖。武庚禄父實育於商紂之門，武庚禄父，紂之後也。後與管、蔡作亂，周公誅之。亦各從其類也。阪谷曰「是以王季」云云，「是以」字承「二氣之相應」，而不承「故國家」云云，文理可疑。此篇文理往往不可解，姑録疑以俟大方之教。衛宣公之無道，昏縱悖亂，腥聞於天。乖戾之氣所召者，宜其爲凶爲奸、爲逆爲惡，而伋、壽二子并生其家，然則天理有時而舛乎？曰：是所以爲天理也。

世皆以人欲滅天理，而天理不可滅。彼衛公之家，三綱壞矣，五典隳矣，凡生民之常性，皆剥喪而無餘矣，而二子之賢，忽生於至醜至污之地焉。是知上帝之降衷，雖在昏縱悖亂之中，未嘗不存也。二子自幼至長，所聞者何語，所見者何事？而介然自守，習不能移，豈得之於人乎！是天以二子而彰此理之未嘗亡也。

嗚呼！天理固然矣。若宣公之無道，天反以賢子孫遺之，世亦有乖氣而或致祥者乎？曰：二子之賢，君子之所謂祥，而衛國之所謂妖也。彼以其邪，我以其正；彼以其濁，我以其清，每若鑿枘之不相合。自淫朋惡黨視之，阪谷曰「自淫朋惡黨視之」云云以下，亦文理不明。豈不猶妖孽哉？讒譖交作，致二子之死，又致惠公之逐，又致黔牟之放，又致左右公子之誅，其爲變異孰大焉！吾是以知天道之不誣，乖氣之果致異也。天雖降祥，人無以承之，則祥而爲異。使宣公因二子之賢，一念悔悟，而復於正。正宮闈以正朝廷，正朝廷以正百官，正百官以正萬民，風驅雷動，萬惡皆消。固可以移《匏葉》、《桑中》之詩而爲《漢廣》、《行露》之章矣。變災爲瑞，變乖氣爲和氣，特反覆手耳，此豈宣公之所及哉！阪谷曰「此豈宣公」云云，亦不接續。

宣公固不足責，以二子之賢受之於天者如此，反不能已衛國之亂者，何歟？曰：黍、稷、穜、稑之種，受於天也；如是而植、如是而耘、如是而穫者，人也。鹵莽滅裂，而坐待倉箱之盈，可乎？二子之受於天者，大舜之资也，其處頑父嚚母之間，終至格奸；見《尚書》。雖守區區之介，死於無名，成父母之惡者，無他焉：所以充養而廣大之者不如舜耳。觀二子之生，則知天理之不可滅；觀二子之死，則知天資之不可恃。是道也，非洞天人之際，達性命之原，何足以知之哉？阪谷曰既曰「知」，而又曰「何足知」，是亦可疑。

魯及齊師戰于奚

桓十七年　夏，及齊師戰于奚，疆事也。於是齊人侵魯疆，疆吏來告。公曰：「疆場之事，慎守其一，而備其不虞。姑盡所備焉，事至而戰，又何謁焉？」

邊警非有國者所當憂也〔一〕。宗曰 一喝。民之死生，國之安危，皆繫於邊境，聞其有警，焉得而不憂？嗚呼！是所以不當憂也。民之死生，國之安危，皆繫於邊境，聞其有警而始憂之，則未有警之前所講者何事耶？平居暇日，審形勢、定規模、簡將帥、明斥候者，爲此時也。烽舉塵起，按吾素定之畫，宗曰 一解真有兔起鶻落之勢。次第而行之，何憂之有？阪谷曰 妙話。抑竊案，「憂」、「不憂」字恐不穩，作「驚」、「不驚」似可。起首以下，總以「驚」字爲字眼，意明而語亦健，且無弊。是故聞警而憂者，可以占知其無備也；聞警而不憂者，可以占知其有備也。

漢丙吉爲相，其馭吏見驛騎持赤白囊，知虜入雲中、代郡，遂歸府白吉：「恐寇所入邊郡，長吏有老病不任兵馬者，宜可豫視。」吉善其言，召東曹科條其人，吉以是得憂邊思職之褒。見《漢・丙吉傳》。當是時，吉爲相久矣，邊吏之壯老材否謾不加省，見驛騎羽檄之來，始科條其人，一何晚耶！自雲中至長安凡幾里，自虜入至聞警凡幾日，兩陣相望，呼吸勝敗，使果有老病不任兵馬者，吾恐汰斥之詔未下而覆敗之報已聞矣。阪谷曰 攻擊破的，丙吉有知，汗浹背。抑亦有感于當時而然？雖憂，亦奚以爲善乎？

魯桓公之言曰：「疆場之事，謹守其一，而備其不虞。姑盡所備焉，事至而戰，又何謁焉？」桓公之意，以謂爲備當在於無事之時。苟事之已至，汝雖謁之，吾雖憂之，城戍保障，非一日二日所能築也；矛戟車徒，非一日二日所能繕也；餽餉芻茭，非一日二日所能儲也；亦不過拱手待斃而已。桓公之責成疆吏亦嚴矣，猶有説焉。

桓公之責疆吏則是，而所任以守疆場者，不知其何人也。阪谷曰 南宋諸帝，不任韓、岳諸將，亦唯恐不賢而然而已。知賢是至難事，此篇何不説知之方？賢耶，其責成固宜；不賢耶，徒委其責而不問，吾懼其階禍也。付吴起以西河，則魏不知有秦；吴起，魏文侯時爲將。擊秦，拔五城〔二〕。文侯以起善用兵，乃以爲西河守以拒秦。付李廣以北平，則漢不知有狄；漢李廣爲右北平太守，匈奴號曰「飛將軍」，避之，數歲不敢入。付羊祜以襄陽，則晋不知有吴。晋武帝有滅吴之志，以羊祜鎮襄。祜綏懷遠近，甚得江漢之心。是數公者，固不以邊警煩君父；爲其君者，亦可以委其責而高枕矣。人非數公，而苟弛其銜轡〔三〕，則掌北門之管者，未必不召寇而起釁也。《僖三十二年》，註見二十一卷内〔四〕。此又人君之當戒。阪谷曰「當戒」恐「所當戒」之誤，或尚有脱語。

宗廷輔曰 一起筆勢矯變，似從韓昌黎《送温處士序》得來，餘亦穩妥，結尤周密，持論亦正。

校勘記

〔一〕邊警，原作「邊境」，據宋刻本及下文改。

〔二〕拔，宋刻本作「破」。

〔三〕苟，宋刻本作「虛」。

〔四〕二十一，原作「三十一」，據宋刻本改。

桓公與文姜如齊

桓十八年　公與姜氏如齊。申繻曰：「女有家，男有室，無相瀆也，易此必敗。」公會齊侯於濼，遂及文姜如齊。齊侯通焉。公謫之。以告。夏四月丙子，享公。使公子彭生乘公，公薨於車。魯人告於齊曰：「寡君畏君之威，不敢寧居，來修舊好。禮成而不反，無所歸咎，惡於諸侯。請以彭生除之。」齊人殺彭生。

天下同知畏有形之寇，宗曰入手奇警。而不知畏無形之寇。兵革者，有形之寇也。寇環吾城，人之登陴者，冒風雨、犯雪霜、窮晝夜、親矢石而不敢辭者，豈非一失此城，則立爲齏粉乎？迫大害者，固不敢辭小勞。欲之寇人，甚於兵革；禮之衛人，甚於城郭。而人每不能守禮者，特以欲之寇人，無形可見，故狎而翫之耳。殊不知有形之寇其來有方，其至有時，猶可禦也。至於無形之寇，宗曰句法。游宴之中，有陷穽焉；談笑之中，有戈矛焉；堂奥之中，有虎豹焉；鄉鄰之中，有戎狄焉。藏於杳然冥然之間，而發於卒然忽然之際。非聖人以禮爲之防，則人之類滅久矣。阪谷曰 今世往往專説智力，而輕禮義，皆未知智力之資于禮義者也。

國君夫人父母没，則使大夫寧於兄弟，禮也；姑姊妹已嫁而反，兄弟弗與同席，亦禮也。阪谷曰 引禮文而入題，文氣不散漫。是二禮者，人不過以爲別嫌明微耳，亦未知其爲甚急也。魯桓公及文姜犯是禮以如齊，轉盻而羅拉幹之禍，身死異國，爲天下笑。一失於禮，而禍遽至此，人其可斯須去禮耶？阪谷曰 轉題爲證，一筆扛鼎。

君子視欲如寇，視禮如城。宗曰 接筆警策。彼其左右前後，伺吾之失守，而肆其吞噬者，不可勝數。稍怠，則墮其手矣。吾之所以孤立於争奪陵犯之場，得保其生者，非天非地，非父非母，實恃禮以生也。無此禮，則無此身。升降俯仰之煩，豈不勝於屠戮戕殺之酷；宗曰 俗語「奸近殺」，即是此理。弁冕環佩之拘，豈不勝於刀鋸斧鉞之加？阪谷曰 真利，到底自道德禮義來。人徒見君子常處於至勞之地，而不知君子常處於至安之地也。世俗所以厭其煩而惡其拘者，亦未見其害耳。城之圍於寇者，樓櫓雖密，猶恐其疏；隍塹雖險，猶恐其平。豈其厭樓櫓之密，惡隍塹之險哉！苟人果能真見無形之寇，阪谷曰 應首段，再揭「無形」字，翻百拜三千之腐爲新奇活潑之語，運意絶妙。則終日百拜猶恐其逸，曲禮三千猶恐其簡也，況敢厭惡其煩與拘耶〔一〕？

宗廷輔曰 說欲之可畏如此，學者須著眼。

校勘記

〔一〕煩，宋刻本作「繁」，兩字通。

辛伯諫周公黑肩

桓十八年　周公欲弒莊王而立王子克。辛伯告王，遂與王殺周公黑肩。王子克奔燕。初，子儀有寵於桓王，桓王屬諸周公〔二〕。辛伯諫曰：「并后、匹嫡、兩政、耦國，亂之本也。」周公弗從，故及。

萬乘之君，犯之者未必皆得禍；士君子之一言，雖千百載之後，稍犯之則其禍立至。何其嚴也？辛伯之諫周公，而謂「并后、匹嫡、兩政、耦國」，纔八字耳，總古今亂亡之樞，而莫能移焉。

漢高帝犯之，而有人彘之禍；戚姬有寵於高帝，生趙王如意，上以太子仁弱，欲廢而立趙王，大臣爭之。及惠帝即位，晨出射。趙王少，不能蚤起，太后使人持酖飲之。黎明，帝還，趙王已死。太后遂斬戚夫人手足，去眼熏耳，飲瘖藥，使居廁中，命曰「人彘」。居數日，乃召帝觀人彘。帝見，問知其戚夫人，乃大哭。因病，歲餘不能起。唐高宗犯之，而有武氏之篡；唐高宗之爲太子也，入侍太宗，見武氏而悦之〔二〕。太宗崩，武氏爲尼。忌日，上詣寺行香，見之，納之後宫，拜爲昭儀。后及淑妃寵皆衰，後廢后及妃爲庶人，命司空李勣齎綬册皇后武氏，委以政事，權與人主侔。上欲有所爲，動爲后所制。自是政無大小皆預聞之，天下大權悉歸中宫。黜陟生殺決於其口，天子拱手而已。史臣贊曰：武氏之亂，唐之宗室戕滅殆盡。高宗溺愛衽席，不戒履霜之漸，而毒流天下。嗚呼！父子夫婦之間，可謂難矣。晉獻公犯之，而有里克之釁；隋文帝犯之，而有張衡之逐：初，《僖四年》：晉獻公立驪姬爲夫人，生奚齊，其娣生卓子。及將立奚齊，既與中大夫成謀。姬謂太子曰：「君夢齊姜，必速祭之。」太子祭於曲沃，歸胙於公。公田，姬寘諸宫六日。公至，毒而獻之。公祭之地，地墳。與犬，犬斃。與小臣，亦斃。姬泣曰：「賊由太子。」太子奔新城。五年，春，晉侯殺其世子申生。姬遂譖二公子曰：「皆知之。」重耳奔蒲，夷吾奔屈。九年，晉獻公卒。里克、丕鄭欲納文公，故以三公子之徒作亂。冬十月，里克殺奚齊於次，荀息立公子卓。十一月，里克殺公子卓於朝，齊隰朋帥師會秦師，納晉惠公。隋文帝犯之，而有張衡之逐：初，上使太子勇參決軍國政事〔三〕，時有損益，上皆納之。勇性寬厚，率意任情，無矯飾之行。上性節儉，勇嘗文飾蜀錦，上見而不悦。後遇冬至日，百官皆詣勇，勇張樂受賀。上知之，自是恩寵始衰，漸生猜阻。晉王廣知之，彌自矯飾，后由是數稱廣賢。楊素揣后意，因盛言太子不才，后使素贊上廢勇立晉王廣，私賂東宫幸臣，令伺太子動静，密告楊素。於是内外喧謗，過失日聞。楊素舞文巧詆，鍛煉以成其獄。廢勇及其男女爲庶人，立晉王廣爲太子。四年，上疾，寢於仁壽宫，召皇太子入，居大寶殿。夫人平旦出更衣，爲太子所逼，夫人拒之，得免。歸於上所，上怪其神色有異，問其故，夫人泫然曰：「太子無禮！」上恚，抵牀曰：「畜生！何足付大事？獨孤誤我。」乃呼柳述、元巖曰：「召我兒勇。」述、巖出閤爲敕書。楊素聞之，以白太子，矯詔執述、巖，繫大理獄；追東宫兵士帖上臺宿衛〔四〕，門禁出入。并取宇文述、郭衍節度，令右庶子張衡入寢殿侍疾，盡遣後宫出就别室。俄而上崩。故中外頗有異論。齊簡公之在魯也，闞止有寵焉。及即位，使爲政。陳成子憚之，驟顧諸朝。御鞅言於公曰：「陳、闞不可并也，君其擇焉。」弗聽。初，陳豹欲爲子我臣，使公孫言己，已有喪而止。既而言，使之爲臣。他日，與之言政，説，遂有寵。謂之曰：「我盡逐陳氏，而立女，若何？」曰：「我遠於陳氏矣。且其違者不過數人，何盡逐焉？」遂告陳氏。夏五月，成子兄弟四乘如公。子我在幄，出迎之。遂入，閉門。侍人禦之，子行殺侍人。公與婦人飲酒於檀臺，成子遷諸寢。公執戈將擊之。太史子餘曰：「非不利也，將除害也。」成子出舍於庫，聞公猶怒，將出，曰：「何所無君？」子行抽劍曰：「需，事之賊也。誰非陳宗？所以不殺子者，有如陳宗！」乃止，子我歸，屬徒攻闈與大門，皆不勝，乃出。陳氏追之，失道於弇中。適豐丘，豐丘人執之，以告，殺諸郭關。庚辰，陳恒執公於舒州。公曰：「吾早從鞅之言，不及此。」齊王芳犯之，而有曹、馬之争；三國魏齊王芳，明帝養子也，立爲太子。景初三年正月，明帝崩，太子即位。八年，大將軍曹爽用何晏、鄧颺等謀，遷太后於永寧宫，專擅朝政，多樹親黨，屢改制度。太傅司馬懿遂與爽有隙，稱疾不與政事。嘉平元年，太傅司馬懿以皇后令收爽、羲、晏、颺、謐等，皆下獄，劾以大逆不道，夷三族。晉元帝犯之，而有武昌之叛；晉元帝之始鎮江東也，王敦與從弟導同心翼戴，帝亦推心任之。敦總征討，導專機政。群從子弟，布列顯要。時人爲之語曰「王與馬，共天下」。後敦自恃有功，且宗族强盛，情益驕恣，帝畏而惡之，乃引劉隗、刁協以爲腹心，稍抑損王氏之權。而敦益懷不平，遂舉兵叛於武昌。唐明皇犯之，而有范陽之變。唐明皇寵安禄山。及出，而禄山專制三道，陰蓄異志，殆將十年。以上待之厚，欲俟晏駕，然後作亂。會楊國忠爲相，與禄山不相悦，屢言其且反，上不聽。國忠數以事激之，欲其速反，以取信於上。禄山以十一月舉兵反，詐爲敕書，召諸將示之曰：「有密旨，令禄山將兵入朝，討楊國忠。」發所部十五萬衆，反於范陽。小犯則小受禍，大犯則大受禍。影隨形，響隨聲，未有如是之速也。

辛伯曷嘗有厭勝詛盟之術，而必其驗哉？亦因理而言耳。【阪谷曰】此篇引事過多，初學不可漫學，抑亦一種奇觀。天下之甚可畏者，莫大於理。惟言出於理，故凜然列八字於千百載之上，非雷霆而震，非雪霜而嚴，非山嶽而峻，非江海而險，非師旅而威，非碪質而慘。尊之者王，畏之者霸；慢之者危，棄之者亡。上林夫人之席，由此而正也；漢袁盎。青蒲涕泣之諫，由此而發也；漢史丹。太傅獸睡之譏，由此而識也；司馬懿。尾大不掉之譬，由此而生也。申無宇曰。《昭十一年》。世儒之文詞愈多，而理愈寡。蓋有書五車，而無片言之中理者矣。辛伯之言如是之約，而古今有國之大戒咸在焉，非所謂文中之欹器歟？見《家語·三恕篇》。

嗚呼！辛伯之言，真有國者坐右銘也。爲國者誠能朝覽夕思，奉以周旋，則未讀《詩》而已知上僭之譏，未讀《易》而已知洊震之象，未讀《書》而已知威福之權，未讀《禮》而已知畿甸之制，未讀《春秋》而已知一統之義，固可配《無逸》之屏，《唐・崔植傳》曰：「玄宗即位，宋璟嘗手寫《無逸圖》獻帝置於内殿，勸帝出入觀省以自戒。」而代「千秋之鑒」也。唐玄宗千秋節，公主并獻寶鑒。張九齡上《事鑒》十章，號「千秋金鑒録」，以伸諷諭。故吾以謂獻丹扆之《六箴》者，唐文宗昏荒，數遊幸，狎比群小，聽朝簡忽。李德裕上《丹扆六箴》，其一曰《宵衣》，諷視朝希晚也；二曰《正服》，諷服御非法也；三曰《罷獻》，諷斂求珍怪也；四曰《納誨》，諷侮棄忠言也；五曰《辨邪》，諷任用群小也；六曰《防微》，諷僞遊輕出也。帝不能用。不如獻辛伯之八字。

阪谷曰 掉尾躍躍，全篇俱動。

校勘記

〔一〕諸，原作「諸侯」，據宋刻本及《左傳》改。
〔二〕武氏，宋刻本作「才人武氏」。
〔三〕事，據宋刻本及《資治通鑑》卷一百七十九補。
〔四〕兵士，原作「兵上」，據宋刻本及《資治通鑑》卷一百七十九改。

楚武王心蕩

莊四年　楚武王伐隨。將齊，入告夫人鄧曼曰：「余心蕩。」鄧曼歎曰：「王祿盡矣。盈而蕩，天之道也。先君其知之矣。故臨武事〔一〕，將發大命，而蕩王心焉。若師徒無虧，王薨於行，國之福也。」王遂行，卒於樠木之下。令尹鬭祁、莫敖屈重除道梁溠，營軍臨隨。隨人懼，行成。莫敖以王命入盟隨侯，且請爲會於漢汭而還。濟漢而後發喪。

氣聽命於心者，聖賢也；心聽命於氣者，衆人也。凡氣之在人，逸則肆，勞則怠，樂則驕，憂則懾，生則盈，死則涸，氣變則心爲之變，有不能自覺焉。志者，氣之帥也。今心隨氣變，是志不能爲氣之帥，而氣反爲志之帥矣。氣反爲志之帥，而吾心志之盛衰，惟氣之爲聽，則心者氣之役也。

聖賢君子以心御氣，而不爲氣所御；以心移氣，而不爲氣所移。歷山之耕，見《史記》。南風之琴，見《家語》。勞逸變於前，而舜之心未嘗變也；羑里之囚，虞、芮之朝，并見《史記》。憂樂變於前，而文王之心未嘗變也；避席之時，見《孝經》。易簀之際，見《禮記》。死生變於前，而曾子之心未嘗變也；自勞自逸，自憂自樂，自死自生，吾心曷嘗不自若哉！

楚武王憑陵諸夏，兵行中國，雖臨大敵，其心初不爲之蕩也。迨其季年，以堂堂之楚師伐蕞爾之隨，將授兵而心蕩焉。蓋武王初未嘗知治心之理，所恃者血氣之剛耳。阪谷曰 人云是洛闒陳話，而千古豪傑，誰能脱斯陳話者？平時臨敵而心不蕩者，非真能不動也，氣方剛也；死期將至，血氣既蕩，心安得不隨之而蕩乎？彼所謂鄧曼者方且謂：「盈而蕩，天之道也。先君其知之矣。故臨武事，將發大命，而蕩王心焉。」嗚呼！所以蕩王心者，豈一女子所能知乎？鄧曼惟不能知，既歸之於天，又歸之於鬼神。抑不知心即天也，未嘗有心外之天；心即神也，未嘗有心外之神，烏得捨此而他求哉？心由氣而蕩，氣由心而出。〔阪谷曰〕抑鄧曼所以發心天同一之理，文氣殊揚。蠹生於稼，而害稼者蠹也；蚋生於醯，而敗醯者蚋也；氣出於心，而蕩心者氣也。鄧曼區區四顧而外求，猶賊在同室，反執市人而訊之，愈訊而愈失矣。使楚武王而悟此，則賊吾心者，豈他在耶？將不得而遁矣。賊既不得而遁，善養氣者，盍亦鋤治是氣，絕其本根，以去心之賊乎？吁！又非也。

浩然之氣，〔宗曰〕心苦分明。與血氣初無異體，由養與不養二其名爾。苟失其養，則氣爲心之賊；苟得其養，則氣爲心之輔。亦何常之有哉！憒亂散越〔二〕，臨死生而失其正者，是氣也；泰定精明，臨死生而得其正者，亦是氣也。凌煙圖繪之功臣，〔宗曰〕擬於不倫。誰非前日勍敵耶？

〔宗廷輔曰〕宋儒説理、説氣、説心，自是空絕前後。此篇所論精微明徹，實東萊借以抒其所得，不可繩以盲史本旨。

校勘記

〔一〕武事，原作「大事」，據四庫本有《左傳》改。

〔二〕憒亂，原作「憤亂」，據宋刻本改。

鄧三甥請殺楚文王

莊六年　楚文王伐申，過鄧。鄧祁侯曰：「吾甥也。」止而享之，騅甥、聃甥、養甥請殺楚子，鄧侯弗許。三甥曰：「亡鄧國者，必此人也。若不早圖，後君噬臍，其及圖之乎？圖之，此爲時矣。」鄧侯曰：「人將不食吾餘。」對曰：「若不從三臣，抑社稷實不血食，而君焉取餘？」弗從。還年，楚子伐鄧。十六年，楚復伐鄧，滅之。

陰、陽、風、雨、晦、明，天之六氣也。陰淫寒疾，陽淫熱疾，風淫末疾，雨淫腹疾，晦淫惑疾，明淫心疾，人之六疾也。有以醫自業者語人曰：「六氣者，致疾之源。必使無陰陽，無風雨，無晦明，然後疾可除。」世寧有是理耶？不歸咎於人，而歸咎於天，此天下之拙醫也。守身在我，而疾不在於六氣；守國在我，而患不在於四鄰。何人而不受六氣，阪谷曰「何人」以下展拓，是呂公示初學以筆路暢達處，《博議》篇篇宜如是觀。其獨致疾者，必非善守身者也；何國而不接四鄰，其獨被患者，必非善守國者也。端汝視履，嗇汝精神，時汝飲食，審汝藥石，六氣雖沴，於汝身何有哉？豐汝德澤，明汝政刑，固汝封疆，訓汝師旅，四鄰雖暴，於汝國何有哉？

鄧之三甥，不知國之存亡繫於我之治亂，反謂繫於楚子之死生，汲汲然欲殺之，忘内而憂外，何其疏也！阪谷曰 此時鄧侯如項羽，三甥如范增。東坡云皆有人君之度，余以爲殺亦亡，不殺亦亡，以非度而出無深慮也。抑不知亡鄧之原，曷嘗專在於楚耶？環楚而國者，如陳，如蔡，如鄭，如許，下至於江、黄、道、柏之屬，不可一二數也。楚不先加兵，而唯急於滅鄧者，豈非見鄧有可乘之釁乎？阪谷曰《文言·傳》曰「水流濕，火就燥」，楚滅鄧之謂也。吾國有可乘之釁，置而不憂，顧以鄰敵爲憂，雖楚子可得而殺，猶有楚國存焉；雖楚國可得而滅，猶有諸侯存焉。爲吾憂者，未始有極也。當是時，强陵弱、衆暴寡之風偏於天下。今日齊人滅譚，書於諸侯之策矣；明日晋人滅虢，又書於諸侯之策矣。國有釁可乘，諸侯將争欲滅之。亡鄧豈獨一楚哉？必若三甥之計，非盡吞四鄰不能奠枕，亦迂矣！嗚呼！四鄰固不可盡吞；縱使盡吞，四鄰亦未可恃以爲安也。秦不亡於六國未滅之前，而亡於六國既滅之後；秦有六國，兢兢以存；六國既滅，驕矜以亡。隋不亡於南北未一之前，而亡於南北既一之後。文帝以外戚之尊，受托孤之重，乘兹機運，遂遷周鼎。樓船南邁，則金陵失險；驃騎北指，則單于款塞。暨乎暮年，廢嫡立庶，托付失所。迹其衰怠之源，稽其亂亡之兆，起自文皇，成於煬帝，所由來遠非一朝一夕也。《北史·論》。亡國之釁，夫豈在於鄰敵耶？

三甥之謀，謬戾明甚，而世猶以有追恨鄧侯不用其言者，蓋小人之情，咎人而不咎己也。阪谷曰 孫子「先爲不可勝」之一言，古今治道兵法之標準，雖詐力世界，亦必以此爲本。用此心以觀古人，宜其咎楚而不咎鄧也。桀既放於南巢，語人曰：「吾悔不殺湯於夏臺。」吁！桀雖偶能殺湯，天下豈能無放桀者耶？桀之誣上天、虐萬方、誅龍逢、嬖妹喜，見《尚書》及《史記》。可以取亡者擢髮不能盡數也。桀皆不之悔，阪谷曰 世之不爲桀悔者果幾人？噫！而獨悔於不殺湯，可謂咎人而不咎己矣。桀之爲人，非惡不視，非惡不聽，非惡不言，非惡不動，造次顛沛無非罪惡，僅有不殺湯之一善耳。阪谷曰 此與上二篇結法俱妙，而此最高，以化陳套爲新奇也。反自悔以爲失，是耻一善之尚存，欲萬惡之皆備也。哀哉！

宗廷輔曰 立國當由自强，層層披駁，語無躲閃。惟結處數語似落纖巧，故改去之。楚文爲鄧侯之甥，則與三甥有外兄弟之誼，當止享時未聞一言諫阻，及享畢遽請殺之，并有噬臍不及之喻，則楚文之瞻矚非常，必有隱泄其機者。伏讀欽定讀本曰：「殺楚君止速鄧亡，三甥之計亦非有益。《傳》記此者，見小國當修政自强。楚君辭氣之間，亦有取殺之道。三甥窺之，幾於見殺，不可不慎。」論亦與此相近而尤周密。

魯莊公圍郕

莊八年　夏，師及齊師圍郕。郕降於齊師。仲慶父請伐齊師。公曰：「不可！我實不德，齊師何罪？罪我之由。《夏書》曰：『臯陶邁種德，德乃降。』姑務修德，以待時乎！」秋，師還。君子是以善魯莊公。

事之相反者，莫如勇怯；而相近者，亦莫如勇怯。奮然勁悍，與怯相反者，小勇也；退然温克，與怯相近者，大勇也。小勇名滿天下，大勇名不出家。曷謂小勇？勝小敵者是已。曷謂大勇？勝大敵者是已。寇敵之來，雖多至於百萬，知兵者談笑而麾之，猶摧枯振槁然，豈足爲大敵哉？大莫大於心敵。忿欲之興，鬱勃熾烈，内焚肺腑。劍不能擊，戟不能撞，車不能衝，騎不能突。自古賁、育、韓、白之徒，戰必勝，攻必取者，未嘗不受屈於是敵也。阪谷曰 賁、育以膂力勇，韓、白以戰略勇，文王以安民勇，東萊先生亦以變忿急氣質勇。勇亦多類，宜精擇也。賁、育、韓、白，冠古今之勇者也，今勝賁、育、韓、白之所不能勝，得不謂之大勇乎？然戰勝於一心之間，非有攻城略地之可紀也，非有伏尸流血之可駭也，非有獻俘奏凱之可誇也。内克莫大之敵，而功無毫髮見於世，豈識其爲勇乎？不特不識其爲勇，既勝忿欲之敵，則忍人之所不能忍，容人之所不能容，平人之所不能平，其犯而不較，與怯者相去不能以寸。世又將以怯名之矣，以勇怯相近而難辨者也。

魯莊公及齊師圍郕，郕降於齊師，仲慶父請伐齊。公曰：「我實不德，齊師何罪？罪我之由。姑務修德，以待時乎！」且齊、魯同伐郕，而齊專有其功，人情之所必校也。莊公斂兵不校，罪己而不罪齊，抑不知莊公勇者歟？怯者歟？阪谷曰 分析精密，故斷案鋭拔。吾斷之曰：莊公蓋怯者也。大勇不校，大怯亦不校。勇者不校，是不欲校也；怯者不校，是不能校也。勇者以義不當校，故勝其私心而不校。心敵且能勝之，況區區之外敵乎？使遇義所當校者，出其餘勇，天下已不能當矣。不校者，勇士之所難也；校者，勇士之所易也。彼魯莊之視齊襄，乃君父不戴天之讎，義所必校者也。反巽懦畏怯，俛首爲讎人之役，坐視其取郕而不校者，特畏其强而不敢校耳。姑托罪己修德之辭，以自解於衆，豈其本心哉？故不校者，莊公之所易也；校者，莊公之所難也。阪谷曰 同字層叠取勢，古文常法，而呂公善用之。莊公之不校，與勇者難易政相反，烏得比而同之耶？

或曰：「世固有以弱犯强，以小犯大，不量力而取斃者。莊公雖不得爲勇，亦庶幾善量力者也。」曰：論義者不論力。君父之讎，義所必討，不幸而力不勝，死於讎敵，亦足以自獻於先王矣。以仇牧之怯，豈能勝南宫萬之勇哉？阪谷曰 行義須論智，不然爲微生之信。仇牧勝心敵，不可謂「怯」，「怯」字作「弱」似可。閔公之難，忘其怯而直前。雖斃於南宫萬之手，世未有以不量力罪之者也。《莊十二年》。「若是，則莊公當與齊争歟？」曰：莊公忘君父之讎，而與齊通，又與之連兵而伐郕。及不得郕而争，則是争利之師，而非復仇之師也。然則莊公之是役，争亦失，不争亦失，失在於通齊之始耳。阪谷曰 又叠「失」字逼之，是短兵接戰法。一失其始，進退上下何往而非罪哉？故曰：「君子作事謀始。」

東萊先生左氏博議卷之六

齊侯見豕

莊八年　冬，齊侯游於姑棼，遂田於貝丘。見大豕，從者曰：「公子彭生也。」公怒，曰：「彭生敢見！」射之，豕人立而啼。公懼，隊於車，傷足喪屨。反，誅屨於徒人費，弗得，鞭之見血。走出，遇賊於門，劫而束之。

蛇鬬于鄭

莊十四年　初，內蛇與外蛇鬬於鄭南門中，內蛇死。六年而厲公入。公聞之，問於申繻曰：「猶有妖乎？」對曰：「人之所忌，其氣焰以取之，妖由人興也。人無釁焉，妖不自作。人棄常，則妖興，故有妖。」

神降于莘

莊三十二年　秋七月，有神降于莘。惠王問諸內史過曰：「是何故也？」「觀其惡也。故有得神以興，亦有以亡，虞、夏、商、周皆有之。」王曰：「若之何？」對曰：「以其物享焉。其至之日，亦其物也。」王從之。

卜偃童謡

僖五年　晉侯復假道於虞以伐虢。八月甲午，晉侯圍上陽。問於卜偃曰：「吾其濟乎？」對曰：「克之。」公曰：「何時？」對曰：「童謡云：『丙之晨，龍尾伏辰；均服振振，取虢之旂。鶉之賁賁，天策焞焞，火中成軍，虢公其奔。』其九月、十月之交乎？丙子旦，日在尾，月在策，鶉火中，必是時也。」冬，十二月丙子朔，晉滅虢。

狐突遇申生

僖十年　狐突適下國，遇太子。太子使登，僕，而告之曰：「夷吾無禮，余得請於帝矣，將以晉畀秦，秦將祀余。」對曰：「臣聞之：『神不歆非類，民不祀非族。』君祀無乃殄乎？且民何罪？失刑、乏祀，君其圖之。」君曰：「諾。吾將復請。七日，新城西偏有巫者而見我焉。」許之，遂不見。及期而往，告之曰：「帝許我罰有罪矣，敝於韓。」

城鄮有夜登丘

僖十六年　十二月，城鄮，役人病。有夜登丘而呼曰：「齊有亂。」不果城而還。

柩有聲如牛

僖三十二年　冬，晋文公卒。將殯於曲沃。出絳，柩有聲如牛。卜偃使大夫拜，曰：「君命大事，將有西師過軼我，擊之，必大捷焉。」

蛇出泉宫

文十六年　有蛇自泉宫出，入於國，如先君之數。秋八月辛未，聲姜薨，毁泉臺。

魏顆見老人

宣十五年　魏顆敗秦師於輔氏。獲杜回，秦之力人也。初，魏武子有嬖妾，無子。武子疾，命顆曰：「必嫁是！」疾病，則曰：「必以为殉！」及卒，顆嫁之，曰：「疾病則亂，吾從其治也。」及輔氏之役，顆見老人結草以亢杜回，杜回躓而顛，故獲之。夜夢之曰：「余，而所嫁婦人之父也。爾用先人之治命，余是以報。」

鳥鳴亳社

襄三十年　或叫於宋太廟，曰：「譆譆！出出！」鳥鳴於亳社，如曰「譆譆」。甲午，宋大災。

鄭伯有

昭七年　鄭人相驚以伯有，曰「伯有至矣」，則皆走，不知所往。鑄刑書之歲二月，或夢伯有介而行，曰：「壬子，余將殺帶也。明年壬寅，余又將殺段也。」及壬子，駟帶卒，國人益懼。齊、燕平之月壬寅，公孫段卒，國人愈懼。其明月，子產立公孫泄及良止以撫之，乃止。

石言于晋

昭八年　春，石言于晋魏榆。晋侯問於師曠曰：「石何故言？」對曰：「石不能言，或馮焉。不然，民聽濫也。抑臣又聞之曰：『作事不時，怨讟動於民，則有非言之物而言。』今宫室崇侈，民力彫盡，怨讟并作，莫保其性。石言，不亦宜乎？」

當璧而拜

昭十三年　初，共王無冢適，有寵子五人，無適立焉。乃大有事於群望，而祈曰：「請神擇於五人者，使主社稷。」乃徧以璧見於群望，曰：「當璧而拜者，神所立也，誰敢違之？」既，乃與巴姬密埋璧於大室之庭，使五人齊，而長入拜。康王跨之。靈王肘加焉。子干、子皙皆遠之。平王弱，抱而入，再拜，皆厭紐。鬭韋龜屬成然焉，且曰：「棄禮違命，楚其危哉！」

鄭龍鬭

昭十九年　鄭大水，龍鬭於時門之外洧淵。國人請爲禜焉，子産弗許，曰：「我鬭，龍不我覿也。龍鬭，我獨何覿焉？禳之，則彼其室也。吾無求於龍，龍亦無求於我。」乃止也。

玉化爲石

昭二十四年　王子朝用成周之寶珪於河。甲戌，津人得諸河上。陰不佞以温人南侵，拘得玉者，取其玉。將賣之，則爲石。王定而獻之，與之東訾。

鸜鵒來巢

昭二十五年　夏，「有鸜鵒來巢」，書所無也。師己曰：「異哉！吾聞文、武之世〔一〕，童謡有之，曰：『鸜之鵒之，公出辱之。鸜鵒之羽，公在外野，往饋之馬。鸜鵒跦跦，公在乾侯，徵褰與襦。鸜鵒之巢，遠哉遥遥。稠父喪勞，宋父以驕。鸜鵒鸜鵒，往歌來哭。』童謡有是。今鸜鵒來巢，其將及乎！」

龍見于絳

昭二十九年　秋，龍見于絳郊。魏獻子問於蔡墨曰：「吾聞之，蟲莫知於龍，以其不生得也，謂之知，信乎？」對曰：「人實不知，非龍實知。」

怪生於罕，而止於習。赫然當空者，世謂之日；粲然徧空者，世謂之星；油然布空者，世謂之雲；隱然在空者，世謂之雷；突然倚空者，世謂之山；渺然際空者，世謂之海。如是者，使人未嘗識而驟見之，豈不大可怪耶？其所以舉世安之而不以爲異者，何也？習也。焄蒿悽愴之妖，木石鱗羽之異，世争怪而共傳之者，以其罕接於人耳。阪谷曰 拈出「罕」、「習」字，以怪爲常，以常爲怪，識力、筆力俱高。天下之理，本無可怪。吉有祥，凶有祲。明有禮樂，幽有鬼神。是猶有東必有西，有晝必有夜也。亦何怪之有哉？夫子之不語怪者，非懼其惑衆也，無怪之可語也。

阪谷曰　引夫子，乘勢反結。「無怪之可語也」一句絶妙，承起句而提明全篇主眼，如日月懸中天。

左氏嗜怪，時神怪之事多出其書，范甯譏之以誣，説者是之。吾謂載之者非，譏之者亦非也。載之者，必以爲怪而駭其有；譏之者，必以爲怪而意其無。一以爲有，一以爲無，至於心以爲怪，則二子之所同病也。阪谷曰　以口頭之譏發心頭之怪，燃犀亦覺煩。人不知道，則所知者不出於耳目之外。耳目之所接者，謂之常；耳目之所不接者，謂之怪。阪谷曰　孔子爲陽虎、盧杞爲可愛者，亦唯此理。凡所謂怪者，共辨而競争之；至於耳目之所常接者，則輕之曰：「是區區者，吾既飫聞而厭見之矣，何必復論哉？」抑不知耳之所聞非真聞，目之所見非真見也。耳之所聞者聲爾，而聲聲者初未嘗聞；目之所見者形爾，而形形者初未嘗見〔二〕。日星也，雲雷也，山海也，皆世俗飫聞而厭見者也。至於日星何爲而明，雲雷何爲而起，山何爲而峙，海何爲而停，是孰知所以然者乎？其事愈近，其理愈遠；其迹愈顯，其用愈藏。人之所不疑者，有深可疑者存焉；人之所不怪者，有深可怪者存焉。阪谷曰　理精事核，文氣蓬蓬，奮筆之狀如目見。吾日用飲食之間，行不著，習不察，尚莫知其端倪，反欲窮其辭於荒忽茫昧之表〔三〕，何其舛於先後也？天下皆求其所聞，而不求其所以聞；皆求其所見，而不求其所以見。使得味於飫聞厭見之中，則彼不聞不見者亦釋然而無疑矣〔四〕。

子路學於夫子，以事鬼神爲問，又以死爲問。見《先進》。子路之心，蓋以人者吾所自知，所不知者鬼神而已；生者吾所自知，所不知者死而已。阪谷曰 好證左。蓋呂公平生讀《論語》，胸中夙蓄此一段文字，觸題而發。吁！至理無二，知則俱知，惑則俱惑，安有知此而不知彼者哉？子路果知人，則必無鬼神之問矣〔五〕；子路果知生，則必無死之問矣。觀其鬼神之問，可以占其未知人也；觀其死之問，則可以占其未知生也。阪谷曰 執其矛，刺其腹，子路亦辟易。夫子荅之曰：「未能事人，焉能事鬼？」「未知生，焉知死？」此蓋夫子提耳而誨子路，無非真實語。世儒乃或以爲拒子路之問，豈不哀哉！子路深省於一言之下，故白刃在前，結纓正冠，不改其操。則死生鬼神之際，子路其自知之矣。阪谷曰 一抑一揚，皆取於其人。怪異明滅，盡爲吾文字之用。

在《睽》之《歸妹》曰：「睽孤。見豕負塗，載鬼一車。先張之弧，後説之弧。匪寇婚媾。往遇雨則吉。」其《象》曰：「遇雨之吉，群疑亡也。」幽明實相表裏，幽鄰於明，明鄰於幽，初未嘗孤立也。是爻居《睽》之孤，孑然孤立，睽幽明而爲兩塗。睽生疑，疑生怪。故負塗之豕，載車之鬼，陰醜詭幻，無所不至，然至理之本同然者，終不可睽。疑則射，解則止；疑則寇，解則婚。阪谷曰 經解發妙理，宜如此。向之疑以爲怪者，特未能合幽明爲一耳。猶陽之發見，陰之伏匿，陽明陰幽，常若不通，及二氣和而爲雨，則陽中有陰，陰中有陽，孰見其異哉？陰陽和而爲雨，則群物潤；幽明合而爲一，則群疑亡。融通貫注，和同無間，平日所疑蕩滌而不復存矣。

子路之問人鬼、死生，睽而不合；既聞夫子之言，豈非遇雨而群疑亡乎？左氏，與子路而同遊夫子之門者也，阪谷曰 通行本「左氏與子路」以下割去，以一句結曰「惜乎！左氏不足以知此」，頗似簡净，然非吕公所謂「枝辭贅喻所以資課試」之意，方可别論。猶不能除嗜怪之習，然則夫子之雨亦擇地而降歟？曰：非也。五日霏微，十日霢霂，而枯荄槁木不能沾涓滴之澤焉。非雨之有所吝，我無以受之也。我無以受之，則日見降雨，猶爲不遇雨；日見聖人，猶爲不遇聖人。左氏遇聖人而蒙蔽，是誰之罪耶？

宗廷輔曰 胸中積理既多，故横竪説來都成妙諦，斯爲辨才無礙。按唐獨孤及《仙掌銘·序》云：「學者總其一域，則惑于殊方，曾不知創宇宙，作萬象，月而日之，星而辰之，使輪轉環繞，箭馳風疾，可駭於俗，有甚於此者。徒觀其陰騭無朕，則未嘗駭焉，而巨靈特以有跡駭世。」首段議論與此同意。而唐人用筆渾厚，此則刻露矣。原本尚有「子路問事鬼神」一段，凡二百餘言，在釋《易》之上，非特横生枝節，與通篇語不一線，且與《論語》記「不得其死」之言正背，故削去之。

校勘記

〔一〕武，宋刻本作「成」。

〔二〕初，宋刻本作「人」。

〔三〕辭，宋刻本作「辨」。

〔四〕無疑，原作「疑」，據四庫本、瞿本改。
〔五〕蓋以人者—鬼神之問矣，此段文字原本缺漏，作「蓋以人者吾所自知，所不知者鬼神之問矣」，據宋刻本改。

齊公孫無知弑襄公

莊八年　齊侯使連稱、管至父戍葵丘。瓜時而往，曰：「及瓜而代。」期戍，公問不至。請代，弗許。公孫無知有寵於僖公，衣服禮秩如適，襄公絀之。二人因之以作亂。

咎既往者易爲説，扶將傾者難爲功。樂論病而憚治病，此人之通患也。齊公孫無知之弑襄公，論者本其禍端，歸之僖公。其説曰：「國無二統，禮無二嫡，基於衣服禮秩之微，而成於篡弑戕奪之酷，齊之禍，庸非僖公爲之乎？」嗚呼！此論病也，非治病也。

當僖公之時獻此言可矣，及襄公之時始爲此言，何其晚耶！追論前日之失，而不能已今日之禍，君子不貴也。君子不幸而立襄公之朝，寧肯徒咎既往，一無規畫，拱手而待禍耶？天下無不可爲之時，而無不可除之患。未然之前，吾則有防患之術；已然之後，吾則有救患之術。阪谷曰 擔當大事者宜如此。唯所遇如何耳。

在襄公世，禍患已成，防患之術，既往而不必論。請獨論救患之術。阪谷曰 襄公之淫虐，固不足論，故是特就待無忌一事而立教。恩與怨、親與讎，人皆以爲不可并也。殊不知易恩者莫如怨，易親者莫如讎。公孫無知雖托於公族，而僖公假以非分之寵，上偪正嫡。方襄公居東宮之時，以人情度之，豈能不忌且恨哉？僖公一旦捐賓客而不立朝，想無知之心，自知襄公必償其宿忿，投於廢絀疏棄之域矣。使襄公釋然，待之加厚，則無知必謂：本當見怨，反得恩焉；本當見讎，反得親焉。吾何以得此於彼哉？始以爲虎，今乃吾之父；始以爲狼，今乃吾之兄。既得望外之施，亦必思望外之報矣。阪谷曰 論非爲襄公，以爲後人，宜諒之文外。然則向之怨，所以彰今日之恩也；向之讎，所以彰今日之親也。襄公果知出此，則變無知悖逆之心爲忠義之心，非徒可以除患，抑又可以召福矣。

昔漢定陶王，少而愛，長多材藝，元帝奇之。母昭儀又幸，幾代皇后。太子成帝即位，緣先帝意，厚遇異於他王〔一〕。元帝開其隙，而成帝能合其隙，見《漢書》本傳。此所以有僖公之失，而無襄公之禍也。成帝之心，思吾親不可得而見，見吾親之所愛者，猶見吾親焉。阪谷曰 自韓文《與李秀才書》假來。吾親既没，無所致其孝，今厚吾親之所厚，是亦厚吾親也。愛親之心方篤，萬慮皆不能入其胸次，自親之外，無復他念，何暇省記吾一身之嫌隙乎？苟微見疇昔之隙，必吾愛親之心已少弛矣。忘親之愛而思己之隙，先己後親，固已墮於不孝，矧又報之乎？如意之於諸吕，初，戚姬有寵於上，生趙王如意。上以太子仁弱，欲廢而立趙王，大臣争之。及惠帝即位，晨出射，趙王少，不能早起，太后使人持酖飲之。黎明帝還，趙王已死。植之於魏，三國魏陳思王植以才見異，而丁儀、丁廙、楊修等爲之羽翼。太祖狐疑，幾爲太子者數矣。文帝即位，灌均希旨奏植醉酒悖慢，遂貶植爲安鄉侯，誅其黨。攸之於晉，晉齊獻王攸，才望出武帝之右，特爲文帝所寵愛[二]。每見攸，輒撫其床，呼其小字，曰「此桃符座也」。幾爲太子者數矣。及帝寢疾，慮攸不安。爲武帝叙漢淮南王、魏陳思故事而泣[三]，臨崩，執攸手以授帝。後中書荀勗、侍中馮紞疾攸，搆於帝。攸知，憤怨歐血而死。死亡相尋，吾未嘗不恨惠、文、武三帝之慫於孝也，安得以成帝之風警之乎？

雖然，先君之所愛從而愛之，孝也。苟欲而不制，馴致叔段、州吁之亂，注見一卷。則將奈何？曰：愛之，必欲全之。授之以權而長其惡，是致之於死地也，焉得愛？阪谷曰 有此一結，其説方周到，若以舜於象論之，恐更妙。

校勘記

〔一〕異，宋刻本作「過」。

〔二〕特，原作「時」，據《晉書》卷三十八改。

〔三〕泣，原作「立」，據四庫本及《晉書》卷三十八改。

齊桓公入齊

莊九年　雍廩殺無知。公伐齊，納子糾。桓公自莒先入。秋，師及齊師戰於乾時，我師敗績。鮑叔帥師來言曰：「子糾，親也，請君討之。管、召，讎也，請受而甘心焉。」乃殺子糾于生竇，召忽死之。管仲請囚，鮑叔受之，及堂阜而稅之。歸而以告曰：「管夷吾治於高傒，使相可也。」公從之。

魯莊公忘父之讎，而納子糾；管敬仲忘主之讎，而事桓公；齊桓公忘身之讎，而用管仲。不可忘者，父讎也，忘其不可忘，莊公之罪也；可忘者，身讎也，忘其可忘者，桓公之義也。獨管仲之事，論者疑焉。子糾，其主也；桓公，其主之讎也。不死其主而相其讎，宜若得罪於名教，今反見稱於孔子，此論者之所共疑也。

競駑驥者，至伯樂而定；競是非者，至孔子而定。既經孔子，豈復容異同之論乎？雖然，無所見而苟異聖人者，狂也；無所見而苟同聖人者，愚也。己則無所見，徒假聖人以爲重，曰：「伯樂所譽，其馬必良；孔子所譽，其人必賢。」使有問其所以良、其所以賢者，必錯愕吃訥，左右視而不知所對矣。阪谷曰 世間漫然無定見而爲是非者，大抵如是。隨伯樂而譽馬者，未免爲不知馬；隨孔子而譽人者，未免爲不知人。天下之事，知當自知，見當自見。伯樂之鑒，初無與於吾之鑒也；孔子之智，初非與於吾之智也。阪谷曰 孔子、伯樂，雙雙對寫如兩輪，是《博議》常法。管仲之是非，聖人固有定論矣。抑不知反求吾心，果定歟？不定歟？吾之心不知所定，而苟隨聖人以爲定，是以名從聖人而非以實從聖人也。君子之學，從實而不從名。阪谷曰 忠君愛子之道，亦唯可以實，不然則諂諛誤君，放縱賊子。名儒之卓識，可以推萬事，不獨讀書論古也。吾心未定，雖聖人之言不能使之定，是豈妄疑聖人之言者哉！其從聖人以心不以貌，此真從聖人者也。是故聞孔子稱管仲之言，必當求孔子稱管仲之意。孔子之意，豈以管仲所枉者寡，而所直者衆耶？所詘者小，而所伸者大耶？

嗚呼！枉尺直尋，在聖門中無是事也，又況事讎之枉不得爲寡；詘道信身，在聖門中無是事也，又況事讎之詘不得爲小。然則孔子之意果安在耶？糾之與桓公，均非正嫡也，均非當立也。然《春秋》書「納糾」而不繫以子，薄昭言「殺弟」而不謂之兄，是糾少而尤不當立者也。【阪谷曰】程子謂公、穀之經無「子」字，又《前漢》薄昭之言，可以證桓公之爲兄。子糾、小白兄弟之辯，諸説紛紜。吕公則從程子，而朱子則引荀卿，謂桓公殺兄以争國。然其説亦未確定，後人甲是乙非，不明決。魏叔子《經世鈔》有論説，可參看。

向若桓公殺糾於未入齊之前，則是兩公子争國而相殺者耳，管仲讎桓公可也。當乾時之戰，桓公之位已定，社稷既有奉矣，民人既有歸矣，是桓公者齊之君也，糾者齊之亡公子也。以亡公子而欲干國之統，桓公以君拒臣，糾以臣犯君，曲直客主之勢判然矣。桓公既得鹿，而追治逐鹿之罪，滅親親之恩，固可深責，然以齊君而殺齊之亡公子，非兩下相殺者也。君之殺其臣，雖非其罪，爲臣之黨者敢以爲讎乎？【阪谷曰】此節揭主意，文辭可喜，然其説則余亦不以名從，別有説。

此管仲所以事桓公，孔子所以許管仲也。人第知管仲之事讎耳，孰知仲之不當讎桓公哉？知仲之不當讎桓公，則知仲實未嘗事讎也。苟徒信孔子之言，而不復深考其所以言〔一〕，則反君事讎，皆將自附於管仲矣。噫！仲果反君事讎〔二〕，則雖萬善不足以贖，況區區之伯功耶！ 阪谷曰 爲萬世表章大義。

校勘記

〔一〕言，宋刻本作「然」。

〔二〕仲，宋刻本作「使」。

齊魯戰長勺

莊十年 春，齊師伐我。公將戰，曹劌請見。其鄉人曰：「肉食者謀之，又何間焉？」劌曰：「肉食者鄙，未能遠謀。」乃入見，問：「何以戰？」公曰：「衣食所安，弗敢專也，必以分人。」對曰：「小惠未徧，民弗從也。」公曰：「犧牲玉帛，弗敢加也，必以信。」對曰：「小信未孚，神弗福也。」公曰：「小大之獄，雖不能察，必以情。」對曰：「忠之屬也，可以一戰，戰則請從。」公與之乘。戰於長勺，公將鼓之。劌曰：「未可。」齊人三鼓。劌曰：「可矣。」齊師敗績。公將馳之，劌曰：「未可。」下視其轍，登軾而望之。曰：「可矣。」遂逐齊師。既克，公問其故。對曰：「夫戰，勇氣也。一鼓作氣，再而衰，三而竭。彼竭我盈，故克之。夫大國，難測也，懼有伏焉。吾視其轍亂，望其旗靡，故逐之。」

士蔿諫晉侯伐虢

莊二十七年　晉侯將伐虢，士蔿曰：「不可。虢公驕，若驟得勝於我，必棄其民。無衆而後伐之，欲禦我，誰與？夫禮、樂、慈、愛，戰所畜也。夫民，讓事、樂和、愛親、哀喪，而後可用也。虢弗畜也，亟戰，將饑。」

迂儒之論，每爲武夫所輕。鉦鼓震天，旌旄四合，車馳轂擊，百死一生，而迂儒曲士，乃始緩視闊步，誦詩書、談仁義於鋒鏑矢石之間，宜其取踞牀溺冠之辱也。魯莊公與齊戰於長勺，兩軍相望，此爲何時，而以聽獄用情對曹劌之問戰，何其迂闊而遠於事情耶？是言也，持以語宋襄、陳餘，則見許矣；持以語孫武、吴起，則見侮矣。彼曹劌遽以一戰許之，意者劌亦迂儒曲士之流歟？

觀其從莊公戰，以我之盈乘齊之竭，以我之整逐齊之亂，機權韜略，與孫武、吴起并驅争先，初非宋襄、陳餘儕匹也。使莊公之言誠迂闊而不切事情，豈足以動劌之聽耶？其所以深賞而亟許之者，殆必有説也。

馬之所以不敢肆足者，銜轡束之也；臣之所以不敢肆意者，法制束之也。銜轡敗，然後見馬之真性；法制弛，然後見民之真情。困之不敢怨，虐之不敢叛者，劫於法制耳。大敵在前，搶攘駭懼，平日之所謂法制者，至是皆涣然而解散矣。法制既散，真情乃出：食馬之恩，《史記》：

秦穆公亡善馬，岐下野人共得而食之者三百人。吏逐得，欲法之。公曰：「君子不以畜産害人。吾聞食善馬肉不飲酒，傷人。」乃皆賜酒而赦之。後三百人聞秦擊晉，皆求從。推鋒争死，以報食馬之恩，遂虜晉君。羊羹之怨，《戰國策》：中山君享都士，大夫司馬子期在焉。羊羹不徧，司馬子期怒而走楚王。楚王伐中山。中山君亡，喟然仰歎曰：「與不期衆少，其於當厄；怨不期深淺，其於傷心。吾以一杯羊羹亡國。」恩恩怨怨[一]，各肆其情，以報其上。苟非暇豫之時深感固結於法令之外，阪谷曰 「暇豫」云云，承前段結尾，揭一篇着眼處。亦危矣哉！

凡人之易感而難忘者，莫如窘辱怵迫之時。子羔爲衛政，刖人之足。衛亂，子羔走郭門，刖者守門。曰：「於此有室。」子羔入，追者罷。子羔將去，謂刖者曰：「吾親刖子之足，此乃子報怨之時也，何故逃我？」刖者曰：「君之治臣也，先後臣以法，欲臣之免於法也，臣知之；阪谷曰 好證左。獄決罪定，臨當論刑，君愀然不樂，見於顔色，臣又知之。此臣之所以脱君也。」見《家語·致思》篇。蓋人方在縲紲之中，錙銖之施，視若金石；毛髮之惠，視若丘山。子羔，一有司耳，徒有哀矜之意，初無哀矜之實，其遇寇難，人猶且報之若是，况莊公君臨一國，小大之獄皆必以情，及其遇寇，人之思報豈子羔比耶？獄，死地也；戰，亦死地也。昔居死地，常受其賜，今安得不赴死地以答其賜哉？民既樂爲之死，則陷堅却敵，特餘事耳。阪谷曰 上「暇豫」云云之意，得一證，乘勢開發。莊公之言，吾見其切，而不見其迂也。

吾嘗論古人之言兵與後人之言兵，邈然不同[二]。曹劌問「何以戰」，公始對以「惠民」；劌不以爲然，則對以「事神」；劌又不以爲然，則對以「聽獄」。三答曹劌之問，略無片言及於軍旅形勢者，何耶？　蓋有論戰者，有論所以戰者。軍旅形勢者，戰也；民心者，所以戰也。二者猶涇、渭之不相亂，河、濟之不相涉。阪谷曰「濟」疑「漢」。　問所以戰而答之以戰，是問楚而答燕也。晉士蔿諫晉侯伐虢，亦曰：「虢公驕，若驟勝，必棄其民。　夫禮、樂、慈、愛，戰所畜也。虢弗畜也，亟戰，將饑。」當時之論兵者每如此。阪谷曰又舉一證，發後段古人言兵之義。　魯莊公、晉士蔿在春秋時未嘗以學術著名，而所論鈎深致遠，得戰之本，豈非去古未遠，人人而知此理耶？　唐柳宗元號爲當代儒宗，其論長勺之役，乃謂徒以斷獄爲戰之具，吾未之信，乃歷舉將臣士卒地形之屬。　宗元之所言，皆所謂戰，而非所以戰也〔三〕。阪谷曰駁宗元，所以發揚古人言兵之義。　吾是以知春秋之時，雖不學之人，一話一言，有後世文宗巨儒所不能解者也，况當時所謂有學術者耶？阪谷曰迂儒固不可談兵，而武人亦不可談兵。文武妙用，善施之而箝迂儒武夫之口者，其曹劌乎？　况上而爲三代，爲唐、虞者耶？　新學小生，區區持私智之蠡，而欲測古人之海，妄生譏評，聚訟不已，多見其不知量也。

校勘記

〔一〕恩恩怨怨，宋刻本作「恩之怨之」。

〔二〕邈然，原作「邀然」，據宋刻本、瞿本改。四庫本作「皦然」。

〔三〕宋刻本後有小字注「見柳文」。

禹湯罪己桀紂罪人

莊十一年　秋，宋大水。公使吊焉，曰：「天作淫雨，害於粢盛，若之何不吊？」曰：「孤實不敬，天降之災，又以爲君憂，拜命之辱。」臧文仲曰：「宋其興乎！禹、湯罪己，其興也悖焉；桀、紂罪人，其亡也忽焉。且列國有凶，稱孤，禮也。言懼而名禮，其庶乎！」既而聞之曰公子御説之辭也。臧孫達曰：「是宜爲君，有恤民之心。」

近禹、湯者，莫如桀、紂。阪谷曰 起「近禹、湯者，莫如桀、紂」，唯二句奇想突兀，自天外來，以發下文無數之波瀾，所謂江河之源濫觴者，而妙最在逆出取勢。禹、湯，大聖也；桀、紂，大惡也。其相去之遠，不啻天淵，何爲其相近也？

禹、湯善之極，桀、紂惡之極。善、惡，二也；其所以行之者，一也。禹、湯歸功於人，宗曰 作兩大比，以還題面。桀、紂亦歸罪於人。禹、湯功冠天下，皆推而歸之人，曰「此左右之功，此群臣之功，此諸侯之功，此萬姓之功」，自視不見有一毫之功焉。桀、紂罪冠天下，皆推而歸之人，曰「此左右之罪，此群臣之罪，此諸侯之罪，此萬姓之罪」，自視不見有一毫之罪焉。然則禹、湯歸功之心，非即桀、紂歸罪之心乎？禹、湯歸罪於己，桀、紂亦歸功於己。禹、湯引天下之罪而歸之己，曰「此我之愆，非汝之愆；此我之責，非汝之責」，欲以一身盡代天下之罪焉。桀、紂引天下之功而歸之己，曰「此我之謀，非汝之謀；此我之力，非汝之力」，欲以一身盡攘天下之功焉。然則禹、湯歸罪之心，豈非桀、紂歸功之心乎？ 由是觀之，禹、湯之所以爲善，乃桀、紂之所以爲惡者也。 使禹、湯移歸功之心爲歸罪之心，【宗曰】復作無數小比，交互推助之，以盡題理。 則桀、紂矣；使桀、紂移歸罪之心爲歸功之心，則禹、湯矣。 【阪谷曰】承前二「然則」句，取「近」字起揚。 「惟聖罔念作狂，惟狂克念作聖」，旦聖暮狂，特翻覆手耳。

人之所甚尊而不敢仰望者，禹、湯也；人之所甚賤而不足比數者，桀、紂也。 平居自期以謂吾雖自奮，必不能爲禹、湯；吾雖自晝，必不至爲桀、紂。 今觀自狂入聖如此之易，則吾有時而禹、湯矣，安得而不喜？ 自聖入狂亦如此之易，則吾有時而爲桀、紂矣，安得而不懼？ 一念之是，咫尺禹、湯；一念之非，咫尺桀、紂。 誘於前，迫於後，則善豈待勉，惡豈待戒哉？

凡人之學，太高則驕，太卑則怠，二者學者之大病也。 【阪谷曰】承二「安得」、二「豈待」，揭病根「驕」、「怠」字，以動發「近」字。 苟思去禹、湯爲甚近，怠烏乎生？ 又思去桀、紂爲甚近，驕烏乎生？ 聖狂二法，更相懲勸；驕怠二病，更相掃除。 或輓之，或推之，此顏子所以欲罷不能也歟？ 見《論語》。 久矣，世之不知此理也！ 而臧文仲獨知之，曰「禹、湯罪己，其興也勃焉；【宗曰】出題。 桀、紂罪人，其亡也忽焉」，【阪谷曰】題唯一點即撇開，以唯假以供收拾前面之用也。 判禹、湯與桀、紂以「人」、「己」之兩語，意者古之遺言歟？ 至其論公子御說之宜爲君，則流入於瞽史之學。惜乎！狐裘而羔袖也。

吾又嘗論之，【宗曰】又作一頓，開後兩比。此是餘意。禹、湯能收天下之惡，桀、紂能長天下之惡。【阪谷曰】忽又就前二脉下「收」字、「長」字，放二流。善惡字，自起雙雙對説，此處表惡以善爲裏，作法見變化。天下之人忿争貪暴，【宗曰】此處作整作兩比，便落呆板，故以參差出之。衆惡蔓延，徧布海内，禹、湯皆斂之於己，以爲己罪。人見禹、湯之罪己，忿者平，争者息，貪者愧，暴者悔。禹、湯一罪己，而盡收天下之惡使歸於善。天下皆歸於善，是亦禹、湯之善也。雖曰「罪己」，然天下功孰有居禹、湯之右者哉？禹、湯所收者惡，所得者善；所引者罪，所得者功。何耶？蓋既除稂莠，何必復求稼之茂？既除塵垢，何必復求鏡之明？但收其惡，不必求善；惡既盡，則善將焉往哉？此所以收惡而得善也，【阪谷曰】收「收」字。引罪而得功也。桀、紂安於爲惡，不自咎而咎人，天下亦從而相咎。本所犯者一惡耳，諱其惡而不自咎，詐也；嫁其惡而咎人，險也。變一惡而數惡，日滋月長，自十而百，自百而千，自千而萬，覆國亡身，遺臭後世，由不能收天下之惡，而長天下之惡也。【阪谷曰】收「長」字。分析明白而歸一源。禹、湯受其罪而終不能污，桀、紂辭其罪而終不能逃。一興一亡，邈然遼絶，揆厥本原，不過差之辭受之間而已。吾是以益知其相近。【阪谷曰】千轉萬折，竟歸「近」一字，所謂「群山萬壑赴荊門」者。

雖然，大聖大惡相近若此，【宗曰】既聖復惡，説得無理，然必有此一段，篇法乃完，故不可删。屠酤盗賊翻然爲善者，尚多有之，未聞有既聖而復爲惡者，何也？阪谷曰 結尾不可無此一飛沫，竊恨其揚之未足耳。曰：「河之險，入則死，出則生。死生之分纔跬步，人固有陷其中而得脱者矣，豈有既出而復肯入者哉？」

宗廷輔曰 入手語必驚人，與《魯莊公圍郕》篇「事之相反者莫如勇怯，而相近者亦莫如勇怯」同一法。文通篇稍嫌浮滑，然可以藥筆之粘滯者。

東萊先生左氏博議卷之七

宋萬弒閔公〔一〕

莊十二年　宋萬弒閔公，立子游。公子御説奔亳。南宫牛、猛獲帥師圍亳。蕭叔大心及戴、武、宣、穆、莊之族，以曹師伐之。殺南宫牛於師，殺子游於宋，立桓公。猛獲奔衛，南宫萬奔陳。宋人請猛獲於衛。衛人欲弗與，石祁子曰：「不可！天下之惡一也，惡於宋而保於我，保之何補？得一夫而失一國，與惡而棄好，非謀也。」衛人歸之。亦請南宫萬於陳，以賂。陳人使婦人飲之酒，而以犀革裹之。比及宋，手足皆見。宋人皆醢之。

陛戟警蹕，公孫述之待馬援也；岸幘迎笑，光武之待馬援也。以述之肅，反取「井蛙」之譏；光武之嫚，而援委心焉。馬援，隗囂以爲綏德將軍。時公孫述稱帝於蜀，使援往觀之。援素與述同里閈，相善，以爲既至，當握手歡如平生。而述盛陳陛衛，以延援入。歸謂囂曰：「子陽，井底蛙耳，而妄自尊大，不如專意東方。」建武四年，囂使援奉書洛陽。援至，引見，世祖岸幘迎，笑曰：「卿遨遊二帝間，今見卿，使人大慚。」援謝曰：「當今之世，非但君擇臣，臣亦擇君矣。臣與公孫述同縣，少相善。臣前至蜀，述陛戟而後進臣。臣今遠來，陛下何知非刺客奸人，而簡易若是？」帝復笑曰：「卿非刺客，顧説客耳。」援曰：「天下反覆，盗名字者不可勝數。今見陛下恢廓大度，同符高祖，乃知帝王自有真也。」見《東漢》本傳。然則樸樕小禮，果非所以待豪傑耶？英雄豪悍之士，磊落軼蕩，出於法度之外，爲君者亦當以度外待之。破崖岸，削邊幅，拊背握手，以結其情；箕踞盛氣，以折其驕；嘲誚謔浪，以盡其歡；慷慨歌呼，出肺肝相示，然後足以得其死命。是非樂放肆也，待豪傑者法當如是也。

南宫萬之勇，聞於諸侯，宋閔公靳侮之者，豈非欲略去細謹，宗曰 命意。自謂得待豪傑之法耶？然終召萬之怨，至於見弒，何也？袒裼暴虎，必馮婦而後可。怯夫而試馮婦之術，徒然哉？阪谷曰 妙喻，與「里婦之顰」好對。適足以劘虎牙耳。古之嫚侮者，莫如漢高帝。高帝之嫚侮，豈徒然哉？踞洗以挫黥布，隨以王者之供帳；隨何説九江王布歸漢，既至，漢王方踞牀洗足，召布入見。布大怒，悔來，欲自殺。及出就舍，帳御、飲食、從官皆如漢王居，布又大喜過望。出《漢・黥布傳》。嫚罵以挫趙將，隨以千户之侯封。高祖令周昌選趙壯士可令將者，白見四人，上嫚罵曰：「豎子能爲將乎！」四人慚，皆伏地。封各千户以爲將。《本紀》。用不測之辱，用不測之恩，降霜霰於炎蒸之時，轟雷霆於閉蟄之際，顛倒豪傑，莫知端倪，此高帝所以能鼓舞一世也。無鼓舞豪傑之術，拘則爲公孫述，縱則爲宋閔公，宗曰 拍合。何往而不敗哉？

噫！此不足論也。阪谷曰 應起斷定，以「噫」字更掀一筆。若高帝鼓舞豪傑之術，其至矣乎？

曰：未也。術必有時而窮。高帝嫚侮之患，卒見於暮年。此所以厭拔劍擊柱之爭，而俯就叔孫通之儀也。見《叔孫通傳》。高帝豈不欲早用叔孫通之儀哉？彼見其所謂儀者，拘綴苛碎，決非武夫悍將所能堪，天下未定而遽行之，必失豪傑之心，故寧蔑棄禮法而不顧。殊不知名教之中自有樂地，豈叔孫輩所能識耶？《采薇》、《出車》、《東山》之詩，雨雪寒燠，草木禽獸，僕馬衣裳，室家婚姻，曲盡人情，呢呢如兒女語。文、武、周公之待將帥，開心見誠蓋如此，初未嘗如陋儒之拘，亦不至如後世之縱也。高帝明達，最易告語。惜乎！無以是詩曉之。

宗廷輔曰 以待豪傑立論，可云奇創。然正意不過數行止耳，看其如何敷衍成篇。

校勘記

〔一〕此文宋刻本作卷六之末篇。

息嬀過蔡

莊十年　蔡哀侯娶於陳，息侯亦娶焉。息嬀將歸，過蔡。蔡侯曰：「吾姨也。」止而見之，弗賓。息侯聞之，怒，使謂楚文王曰：「伐我，吾求救於蔡而伐之。」楚子從之。秋九月，楚敗蔡師於莘，以蔡侯獻舞歸。

楚滅息入蔡

莊十四年　蔡侯爲莘故，繩息嬀以語楚子。楚子如息，以食入享，遂滅息。以息嬀歸，生堵敖及成王焉，未言。楚子問之，對曰：「吾一婦人而事二夫，縱弗能死，其又奚言？」楚子以蔡侯滅息，遂伐蔡。秋七月，楚入蔡。君子曰：「《商書》所謂『惡之易也，如火之燎於原，不可鄉邇，其猶可撲滅』者，其如蔡哀侯乎！」

子元振萬

莊二十八年　楚令尹子元欲蠱文夫人，爲館於其宫側，而振《萬》焉。夫人聞之，泣曰：「先君以是舞也，習戎備也。今令尹不尋諸仇讎，而於未亡人之側，不亦異乎！」御人以告子元。曰：「婦人不忘襲讎，我反忘之！」秋，子元以車六百乘伐鄭。

鬭班殺子元

莊三十年　楚公子元歸自伐鄭，而處王宫。鬭射師諫，則執而梏之〔一〕。申公鬭班遂殺子元。

陳夏徵舒殺靈公

宣十年　陳靈公與孔寧、儀行父飲酒於夏氏。公謂行父曰：「徵舒似汝。」對曰：「亦似君。」徵舒病之。公出，自其廄射而殺之。二子奔楚。十一年，冬，楚子爲陳夏氏故，伐陳。謂陳人：「無動！將討於少西氏。」遂入陳，殺夏徵舒，轘諸栗門。

申公巫臣聘夏姬

成二年　楚之討陳夏氏也，莊王欲納夏姬。申公巫臣曰：「不可。君召諸侯，以討罪也。今納夏姬，貪其色也。貪色爲淫，淫爲大罰。《周書》曰『明德慎罰』，文王所以造周也。明德，務崇之之謂也。慎罰，務去之之謂也。若興諸侯，以取大罰，非慎之也。君其圖之！」王乃止。子反欲取之，巫臣曰：「是不祥人也。是夭子蠻，殺御叔，弑靈侯，戮夏南，出孔、儀，喪陳國，何不祥如是？人生實難，其有不獲死乎！天下多美婦人，何必是？」子反乃止。巫臣使道焉，曰：「歸，吾聘女。」又使自鄭召之，王遣夏姬歸。巫臣聘諸鄭，鄭伯許之。及共王即位，將爲陽橋之役，使屈巫聘於齊，且告師期，巫臣盡室以行。申叔跪從其父，將適郢，遇之，曰：「異哉！夫子有三軍之懼，而又有《桑中》之喜，宜將竊妻以逃者也。」及鄭，以夏姬行。遂奔晋，晋人使爲邢大夫。子反請以重幣錮之，王曰：「止！其自爲謀也則過矣，其爲吾先君謀也則忠。忠，社稷之固也，所蓋多矣。且彼若能利國家，雖重幣，晋將可乎？若无益於晋，晋將棄之，何勞錮焉？」

子重子反殺巫臣之族

成七年　楚圍宋之役，師還，子重請取於申、吕以爲賞田，王許之。申公巫臣曰：「不可。此申、吕所以邑也，是以爲賦，以禦北方。若取之，是无申、吕也，晋、鄭必至於漢。」王乃止。子重是以怨巫臣。子反欲取夏姬，巫臣止之，遂取以行，子反亦怨之。及共王即位，子重、子反殺巫臣之族，分其室。

叔向取申公巫臣氏

昭二十八年　初，叔向欲娶於申公巫臣氏，其母欲娶其黨。叔向曰：「吾母多而庶鮮，吾懲舅氏矣。」其母曰：「子靈之妻殺三夫、一君、一子，而亡一國、兩卿矣，可無懲乎？吾聞之：『甚美必有甚惡。』是鄭穆少妃姚子之子，子貉之妹也。子貉早死，無後，而天鍾美於是，將必以是大有敗也。」叔向懼不敢取。平公强取之，生伯石。伯石始生，子容之母走謁諸姑，曰：「長叔姒生男。」姑視之。及堂，聞其聲而還，曰：「是豺狼之聲也，狼子野心。非是，莫喪羊舌氏矣。」遂弗視。

一息嬀而產三國之禍，一夏姬而合四國之爭。甚矣，色者禍之首也！吾嘗考息嬀、夏姬之終始，惘之未已，而有所疑焉；疑之未已，而有所感焉。

譽女之色者，必曰「傾城傾國」。嗚呼！此何等不祥語也。有士於此，嘗傾人之城，嘗傾人之國，世必指爲不祥之人矣，必畏而惡之矣。至於女則反夸其傾城傾國，求之惟恐不及焉。在士，則爲醜名；在女，則爲美名。如息嬀、夏姬，亡人之身，亡人之國，不可一二數。前車覆，後車隨；前舟溺，後舟進，明知其禍而競逐之。彼碌碌者猶不足道也，以巫臣之智、叔向之賢，亦皆甘心焉。此吾之所疑也。

既而思之，意有所重，則愛有所移。莫親於身，莫厚於族，莫大於國，一念昏惑，醉於聲色之美，尚能棄平日之所甚重者猶敝屣，況醉於理義之味者乎？其見危致命，以碪質爲枕席，以鼎鑊爲池沼，固無足怪。世之求生害仁者，特未知爲善之味耳。此吾之所惑也。

抑吾又有所深惑者焉。阪谷曰 一段所疑、所感分承，以「抑」字進一層，入主意。申公巫臣諫莊王、子反納夏姬，而終挾夏姬以出走，陽以正義拒之而陰取之。其險譎，人之所共惡，宜子反欲錮之於晋也；共王則曰：「其自爲謀也則過矣，其爲吾先君謀也則忠。」人皆以爲險，共王獨以爲忠，何邪？共王之心以謂：因彼僞言，成吾真善，吾蒙其益足矣。彼之行詐足以自損，吾何預焉？在我則益，在彼則損。哀之可也，怨之不可也。深味其言，廣大寬博，凡猜阻忌刻之心，冰解凍釋，蕩然不留。人君誠佩是言以納諫，則但采葑菲，何恤下體；但薦蘋藻，何嫌澗濱！［阪谷曰］《詩・邶風・谷風》曰：「采葑采菲，無以下體。」又《召南・采蘋》曰：「于以采蘋，南澗之濱。」吾能納規諫，則爲君之責塞矣。其誠其僞，其狂其訐，皆諫者之事也，非吾事也。吾方急於聽納〔二〕，求免吾之責，亦何暇憂人之憂哉？雖堯之稽於衆，舜之取諸人以爲善，不能加毫末於此矣。［阪谷曰］豈唯人君，凡交際之間，能著此想，所觸皆學。

噫！人心之取捨有大不同者。想巫臣之在晉，必竊笑楚國受吾之欺，而夏姬爲吾之所得，是楚失計而我得計也。共王之在楚，亦必切笑巫臣能解先君之惑，而自不免於惑，是巫臣失計而楚得計也。［阪谷曰］兩笑對説，異樣文彩。巫臣之笑，共王之笑，孰得孰失，必有能辨之矣。考之於《傳》，巫臣以陽橋之役奔晉，實共王即位之三年也。共王生十年而即位，當巫臣之出奔，其齒纔十有三耳。以十有三齡之童子，其發言可爲萬代納諫之法，非有大過人之資能之乎？共王有大過人之資不能充養，威權下移，雖知巫臣之無罪，坐視子反之徒屠戮其族，曾莫能制，召怨生敵，爲國大患。聰敏之不足恃如此，吾未嘗不慨然深感也。［阪谷曰］結前深感之意，更一轉入結。共王雖不能踐是言，然其言實典謨訓誥之所未發，聽言者當寳之以爲元龜。蓋天欲以是寳遺後世，借共王之口而發之耳。［阪谷曰］警拔之極，全篇生響。後世之君，盍亦曰共王自爲謀也則過矣，其爲後世謀也則忠。

校勘記

〔一〕梏，原作「祐」，據宋刻本、四庫本及《左傳》改。

〔二〕聽納，宋刻本作「納諫」。

鄭厲公殺傅瑕原繁

莊十四年　鄭厲公自櫟侵鄭，獲傅瑕。傅瑕曰：「苟舍我，吾請納君。」與之盟而赦之。傅瑕殺鄭子及其二子，而納厲公。厲公入，遂殺傅瑕。使謂原繁曰：「傅瑕貳，周有常刑，既伏其罪矣。納我而無貳心者，吾皆許之上大夫之事，吾願與伯父圖之。且寡人出，伯父無裏言。入，又不念寡人。寡人憾焉！」對曰：「先君桓公命我先人典司宗祏〔二〕。社稷有主，而外其心，其何貳如之？苟主社稷，國内之民其誰不爲臣？臣無二心，天之制也。子儀在位十四年矣，而謀召君者，庸非貳乎？莊公之子猶有八人，若皆以官爵行賂勸貳而可以濟事，君其若之何？臣聞命矣。」乃縊而死。

宗曰 雙提。國不亡於外寇，宗曰 按，傅瑕。而亡於内寇；宗曰 按，原繁。惡不成於有助，而成於無助。國家之難，攻其外而無應於内，則攻者亦將窮而自止。無宰嚭，則越不能亡吴；宗曰 陪襯自不可少。越王勾踐伐吴，吴王敗之。越王以餘兵五千棲會稽，吴王追而圍之。越王乃令大夫種行成於吴，請爲臣。吴王將許之，子胥言曰：「天以越賜吴，勿許也。」種還，以報勾踐，勾踐欲殺妻子，燔寶器，觸戰以死。種止勾踐曰：「吴太宰嚭貪，可誘以利。請間行言之。」於是勾踐乃以美女寶器間獻太宰嚭，嚭乃見大夫種於吴王。言曰：「願赦勾踐之罪。不幸不赦，勾踐悉五千人觸戰，必有當也。」嚭因説吴王曰：「越王以服爲臣，若赦之，此國之利也。」吴王將許之，子胥諫曰：「今不滅越，後必悔之。」吴王不聽，卒赦越，罷兵而歸。後越卒滅吴。見《史記》。無郭開，則秦不能亡趙：秦使王翦攻趙，趙使李牧、司馬尚禦之。秦多與趙王寵臣郭開金，爲反間，言李牧、司馬尚欲反。趙王乃使趙忽及齊將顔聚代李牧，李牧不受命。趙使人微捕得李牧，斬之。後三月，秦王遂滅趙。見《史記·世家》。無鄭譯、劉昉，則隋不能亡周：《北史》：周天元不預，召劉昉、顔之儀入卧内，欲屬後事。天元瘖不能言，昉見静帝冲幼，以楊堅后父，有重名，遂與鄭譯等謀，引堅輔政，從之。是日帝殂，秘不發喪。昉、譯矯詔，以堅總知中外兵馬事。静帝立，以堅爲相國，進爵爲隋王。大定元年，遜位於隋。無裴樞、柳璨，則梁不能亡唐。昭宗天祐元年，朱全忠殺崔胤，請帝遷都洛陽。帝未及下樓，宰相裴樞已得全忠移書，促百官東行，驅士民，號泣滿路。二年，裴樞罷政事。初，柳璨及第，不四年爲宰相，時天子左右皆全忠腹心，璨曲意事之。同列裴樞皆朝廷宿望，意輕之。璨以爲憾，譖於全忠，故罷。四年，帝禪位於梁。是數國者，非其人之内叛，人孰能取之？故曰：國不亡於外寇，而亡於内寇。天下未有皆助惡者也，爲惡者未有皆得天下之助者也。彼爲惡者，惟欲人皆中立無所偏助，如里克之於驪姬，出《晋語》。王祥之於司馬，見《晋·王祥傳》。馮道之於五季。見《五代史・馮道傳》。陰拱默居，坐觀成敗，則吾事濟矣。故曰：惡不成於有助，而成於無助。宗曰 頂上雙提。是故禍莫甚於内叛，宗曰 一束。奸莫甚於中立。二者之罪，孰爲大？曰：中立之罪爲大。阪谷曰「曰中立」云云一句揭主意。宗曰 側重原繁。是何也？宗曰 斷案。内叛之罪易見，中立之罪難知。宗曰 此段傳瑕。人臣之叛君即讎者，五尺童子皆知疾之。雖所謂讎敵者資之以集事，亦未嘗不賞其功而疑其心也。君且叛之，而況於人乎？今日爲我所誘而叛君，安知他日不爲人所誘而叛我乎！吾位未定，則借之以成功；吾位既定，則除之以防患。此傅瑕叛子儀而納厲公，終不免於厲公之誅也。

宗曰 此段原繁。乃若原繁之自爲謀，可謂密矣。自莊公之世用事於朝，歷忽、亹、儀、突之變，國四易主，汎然中立，舉無所助。入則事之，出則捨之。視君如傳舍，不置欣戚於其間，依阿取容，優游卒歲。既不爲人所愛，亦不爲人所憎，固可以獨全於艱危之時。自古之持位保禄者率用此術，雖遇明主，亦未易察其爲奸也。厲公以私憾殺之，固非其正，天其或者假手於厲公，以大警爲臣者歟？

觀繁對厲公之辭曰：「苟主社稷，國内之民其誰不爲臣？」信如是説，則苟據君位者，皆奉之無所擇。篡亦君也，僭亦君也，盗亦君也，讎亦君也。爲臣者皆操此心，則人君將安所恃乎？宗曰 駁得倒。甚矣，繁之奸也！

嗚呼！論人臣之罪者，至叛逆而極。然事克則卿，不克則烹，成敗猶居其半也。【宗曰】側重中立，示評騭之意。至於中立者，自謂無往而不得志。國有存亡，君有廢興，時有治亂，民有安危，吾之爵秩常自如也，彼何預於我哉？其用心可謂奸之尤者矣。【阪谷曰】「矣中」之間，恐脱「然」字。中立如原繁，有時而干厲公之誅，則世之取容者，果可以長無禍乎？吾故表原繁之誅，以風中立之士云。

【宗廷輔曰】語有斷制，篇法亦謹嚴。此東萊文之最醇正者。

校勘記

〔一〕祏，原作「佑」，據四庫本及《左傳》改。

王賜虢公晉侯玉馬

莊十八年　虢公、晋侯朝王，王享醴，命之宥。皆賜玉五瑴，馬三匹。非禮也。王命諸侯，名位不同，禮亦異數，不以禮假人。

吏之守帑者以財假人，謂之盜；將之守邊者以地假人，謂之叛。財之在帑者，非吏之財也；地之在邊者，非將之地也。財非其財而擅施焉，地非其地而擅棄焉，其排抵譴訶也宜哉！爲官守帑者，吏也；爲國守邊者，將也；爲天守名分者，君也。專財與地得罪於人，則專禮以假人者，豈不得罪於天耶？天未嘗以名分與人君，特寄之人君，俾守之耳。輿地廣輪之博，版籍生齒之繁，甲兵卒乘之雄，象犀金繒之富，皆君之有，獨名分者，非君之有也。阪谷曰自君主獨權之習慣而立論，故云爾。土地、人民、甲兵、品物，皆其國之有，豈獨名分而已哉？

天以四海九州全付人君，惟吝於名分，何耶？蓋分者，四海九州之所自立，人之所輕，天之所重也。周惠王不知天之所重，誤視名分爲己物，輕以假人而不甚惜。當虢公、晉侯之來朝，惠王謂公侯相去一間耳，賜賚之際有所厚薄，吾心慊然。於是等其玉與馬之數，不爲之隆殺。殊不知天秩有禮，阪谷曰世之驕奢者，皆假天秩爲私惠。多多寡寡，不可亂也。假天之秩以爲私惠，何以繼天而子元元乎？

人心無厭，侯而可假公之禮，則公亦思假王之禮。惠王既假晉以公禮矣，後數十年而晉文有請隧之舉，果欲假王之禮。非惠王啓其僭心，晉文遽敢爾耶？剥廬則及牀，剥牀則及膚。阪谷曰《易》上經《剥卦》爻辭。庶人而僭士禮，是僭大夫之漸也；士而僭大夫禮，是僭諸侯之漸也；大夫而僭諸侯禮，是僭天子之漸也。聖人欲上全天子之尊，必先下謹士、庶人之分。守其下，所以衛其上也，阪谷曰抑分之亂，罪不在下，而在上自負其責。況公、侯之近且貴乎？

吾觀儒者之議禮，阪谷曰「吾觀」云云，更反擊表主意，辯上文之似迂腐而不迂腐也。每力争於毫釐尺寸之間，非特較公侯璧馬之多寡也：如天子之席五重，諸侯之席三重，所争者纔再重耳；

天子之堂九尺，諸侯之堂七尺，所争者纔二尺耳。由庸人觀天子、諸侯之分，豈再重之席、二尺之堂所能抑揚，何儒者之迂耶？大堤雲横，屹如山嶽，其視尺寸之土，若不能爲堤之損益也，然水潦暴至，勢與堤平，苟猶有尺寸之土未没，則瀕水之人可恃無恐。當是時，百萬生靈之命係於尺寸之土焉。尺寸之土，可以遏昏墊之害；尺寸之禮，可以遏僭亂之源。然則儒者力争於毫釐尺寸之間，非迂也，勢也。

原莊公逆王后于陳

莊十八年　虢公、晋侯、鄭伯使原莊公逆王后于陳。陳嬀歸於京師，實惠后。

蘇公奉子頹

莊十九年　初，王姚嬖於莊王，生子頹。子頹有寵，蔿國爲之師。及惠王即位，取蔿國之圃以爲囿。邊伯之宫近於王宫，王取之。王奪子禽祝跪與詹父田，而收膳夫之秩，故蔿國、邊伯、石速、詹父、子禽祝跪作亂，因蘇氏。秋，五大夫奉子頹以伐王，不克，出奔温。蘇子奉子頹以奔衛。衛師、燕師伐周。冬，立子頹。

王處櫟

莊二十年　鄭伯和王室，不克。遂以王歸，王處于櫟。王子頹享五大夫，樂及徧舞。鄭伯聞之，見虢叔曰：「寡人聞之：哀樂失時，殃咎必至。今王子頹歌舞不倦，樂禍也。夫司寇行戮，君爲之不舉，而況敢樂禍乎？奸王之位，禍孰大焉？臨禍亡憂，憂必及之。盍納王乎！」虢公曰：「寡人之願也。」

鄭伯虢公納王

莊二十一年　春，胥命于弭。夏，同伐王城。鄭伯將王，自圉門入。虢叔自北門入，殺王子頹及五大夫。鄭伯享王于闕西辟，樂備。王與之武公之略，自虎牢以東。原伯曰：「鄭伯效尤，其將自有咎。」

會于首止

僖五年　會于首止，會王太子鄭，謀寧周也。

惠王崩

僖七年　冬，閏月，惠王崩。襄王惡太叔之難，懼不立，不發喪而告難於齊。

盟于洮

僖八年　春王正月，公會王人、齊侯、宋公、衛侯、許男、曹伯、陳世子款，盟于洮。左氏云：謀王室也。

王子帶召戎

僖十一年　夏，揚、拒、泉、皋、伊、雒之戎同伐京師，入王城，焚東門。王子帶召之也。秦、晋伐戎以救周。秋，晋侯平戎於王。

王子帶奔齊

僖十二年　王以戎難，故討王子帶。秋，王子帶奔齊。

仲孫湫言王子帶

僖十三年　春，齊侯使仲孫湫聘於周，且言王子帶。事畢，不與王言。歸，復命曰：「未可。王怒未怠，其十年乎？不十年，王弗召也。」

滑人叛鄭

僖二十年　滑人叛鄭而服於衛。夏，鄭公子、泄堵寇帥師入滑。

富辰請召王子帶

僖二十二年　富辰言於王曰：「請召大叔。《詩》曰：『協比其鄰，昏姻孔云。』吾兄弟之不協，焉能怨諸侯之不睦？」王説。王子帶自齊復歸於京師，王召之也。

襄王以狄伐鄭以狄女爲后大叔以狄師攻王王使告難

僖二十四年　鄭之入滑也，滑人聽命。師還，又即衛。鄭公子士、泄堵俞彌帥師伐滑。王使伯服、游孫伯如鄭請滑。鄭伯怨惠王之入而不與厲爵也，又怨襄王之與衛、滑也，故不聽王命而執二子。王怒，將以狄伐鄭。富辰諫，王弗聽，使頹叔出狄師。夏，狄伐鄭，取櫟。王德狄人，將以其女爲后。富辰諫，王又弗聽。甘昭公通於隗氏，王替隗氏。頹叔、桃子曰：「我實使狄，狄其怨我。」遂奉大叔以狄師攻王。王御士將禦之，王曰：「先后其謂我何？寧使諸侯圖之。」王出適鄭，處於氾。大叔以隗氏居於温。冬，王使來告難，曰：「不穀不德，得罪於母弟之寵子帶。鄙在鄭地氾，敢告叔父。」臧文仲對曰：「天子蒙塵於外，敢不奔問官守？」王使簡師父告於晉，使左鄢父告於秦。

晉侯納王

僖二十五年　春，秦伯師於河上，將納王。狐偃言於晉侯，曰：「求諸侯，莫如勤王。諸侯信之，且大義也。繼文之業，而信宣於諸侯，今爲可矣。」使卜偃卜之，吉。晉侯辭秦師而下。三月甲辰，次于陽樊。右師圍温，左師逆王。夏四月丁巳，王入於王城，取大叔於温，殺之于隰城。戊午，晉侯朝王。王享醴，命之宥。

天下之事，遠近隱顯之所在，初未嘗有定名。古非遠也，今非近也，古之事非隱也，今之事非顯也，惟吾心之所見如何耳。阪谷曰 貫古今以一「心」字，名儒識見自當如此。今之所謂甚近而易見者，莫如身之所親歷也。惠王身被子頹篡奪之禍，而復寵子帶；鄭伯身見子頹偏舞之僭，而復奏備樂；襄王身經子帶召戎之變，而復親戎狄。身遇之而復身蹈之，何耶？人心蔽於此者，怠於彼。阪谷曰 有所蔽則豪傑明智之人，即變爲痴漢騃兒。古今歷歷可數，不可不惕然也。惠王蔽於愛，故雖近被篡奪之害，已如異世而忘之矣；鄭伯蔽於侈，故雖近見偏舞之僭，已如異世而忘之矣；襄王蔽於忿，故雖近經召戎之變，已如異世而忘之矣。是三君者，心一有所蔽，雖耳目之所親接者，視之惘然如異世事。況欲責紂，使鑒數百年前之桀；責幽、厲，使鑒數百年前之紂，難

矣哉！

故嘗論之：心有所蔽，則以今爲古；心無所蔽，則以古爲今。阪谷曰 一轉自「心」字分説「古」、「今」字。是何也？心有所蔽，則觸情縱欲，釁在前而不見，戮在後而不知。身所親歷，曾未逾時，若醉若夢，視之猶太古鴻荒之世，不復省録。此以今爲古也，惠、襄、鄭伯之類是也。心無所蔽，則六通四闢，合千載爲一朝，合萬代爲一世，與古聖賢更相授受、更相酬酢，於無聲無臭之中，和同無間。此以古爲今也，舜、文若合符節之類是也。阪谷曰 分説而合結，是文章一定法。以古爲今，以今爲古，特在吾心之通與蔽耳，曷嘗有定名哉？

嗚呼！人心不可有所蔽也，處當世之事而蔽於私情，阪谷曰 收前段當世私情，更起一峰，説異世陳跡之蔽。則雖易見之禍有不能見焉；論異世之事而蔽於陳迹，則雖易見之理有不能見焉。惠、襄、鄭伯既蔽於私情而不能見其禍矣，後世論之，亦未免蔽於陳迹也。

自其迹觀之，則鄭伯首唱納惠王者，虢公從鄭伯而納惠王者；鄭功大而惠王反薄之，虢功小而惠王反厚之。世皆疑惠王待鄭之薄也。襄王以狄伐鄭，富辰固諫之；襄王召子帶，富辰實導之。能見狄之禍而不見子帶之禍，世皆悔富辰導子帶之失也。惠王失位於齊桓伯諸侯之時，襄王失位於晉文伯諸侯之時。納襄王者在晉，而納惠王者不在齊，世皆咎齊桓之納王緩也。

揆之以理，宗曰 勘進一層，獨抒己見。則惠王之待鄭薄，本無可疑；富辰之召子帶，本無可悔；齊桓之緩於納王，本無可咎。是豈有難見之理哉？兩人交訟，其行賂多出於理之曲者，蓋恃直則不必賂也。鄭恃功之大而守其常，虢慊功之小而獻其諂。功已往而易忘，諂方至而易惑。宗曰 妙在皆有襯貼。阪谷曰 名言貫千古人情。此惠王之所以厚虢而薄鄭歟？劉文静、裴寂俱唐室功臣，高祖厚寂而薄文静者，文静以其功、寂以其諂耳。阪谷曰「寂」下恐脱「所」字。然首建大義皆文静之謀，非寂敢望也。見《唐史·本紀》。人情豈相遠哉？故曰：惠王之待鄭薄，本無可疑。

兄弟當親，戎狄當疏，子帶之不可絶，政如戎之不可通也。富辰教襄王親其所親，疏其所疏，本無二説。使襄王納其諫而不與狄通，則子帶何自而成其惡乎？苟與狄通，雖無子帶猶不免於亂也。自古與戎狄共功者，未有不爲其反噬。阪谷曰 北宋之末伐遼，亦復然耳。唐之回紇、回紇本匈奴高車部也。安禄山反，肅宗藉其兵力收復兩京，自是恃功〔一〕，時入寇邊。晉之契丹，五代晉高祖以河東節度使假契丹援，舉兵滅唐而據其位，割幽燕十六州之地與契丹而臣事之。出帝即位，不肯稱臣於契丹。契丹大怒，遣使責讓。後大舉入寇，出帝北遷。始借其力，終罹其患。彼二國者，亦豈有子帶之釁召之邪？爲襄王者，當以與狄通爲悔，不當以召子帶爲悔也。故曰：富辰之召子帶，本無可悔。阪谷曰 此篇下半作法略同前篇，然精彩不及數等。

天子猶父也，諸侯猶子也，父有難，一子居近而能救之，爲諸子者幸其父之免足矣，何必競其功耶？齊桓伯天下，鄭、虢納王而齊桓未嘗争其功，當是時風俗猶厚也。及襄王之出，晋與秦俱欲納王，晋文辭秦師而獨擅其功。《外傳》記子犯之言曰：「君盍納王？若不納，秦將納之，則失周矣，何以求諸侯？」是猶一子欲專救父之名，拒諸子使不得前，其心不在於父而在於名，安得爲孝乎？吁！亦薄矣。然則齊桓、晋文孰爲咎耶？故曰：齊桓之緩於納王，本無可咎。後世之論，疑其所不當疑，悔其所不當悔，咎其所不當咎。阪谷曰 結尾四句，一讀若語不足，細玩全篇，則「嗚呼人心」以下，就前段而展拓及後世，議論相讓，作法變化，却覺結法爲巉絶。

宗廷輔曰 此題頭緒甚煩，文劈分三項，斷其得失，筆有餘閑，由觀書透。

校勘記

〔一〕恃，原作「輕」，據四庫本改。

鬻拳兵諫

莊十九年　鬻拳强諫楚子，楚子弗從。臨之以兵，懼而從之。鬻拳曰：「吾懼君以兵，罪莫大焉。」遂自刖也。楚人以爲大閽，謂之大伯，使其後掌之。君子曰：「鬻拳可謂愛君矣。諫以自納於刑，刑猶不忘納君於善。」

古今以人君拒諫爲憂，吾以爲未知所憂也。首人君之惡者，拒諫居其最。置是而不憂，將何憂？曰：君之拒諫可憂，而非人臣之所當憂也。君臣同體，君陷於惡，臣不爲之憂，將誰憂？曰：君有君之憂，臣有臣之憂，未聞舍己之憂而憂人之憂者也。人臣之憂在於諫之未善，不在於君之未從。

諫之道難矣哉！誠之不至，未善也；理之不明，未善也；辭之不達，未善也；氣之不平，未善也；行之不足以取重於君，未善也；言之不足以取信於君，未善也。坐以待旦，夜以繼日，其所憂者，惟恐吾未盡諫之之道，亦何暇憂其君之從與拒乎？不憂術之未精而徒憂病之難治，天下之拙醫也；不憂算之不多而徒憂敵之難勝，天下之庸將也。臣之納諫者，苟尤君而不尤己，不導君而使自從，徒欲强君而使必從，其流弊終至於鬻拳脅君而後止耳。［宗曰］入題飄忽。

鬻拳豈欲脅君哉？告而不聽，故出於强；强而不聽，故出於脅。君愈不聽而愈求之於君，曾不知反吾納諫之道盡歟，不盡歟？諫，吾職也；聽，君職也。吾未能盡其職，乃欲越其職以必君之聽，其可乎？祭在人，饗在神；諫在臣，聽在君。有孔子而魯不治者，諫在孔子而聽在魯侯也；有孟子而齊不治者，諫在孟子而聽在齊王也。孔孟急於救世，［阪谷曰］揭孔孟説常法，正大光明，語新而意徹。豈在鬻拳下乎？然寧坐視齊魯之失道，終不肯强齊魯之君者，盡臣之職而不敢越臣之職也。鬻拳之事君，其視孔孟未能萬分之一，而遽欲脅君乎？

當鬻拳臨楚子以兵，乃爲拒楚子不納也[一]。［阪谷曰］一本無此十六字，似可。幸楚子不以爲忤耳，苟楚子之不從，吾不知鬻拳何術以繼之乎？使是時不幸爲楚子所誅，則陷於逆亂，其心迹終無以自見於後世矣。鬻拳亦知其不可繼，自謂吾心忠而迹逆，心順而迹悖，故以刖足之心明吾兵諫之迹。後世欲學吾之兵諫，盍學吾之刖足？吾之刖足不可學，則吾之兵諫亦不可學也。聖人之道，欲後世之皆可學；鬻拳之道，欲後世之不可學。何其與聖人異耶？先之以稱兵，後之以刖足。壞於前而收於後，開於前而閉於後。隨作隨救，焦然不寧。吾恐聖人之舉事，不若是之煩且勞也。【阪谷曰】案拳事可有一不可有二者，要奇士之事，當別論。如吾邦本多作左之於德川家康，亦然。

道有樞，言有會。柁移則舟轉，輪運則車行。夫豈在於用力耶？古之人固有廣厦細旃之上，從容片言基治平之原者，固未嘗動聲色，費辭説也。牽裾折檻已爲下策，【阪谷曰】辛毗諫魏主丕，牽其裾。漢朱雲諫成帝，折殿檻。況動干戈於君側耶？

荀卿，儒之陋者也。其論諫諍輔拂，乃曰自能率群臣百吏，相與强君，君雖不安，不能不聽，遂以解國之大患。謂之輔拂之説，見《荀子·臣道篇》。即鬻拳之説，皆欲以力强其君者也。匹夫所恃以動萬乘者，道存焉耳。【阪谷曰】「道存」二字，全篇主旨，又萬世躁暴發忿者之戒。苟欲與君較力，是丐者與猗頓較富也，危矣哉！

【宗廷輔曰】明方正學亦有《鬻拳論》，語意與此篇相似。愚按左氏所記，似拳之忠本不爲楚子所深信，拳亦無事不竭其忱。君臣之際本極相孚，不從特偶乖於意，用兵亦故屬其鋒。上下相喻以心，故廷臣無有以此獻讒者。否則當時即使勉從，去兵豈難反汗耶？文論雖正當，理實未然。

校勘記

〔一〕乃爲，原作「及其」，據宋刻本改。

陳敬仲辭卿飲桓公酒

莊二十二年　陳公子完奔齊，齊侯使敬仲爲卿。辭曰：「羈旅之臣，幸若獲宥，及於寬政，赦其不閑於教訓，而免於罪戾，弛於負擔，君之惠也，所獲多矣。敢辱高位，以速官謗？請以死告。《詩》云：『翹翹車乘，招我以弓。豈不欲往？畏我友朋。』」使爲工正。飲桓公酒，樂。公曰：「以火繼之。」辭曰：「臣卜其晝，未卜其夜。不敢。」君子曰：「酒以成禮，不繼以淫，義也。以君成禮，弗納於淫，仁也。」

人之嗜進而不知止，未有不由子孫累者。阪谷曰 起句自「戒在得」來，古今老人頂門一針。抑其反擊發題，則《博議》常法，而此篇尤得其宜者也。一身之奉，易足也；一身之求，易供也。其所以嗜進而不知止者，特欲爲子孫無窮之計耳。吾身不能常存，主眷不能常保。身未没、眷未衰之時，厚集權寵以遺後之人。一失此機，子孫將何所庇乎？此所以爵愈高而心愈躁，禄愈豐而心愈貪也。

陳氏之在齊，其子孫莫强焉。竊意敬仲入齊之始，其所以遺子孫者必甚厚。反覆考之，則大不然。人皆求權位以遺子孫，齊桓公使之爲卿，位既高矣，而敬仲辭之；人皆結眷寵以遺子孫，齊桓公飲其家，至欲繼之以燭，寵亦深矣，而敬仲又辭之。敬仲雖安於恬退，曷不少享齊公之美意，以爲子孫之托耶？嗚呼！是乃敬仲深托其子孫於齊也。阪谷曰「嗚呼」一句，大骨節。文必要此骨節。

人之所以多求位與寵者，不過欲子孫用之不盡耳。抑不知吾盡取其位，安得餘位以遺子孫乎？吾盡取其寵，安得餘寵以遺子孫乎？敬仲所以不處齊卿之位者，恐其位之盡也；不當夜宴之寵者，恐其寵之盡也。阪谷曰傳曰：君子不盡人之歡。齊敬仲每有不盡之恨，故其子孫亦每有不盡之澤。是辭一卿之秩，而開一世之基；辭一夕之宴，而得數百年之眷。深矣哉！敬仲托其子孫於齊也。阪谷曰滿招損，謙受益，道德上然，幸福上然。非惡之，盈滿不變，則世事窒塞。假其子孫，點「盈」字，以了陳氏一家之案。

至於田和，席敬仲之業，既滿而溢，篡竊齊國，六七傳而遂亡。以損而興，以滿而滅，豈非盈者天地鬼神之所共惡耶？君子之立朝，使君有慊心則可，使君有厭心則不可。樂歲之肉如藿，凶歲之藿如肉；富家之帛如布，貧家之布如帛。貴生於不足，而賤生於既足也。阪谷曰淺而深，近而遠，萬古名言。勢盈位極，爲君所厭，身且不保，而况子孫乎？

宋劉湛之事文帝，其始帝與語，視日早晚，惟恐其去；其後亦視日早晚，惟恐其不去。文帝既厭湛，而湛獨寵冒，宜其不免於誅也。見《南史·劉湛傳》。使湛當文帝惟恐其去之時，翻然引去，則文帝之與湛，常有無窮之思。是知愛極則移，高極則危。由古至今，用過其量，見險不止，未有能全者也。阪谷曰 就前節「盈」字，假劉湛拓開，發「用過量」之禍。以下又自「用過量」假謝安，説「盈」之到底不可安。

用過其量者，固召釁而集禍矣；彼人與位相稱者，其可以無慮歟？曰：亦未可以安枕而卧也。謝安之隱東山也，晋國慕之，惟恐其不起也。及其既出，高崧謂之曰：「卿高卧東山，諸人每言：『安石不肯出，將如蒼生何？』蒼生今將如卿何？」安有愧色。見《晋·謝安傳》。蓋天下望安之出久矣，一旦爲蒼生而起，則寒者求衣，飢者求食，不獲者求得。今之責我者，皆昔之慕我者也。未出則爲人所慕，既出則爲人所責；未出則人恐失我之賢，既出則我恐失人之望。阪谷曰 毅然擔當不避禍者，多失乾乾惕若之義；乾乾惕若者，多失擔當不避禍之道。兩道兼備不偏，庶乎爲君子。此篇半以下，恐未免偏。憂樂勞逸，豈可同日而語耶？然則用過其量者，固爲不可語；人與位相稱者，亦未易處也〔一〕。

校勘記

〔一〕「然則」至「處也」，此句瞿本作「然則豈特用過其量者爲不可，即人與位相稱者，亦未易處也」。

東萊先生左氏博議卷之八

懿氏卜妻敬仲

莊二十二年　初，懿氏卜妻敬仲。其妻占之曰：「吉。是謂『鳳凰于飛，和鳴鏘鏘』。有嬀之後，將育于姜。五世其昌，并于正卿。八世之後，莫之與京』。」陳厲公蔡出也，生敬仲。周史有以《周易》見陳侯者。陳侯使筮之，遇《觀》之《否》，曰：「是謂觀國之光，利用賓于王。此其代陳有國乎？不在此，其在異國。非此其身，在其子孫。光，遠而自他有耀者也。坤，土也。巽，風也。乾，天也。風爲天於土上，山也。有山之材，而照之以天光，於是乎居土上。故曰：『觀國之光，利用賓于王。』庭實旅百，奉之以玉帛〔一〕，天地之美具焉，故曰：『利用賓于王。』猶有觀焉，故曰：『其在後乎？』風行而著于土，故曰：『其在異國乎？』若在異國，必姜姓也。姜，大嶽之後也。山嶽，則配天。物莫能兩大，陳衰，此其昌乎？」及陳之初亡也，陳桓子始大於齊。其後亡也，成子得政。

晋侯賜畢萬魏

閔元年　晋侯作二軍，公將上軍，太子申生將下軍。趙夙御戎，畢萬爲右。以滅耿、滅霍、滅魏。還，爲太子城曲沃，賜趙夙耿，賜畢萬魏，以爲大夫。卜偃曰：「畢萬之後必大。萬，盈數也。魏，大名也。以是始賞，天啓之矣。天子曰兆民，諸侯曰萬民。今名之大，以從盈數，其必有衆。」初，畢萬筮仕於晋，遇《屯》之《比》。辛廖占之曰：「吉。《屯》固《比》入，吉孰大焉？其必蕃昌。震爲土，車從馬，足居之，兄長之，母覆之，衆歸之。六體不易，合而能固，安而能殺，公侯之卦也。公侯之子孫，必復其始。」

成季將生桓公使卜楚丘之父卜之

閔二年　成季之將生也，桓公使卜楚丘之父卜之。曰：「男也。其名曰『友』，在公之右。間于兩社，爲公室輔。季氏亡，則魯不昌。」又筮之，遇《大有》之《乾》，曰：「同復于父，敬如君所。」及生，有文在其手曰『友』，遂以命之。

秦伯卜伐晋

僖十五年　晋饑，秦輸之粟。秦饑，晋閉之糴。故秦伯伐晋。卜徒父筮之，吉。涉河，侯車敗。詰之，對曰：「乃大吉也。三敗必獲晋君。其卦遇《蠱》，曰『千乘三去，三去之餘，獲其雄狐。』夫狐蠱，必其君也。《蠱》之貞，風也。其悔，山也。歲云秋矣，我落其實，而取其材，所以克也。實落材亡，不敗何待？」三敗及韓。

晋獻公筮嫁伯姬於秦

僖十五年　初，晋獻公筮嫁伯姬於秦，遇《歸妹》之《睽》。史蘇占之曰：「不吉。《歸妹》睽孤，寇張之弧。姪其從姑，六年其逋。逃歸其國，而棄其家，明年其死於高梁之虚。」及惠公在秦，曰：「先君若從史蘇之占，吾不及此夫？」韓簡侍，曰：「龜，象也；筮，數也。物生而後有象，象而後有滋，滋而後有數。先君之敗德及可數乎？史蘇是占，勿從何益？《詩》曰：『下民之孽，匪降自天。僔沓背憎，職競由人。』」

梁嬴孕過期卜招父卜之

僖十七年　惠公之在梁也，梁伯妻之。梁嬴孕過期，卜招父與其子卜之。其子曰：「將生一男一女。」招曰：「然。男爲人臣，女爲人妾。」故名男曰圉，女曰妾。及子圉西質，妾爲宦女焉。

晋侯卜納王

僖二十五年　秦伯師于河上，將納王。狐偃言於晋侯曰：「求諸侯，莫如勤王。諸侯信之，且大義也。繼文之業而信宣於諸侯，今爲可矣。」使卜偃卜之，曰：「吉。遇『黄帝戰于阪泉』之兆。」公曰：「吾不堪也。」對曰：「周禮未改，今之王，古之帝也。」公曰：「筮之。」筮之，遇《大有》之《睽》，曰：「吉。遇『公用享于天子』之卦。戰克而王享，吉孰大焉？且是卦也，天爲澤以當日。天子降心以逆公，不亦可乎？《大有》去《睽》而復，亦其所也。」晉侯辭秦師而下。

齊侯戒師期而有疾

文十八年　齊侯戒師期，而有疾。醫曰：「不及秋，將死。」公聞之，卜曰：「尚無及期。」惠伯令龜，卜楚丘占之，曰：「齊侯不及期，非疾也。君亦不聞。令龜有咎。」二月，公薨。

晉楚遇於鄢陵晉侯筮之吉

成十六年　晉侯伐鄭，晉師濟河，遇楚王鄢陵。公筮之，史曰：「吉。其卦遇《復》，曰：『南國蹙，射其元王，中厥目。』國蹙王傷，不敗何待？」公從之。

施氏卜宰

成十七年　施氏卜宰，匡句須吉。施氏之宰有百室之邑。與匡句須邑，使爲宰。以讓鮑國，而致邑焉。孝叔曰：「子實吉。」對曰：「能與忠良，吉孰大焉？」鮑國相施氏忠，故齊人取以爲鮑氏後。仲尼曰：「鮑莊子之智不如葵，葵猶能衛其足。」

穆姜薨于東宫

襄九年　穆姜薨。始往而筮之，遇《艮》之八。史曰：「是謂《艮》之《隨》，《隨》，其出也。君必速出。」姜曰：「亡。是於《周易》曰：『《隨》，元亨利貞，无咎。』元，體之長也。亨，嘉之會也。利，義之和也。貞，事之幹也。體仁足以長人，嘉會足以合禮，利物足以和義，貞固足以幹事，然，故不可誣也，是以雖《隨》無咎。今我婦人而與於亂，固在下位，而有不仁，不可謂元。不靖國家，不可謂亨。作而害身，不可謂利。棄位而姣，不可謂貞。有四德者，《隨》而无咎。我皆无之，豈《隨》也哉？我則取惡，能无咎乎？必死於此，弗得出矣。」

宋公享晋侯

襄十年　宋公享晋侯於楚丘，請以《桑林》。荀罃辭，荀偃、士匄曰：「諸侯宋魯，於是觀禮。魯有禘樂，賓祭用之。宋以《桑林》享君，不亦可乎？」舞師題以旌夏，晋侯懼而退入于房。去旌，卒享而還。及著雍，疾。卜，《桑林》見。荀偃、士匄欲奔請禱焉。荀罃不可，曰：「我辭禮矣，彼則以之。猶有鬼神，於彼加之。」晋侯有間。

鄭皇耳侵衛孫文子卜追之

襄十年　鄭皇耳帥師侵衛，楚令也。孫文子卜追之，獻兆於定姜。姜氏問繇，曰：「兆如山陵，有夫出征，而喪其雄。」姜氏曰：「征者喪雄，禦寇之利也。大夫圖之！」衛人追之，孫蒯獲鄭皇耳于犬丘。

崔子卜妻齊棠公之妻

襄二十五年　齊棠公之妻，東郭偃之姊也。東郭偃臣崔武子，棠公死，偃御武子以吊焉。見棠姜而美之，使偃取之。偃曰：「男女辨姓。今君出自丁，臣出自桓，不可。」武子筮之，遇《困》之《大過》，史皆曰吉，示陳文子。文子曰：「夫從風，風隕妻，不可娶也。且其繇曰：『困于石，據于蒺藜。入于其宮，不見其妻。凶。』無所歸也。」崔子曰：「嫠也，何害？先夫當之矣。」遂取之。莊公通焉。崔子因是稱疾不視事。公問崔子，遂從姜氏。杼弑之。

盧蒲癸王何卜攻慶氏

襄二十八年　盧蒲癸、王何卜攻慶氏，示子之兆，曰：「或卜攻雠，敢獻其兆。」子之曰：「克，見血。」冬十月，慶封田于萊，陳無宇從。丙辰，文子使召之，請曰：「無宇之母疾病，請歸。」慶季卜之，示之兆曰：「死。」奉龜而泣。乃使歸。慶嗣聞之，曰：「禍將作矣。」謂子家：「速歸！禍作必於嘗，歸猶可及也。」子家弗聽。十一月乙亥，嘗于太公之廟。慶舍莅事，盧蒲癸、王何執寢戈。慶氏以其甲環公宮。陳氏、鮑氏之圉人爲優。慶氏之馬善驚，士皆釋甲束馬而飲酒，且觀優，至於魚里。欒、高、陳、鮑之徒介慶氏之甲。子尾抽桷，擊扉三。盧蒲癸自後刺子之，王何以戈擊之，解其左肩。猶援廟桷，動於甍，以俎、壺投，殺人而後死。遂殺慶繩、麻嬰。公懼，鮑國曰：「群臣爲君故也。」

晉侯有疾問祟於子産

昭元年　晉侯有疾，鄭伯使公孫僑如晉聘，且問疾。叔向問焉，曰：「寡君之疾病，卜人曰『實沈、臺駘爲祟』，史莫之知，敢問此何神也？」子産曰：「昔高辛氏有二子，伯曰閼伯，季曰實沈。居於曠林，不相能也，日尋干戈以相征討。后帝不臧，遷閼伯於商丘，主辰，商人是因，故辰爲商星。遷實沈于大夏，主參，唐人是因，以服事夏、商。其季世曰唐叔虞。當武王邑姜方震太叔，夢帝謂己：『余命而子曰虞，將與之唐，屬諸參而蕃育其子孫。』及生，有文在其手曰虞，遂以命之。及成王滅唐，而封太叔焉。故參爲晉星。由是觀之，則實沈參神也。昔金天氏有裔子曰昧，爲玄冥師。生允格、臺駘。臺駘能業其官，宣汾、洮，障大澤，以處太原。帝用嘉之，封諸汾川。沈、姒、蓐、黄，實守其祀。今晉主汾而滅之矣。由是觀之，則臺駘汾神也。抑此二者，不及君身。山川之神，則水旱癘疫之災，於是乎禜之。日月星辰之神，則雪霜風雨之不時，於是乎禜之。若君身，則亦出入飲食哀樂之事也，山川星辰之神又何爲焉？」叔向曰：「善哉。肸未之聞也。此皆然矣。」

穆子之生莊叔筮之

昭五年　初，穆子之生也，莊叔以《周易》筮之，遇《明夷》之《謙》，以示卜楚丘。曰：「是將行，而歸爲子祀。以讒人入，其名曰牛，卒以餒死。《明夷》，日也。日之數十，故有十時，亦當十位。自王已下，其二爲公，其三爲卿。日上其中，食日爲二，旦日爲三。《明夷》之《謙》，明而未融，其當旦乎？故曰：『爲子祀。』日之《謙》當鳥，故曰：『明夷于飛。』明而未融，故曰：『垂其翼。』象日之動，故曰：『君子于行。』當三在旦，故曰：『三日不食。』《離》，火也。《艮》，山也。《離》爲火，火焚山，山敗。於人爲言，敗言爲讒，故曰：『有攸往。』主人有言，言必讒也。純《離》爲牛，世亂讒勝，勝將適《離》，故曰：『其名曰牛。』《謙》不足，飛不翔，垂不峻，翼不廣，故曰：『其爲子後乎？』吾子，亞卿也，抑少不終。」

孔成子卜立靈公

昭七年　衛襄公夫人姜氏無子，嬖人婤姶生孟縶。孔成子夢康叔謂己：「立元！」史朝亦夢康叔謂己:「余將命而子苟與孔烝鉏相元。」史朝見成子,告之夢,夢協。晉韓宣子聘于諸侯之歲,婤姶生子,名之曰元。孟縶之足不良,弱行。孔成子以《周易》筮之,曰:「元尚亨衛國,主其社稷。」遇《屯》,又曰:「余尚立縶,尚克嘉之。」遇《屯》之《比》,以示史朝。史朝曰:「元亨,又何疑焉?」成子曰:「非長之謂乎?」對曰:「康叔名之,可謂長矣。孟非人也,將不列於宗,不可謂長。且其繇曰『利建侯』,嗣吉何建?建非嗣也。二卦皆云,子其建之。康叔命之,二卦告之。筮襲於夢,武王所用,弗從何爲?弱足者居。侯主社稷,臨祭祀,奉民人,事鬼神,從會朝,又焉得居?各以所利,不亦可乎?」故孔成子立靈公。

南蒯將叛枚筮之示子服惠伯

昭十二年　季平子立而不禮於南蒯,南蒯謂子仲:「吾出季氏,而歸其室於公。子更其位,我以費爲公臣。」子仲許之。故叔仲小、南蒯、公子憖謀季氏。憖告公,而遂從公如晉,南蒯懼不克,以費叛,如齊。南蒯之將叛也,其鄉人或知之,過之而歎,且言曰:「恤恤乎,湫乎攸乎。深思而淺謀,邇身而遠志,家臣而君圖,有人矣哉!」南蒯枚筮之,遇《坤》之《比》,曰:「黄裳元吉。」以爲大吉也,示子服惠伯,曰:「即欲有事,何如?」惠伯曰:「吾嘗學此矣。忠信之事則可,不然必敗。外强内温,忠也。和以率貞,信也。故曰:『黄裳元吉。』黄,中之色也。裳,下之飾也。元,善之長也。中不忠,不得其色;下不共,不得其飾;事不善,不得其極。外内倡和爲忠，率事以信爲共，供養三德爲善。非此三者，弗當。且夫《易》不可以占險，將何事也？且可飾乎？中美能黄，上美爲元，下美則裳，參成可筮。猶有闕也，筮雖吉，未也。」

臧昭伯如晉臧會竊其寶龜僂句以卜

昭二十五年　初，臧昭伯如晉，臧會竊其寶龜僂句，以卜爲信與僭，僭吉。臧氏老將如晉問，會請往。昭伯問家故，盡對。及内子與母弟叔孫，則不對。再三問，不對。歸及郊，會逆。問，又如初。至，次於外而察之，皆無之。執而戮之，逸，奔郈。郈魴假使爲賈正焉，計於季氏。臧氏使五人以戈楯伏諸桐汝之閭，會出，逐之。反奔，執諸季氏中門之外。平子怒，曰：「何故以兵入吾門？」拘臧氏老。季、臧有惡，及昭伯從公，平子立臧會。會曰：「僂句不余欺也。」

晉趙鞅卜救鄭

哀九年　晉趙鞅卜救鄭，遇水適火，占諸史趙、史墨、史龜。史龜曰：「是謂沈陽，可以興兵。利以伐姜，不利子商。伐齊則可，敵宋不吉。」史墨曰：「盈。水名也。子，水位也。名位敵，不可干也。炎帝爲火師，姜姓其後也。水勝火，伐姜則可。」史趙曰：「是謂如川之滿，不可游也。鄭方有罪，不可救也。救鄭則不吉，不知其他。」陽虎以《周易》筮之，遇《泰》之《需》，曰：「宋方吉，不可與也。微子啓，帝乙之元子也。宋、鄭，甥舅也。祉，禄也。若帝乙之元子歸妹，而有吉祿，我安得吉焉？」乃止。

楚卜子良爲令尹

哀十七年　楚公孫朝帥師滅陳，王與葉公枚卜子良以爲令尹。沈尹朱曰：「吉。過於其志。」葉公曰：「王子而相國，過將何爲？」他日改卜子國，而使爲令尹。

巴人伐楚楚卜帥

哀十八年　巴人伐楚，圍鄾。初，右司馬子國之卜也，觀瞻曰：「如志。」故命之。及巴師至，將卜帥。王曰：「寧如志，何卜焉？」使帥師而行。請承，王曰：「寢尹、工尹，勤先君者也。」三月，楚公孫寧、吴由于、薳固敗巴師于鄾，故封子國於析。君子曰：「惠王知志。《夏書》曰：『官占惟能蔽志，昆命于元龜。』其是之謂乎？志曰：『聖人不煩卜筮。』惠王其有焉！」

阪谷曰　案《易》是徵事物而談道義之書。道義、事物二而一，一而二，可以觀陰陽之消長，可以決人事之得失。妄者假以鼓神奇之説，其弊多端，皆舍心而外求之弊。此篇論破痛快，學者宜深思焉。

物莫不有先。礎先雨而潤，鐘先霽而清，灰先律而飛，蟄先寒而閉，蟻先潦而徙，鳶先風而翔。陰陽之氣，渾淪磅礴於覆載之間，而一物之微，先見其幾，如券契符鑰，無毫釐之差。何也？通天地一氣，同流而無間也。一物且然，而況聖人備萬物於我乎？阪谷曰　以「聖人備萬物」破瞽史巫覡，是此篇主意。

聖人備萬物於我，上下四方之宇，古往今來之宙，聚散慘舒，吉凶哀樂，猶疾痛疴癢之於吾身。觸之即覺，干之即知。清明在躬，志氣如神。嗜欲將至，有開必先。仰而觀之，熒光德星、欃槍枉矢，皆吾心之發見也；俯而視之，醴泉瑞石、川沸木鳴，亦吾心之發見也；玩而占之，方功義弓、老少奇耦，【阪谷曰】方功義弓，見《周禮》。然四兆也，「三」字蓋誤。亦吾心之發見也。未灼之前，三兆已具；未揲之前，三《易》已彰。龜既灼矣，蓍既揲矣，是兆之吉，乃吾心之吉；是《易》之變，乃吾心之變。心問心荅，心扣心酬。名爲龜卜，實爲心卜；名爲蓍筮，實爲心筮。【阪谷曰】玲瓏透徹，亦清水明鏡。水中之天，即水上之天也；鑒中之面，即鑒外之面也；蓍龜之心，即聖人之心也。天天相對，面面相臨，心心相應。混融交澈，泯然無際[二]，敗甲朽株云乎哉？故曰：聖人不煩卜筮。在聖人觀之，拂龜布蓍已爲煩矣，況區區推步揣摩之煩耶？【阪谷曰】一筆收上起下，如書家之趯法。

卜筮之理，嘗見於大舜之《訓》矣，曰「卜不習吉」而已，一吉之外，無他語也；又嘗見於神禹之《疇》矣，曰「龜從筮從」而已，一從之外，無他語也；又嘗見於武王之《誓》矣，曰「朕夢協朕卜」而已，一協之外，無他語也；又嘗見於周公之《誥》矣，曰「卜澗水東，瀍水西，惟洛食」而已，一食之外，無他語也。并見《尚書》。【阪谷曰】前妖怪論，此卜筮論，後相術論。三篇連讀相照，大長學者識見，不獨文章也。至於後世，始求吉凶於心外。心愈疑而說愈鑿，說愈鑿而驗愈疏。附之以瞽史之習，雜之以巫覡之妄。千蹊百徑，庶幾一中。失之於心而求之於事，殆見心勞而日拙矣，左氏之所載是也。阪谷曰挑剔弊害，如麻姑之搔癢。「左氏」一句，入題結束，然後發或説，骨節矯健。

或曰：左氏所載卜筮之事，巧發奇中，動心駭目，其驗若此，奚其疏？曰：左氏起隱迄哀，二百四十二年之間，若天子、若諸侯、若卿大夫、若士庶人，竊意其卜筮之數，約而計之猶不啻數萬也。左氏載其驗於書者纔數十事耳。是數十事者，聚於左氏之書則多；散於二百四十二年，則希闊寂寥，絶無而僅有也。阪谷曰用比較就多數之方，此疑之不待多言而決者。近世歐米諸國，此學大興，《易》數消長之實用，莫善焉。乃若誕謾無驗，不傳於時，不録於書者，吾不知其幾萬矣，安得不謂之疏耶？

就左氏之所載，彼善於此者如穆姜、荀罃、子服惠伯之屬，猶庶幾焉。是雖未足少議聖人之卜筮，然類能信其心之所安，而不奪於瞽史之説，近之矣。不信瞽史，是真信蓍龜者也。是心之外，豈復有所謂蓍龜者耶？阪谷曰無數論辯，斷決唯一言。噫！《桑林》之見，妄也；僂句之應，僭也；臺駘、實沈之祟，妖也。彼蓍龜之中，曷嘗真有是耶？妄者見其妄，僭者見其僭，妖者見其妖，皆心之所發見耳。蓍龜者，心之影也。阪谷曰曲終之雅。小大修短，咸其自取。傴者曲而躄者跛，夫豈影之罪哉？

校勘記

〔一〕帛，原作「帋」，據宋刻本、四庫本及《左傳》改。
〔二〕泯然，原作「混然」，據宋刻本改。

曹劌諫觀社

莊二十三年　夏公如齊觀社，非禮也。曹劌諫曰：「不可。夫禮，所以整民也。故會以訓上下之則，制財用之節；朝以正班爵之義，帥長幼之序；征伐以討其不然。諸侯有王，王有巡守，以大習之。非是，君不舉矣。君舉必書，書而不法，後嗣何觀？」

百人醉而一人醒，猶可以止衆狂；百禮廢而一禮存，猶可以推舊典。春秋之時，王綱解紐，周官三百六十，咸曠其職，惟史官僅不失其守耳。曹劌諫魯莊公觀社之辭曰：「君舉必書，書而不法，後嗣何觀？」當是時，人君之言動，史官未有不書者也。爲君者，視以爲當然而不怒；爲史者，視以爲當然而不疑。此三代之遺也。

其後齊桓將列鄭太子華於會，管仲曰：「作而不記，非威德也〔一〕。記奸之會〔二〕，君盟替矣。」《僖七年》。仲之言則是也，然味其言，宗曰 讀書得間。已開「作而不記」之端倪，曹劌之時風俗已少變矣〔三〕。又其後，晉獻齊捷於周，周私犒其使而戒以勿籍。《成二年》。管仲所謂「作而不記」者，特設此辭以動桓公耳，未嘗直使史官之不記也。今周王既犯禮，而復使之勿籍，何其無忌憚也？然一時之史官，世守其職，公議雖廢於上，而猶明於下。以崔杼之弑齊君，《襄二十五》。史官直書其惡，殺三人而書者踵至，身可殺而筆不可奪，鈇鉞有弊，筆鋒益强。威加一國，而莫能增損汗簡之半辭，終使君臣之分，天高地下，再明於下。是果誰之功哉？

嗚呼！文、武、周公之澤既竭，仲尼之聖未生，是數百年間，宗曰 說得鄭重有關係。中國所以不淪於夷狄者，皆史官扶持之力也。昧谷餞日之後，暘谷賓日之前，暮夜晦冥，群慝并作。苟無燭以代明，則天下之目瞽矣。春秋之時，非有史官司公議於其間，則胥戕胥虐，人之類已滅，豈能復待仲尼之出乎？

史官非特有功於仲尼之未出也，使其阿諛畏怯，君舉不書，簡編失實，無所考信，則仲尼雖欲作《春秋》以示萬世，將何所因乎？阪谷曰 《博議》常調耳，然語新則每出不厭。無車則造父不能御，無弓則后羿不能射，無城則墨翟不能守。大矣哉！史官之功也。

宗廷輔曰 非熟精盲左兼胸有慧解者，不能道隻字。

校勘記

〔一〕威，四庫本、瞿本作「盛」，《左傳》同。

〔二〕會，四庫本、瞿本作「位」，《左傳》同。

〔三〕少，宋刻本作「久」。

晉桓莊之族偪

莊二十三年　晉桓莊之族偪，獻公患之。士蔿曰：「去富子，則群公子可謀也已。」公曰：「爾試其事。」士蔿與群公子謀，譖富子而去之。

晉士蔿殺游氏二子

莊二十四年　晉士蔿又與群公子謀，使殺游氏之二子。士蔿告晉侯曰：「可矣。不過二年，君必無患。」

晉士蔿殺群公子

莊二十五年　晉士蔿使群公子盡殺游氏之族，乃城聚而處之。冬，晉侯圍聚，盡殺群公子。

晉獻公使太子居曲沃重耳居蒲夷吾居屈

莊二十八年　晉獻公娶于賈，無子。烝於齊姜，生秦穆夫人及太子申生。又娶二女於戎。

大戎狐姬生重耳，小戎子生夷吾。晋伐驪戎，驪戎男女以驪姬。歸生奚齊，其娣生卓子。驪姬嬖，欲立其子，賂外嬖梁五與東關嬖五。使言於公，曰：「曲沃。君之宗也。蒲與二屈，君之疆也。不可以無主。宗邑無主，則民不威；疆埸無主，則啓戎心。戎之生心，民慢其政，國之患也。若使太子主曲沃，而重耳、夷吾主蒲與屈，則可以威民而懼戎，且旌君伐。」使俱曰：「狄之廣莫，於晋爲都。晋之啓土，不亦宜乎？」晋侯説之。夏，使太子居曲沃，重耳居蒲城，夷吾居屈。群公子皆鄙，唯二姬之子在絳。二五卒與驪姬譖群公子而立奚齊，晋人謂之二五耦。

晋侯爲太子城曲沃

閔元年　晋侯作二軍。公將上軍，太子申生將下軍。趙夙御戎，畢萬爲右。以滅耿、滅霍、滅魏。還，爲太子城曲沃。士蔿曰：「太子不得立矣。分之都城，而位以卿。先爲之極，又焉得立？不如逃之，無使罪至。爲吴太伯不亦可乎？猶有令名，與其及也。且諺曰：『心苟無瑕，何恤乎無家？』天若祚太子，其無晋乎？」

晋侯使太子伐東山

閔二年　晋侯使太子申生伐東山皋落氏。里克諫曰：「太子奉冢祀、社稷之粢盛，以朝夕視君膳者也。故曰冢子。君行則守，有守則從。從曰撫軍，守曰監國。古之制也。夫帥師，專行謀，誓軍旅，君與國政之所圖也，非太子之事也。師在制命而已，稟命則不威，專命則不孝，故君之嗣適不可以帥師。君失其官，帥師不威，將焉用之？且臣聞皋落氏將戰，君其舍之。」公曰：「寡人有子，未知其誰立焉。」不對而退，見太子。太子曰：「吾其廢乎？」對曰：「告之以臨民，教之以軍旅。不共是懼，何故廢乎？且子懼不孝，無懼弗得立。修己而不責人，則免於難。」

晉殺太子申生

僖四年　初，晉獻公欲以驪姬爲夫人。卜之不吉，筮之吉。公曰：「從筮。」卜人曰：「筮短龜長，不如從長。」弗聽，立之。生奚齊。將立奚齊，姬謂太子曰：「君夢齊姜，必速祭之。」太子祭于曲沃，歸胙于公。公田，姬置諸宮六日。公至，毒而獻之。公祭之地，地墳；與犬，犬斃；與小臣，小臣亦斃。姬泣曰：「賊由太子。」太子奔新城，公殺其傅杜原款。或謂太子：「子辭，君必辯焉。」太子曰：「君非姬氏，居不安，食不飽。我辭，姬必有罪。君老矣，吾又不樂。」曰：「子其行乎？」太子曰：「君實不察其罪，被此名也以出，人誰納我？」縊于新城。姬遂譖二公子，曰：「皆知之。」重耳奔蒲，夷吾奔屈。

晉使士蔿築蒲與屈

僖五年　晉侯使士蔿爲二公子築蒲與屈，不慎，置薪焉。夷吾訴之，公使讓之。士蔿稽首而對曰：「無喪而慼，憂必讎焉。無戎而城，讎必保焉。寇讎之保，又何慎焉？守官廢命，不敬；固讎之保，不忠。失忠與敬，何以事君？《詩》云：『懷德惟寧，宗子惟城。』君其修德而固宗子，何城如之？三年將尋師焉，焉用慎？」退而賦曰：「狐裘尨茸，一國三公，吾誰適從？」及難，公使寺人披伐蒲。重耳曰：「君父之命不校。」乃徇曰：「校者，吾讎也。」逾垣而走，披斬其袪。遂出奔翟。

晉侯使賈華伐屈

僖六年　春，晉侯使賈華伐屈。夷吾不能守，盟而行，將奔狄。郤芮曰：「後出同走，罪也，不如之梁。梁近秦而幸焉。」乃之梁。

晉殺其世子申生，孰殺之？宗曰 一問。士蔿殺之也。宗曰 一答。殺申生者實驪姬之譖，士蔿何與焉？宗曰 再問。士蔿開其隙，宗曰 再答。驪姬乘其隙也。阪谷曰 「士蔿」二句，落想主眼。人有常言，皆曰子弟。子之與弟，相去一間耳。群公子之出於桓、莊者，豈他人哉？其尊者固不待言，其卑者猶獻公之從父昆弟也。士蔿逢獻公之惡，反覆詭詐，陷之於死地。使獻公屠其宗族昆弟，如刈草菅，略無慘怛不忍之意。其於宗族昆弟之間既如此，何獨難於其子乎？此所以來驪姬之譖也。對伯夷者不敢論賄賂，伯夷，聖之清。對比干者不敢論阿諛。比干，古之忠者。驪姬雖嬖，苟非習見獻公之殘忍，亦豈敢一旦遽譖其三子哉？彼士蔿憂申生之不得立，憂蒲、屈之不可城，終日焦然憂晋之禍。憂之誠是也，抑不知造是禍者果誰乎？[阪谷曰]頓折推就，法自蘇家來。驪姬之譖，即襲吾前日譖富子之術也；蒲、屈之城，即襲吾前日城聚之術也。使我不唱之，彼烏得而和之？使我不先之，彼烏得而繼之？是故開獻公殘忍之心者，士蔿也；教驪姬離間之術者，亦士蔿也。已開則不可復閉，已教則不可復悔。授賊以刃，而禁其殺人，世寧有是理耶？雖使一法吏蔽是獄，亦必首士蔿而從驪姬也。[阪谷曰]蔽，斷也。所以來驪姬之譖也，首士蔿而從驪姬也。節節關鎖，應「士蔿開其隙」之句。以下進入源頭。

吾嘗考觀晋國之本末，泝其流而尋其源，又知開禍端者非獨士蔿，其所從來遠矣。晋穆侯之二子，長則文侯，而桓叔其季也。《桓二年》，註見三卷[一]。同出於穆侯，而自桓叔以來，視文侯之子孫不啻寇讎，必鋤其根而奪其國者，不過欲啓子孫之業耳。殊不思殺文侯之子孫，是殺吾之子孫也。[宗曰]天道好還，人情易感。一經指點，令人恍然。此一段是一篇筋節處。吾私其子而殺其昆弟，則吾之子亦私其子而殺其昆弟矣。吾子所謂昆弟者，乃吾之子也。吾始欲私其子，而終至於殺其子，尚得爲善謀耶？然則桓、莊之族雖曰獻公殺之，其實桓、莊殺之也。桓、莊親其子而讎昆弟，於一族之中分親與讎，其私已甚；及獻公親奚齊而讎申生，又於諸子之中分親與讎，可謂私之私矣。私日勝則心日狹，心日狹則毒日深，其末流安得不至此哉？當桓、莊殄滅文侯子孫之時，其心必謂是害既除，則吾子孫可以享無窮之利也。豈自料害其子孫者，乃吾子孫耶！當獻公滅桓、莊子孫之時，其心必謂是害既除，則申生可以享無窮之安也。豈自料害申生者，乃吾身耶！所防在外，而禍發於內；所防在人，而禍發於身。禍機在此，而不在彼。是數君之戕殺其族，吾未嘗不憫其虚受丘山之惡，而實無錙銖之益也。哀哉！

嗚呼！私生於愛，而害愛者莫如私，天下未有私而能愛者也。阪谷曰 妙話一轉，就上文「私」字，發「愛」字正理。獻公始私申生，至於盡滅桓、莊之族，以除其偪，愛之亦至矣。曾未閲時，嬖於驪姬，遽移其愛於奚齊。其爲奚齊而殺申生，即爲申生而殺桓、莊之族者也。向之愛申生之心，果何所在耶？申生之愛既可移於奚齊，則異時嬖寵奚齊之愛，亦可移而之他矣。不惟昔之愛申生者不可保，今之愛奚齊者亦未可保也。然則徇私者，豈能真有所愛哉？果出於真，則必不可移矣。林回棄千金之璧，阪谷曰 朝鮮有民，兄弟偕行。弟得黄金二錠，以其一與兄。同舟濟水，弟忽投金於水。兄怪而問之，答曰：「吾平日愛兄甚篤，今而分金，忽萌忌兄之心。此乃不祥之物也，不若投諸江而忘之。」兄曰：「汝言誠是。」亦投金於水。案此與林回事同，其義皆可以警世，故録。負赤子而趨，《莊子》：假人之亡，林回棄千金之璧，負赤子而趨。或曰：「爲其布與？赤子之布寡矣。爲其累與？赤子之累多矣。棄千金之璧，負赤子而趨，何也？」林回曰：「彼以利合，此以天屬也。」天性之愛，豈外物所能移耶？獻公苟能悟此愛之非真，一念之中，識天性之愛，則本根枝葉，與生俱生，而不可離。何憂乎士蔿？何畏乎驪姬哉？

宗廷輔曰 顛撲不破之理，以英爽之筆出之，爲集中上乘文字。按明人孫元凱《夜半啼樂府》云：「夜半啼，啼聲凄。枕公臂，將公鬚。食公之心伐公國，驪姬纖舌十萬師。啼斑暗與優施俯，須臾變作吾吾舞。笑啼迭出移心魂，其君已向懷中取。一朝菀者成枯枳，奚齊卓子如烹雉。君不見，士蔿當年戕族計，城聚姬宗駢首死。」意亦與此暗合。按原文九百七十五字，選本止删一百三十五字，予所删倍之。兩兩相參，可悟作文去取之法。

校勘記

〔一〕三卷，原作「二卷」，據宋刻本改。按見卷三「晋穆侯命二子名及晋封曲沃」注。

莊公丹桓宫楹刻其桷使宗婦覿用幣

莊二十三年　秋，丹桓宫之楹。二十四年，春，刻其桷。皆非禮也。御孫諫曰：「臣聞之：『儉，德之共也；侈，惡之大也。』先君有共德，而君納諸大惡，無乃不可乎？」秋，哀姜至。公使宗婦覿，用幣，非禮也。御孫曰：「男贄，大者玉帛，小者禽鳥，以章物也。女贄，不過榛、栗、棗、脩，以告虔也。今男女同贄，是無别也。男女之别，國之大節也，而由夫人亂之，無乃不可乎？」

莊公問後季友

莊三十二年　公疾，問後於叔牙。對曰：「慶父材。」問於季友，對曰：「臣以死奉般。」公曰：「鄉者叔牙曰：『慶父材。』」成季使以君命命僖叔，待于鍼巫氏。使鍼季酖之，曰：「飲此，則有後於魯國。不然，死且無後。」飲之，歸及逵泉而卒。立叔孫氏。

叔牙共仲賊子般

莊三十二年　八月癸亥，公薨于路寢。子般即位，次于黨氏。冬十月己未，共仲使圉人犖賊子般于黨氏。成季奔陳。立閔公。

閔公請復季友

閔元年　秋八月，公及齊侯盟于落姑，請復季友也。齊侯許之，使召諸陳。公次于郎以待之。「季子來歸」，嘉之也。

共仲賊閔公成季立僖公

閔二年　秋八月辛丑，共仲使卜齮賊公于武闈。成季以僖公適邾。共仲奔莒，乃入，立之。以賂求共仲于莒，莒人歸之。及密，使公子魚請。不許，哭而往。共仲曰：「奚斯之聲也。」乃縊。

驕者，亂之母也。疑者，奸之媒也。懦者，事之賊也。弱者，盜之招也。四者有一焉，皆足以亡其國。魯莊、閔之際，合四者而兼之，篡弑之變，胡爲而不交作哉？

至嚴之地，宗廟是也。至嚴之防，男女是也。莊公以一哀姜之故，上侮宗廟而僭其飾，下亂男女而紊其幣。二者既不足憚，則舉天下無可憚者矣。使哀姜來歸之初，已傲然視天下舉無足憚，宜其淫縱恣睢，朋慶父而敗魯國，敢於戕殺而不忌也。哀姜固死有餘罪，導之驕而納之於亂者，果誰歟？

問生於疑，未有問所不疑者也。子般之當爲後，奚疑哉？莊公疾病，反狐疑而偏問後於大夫，此所以一問而起二奸也。未問之前，父没子繼，誰敢干之？既問之後，慶父、叔牙知莊公之意，猶未有所定，始動其覬覦之心矣。慶父、叔牙固死有餘罪，示人以疑而召奸者，果誰歟？【阪谷曰】二「果誰歟」責莊公之驕疑。

慶父、叔牙一體也，季友誅叔牙而置慶父，除惡而留其根，何耶？五王黜武而興唐，武三思在其掌握，縱而不殺，終死其手。唐桓彦範、崔元暐、張柬之、袁恕己〔一〕、敬暉同誅張昌宗兄弟，奉中宗反正。武三思以計罷其政事。封王，號五王。尋遭貶逐，皆爲武三思所害。懦之爲害如此，然五王欲遺中宗自誅之，以强主威。雖失策，猶有説也。吾不知季友復何説耶？借曰不忍一朝而尸二昆，盍亦宥之，以遠竄於裔土，則君臣兄弟之間，豈不兩全哉？一失此，幾及子般之禍，奉頭鼠竄之不暇，非所謂「當斷不斷，反受其亂」者耶？慶父既弑子般，凶威日熾。閔公還季友以自輔，望之者厚矣。乃含垢忍恥，一無所爲。意者示弱以有待歟？昔之智者，外雖示弱而其中實有不可犯也。使季友以此全閔公，斯可謂之示弱矣。今俛首結舌，坐待篡弑之至。是真弱者耳，何名示弱哉？閔公幼而知倚季友，敬宗昏而知倚裴度，見《唐史》。皆不免弑。吾未嘗不深悲二君之意，而深恨二臣之負其托也。二臣將何以見二君於地下耶？

嗚呼！失之驕，失之疑，基禍於前者，莊公也；失之懦，失之弱，成禍於後者，季友也。總四惡而論之，君取其二焉，臣取其二焉。君臣分受其責可也。阪谷曰「慶父叔牙一體也」以下至「見二君於地下耶」，責季友之懦弱。「嗚呼」以下至「可也」，合結「驕、疑、懦、弱」四字。雖然，阪谷曰「雖然」以下加一筆，救前意之弊，以引下段。瑕不掩瑜，瑜不掩瑕；罪不掩功，功不掩罪。季友之失則然矣，至其立僖公以續魯祀，其忠亦不可誣也。

或曰：荀息許獻公以死而終能死，《僖九年》。季友許莊公以死而不能死，季友其有愧於荀息歟？吾以爲荀息當愧季友，季友不當愧荀息也。荀息雖許獻公以死，當奚齊之禍，胡爲不死耶？以有卓子存也。向若卓子能定其位，則荀息之不死，賢於死矣。縱死者復生，獻公亦豈責荀息之食言耶？其所以死於卓子之弑者，勢窮理絶，不得不殉以身也。季友苟於子般、閔公之難輕棄其身[二]，則僖公不復立，慶父不復討，周公之廟不復血食矣。一身之死，一國之亡，孰輕孰重耶？季友之不死於子般、閔公，即荀息之不死於奚齊，本無異者。阪谷曰 嘗人説宋李忠定晚年無聞，余曰：拔群之士，處身著心，在死生顯晦之外。當其實際，必有故矣，史亦不能録也。如荀息、季友，是皆在死生顯晦内者，吕公所以有此一段議論。然荀息所輔者邪，季友所輔者正，是荀息有愧於季友，而季友無愧於荀息也。是故以不能全子般、閔公責季友，則可；以不能死子般、閔公責季友，則不可。世儒論人臣之節者，至於死而止耳，孰知復有大於死者耶？

校勘記

〔一〕己，原缺，據四庫本補。

〔二〕荀，原作「苟」，據宋刻本改。四庫本作「殉」。

管敬仲言於齊侯曰宴安酖毒不可懷也

閔元年　狄人伐邢，管敬仲言於齊侯曰：「戎狄豺狼，不可厭也。諸夏親暱，不可棄也。宴安酖毒，不可懷也。《詩》云：『豈不懷歸？畏此簡書。』簡書，同惡相恤之謂也。請救邢，以從簡書。」齊人救邢。

以言警世者，不可爲駭世之論。駭世之論，本欲天下之畏，而適以起天下之疑。有是惡，則有是禍，吾恐正言之未足以警動流俗也，於是甚言其禍，宗曰 竟是近時起講作法。務使可怪可愕，以震耀一時之耳目。抑不知聞者駭吾言，將退而徐求其實，見其禍未至於是，則吾說有時而窮。

管仲告齊桓公之言曰：「宴安酖毒，不可懷也。」酖入人之口，裂肝腐腸，死不旋踵。宴安雖敗德，其禍豈遽至如是之烈哉？仲之言，殆過其實也〔一〕。意者仲有警世之心〔二〕，而不免於駭世之病歟？非也。以吾觀之，謂仲恐駭世而未敢盡言其實，則有之矣，安得反謂之過其實乎？使仲果盡言其實，則世將愈駭矣。

毒之殺人多者深乎，抑殺人寡者深乎？無愚智、無老幼，皆知殺人多者之毒深也。世之死於酖者，千萬人而一人耳；死於宴安者，天下皆是也。然則宴安之毒，其視酖毒，奚啻十倍耶？宴安之毒至慘至酷，無物可譬，仲姑就世之所畏者爲譬耳。地之於車，宗曰 明劉翊《贈大興尹湯君序》竟直抄「地之於車」六句，餘文亦多摭拾。莫仁於羊腸，而莫不仁於康衢；水之於舟，莫仁於瞿唐，而莫不仁於溪澗。蓋戒險則全，玩平則覆也。

生於憂勤，死於宴安。厥理明甚，人所以不知畏者，特習之而不察耳。端居之暇，嘗試思之，使吾志衰氣惰者誰歟？使吾功隳業廢者誰歟？使吾歲月虛棄者誰歟？使吾草木同腐者誰歟？使吾縱欲忘反而流於惡者誰歟？使吾弛備忘患而陷於禍者誰歟？自葉之根，皆宴安之爲也。是宴安者，衆惡之門。阪谷曰 千古豪傑，多在此中。噫！以賢入者以愚出，宗曰 造句名雋，道光甲辰北墨襲用之，遂以此奪魁。以明入者以昏出，以剛入者以懦出，以潔入者以污出。

殺身滅國，項背相望，豈不甚可畏耶？

嗚呼！世之招禍者，禍雖不同，同發於宴安，未嘗有二毒；世之致福者，福雖不同，同出於憂勤，未嘗有二塗。阪谷曰 反覆悚動，然後説真利在憂勤，名儒戒人親切。宴安，人所愛也；憂勤，人所憎也。愛其所憎，而憎其所愛，則幾矣。宴安，人所趨也；憂勤，人所避也。趨其所避，而避其所趨，則幾矣。

雖然，君子之耳目鼻口與人無異也，其愛憎趨避亦與人無異也。苟衆人之所謂宴安者果可樂，宗曰 語妙。則君子先據之矣。其所以去彼取此者，見衆人之宴安，放肆偷惰，百殃并集，其心焦然不寧，乃憂勤之大者耳。宗曰 語妙。君子外雖若憂勤，中有逸樂者存。阪谷曰 真誠自主，真誠自由。自强不息，心廣體胖，無人非，無鬼責，其安殆若泰山而四維之也。然則善擇宴安者，誰如君子哉？故自衆人之宴安言之，則當曰「宴安酖毒，不可懷也」；自君子之宴安言之，則當曰「宴安良藥，不可忘也」。阪谷曰 朱子所謂「傷太巧」者，此題是也。然善學則又長論鋒。藥之與毒，曷嘗有定名哉？

宗廷輔曰《博議》之文有一事爲一題者，有合數事爲一題者，有合數十事爲一題者。合數十事爲一題者，如今文之《鄉黨》一篇、《微子》十一章之類是也。合數事爲一題者，如今文之聯章題是也。一事爲一題者，如今文之全章題是也。此篇專講宴安酖毒，亦如今文單句題之有發揮者，特少連上犯下諸忌耳。文意議警切，當與柏藴皋先生《然後知生於憂患》二句題文同讀。

校勘記

〔一〕殆，原作「知」，據宋刻本、瞿本改。

〔二〕仲，宋刻本作「必」。

齊仲孫湫觀政

閔元年　齊仲孫湫來省難。仲孫歸，曰：「不去慶父，魯難未已。」公曰：「若之何而去之？」對曰：「難不已，將自斃。君其待之。」公曰：「魯可取乎？」對曰：「不可。猶秉周禮。周禮，所以本也。臣聞之：國將亡，本必先顛，而後枝葉從之。魯不棄周禮，未可動也。君其務寧魯難而親之，親有禮，因重固，間携貳，覆昏亂，霸王之器也。」

觀政在朝，觀俗在野。將觀其政野不如朝，將觀其俗朝不如野。政之所及者淺，俗之所持者深。此善覘人之國者，未嘗不先其野而後其朝也〔二〕。覘亦觀也。

入單父之野，而見棄魚之俗，則已知子賤之政矣：宓子賤爲單父宰三年，孔子使巫馬期遠觀政焉。入單父界，見夜漁者得魚輒舍之。巫馬期問焉：「凡漁者爲得，何以得魚即舍之？」

漁者曰：「魚之大者名爲鱄，吾大夫愛之；其小者名爲鱦，吾大夫欲長之。是以得二者輒舍之。」巫馬期反，以告孔子曰：「宓子賤之德，至使民闇行若有嚴刑於旁。敢問宓子何行而得於是？」孔子曰：「吾嘗與之言，曰：『誠於此者，形乎彼。』宓子行此術於單父也。」《家語》。入中牟之野，而見馴雉之俗，則已知魯恭之政矣。《後漢》：魯恭爲中牟令，專德化爲理。建初七年，郡國螟傷稼，犬牙緣界，不入中牟。河南尹袁安疑其不實，使仁恕掾肥親往廉之。恭隨行阡陌，坐桑下，有雉過止其旁。傍有童兒，親曰：「兒何不捕之？」兒言：「方將雛。」親瞿然而起，與恭訣曰：「所以來者，欲察君之政迹耳。今蟲不犯境，一異也；化及鳥獸，此二異也；豎子有仁心，此三異也。久留，徒擾賢者耳。」彼所以一見其俗，遽許二人之賢，不復考察，蓋善政未必能移薄俗，美俗猶足以救惡政。自武而成，自成而康，歷三世而商人利口靡靡之俗未殄；見《尚書·畢命》。自高而惠，自惠而文，歷三世而秦人借鉏誶語之俗猶存。見賈誼《治安策》。以政而移俗，其難如此。漢氏之東，至于桓、靈，其惡極矣，然政亂于上而俗清於下，姦雄豪猾猶知畏義，未敢遽取焉。桓、靈之時，漢祿已終矣。建安之際，復延數十年之祚者〔二〕，非漢之力也，實流風遺俗扶持之力也。彼覘國之興亡者，不占諸風俗，尚誰占耶？阪谷曰 鎖得鏗然。

齊仲孫湫來省魯難，其反命也，齊侯問曰：「魯可取乎？」曰：「不可。猶秉周禮。周禮，所以本也。臣聞之：國將亡，本必先顛，而後枝葉從之。魯不棄周禮，未可動也。」嗚呼！仲孫湫之所謂秉周禮者，果誰歟？ 閔公，魯君也；哀姜，君母也；慶父，大臣也。閔公生甫八年，固未識所謂周禮；若哀姜，則棄位而狡；若慶父，則弒逆之賊，凡周禮之大禁舉犯之矣。觀魯之朝，三綱淪，九法斁，指何物以爲周禮耶？ 吾是以知仲孫湫之觀魯，不觀其政而觀其俗也。阪谷曰 前段結語、後段結語相呼應，而此「吾是以」云云，爲其中堅。 魯自周公、伯禽以來，風化浹洽，其民耳濡目染，心安體習，無適而非周禮者。揭於觀，藏於府，與講於泮宫，流於洙泗，被於弦歌，形於冠服，郁郁乎其文也，洋洋乎其聲也，井井乎其條也。阪谷曰 此是湫所未説破而想像代説，異様精彩。蓋先有此一段，然後下筆。 雖經哀姜、慶父之難，能易其主，而不能易其禮；能奪其權，而不能奪其俗。舉魯國之俗，皆秉周禮。 其爲惡者，獨哀姜、慶父二三人耳。寡不勝衆，安得而敗乎？ 此所以魯祀既絶而復續，哀姜、慶父之勢亦已成而復傾也。仲孫湫可謂妙於覘國矣。

周公、伯禽培其風俗於數百年之前，而效見於數百年之後，其規模遠矣哉！ 子孫之不能常賢也，國之不能常安也，法之不能常善也，固也，雖聖人亦未如之何也。是數者既未如之何，獨有養其禮義之風俗，以遺後人，使衰亂之時猶可恃之以復振，四鄰望之而不敢謀，其慮後世亦深矣。 世之弊精神於簿書期會，視風俗爲迂闊者，果足以知此哉？

魯之風俗能存魯於既壞之餘，盛矣！ 苟魯之嗣君當閑暇已成之風俗[三]，加以政事，則其治孰能干之耶[四]？ 救已壞之政甚難，因已成之俗甚易。今風俗尚能救政事之疵，而政事反不能因風俗之美，是風俗不負魯，而魯其負風俗也。 悲夫！阪谷曰「悲夫」二字，無限感慨。政以開俗，俗以救政，宇宙間政事家能知此理否耶？

校勘記

〔一〕宋刻本此後有「殆有説也」。

〔二〕宋刻本此後有小注「漢自桓、靈至獻帝，在位三十一年，始遜位于魏」。

〔三〕閑暇已成，瞿本作「閑暇時因已成」。

〔四〕干，宋刻本作「慨」。

東萊先生左氏博議卷之九

舟之僑奔晋

閔二年　虢公敗犬戎於渭汭。舟之僑曰：「無德而禄，殃也。殃將至矣。」遂奔晋。

僖二十八年　晋侯侵曹伐衛，楚人救衛。三月丙午，晋侯入曹。舟之僑爲戎右。夏四月，晋侯及楚人戰于城濮。楚師敗績。舟之僑先歸。秋七月，振旅，以入于晋，殺舟之僑以徇于國。

天下之理，有深可怪者。倒挽九牛，而不能舉秋毫。吁！可怪也。洞視百里，而不能見岱華。吁！可怪也。高脱亂世之禍，而不能免治世之誅。吁！可怪也。

舟之僑當虢公有功之時，獨先見其敗亡之釁，幡然適晋，遂免於禍，可謂智矣。其後城濮之役，爲晋文公之戎右，叛官離次，棄衆而歸，晋文誅之，以徇於國。智於前，愚於後，何耶？虢公之禍，智者或不能預知；至若晋文之法，則雖庸人知其不可犯也。舟之僑能知智者之所疑，而不能知庸人之所畏，其理果安在歟？阪谷曰：起所謂「吁可怪」之大者。蓋恃智與恃功等耳，虢公之亡，恃其功也；舟之僑之死，恃其智也。舟之僑既料虢公之亡，遂伐其智，自謂人莫我若，舉措任情，猖狂妄行，蹈於大戮。彼恃其功，此恃其智，其得禍實出一轍，亦何暇相是非哉！阪谷曰 恃則怠，怠則前後反對。可怪之解，唯在一「恃」字，可懼哉恃！ 渭汭之捷，虢公方自喜其師之勝，而不知亡國之機已藏於一勝之中矣。《僖五年》：晉侯復假道於虞，以伐虢。冬，十二月，丙子朔，晉滅虢。虢公之亡，舟之僑方自喜其言之驗，而不知殺身之機已藏於一驗之中矣。阪谷曰 取當面虢公，兩兩對説，舟之僑有知，必慚汗浹背。 其福也，所以爲禍也；其智也，所以爲愚也。虢公以福召禍，舟之僑以智召愚。使虢公無功之可矜，舟之僑無智之可負，則國不喪而身不殞矣。阪谷曰 以千篇一律之體，發千變萬化之奇，可謂一刀善解萬牛。

先王功眇天下，而日有危亡之憂，非欲自抑也，所以居其功也；智眇天下，而自處於匹夫匹婦之後，非欲自晦也，所以居其智也。項梁勝秦而驕，宋義料其必敗，不旋踵而梁果覆其軍焉。當是時，宋義之名蓋楚國，懷王奇其智，位之以上將，兵未叩秦，阪谷曰「秦」下蓋脱「關」。酣宴驕縱，竟斃於項籍之手。項梁使羽再破秦軍，羽等輕秦，有驕色。宋義諫梁，不聽，乃使宋義於齊。道遇齊使者高陵君顯，曰：「公見武信君乎？」曰：「然。」義曰：「臣論武信君軍必敗，公徐行即免〔一〕。」秦果悉起兵擊楚，大破之，梁死。高陵君見懷王曰：「宋義論武信君軍必敗，數日果敗。軍未戰而先見敗徵，可謂知兵矣。」王召宋義，與計事而悦之，因以爲上將軍。至安陽，羽謂宋義曰：「今秦軍圍趙王，疾引兵渡河，楚擊其外，趙應其内，破秦必矣。」義曰：「夫搏牛之蝨不可以破虱。今秦攻趙，戰勝則兵罷，我乘其敝；不勝，則我引兵鼓行而西，必舉秦矣。故曰不如先鬭秦趙。夫被堅鋭〔二〕，我不如公；坐運籌策，公不如我。」羽晨朝，即其帳斬義頭。項梁之亡，即虢公之亡也；宋義之死，即舟之僑之死也。阪谷曰 舉一證，兩造俱服罪。凡人之相非未始有極，虢公之勝，舟之僑在其傍而議之；回視僑之傍，已有議之者矣。項梁之勝，宋義在其傍而議之；回視義之傍，已有議之者矣。我方憂人，而不知人已憂我；我方料人，而不知人已料我。阪谷曰 點化《阿房宫賦》來，垂戒殊切。是殆可長太息也。

噫！舟之僑、宋義之失，今世皆能議之矣。議二子之失者，亦安知果無人復議其傍耶？

校勘記

〔一〕即，宋刻本作「則」，《漢書》同。

〔二〕被堅鋭，宋刻本作「擊輕鋭」，《漢書》同。

衛懿公好鶴

閔二年　十二月，狄人伐衛。衛懿公好鶴，鶴有乘軒者。將戰，國人受甲者皆曰：「使鶴！鶴實有禄位，余焉能戰？」公與石祁子玦，與甯莊子矢，使守，曰：「以此贊國，擇利而爲之。」及戰，衛師敗績。遂滅衛。僖公二年，齊桓公封衛於楚丘。

衛懿公以鶴亡其國。玩一禽之微，而失一國之心，人未嘗不撫卷而切笑者。吾以爲懿公未易輕也。世徒見丹其顛、素其羽、二足而六翮者謂之鶴耳，抑不知浮華之士，【宗曰】通篇主意。高自標置而實無所有者，外貌雖人，其中亦何異於鶴哉！【宗曰】調侃不少。

稷下之盛，【宗曰】戰國。列第相望，大冠長劍，褒衣博帶，談天、雕龍之辨，蠭起泉涌，禹行舜趨者，肩相摩於道，然擢筋之難，松柏之囚，曾無窺左足而先應者。見《史記・齊世家》。是亦懿公之鶴也。鴻都之興，鳥跡蟲篆自衒鬻者日至，受爵拜官，光寵赫然，若可以潤色皇猷，及黄巾之起，天下震動，未聞有畫半策、杖一戈佐國家之急。見《後漢・靈帝紀》。是亦懿公之鶴也。永嘉之季，【宗曰】晉。清言者滿朝，一觴一咏，傲睨萬物，曠懷雅量，獨立風塵之表，神峰雋拔，珠璧相照，而五胡之亂，屠之不啻如机上肉。見《晋紀》。是亦懿公之鶴也。普通之際，【宗曰】梁。朝談釋而暮言老，環坐聽講，迭問更難，國殆成俗，一旦侯景逼臺城，士大夫習於驕惰，至不能跨馬，束手就戮，莫敢枝梧。見《南史・梁武帝紀》。是亦懿公之鶴也。是數國者，平居暇日所尊用之人，玩其辭藻，望其威儀，接其議論，挹其風度，可嘉可仰，可慕可親，卒然臨之以患難，則異於懿公之鶴者幾希，豈可獨輕懿公之鶴哉？所用非所養，所養非所用，使親者處其安，而使疏者處其危；使貴者受其利，而使賤者受其害：未有不蹈懿公之禍者也。【阪谷曰】上文四「懿公之鶴」，以「豈可」、「未有」斷截。

抑吾又有所深感焉。宗曰此下爲弟子言之，又一層意。鶴之爲禽，載於《易》，播於《詩》，雜出於詩人墨客之咏，其爲人之所貴重，非凡禽比也。懿公乘之以軒，而舉國疾之，視猶鴟梟。然豈人之憎愛遽變於前耶？罪在於處非其據而已。阪谷曰末自東坡《放鶴亭》假來，運以己説，亦一手段。以鶴之素爲人所貴，一非其據，已爲人疾惡如此，苟他禽而處非其據，則人疾惡之者復如何耶？吾於是乎有感。阪谷曰末六字蓋衍文。

宗廷輔曰似爲南宋諸臣歌舞湖山、忘其國卹而作。文則英采斐然，在集中又爲一格。

里克諫晋侯使太子伐東山皋落氏

閔二年　注見八卷《桓莊之族偪》題下。

物之相資者，不可相無；物之相害者，不可相有。兩不可相無，則不得不合；兩不可相有，則不得不争。合之者，欲其兩全也；争之者，欲其一勝也。將全其兩，勿偏於一；將勝其一，勿分於兩。心不可偏，故調一於兩間者謂之智；心不可分，故依違於兩間者謂之奸。蓋兩者并立，然後有兩者之間。兩者既不并立，指何地而爲兩者之間哉？彼未嘗有間，而我乃欲處其間，是知依違者非奸也，愚也。父不可無子，子不可無父，非所謂相資而不可相無者耶？爲父而傾子，險也；爲子而傾父，逆也。故君子處父子之間，必以兩全爲本。至於邪之與正，則相害而不可相有。有正則無邪，有邪則無正，安得有所謂邪正之間哉？將爲君子耶，盍主其正；將爲小人耶，盍主其邪。此君子斷然而欲其一勝也。阪谷曰 呂公燭理之明，剛正之斷，里克輩有汗流遁逃而已。當兩全而欲使一勝，則其一終不能獨勝；當一勝而欲使兩全，則其兩必不能俱全。亦審之而已矣。

醫之於疾，未嘗敢偏助一藏之氣，使之獨勝，兢兢然導養均調，俱不相傷然後止。至於治癰疽，則潰肌流血無所愛，豈非身與癰疽決不可兩全耶？其視五藏，則若驕子，惟恐有毫髮之忤；其視癰疽，則若讎敵，惟恐有毫髮之存。是非前怯而後勇也，疾變則術變也。况當國家危疑之時，其可一其術而不知前後之變也耶？是知立乎父子之間，合和而使之兩全，柔者可能也；立乎邪正之間，别白而使之一勝，剛者可能也。然用其柔於邪正之間，則懦而召奸；用其剛於父子之間，則激而生禍。以前爲後，以後爲前，亂不旋踵。自非權移於銖兩眇忽之中，機轉於俯仰笑顰之際，孰能不差毫釐而謬千里哉？宜里克之工於前而拙於後也。

晉獻公將廢太子申生，先遣之伐東山。里克進而見獻公，則諫以君之嗣適不可以帥師；退而見太子，則戒以子懼不孝，無懼弗得立。告父以慈，告子以孝，其處父子之間者至矣。其後驪姬殺申生之謀已成，憚克而未敢發，使優施以言動之，克猶用前術而不知變，乃曰：「吾秉君而殺太子，吾不忍；通復故交，吾不敢。中立其免乎？」阪谷曰 事見《國語》「秉君」注。秉，阿也。故交，謂太子。驪姬得其中立之言，始無所憚，而新城之難作矣。是克知父子之間當兩全，而不知邪正不當兩立也。兩刃之下，人不容足；兩虎之鬭，獸不容蹄。驪姬、申生之際，夫豈中立之地哉？勢已新而方守其舊，勢已改而方守其初，用前術應後勢，克之所以敗也。吾嘗論里克之爲人，長於柔而短於剛，故能從容彌縫於無事之時，而不能奮厲感慨於有事之日。前所以中節者，適遇其所長而已；後所以失節者，適遇其所短而已。使克幸而早死，不及見驪姬之釁成，則其短終不露，世亦豈敢少訾之哉！

雖然，人心不可兩用。所以處獻公、申生之間者，惟恐其有向背，至拒驪姬，則又恐其向背之不明也；所以處獻公、申生之間，惟恐其有厚薄，至拒驪姬，則又恐其厚薄之不分也。克之處此，難矣哉！曰：是不難。譬親而詈讎，同一舌也；揖客而擊賊，同一臂也，豈聞其相奪哉？《大學》之説：「所惡於上，毋以使下；所惡於下，毋以事上；所惡於右，毋以交於左；所惡於左，毋以交於右。」上下左右之間，皆欲兩全而不傷，何其恕也？至其論小人，則以謂「仁人放流之，迸諸四夷，不與同中國」，又何其怒也？ 阪谷曰 名儒説經，自活潑。 嗚呼！昔之達者蓋知之矣。

齊侯戍曹遷邢封衛

閔二年 齊侯使公子無虧帥車三百乘、甲士三千人以戍曹。僖之元年，齊桓公遷邢於夷儀。二年，封衛于楚丘。邢遷如歸，衛國忘亡。

諸侯救邢

僖元年　諸侯救邢。邢人潰，出奔師。師遂逐狄人，具邢器用而遷之，師無私焉。

城楚丘

僖二年　春，諸侯城楚丘而封衛焉。不書所會，後也。

王者之所憂，伯者之所喜也；伯者之所喜，王者之所憂也。王者憂名，伯者喜名。名胡爲而可憂耶？不經桀之暴，民不知有湯；不經紂之惡，民不知有武王。齊人伐燕，宣王問曰：「或謂寡人勿取，或謂寡人取之。以萬乘之國伐萬乘之國，五旬而舉之，人力不至於此，不取必有天殃。取之何如？」孟子對曰：「取之而燕民悦則取之，古之人有行之者，武王是也。取之而燕民不悦則勿取，古之人有行之者，文王是也。以萬乘之國伐萬乘之國，簞食壺漿以迎王師，豈有它哉？避水火也。如水益深，如火益熱，亦運而已矣。」齊人伐燕，取之。諸侯將謀救燕，宣王曰：「諸侯多謀伐寡人者，何以待之？」孟子對曰：「臣聞七十里爲政於天下者，湯是也。未聞以千里畏人者也。《書》曰：『湯一征，自葛始。』天下信之。東面而征西夷怨，南面而征北狄怨，曰：『奚爲後我？』民望之若大旱之望雲霓也。歸市者不止，耕者不變，誅其君而吊其民，若時雨降，民大悦。《書》曰：『徯我后，后來其蘇。』」使湯、武幸而居唐、虞之時，無害可除，無功可見，湯自湯，武自武，民自民，交相忘於無事之域，則聖人之志願得矣。功因亂而立，名因功而生，夫豈吾本心耶？是故雲霓之望，非湯之盛也，乃湯之不幸也；壺漿之迎，非武王之盛也，乃武王之不幸也。

伯者之心異是矣。凡王者之所謂不幸，乃伯者之所謂大幸也。王者恐天下之有亂，伯者恐天下之無亂。亂不極，則功不大；功不大，則名不高。將隆其名，必張其功；將張其功，必養其亂。

狄以閔之元年伐邢，其後二年，而齊始遷邢于夷儀。狄以閔之二年滅衛，其後二年，而齊始封衛于楚丘。齊桓之恤二國，必在於二年之後者，何也？所以養其亂也。齊桓之心，以爲當二國之始受兵，吾亟攘夷狄而却之，則亦諸侯救災恤鄰之常耳。其迹必不甚奇，其事必不甚傳，其恩必不甚深，曷足以取威定伯哉？先飢而後食之，則其食美；先渴而後飲之，則其飲甘。阪谷曰 忙中取喻，意暢而響爽。今吾坐養其亂，待其社稷已頹，都邑已傾，屠戮已酷，流亡已衆，然後徐起而收之，拔於危蹙顛頓之中，置於豐樂平泰之地，是邢、衛之君無國而有國，邢、衛之民無身而有身也。深仁重施，殆將淺九淵而輕九鼎矣。故其功名震越，光耀赫然，爲五伯首。向使絶之於萌芽，則名安得如是之著耶？阪谷曰 反振縮鎖，截得有力。

嗚呼！邢、衛之難，曰君曰卿，曰士曰民，肝腦塗中原，膏液潤野草。苟仁人視之，奔走拯救，不能一朝居也。今齊桓徒欲成區區之名，安視其死至於二年之久，何其忍耶！長人之亂而欲張吾之惠，多寇之虐而欲明吾之勛，是以萬人之命而易一身之名也。是誠何心哉！【阪谷曰】欲利一身而忘利人，是皆不解利者，抑亦何心哉？

今人乍見孺子將入於井，怵惕惻隱之心不期而生，此人之真心也。真心一發，森不可禦，豈暇計其餘哉？有人於此，謂彼未入於井而全之，其功淺；既入於井而全之，其功深。縮手旁觀，俟其既墜，乃始褰裳濡足而救之，則其父母必以爲再生之恩，鄉鄰必以爲過人之行，義概凜凜，傾動閭里。【阪谷曰】曲突徙薪無賞而焦頭爛額爲上客，古今同歎。回顧前日未入井以救之者，父母不謝，鄉鄰不稱，若大不侔。然則爲孺子計者，寧遇前一人耶？寧遇後一人耶？噫！此王、伯之辨也。

衛文公大布之衣

閔二年　衛文公大布之衣，大帛之冠，務材訓農，通商惠工，敬教勸學，授方任能。元年，革車三十乘；季年，乃三百乘。

趙宣子爲國政

文六年　趙宣子爲國政。制事典，正法罪，辟獄刑，董逋逃，由質要，治舊洿，本秩禮，續常職，出滯淹。既成，以授太傅陽子與太師賈佗，使行諸晉國，以爲常法。

晋悼公即位

成十八年　晋悼公即位于朝，始命百官，施舍、已責，逮鰥寡，振廢滯，匡乏困，救灾患，禁淫慝，薄賦斂，宥罪戾，節器用，時用民。使魏相、士魴、魏頡、趙武爲卿；荀家、荀會、欒黶、韓無忌爲公族大夫，使訓卿之子弟共儉孝弟。使士渥濁爲太傅，使修范武子之法；右行辛爲司空，使修士蔿之法；弁糾御戎，校正屬焉，使訓諸御知義；荀賓爲右，司士屬焉，使訓勇力之士時使。卿無共御，立軍尉以攝之。祁奚爲中軍尉，羊舌職佐之；魏絳爲司馬，張老爲候奄。鐸遏寇爲上軍尉，藉偃爲之司馬，使訓卒乘，親以聽命。程鄭爲乘馬御，六騶屬焉，使訓群騶知禮。凡六官之長，皆民譽也。舉不失職，官不易方，爵不逾德，師不陵正，旅不偪師，民無謗言，所以復霸也。

晋侯謀所以息民

襄九年〔一〕　晋侯歸，謀所以息民。魏絳請施舍，輸積聚以貸。自公以下，苟有積者，盡出之。國無滯積，亦無困人。公無禁利，亦無貪民。祈以幣更，賓以特牲。器用不作，車服從給。行之期年，國乃有節。三駕而楚不能與争。

楚蔿掩爲司馬

襄二十五年　楚蔿掩爲司馬。子木使庀賦，數甲兵。甲午，蔿掩書土田，度山林，鳩藪澤，辨京陵，表淳鹵，數疆潦，規偃豬，町原防，牧隰皋，井衍沃，量入修賦，賦車籍馬，賦車兵、徒卒、甲楯之數。既成，以授子木，禮也。

平王封陳蔡復遷邑

昭十三年　平王封陳、蔡，復遷邑，致群賂，施舍寬民，宥罪舉職。召觀從，王曰：「唯爾所欲。」

子旗請伐吴

昭十三年　吴滅州來。令尹子旗請伐吴，王弗許，曰：「吾未撫人民〔二〕，未事鬼神，未修守備，未定國家，而用民力，敗不可悔。州來在吴，猶在楚也。子姑待之。」

楚子使然丹屈罷簡兵

昭十四年　夏，楚子使然丹簡上國之兵於宗丘，且撫其民。分貧振窮，長孤幼，養老疾，收介特，救灾患，宥孤寡，赦罪戾，詰奸慝，舉淹滯。禮新、叙舊，禄勛、合親，任良、物官。使屈罷簡東國之兵於召陵，亦如之。好於邊疆，息民五年，而後用師，禮也。

楚城州來

昭十九年　楚人城州來。沈尹戌曰：「楚人必敗。昔吴滅州來，子旗請伐之。王曰：『吾未撫吾民。』今亦如之，而城州來以挑吴，能無敗乎？」侍者曰：「王施舍不倦，息民五年，可謂撫之矣。」戌曰：「吾聞撫民者，節用於内，而樹德於外，民樂其性，而無寇讎。今宫室無量，民人日駭，勞罷死轉，忘寢與食，非撫之也。」

將以天下之事，而責之一人之身，本數末度，弛張廢置，品叢目雜，參錯填溢，非立談之間所能決也。必精思熟慮，用心而不知其幾，然後粗能通其本原；博問廣詢，閲人不知其幾，然後粗能熟其利害；歷歲逾時，費日不知其幾，然後粗能成其紀綱。阪谷曰　賢者爲政，雖獨制之世，猶立憲國會之時；不然而專擅任意，亦唯有顛覆而已。法雖備矣，未嘗試而驟欲布之天下，從歟，違歟？欣歟，戚歟？有效歟，無效歟？是皆未可前定也。用法者，方且怵然疑，慄然懼，必待事果便，國果治，然後敢自安。法未出之前，營度布置，如彼其勞也；法既出之後，憂疑皇惑，如此其危也。嗚呼！難矣哉。

吾讀《左氏》至衛文公、趙宣子、晉悼公、魏絳、蔿掩之治國，規摹條畫，巨細畢備，確實切近，可舉而行。如入陶朱之室，物物可以濟貧；如發倉公之笥，物物可以伐病。非爲空言者也。世之爲治者，與其鑿空創意如是其難，曷若取數公已成之法按而行之乎？阪谷曰：取於古，取於外，其取之他人一也。取焉而不能變通，則與鑿空創意，其揆一而已。所以漫不加省者，特易之以爲紙上語耳。噫！自衛文而至蔿掩，其治法載在方冊者，雖止於數簡，曾不知其經畫之初，耗精弊神，竭平生之力，然後僅能底於此也。是數公平生之精力，聚於數簡之間，其可以紙上語易之歟？阪谷曰：夫子曰：「文武之政，布在方策。其人存則其政舉，其人亡則其政息。」蓋人考法以立法，而行之又存乎人。如數公即其人，抑數公不常出，所以政息。使世如數公常在而政不息，則在乎合同公議以衆智行政而已。彼苦身而立其法於數千百載之前，我安坐而得其法於數千百載之後。彼任其勞，而遺我以其逸，可謂幸之尤者也。工之巧者，不肯授人以其法；琴之妙者，不肯授人以其調；固有服役終身而莫得其傳者矣。使幸而得之，其喜爲如何？其感爲如何？

治國之法，非一工一琴比也。今數公治國之良法，表裏纖悉，左氏盡發其秘於書，學者一開卷而盡得之，反不知貴重，豈不怪耶？必嘗習畫，然後知珍顧、陸之圖；阪谷曰：顧長康、陸探微、張僧繇爲畫家三祖。必嘗習字，然後知寶鍾、王之帖。阪谷曰：鍾繇、王羲之。持以示田舍翁，則詆爲敗素腐楮耳。苟未嘗留意治體，亦安知數公之遺法可貴哉？阪谷曰：温故而知新，古今其人不多。

或曰：「楚平王之始得國，宥罪舉職，簡兵撫民，其法與數公無異者，然楚終不振。是法不足以爲治也。」曰：使平王常守是法，而楚終不振，謂法不足爲治可也。其後宮室無量，民人日駭，則既不能守是法矣。則楚之不振者，非法之罪也，廢法之罪也。今日服參术，明日服烏喙，乃指參术之爲殺人，阪谷曰 呂公長譬喻，隨手拈出皆入妙。可不可耶！

校勘記

〔一〕九年，原作「元年」，據宋刻本、四庫本及《左傳》改。

〔二〕人民，諸本同，《左傳》作「民人」。

晋荀息請假道於虞以伐虢

僖二年　晋荀息請以屈產之乘與垂棘之璧，假道於虞以伐虢。公曰：「是吾寶也。」對曰：「若得道於虞，猶外府也。」公曰：「宫之奇存焉。」對曰：「宫之奇之爲人也，懦而不能强諫。且少長於君，君暱之。雖諫，將不聽。」乃使荀息假道於虞，曰：「冀爲不道，入自顛軨，伐鄍三門。冀之既病，則亦唯君故。今虢爲不道，保於逆旅，以侵敝邑之南鄙。敢請假道，以請罪於虢。」虞公許之，且請先伐虢。宫之奇諫，不聽，遂起師。夏，晋里克、荀息帥師會虞師，伐虢，滅下陽。先書虞，賄故也。

虢公敗戎于桑田

僖二年　秋，虢公敗戎于桑田。晋卜偃曰：「虢必亡矣。亡下陽而不懼，而又有功，是天奪之鑒，而益其疾也。必易晋而不撫其民矣。不可以五稔。」

晋復假道於虞以伐虢滅虢滅虞

僖五年　晋侯復假道于虞以伐虢。宫之奇諫曰：「虢，虞之表也；虢亡，虞必從之。晋不可啓，寇不可玩。一之謂甚，其可再乎？諺所謂『輔車相依，脣亡齒寒』者，其虞、虢之謂也。」公曰：「晋，吾宗也，豈害我哉？」對曰：「太伯、虞仲，太王之昭也。太伯不從，是以不嗣。虢仲、虢叔，王季之穆也。爲文王卿士，勛在王室，藏於盟府。將虢是滅，何愛於虞？且虞能親於桓、莊乎，其愛之也？桓、莊之族何罪，而以爲戮，不唯偪乎？親以寵偪，猶尚害之，况以國乎？」公曰：「吾享祀豐潔，神必據我。」冬，晋滅虢，虢公醜奔京師。師還，館于虞，遂襲虞，滅之。

諫之用，在於君未喻之前，而不在於君已喻之後，此人臣事君之常法也。然君已喻而不諫，其名一，其實二。已喻而不爲耶，是不待諫也；已喻而不改耶，是不當諫也。既曰「喻」矣，其猶不改，何也？怵其利而冒其害也。宗曰 通篇主意。人臣之極諫者，吾聞其語矣。曰「是必奸，是必詐，是必危，是必亡」，深切著明，庶幾君之一悟耳。今君已知其爲奸詐，〔宗曰〕此爲冒頭，中段即申明此意。已知其爲危亡，不勝其欲而直犯之，反飾游辭而拒我，又奚以諫爲？

虞以貪，虢以驕，自取滅亡，皆不足深論。吾獨怪虞公拒宮之奇之諫，其語太不切事情。久而後悟，〔宗曰〕讀書細心。虞公姑飾游辭以對宮之奇耳。晉獻公戕害同宗，滅霍、滅魏，不可以一二數，皆置勿議，請專以假道一事論之。

晉，姬姓也；〔宗曰〕此段夾序夾議，妙在用筆簡净。虞，姬姓也；虢，亦姬姓也。晉加兵於虢，而虞公乃語宮之奇曰：「晉，吾宗也，豈害我哉？」虞公雖昏，未至於遽忘虢公之姓也。其言果何謂耶？蓋虞公心知晉非善意，特怵於璧、馬之利，不能自制，冒其害而爲之。〔阪谷曰〕人没溺乎酒食財利中，自知其害而不能出者宜書之紳。若正告人以真情，曰「吾甚愛璧、馬，不暇顧晉之詐」，則必爲人所姍笑。故枝辭曲説，泛爲悠悠之言，苟以窒宮之奇口而已，其心豈以晉爲誠不害同宗者哉？奇遂謂虞公誠不知晉、虢爲同宗，乃若教乳兒稚子者，提其耳而誨之，何其暗於事情也！〔阪谷曰〕游辭拒言情狀，描出傳神。虞公亟欲絶奇之言，以謂若與奇論人事，則吾説有時而窮，不若托之神怪，推墮於溟涬茫昧之中，俾無所考質。於是又曰：「吾享祀豐潔，神必據我。」亦特借神怪以拒奇，初非真以爲神可恃也。奇復區區進其説，贅矣。〔宗曰〕一句勒住，若更敷衍便不成文。大抵君未知其不然，〔宗曰〕上文曲折輸瀉，故此須用重筆頓住。故當告之以不然；君已知其不然，復瀆告之以不然，無益也。阪谷曰 已知其不然而不諫，亦如成敗之數何？ 奇則忠矣，然何補於成敗之數哉！ 阪谷曰 以上論宫之奇，以下餘波論荀息，然文辭頗放鬆，不免逐題下筆之弊。

至於荀息以璧、馬之微，宗曰 餘意。 覆虞、虢如反掌，世皆以爲智，以吾觀之，息亦未得爲智也。息之爲晉謀，一工而一拙；息之料宫之奇，一中而一失。璧、馬復歸，而坐得兩國，工矣；驪姬、申生之釁，《僖四年》。近在肘腋，曾不能謀，拙孰大焉？ 預料宫之奇雖諫將不聽，固已奇中；若奇前後之諫蹇蹇不屈，反謂其懦不能强諫，非失耶？ 阪谷曰 荀亦溺於利害而其智昏瞢，區區守一死而已。 彼料宫之奇或中或失，未足以爲晉之存亡；乃若拙於内難而不能謀，此晉所以國統屢絶而幾不血食也，焉得智？

宗廷輔曰 中段推論虞公隱情，曲折明暢，如一道飛泉，縈坡注澗，令人具澄澹之觀。

齊寺人貂漏師

僖二年　秋，齊寺人貂始漏師于多魚。

寺人貂立無虧

僖十七年　齊侯之夫人三，王姬、徐嬴、蔡姬，皆無子。齊侯好内，多内寵，内嬖如夫人者六人，長衛姬生武孟，少衛姬生惠公，鄭姬生孝公，葛嬴生昭公，密姬生懿公，宋華子生公子雍。公與管仲屬孝公於宋襄公，以爲太子。雍巫有寵於衛共姬，因寺人貂以薦羞於公，亦有寵，公許之立武孟。管仲卒，五公子皆求立。冬十月乙亥，齊桓公卒。易牙入，與寺人貂因内寵以殺群吏，而立公子無虧。孝公奔宋。

宋襄伐齊立孝公

僖十八年　春，宋襄公以諸侯伐齊。三月，齊人殺無虧。齊人將立孝公，不勝四公子之徒，遂與宋人戰。夏五月，宋敗齊師于甗，立孝公而還。

管仲始進説於桓公，盤遊縱佚之屬，皆曰不害伯，其深戒痛絶以爲害伯者，獨參用小人而已。仲之意，謂有抑必有揚，有拘必有縱。故其得政之始，首與齊公約：中分齊國爲二，舉一國之樂皆歸君，舉一國之權皆歸我。我與君以樂，君與我以權。以是樂而市是權，兩相貿易。要約既定，各守封疆，截然如胡越之不可相犯。自今日以後，仲苟進苦言以阻桓公之樂耶，則仲爲負桓公；桓公苟用小人以侵仲之權耶，則桓公爲負管仲。其所以得君專，持權久，成功偉者，恃此約也。

夫彼所謂寺人貂者，苟崇臺榭，盛狗馬，侈聲色，以奉桓公游宴之樂，是固仲所許也，今乃恃寵干政，漏泄軍事，則正犯仲之約矣。兵事尚神密，泄他人之軍事猶不免誅，况霸國節制之師，豈容人輒亂之乎？爲仲者，盍質桓公以素約，尸貂於軍門可也，顧乃隱忍坐視而不争。意者闇而不知争乎，宗曰故作跌宕。則仲非闇人也；意者懦而不敢争乎，則仲非懦人也。其所以不争者，殆必有説矣。阪谷曰反覆描君臣分權之狀，以逼出「殆必有説」一句，爲下文之轉换，亦是。

奕者舉棋纔三四，斂手而甘敗者，國棋也；倒奩空枰，大敗塗地，争猶不止，則棋之下者耳。仲，國棋也，先自見不勝之兆於冥冥之中，安得不知難而止乎？是故智者之敗在心，愚者之敗在事；智者之敗在神，愚者之敗在形。智者之敗，同室不知；愚者之敗，國人皆知。使仲必待舌弊力屈，然後始肯處於不勝之地，亦何以管仲爲哉？阪谷曰曰「仲，國棋也」，曰「亦何以爲管仲」，揚得妙。揚之則所以爲抑之地。

仲與桓公要約如此之明，桓公首負約，而使貂亂軍政。自常情論之，仲之理甚直，桓公之理甚曲；仲之争必勝，桓公之争必不勝。仲何反自處於不勝而遽不争也？曰：仲始與桓公約，既以佚樂與桓公矣，資人君浮靡淫麗之樂者，屬之君子乎？屬之小人乎？名曰佚樂，未有不資小人者；名曰小人，未有不貪權勢者。已許其縱佚樂，而禁其近小人，是授人以田，而奪其耒耜也；已容其近小人，而禁其奪吾權，是與盜者同處，而惡其攘竊也：世寧有是理耶！仲急於功利，亟欲得齊國之柄，不暇長顧却慮而爲是約，至於漏師多魚之時，仲固已默然陰悔初約之謬矣。失之於初，不能救之於末，此仲之所以吞聲而不敢較也。阪谷曰道德、政略不分析，則條理不立，分析而不合用，則兩者亦不能孤行。管仲政略專門家也，欲以己才孤行之，所以有吞聲之悔。吕公辯駁入其骨，真痛快無比。

若他人居仲之地，必不度事勢而爭之，雖使桓公或勉聽其言而逐貂，然逐貂之後，誰與桓公供耳目之娱？誰與桓公極心志之欲？苟復求如貂者繼之耶，則盜權猶自若也；苟求不盜權者置之君側，必擁腫鞅掌然後可耳。輿臺閹寺輩能希君之意者，必能盜君之權；不能盜君之權者，亦必不能希君之意。阪谷曰 美人不足畏，唯美而有才者能傾國。小人不足畏，唯小人而有才者能亂政。 桓公左右誠皆擁腫鞅掌之徒，則塊然宫中，無以自適，必反責管仲曰：「爾所以許我者，豈非爾欺我耶？」是則用貂之初，仲固可持左券而責桓公之負約；逐貂之後，桓公亦將持右券責管仲之負約也。阪谷曰 筆筆刻畫，節節形容，桓公、管仲相接之狀，如目見於千秋之上。 管仲、桓公，君臣之交聞天下，一旦相責至此，豈不貽笑後世耶？仲之隱忍而不爭者，畏此辱也。

況自貂始進之時言之，桓公所以敢用貂者，以仲許之也，當是時，仲爲主而貂爲客；自貂嬖寵之時言之，桓公所以未疏仲者，以不害貂也，當是時，貂爲主而仲爲客。君臣之歡潛移，客主之勢互變。昔也，貂爲仲所容；今也，仲爲貂所容。方且取容之不暇，矧曰逐之乎！逮仲之將死，始明數貂之奸，列於易牙、開方之間，欲并逐之。平時則不敢排擊，以爲保身之計；將死則盡言不諱，以取知人之名。其自爲謀亦巧矣。仲之謀雖巧，然既開禍亂之原，雖彌縫障蔽，終不能遏。庶孽交争，國統殆絶。天下之事，信非巧者所能辨也〔一〕。【阪谷曰】政略而離道德，愈巧愈妙，愈歸拙且劣。「非巧者所能辨」一句，全篇結穴。

嗚呼！仲之輔桓公，而自期何如耶？蓋將混文軌、一統類，雖山戎、孤竹之屬皆入封略，猶以爲褊也。晚節末路，至使桓公不能自定其子，區區借仲屬之於宋襄焉。仲始欲致桓公於何地，今反不能保一子而托之他人。想仲發言屬宋襄之際，顔忸怩而口囁嚅，跼天蹐地，無措身之所矣。吾讀書至此，未嘗不憐其衰而哀其窮也。世之詆伯者，必曰「尚功利」，五伯桓公爲盛，諸子相屠，身死不殯，禍且不能避，豈功利之敢望乎？是知王道之外無坦塗，【宗曰】陸清獻《書〈博議〉後》以此四句，足與董子「正誼明道」之言相表裏。舉皆荆棘；仁義之外無功利，舉皆禍殃。彼詆伯以功利者，何其借譽之深也！

【宗廷輔曰】議論見識均臻絶頂，筆力廉悍，足以副之，是爲集中最高文字。間有支辭敝語，少累全體，略爲減易，便覺焕然改觀。《博議》之文，篇幅長者未免有筋弛脉懈之病，此文删去十數行，尚留千餘言，讀之惟恐其盡者，意議精當故也。

校勘記

〔一〕辨，原作「辨」，據四庫本、瞿本改。

東萊先生左氏博議卷之十

會陽穀謀伐楚

僖三年　秋，會于陽穀，謀伐楚也。齊侯爲陽穀之會，來尋盟。冬，公子友如齊莅盟。

齊歸蔡姬

僖三年　齊侯與蔡姬乘舟于囿，蕩公。公懼，變色；禁之，不可。公怒，歸之，未之絶也。蔡人嫁之。

齊侵蔡伐楚

僖四年　齊侯以諸侯之師侵蔡。蔡潰，伐楚。楚子使與師言曰：「君處北海，寡人處南海，惟是風馬牛不相及也，不虞君之涉吾地也，何故？」管仲對曰：「昔召康公命我先君太公曰：『五侯九伯，女實征之，以夾輔周室。』賜我先君履，東至于海，西至于河，南至于穆陵，北至于無棣。爾貢包茅不入，王祭不共，無以縮酒，寡人是徵。昭王南征不復，寡人是問。」對曰：

「貢之不入，寡君之罪也，敢不共給！昭王之不復，君其問諸水濱！」師進，次于陘。夏，楚子如師。師退，次于召陵。齊侯陳諸侯之師，與屈完乘而觀之。齊侯曰：「豈不穀是爲？先君之好是繼。與不穀同好如何？」對曰：「君惠徼福於敝邑之社稷，辱收寡君，寡君之願也。」齊侯曰：「以此衆戰，誰能禦之？以此攻城，何城不克？」對曰：「君若以德綏諸侯，敢不服？君若以力，楚國方城以爲城，漢水以爲池，雖衆，無所用之。」屈完及諸侯盟。

甚小人之惡者，寬小人之惡者也；多小人之罪者，薄小人之罪者也。小人之懷惡負罪者，其心未嘗一日安也。一旦爲人所發，情得計露，手足失墜，何辭之敢爭？其所以旅拒不服者，抑有由矣。是非小人之罪也，治小人者之罪也。治小人者，疾之太過，求之太深，謂正指其罪惡，無所附益，未足以深陷小人。由是於本惡之外，復增其惡以甚之；於本罪之外，復增其罪以多之。小人始悖然不服，宗曰 筆情佚宕。雖旁觀者，亦撫然有不直君子之心矣。所謂小人者，方患無以自解也，日夜幸吾一言之誤、一字之差，乘隙以破吾之説。今吾乃故爲溢毀無實之辭，使彼得以藉口，是遺小人以自解之資也。彼之惡本實，因吾增之，反變實惡爲虛惡；彼之罪本實，因吾增之，反變實罪爲虛罪。阪谷曰 宋朝君子往往踐此弊，吕公所以言之痛切也。則爲小人者，惟恐君子增加之不多耳。嗚呼！君子何苦，坐一僞而喪百真；小人亦何幸，借一誣而解百讁乎？

大商坐肆，持權衡而售物，銖而銖焉，兩而兩焉，鈞而鈞焉，石而石焉，人交手授物，無敢出一語者。苟陰加權衡而罔利，所贏者僅若毫髮，衆皆競棄之，將立爲溝中瘠矣。權衡已定，加則爲貪；罪惡已定，加則爲濫。是故取貨財者，取所不當取，則當取者必反不能取；治小人者，治所不當治，則當治者必反不能治。阪谷曰 過激則快矣，然快之禍反過不快之時，抑故低價求售，則必折閱。要唯在公平至當而已。但取所當取，帑藏自不能容；但治所當治，奸宄自不能遁。又何必曲取而過治也哉！

齊桓公與管仲爲伐楚之役，苟直指其不共貢職以討之，則適投其病，楚必稽首而歸罪矣。而君臣過計，以不共貢職之罪爲不足，遂遠求昭王不復之事，欲張楚之罪，大吾出師之名，以蓋侵蔡之私。抑不知膠舟之禍年逾數百，荒忽茫昧，不可考質，楚安肯坐受其責乎？此所以來水濱之侮也。使桓公、管仲苟止以包茅責楚而不加以昭王之問，則言出而楚服矣，尚何待進師至陘，而僅得其請盟乎？

影者，形之報也；響者，聲之報也；刑者，罰之報也。高下輕重，咸其自取，豈有一形而兩影、一聲而兩響者哉？君子之用刑，當聽其自犯，而不置我於其間。多與之爲多，寡與之爲寡，苟不勝其忿，而以私意增之，是我之刑，而非刑之刑也。阪谷曰 罪其已發者而不罪其未發者，是法律裁判之定則，英、佛、法所以致力於證據也。伐人國，覆人族，殘人身，而參之以我，吁！危哉。

以小人而謗君子謂之誣，以君子而增小人之罪亦謂之誣。小人之誣君子，全體之誣也；君子之誣小人，一事之誣也。小大雖殊，然終同歸於誣而已矣！君子方疾小人之爲誣，而復效其爲誣，亦何以責彼哉！ 阪谷曰 如此，則裁判官爲罪人奴隸，君子亦爲小人奴隸。 惜乎！ 伐楚之際無以是語桓公者也。

然則楚之罪果止於不共王祭而已乎？ 曰：否。 楚聞周之衰，竊王號以自娱，淫名掩於天子，罪未有先焉者也。 阪谷曰 大聲一喝，萬軍披靡，然於事情未必當。 桓公、管仲方求出師之名，尚遠取數百年之罪以加楚，使知其僭王，必無反爲楚隱之理。 今恬不加問，是必不之見。 楚之僭王，天下知之，何爲齊之君臣獨不見乎？ 此無他，惟有意求出師之名，所以愈求而愈不見也。 人之求墜簪者，簪横吾之前，或瞀亂而不能見，簪曷嘗自匿哉？ 心切於求，則目眩於視也。 桓公、管仲之不見楚罪，其以是哉？

宗廷輔曰 甚哉！ 東萊之誣也。 楚之僭王久矣，齊楚皆大國，齊之力未必能滅楚也。 昧然責其僭王，能保楚之必聽乎？ 不能保其必聽而束手而歸，何以服諸侯之觀聽？ 若以力征經營，則兵連禍結，靡有已時，齊將自敝矣，尚思霸諸侯乎？ 故桓公不責其僭王而責以荒遠不可究詰之事，正是霸者作用，文所見殊非。 入後議論尤支離無著，惟首段用筆矯健異常，且極合情理，故收之。

楚伐鄭

僖三年　楚人伐鄭，鄭伯欲成。 孔叔不可，曰：「齊方勤我。 棄德不祥。」

齊執陳轅濤塗

僖四年　陳轅濤塗謂鄭申侯曰：「師出陳、鄭之間，國必甚病。若出於東方，觀兵於東夷，循海而歸，其可也。」申侯曰：「善。」濤塗告齊侯，許之。申侯見曰：「師老矣，若出於東方而遇敵，懼不可用也。若出於陳、鄭之間，共其資糧扉屨〔一〕，其可也。」齊侯說，與之虎牢。執陳轅濤塗。秋，伐陳，討不忠也。冬，陳成。歸轅濤塗。

申侯城賜邑鄭伯逃歸

僖五年　陳轅宣仲怨鄭申侯之反己於召陵，故勸之城其賜邑，曰：「美城之，大名也，子孫不忘。吾助子請。」乃爲請於諸侯而城之，美。遂譖諸鄭伯，曰：「美城其賜邑，將以叛也。」申侯由是得罪。秋，諸侯盟。王使周公召鄭伯，曰：「吾撫汝以從楚，輔之以晋，可以少安。」鄭伯喜於王命，而懼其不朝於齊也，故逃歸不盟。孔叔止之，曰：「君不可以輕，輕則失親；失親，患必至。病而乞盟，所喪多矣。君必悔之。」弗聽，逃其師而歸。

鄭殺申侯以説齊

僖七年　春，齊人伐鄭。孔叔言於鄭伯曰：「諺有之曰：『心則不競，何憚於病？』既不能强，又不能弱，所以斃也。國危矣，請下齊以救國。」公曰：「吾知其所由來矣，姑少待我。」對曰：「朝不及夕，何以待君？」夏，鄭殺申侯以説于齊，且用陳轅濤塗之譖也。初，申侯，申出也，有寵於楚文王。文王將死，與之璧，使行，曰：「唯我知女。女專利而不厭，予取予求，不女疵瑕也。後之人將求多於女，女必不免。我死，女必速行。無適小國，將不容焉。」既葬，出奔鄭，又有寵於厲公。子文聞其死也，曰：「古人有言曰：『知臣莫若君。』弗可改也已。」

怠善而長奸者，莫如徇時之説。是説之行於世，不知其幾年矣。持之有故也，舉之有證也，辨之有理也，無惑乎傾天下而從之也。其説曰：「徇時者通，忤時者窮。」

天下堯、舜，而我獨共、鯀，是以有放殛之刑；天下桀、紂，而我獨湯、文，是以有幽縶之禍。故崇山、幽州之竄，宜也；見《尚書》。夏臺、羑里之囚，亦宜也。見《史記》。亂世之不利爲善，猶治世之不利爲惡也。子欲爲善於亂世，盍先自省：能飢乎？能寒乎？能傲炎荒而輕髡鉗乎？能嗜刀鋸而親碪質乎？能也，固可忤時而獨行其志也。如曰未能，盍亦隨時上下，以徼寵保身哉！是説之行，風靡而波蕩者十人而九矣。噫嘻！世之君子果何道而排之乎？

春秋之時，澆僞蠭起之時也。徇時而生者，吾見其人矣；忤時而死者，吾見其人矣。祭仲、潘崇之顯榮，祭仲，見《桓十一年》。潘崇，《文元年》。泄冶、伯宗之戮辱，泄冶，見《宣九年》〔二〕；伯宗，《成十五年》。皆世俗所指以藉口者也。蓋嘗以齊、楚争鄭之際觀之，鄭伯之臣終始主齊，不變其説者，孔叔也；反覆趨利，且齊且楚者，申侯也。格之以世俗之説，則孔叔之樸固膠滯，殆難免乎今之世；申侯持詭譎之術，遇澆僞之時，所謂卉之春而稼之秋也。然孔叔卒無纖芥之禍，而申侯反以殺其身，則世俗之説果可盡信耶？附丁、傅者，皆貴於哀帝之朝，而朱博以丁、傅敗。初，哀帝祖母定陶太后欲求稱尊號。傅喜、孔光共持正議，傅晏亦太后弟，諂諛欲順指。會博新徵爲京兆尹，相與交結，謀成尊號。由是罷喜就國，免光爲庶人，以博代光爲丞相。太后使晏風令奏免喜侯，博與御史趙玄并奏喜無益於治，請免爲庶人。上知傅太后素常怨喜，疑博、玄承旨，詔彭宣雜問。宣等劾奏博執左道，虧損上恩，以結信貴戚，附下罔上，爲臣不忠不道，請召博等詣廷尉詔獄，博遂自殺。獻符命者，皆侯於王莽之世，而劉棻以符命誅。王莽篡位時，爭爲符命封侯，其不爲者相戲曰：「獨無天帝除書乎？」司命陳崇白莽曰：「此開奸臣作福之路而亂天命，宜絶其源。」莽亦厭之，遂使趙并驗治，非五威將帥所班，皆下獄。甄豐及其子尋皆敗，豐自殺，尋隨方士入華山。歲餘捕得，辭連隆威侯劉棻，及公卿親黨列侯以下，死者數百人。昔之君子介然自守，忤時不悔者，其知之矣。

嗚呼！治世者，小人失志之時也；亂世者，小人得志之時也。爲小人禱者，必祝其遇亂世而毋遇治世，抑不知事有大繆不然者。小人之在治世，片言犯義，則鐫譙至；阪谷曰《正韻》：鐫，謫也。跬步觸法，則譴責來。含毒蓄險，欝不得吐，信乎其不得志也。然抑其惡所以全其身〔三〕，愛小人者，孰有加於治世乎？阪谷曰 治世愛小人，奇語驚人，其實至理存焉。蓋君子猶醫，無醫則病毒滋蔓，唯自斃而已。嚴師之箠楚，慈母之呵叱，吾見其恩而不見其讎也。亂世則反是矣。

貪大者，家亦大；詐高者，位亦高。群讙輩囂，競於爲惡，不至於覆宗絶祀不止也。有餌焉，以馨其鈎；有錦焉，以華其阱。安得不誘而納之死地乎？此申侯所以狃爲惡之利，而至斯極也。嗚呼！小人者毋以遇亂世爲幸哉。

校勘記

〔一〕扉，原作「扉」，據四庫本及《左傳》改。

〔二〕九年，原作「元年」，據《左傳》改。

〔三〕其惡，宋刻本作「之者」。

楚滅弦

僖五年　楚鬭穀於菟滅弦，弦子奔黄。於是江、黄、道、柏方睦於齊，皆弦姻也。弦子恃之而不事楚，又不設備，故亡。

黄不歸楚貢

僖十一年　黄人不歸楚貢。冬，楚人伐黄。

楚滅黄

僖十二年　黄人恃諸侯之睦于齊也，不共楚職，曰：「自郢及我九百里，焉能害我？」夏，楚滅黄。

天下之禍，恃人而不自戒者居其最；天下之辱，爲人所恃而不能保者居其最。恃人而受禍者，固可責也；所恃者不足恃，而納人於禍，庸非可責之尤者乎？

齊桓公攘戎狄以尊中國。弦也，黄也，僻陋在夷，慕中國之義，自附於齊。恃齊忽楚，相繼覆亡，《左氏》以恃人而忘備責之。抑不知二國之所以忘備者〔一〕，深信中國，以爲可恃也；終至於翦滅者，豈非誤信中國而至於此極乎？爲中國者，誤人於死地，曾不自咎，尚忍隨其後譏之。甚矣！愧而不知耻也。

人之泛舟者，恃舟師而不戒，酣寢沈醉，以溺於水，是人固有罪矣。然岸傍之人罪之，可也；舟師罪之，不可也。彼由誰致禍，而猶敢罪之耶？是溺人者，非水也，舟師也；滅二國者，非楚也，齊也。阪谷曰：翻案斷決，使人悚然。二國之滅未足深恨，吾獨有所深恨者焉。中國之不競久矣，蠻夷肆行，莫之敢遏。齊桓獨斐然欲扶衰振廢，弦、黄又奮然自拔於荆蠻而從之，四方諸侯皆將占弦、黄之禍福以爲進退。是幾也，中國、蠻夷勝負之決也。使弦、黄既附中國，而社稷奠安，人民豐阜，則皆歆艷，棄戎即華。楚雖倔强蠻夷間，誰與同惡者？今齊桓坐視二國之亡而不能救，附中國者未有福，忤蠻夷者立有禍，人情非病風喪心，豈肯辭福而就禍耶？阪谷曰 南宋人民附金元者反得福，則宋亦何爲？ 呂公所以慨然。 是驅天下之人而歸蠻夷也。向若桓公倡義之初，蠻夷皆不知慕中國之義，漠然不應，其害猶淺。是何也？ 彼雖未知從中國之有利，亦未知從中國之有害也。不幸弦、黄首恃中國而得禍，雕題文身之俗，必指以相語曰：「吾始所以慕中國者，圭璧黼綉之華也，干戚羽旄之美也，豆籩彝鼎之肅也，磬筦鐘鼓之和也，謂可托吾國而無後憂。阪谷曰 所以開化文物，皆是亡國之具。 而今而後，乃知中國之不足恃。彼聲明文物，亦徒有其表耳，焉可爲所誘而自投於禍哉！」是則二國之滅猶未足深恨，因二國之滅而絶蠻夷向中國之心爲可深恨也。

嗚呼！ 中國猶君子，蠻夷猶小人；小人爲君子之害，猶蠻夷爲中國之害也。世之名君子者，招小人而誘之曰：「汝術甚危，我道甚安。汝盍去故而就新乎？」間有聞風而來者，實無以與之。既奪其小人謀身之術，而不授之以君子藩身之具。未入於仁，而先入於愚；未入於義，而先入於迂。恃其徒善，曾不隄防，輕犯世忌，以陷於禍〔二〕。向之儕輩交責而争尤之曰：「汝不用吾言，捨便利之舊術而就緩儒之迂計，今禍福果如何也？ 向之鄙夷吾黨，而自附於彼，吾謂汝朝升君子之門，暮收君子之利，顧乃顛頓困辱〔三〕，反不若吾黨循常守故之安，則翦翦拘拘者，果足恃耶？」一犬吠形，百犬吠聲，而仁義之道荒矣。是皆以君子自名者之罪也。以君子自名者誠不足恃矣，天下安可以此人之不可恃，阪谷曰 蘇家必「罪也」下承以「嗚呼」字，「天下」上著

「雖然」字。而遂疑此道之不可恃耶！將之覆軍者相繼，天下不疑兵書之難行；醫之殺人者相望，天下不疑醫書之難用。世未有因罪其人，而并罪其書者也。萬古六經，反坐腐儒曲士輩而廢耶？

校勘記

〔一〕二國，原作「一國」，臺圖本、四庫本同，據他本改。

〔二〕陷，宋刻本、瞿本作「蹈」。

〔三〕顛頓，宋刻本作「頓躓」。

楚文王寵申侯

僖七年　齊人伐鄭。鄭殺申侯，以説于齊。註見前篇題。

愛而知其惡者，天下之至善也，亦天下之至不善也。凡人之情，有所愛則有所蔽，有所蔽則有所忘。不蔽不忘，卓然知其惡於深愛之中，唯天下至公者能之，何以反謂之大不善乎？

知而遠之，善之善也；知而近之，不善之不善也。明皇之於李林甫，李林甫柔佞多狡數，深結宦官及妃嬪家，伺候上動静，無不知之。由是奏對常稱旨，上悦之。上欲以爲相，問於張九齡。九齡對曰：「宰相係國家安危，陛下相林甫，臣恐異日爲廟社之憂。」上不從，卒使禄山傾覆天下，皆出於林甫專寵固位之謀也。德宗之於盧杞，德宗建中二年，用盧杞爲相。杞陰狡，欲起威立勢〔一〕，小不附者，欲置之死地。上嘗與李泌曰：「盧杞忠清强介，人言杞奸邪，朕殊不覺其然。」泌曰：「人言杞奸邪，而陛下獨不覺，此乃杞之所以爲奸邪！儻陛下覺之，豈有建中之亂乎？」同用小人者也，同以小人而致亂者也。彼善於此，則德宗猶愈焉。德宗之言曰：「人皆以盧杞爲奸邪，朕獨不覺其奸邪〔二〕。」是德宗之用杞者，愛而不知其惡者也。不知其惡而用之，猶人情也。若明皇則既知其惡矣，其目林甫以「妬賢嫉能」，品題之妙，雖借辭於張九齡之徒，殆不過是。所謂臨亂之君，各賢其臣者。惟不知其惡，是以不能一朝捨也；如使知其惡，亦必不能一朝居也。今明皇既明知林甫之惡，不能減其毫髮之愛，尊寵信任至十九年之久，豈復近於人情乎？意在於用賢而不知其惡者，德宗也，誤也；意在於用奸而不恤其惡者，明皇也，故也。阪谷曰 據證審判，明快無比。誤者猶可恕，既知其奸而用之者，可勝誅乎？受欺者其罪小，自欺者其罪大。德宗不過爲杞所欺耳，是杞之罪大，而德宗之罪小也。明皇洞視林甫之惡如見肺肝，是林甫本不能欺明皇，而明皇自欺之，罪豈在於林甫乎！

楚文之嬖申侯也，猶明皇之嬖林甫也。明皇知林甫之妬賢嫉能，楚文王亦知申侯之專利不厭。一則終彼之身，任之不替；一則終我之身，寵之不衰。二君之罪，吾未知其孰輕孰重也。彼子文不知楚文之失，反追誦其明，亦惑矣。

古今以郭公惡惡不能去爲大譏，齊桓公之郭，問父老曰：「郭何故亡？」父老曰：「爲其善善惡惡。」公曰：「若子所言，乃賢君也。」父老曰：「善善不能用，惡惡不能去。此所以亡也。」然郭公非愛其惡而不忍去也，實惡其惡而不能去也。郭公雖懦，而惡惡之本心猶未失也，豈若楚文與明皇既知其惡而猶愛之乎？

聲之不可并者，哭與笑也；貌之不可并者，愠與喜也。愛其人必不知其惡，知其惡必不愛其人。異哉！楚文、明皇之心，既知其惡，又愛其人，二者并處於胸中不相陵奪，獨何歟？蓋有説也。阪谷曰 上段明皇、德宗對説，下段入題，明皇、楚文對説。作法已妙，論意亦妙。善有力，惡亦有力。阪谷曰 善力、惡力，頗似近世歐學文字，而分析入細，亦相類。不見可欲而不亂者，善力尚淺也；他日見可欲，安知其不亂也？不見其奸而不怒者，惡力尚淺也；他日見其奸，安知其不怒也？見可欲而不亂，則其心深入於善，善之力已堅矣；見其奸而不怒，則其心深入於惡，惡之力已堅矣。二君知二臣之奸，乃良知之猶未泯者，至於知其奸而尚愛之，是爲惡所持，其力既堅，雖良知不能奪也。阪谷曰 動物力終壓道理力。吾故論而發之，以爲善惡淺深之驗。

校勘記

〔一〕起，原作「赴」，四庫本作「樹」，據宋刻本改。

〔二〕其奸邪，宋刻本作「其然」。

齊桓公辭鄭太子華

僖七年　秋，盟于甯母，謀鄭故也。鄭使太子華聽命於會，言於齊侯曰：「泄氏、孔氏、子人氏三族，實違君命。君若去之以爲成，我以鄭爲內臣，君亦無所不利焉。」齊侯將許之。管仲曰：「君以禮與信屬諸侯，而以奸終之，無乃不可乎？子父不奸之謂禮，守命共時之謂信，違此二者，奸莫大焉。」公曰：「諸侯有討於鄭，未捷；今苟有釁，從之，不亦可乎？」對曰：「君若綏之以德，加之以訓辭，而帥諸侯以討鄭，鄭將覆亡之不暇〔一〕，豈敢不懼？若總其罪人以臨之，鄭有辭矣，何懼？且夫合諸侯，以崇德也。會而列奸，何以示後嗣？夫諸侯之會，其德刑禮義，無國不記。記奸之位，君盟替矣。作而不記，非盛德也。君其勿許，鄭必受盟。夫子華既爲太子，而求介於大國，以弱其國，亦必不免。鄭有叔詹、堵叔、師叔三良爲政，未可間也。」齊侯辭焉。子華由是得罪於鄭。冬，鄭伯使請盟于齊。

道無待，而有待非道也。「待」之名烏乎生？以彼待此曰「待」，以此待彼亦曰「待」。一彼一此，而「待」之名生焉。未有彼待彼者也，未有此待此者也。

雨在天，稼在田，判然二物也，語人以稼待雨，可信也；帛在機，衣在身，判然二物也，語人以衣待帛，可信也。若語人曰「吾待目而視，待耳而聽」，則世固已疑而不信矣，是何也？目，我之目，非借他人之視也；耳，我之耳，非借他人之聽也。我視則視，我聽則聽，本非有待也。

雖然，是固非有待之待，猶未免無待之待也。目雖離婁，不能自保其不瞽；耳雖師曠，不能自保其不聵。是雖無待於他人，而猶待於血氣，尚非我之所得專也。

舉天下之物，我之所獨專而無待於外者，其心之於道乎？心外有道，非心也；道外有心，非道也。心苟待道，既已離於道矣。待道且不可，況欲待於外哉！古之學者爲己，非以人不足爲也。通天下無非己，不見有人之可爲也。其動其靜，其語其默，未有由乎人者。飭躬厲行，非以揚名也；別嫌明微，非以避謗也；簡賦省刑，非以求民也；深謀遠慮，非以防患也。本無所待而作，亦豈有待而止哉？有所慕而作者，外無慕則不作也；有所畏而止者，外無畏則不止也。曰「作」曰「止」，皆待於外而不出於我，則吾之爲善既無本矣。【阪谷曰】卓然獨立，不爲外物奴隸之方，説得入細，抑於題却泛然，恐是此篇弊。無本之水，朝滿夕除；無本之善，朝鋭夕墮。是烏可恃耶！

鄭子華以世子而賣其國，齊桓公貪其利而將受之，從管仲之諫而止，世莫不誦管仲之言以爲當。以吾觀仲之言，何其不知本也！其言曰：「諸侯之會，其德刑禮義，無國不記。記奸之位，君盟替矣。作而不記，非盛德也。」仲不能以道格君之心，使自爲善，反待簡冊之毁譽以制之。【阪谷曰】孔子曰：「爲仁由己，而由人乎哉？」是則中人以上大賢之事，桓公輩豈足以責焉？況左右史爲警戒先王之制也。此論恐過高。噫！爲善果待於外，使自古無史官，諸侯無史籍，將放意而不復爲善耶？不導其君以心制物，而反以物制心，是以外而制内也。幸而桓公以好名之心易好利之心，僅從管仲之諫。若桓公好利之心勝好名之心，則殘編腐竹，何足以制桓公耶？仲之説至是而窮矣。

信如是，則聖人立左右以記言動者，亦豈以外制内耶？非然也。恃史冊以自制者，固待外也；視史冊爲外物者，亦未免有外也。至理無外，藩以私情，蔀以私智，始限其一身爲内，而盡棄其餘爲外物。乃若聖人之心，萬物皆備，阪谷曰《孟子》曰：「萬物皆備於我矣。」尚不見有内，又安得有外耶？史，心史也；記，心記也。推而至於盤盂之銘、几杖之戒，未有一物居心外者也。嗚呼！此豈管仲所及哉？

校勘記

〔一〕暇，原作「服」，據宋刻本、四庫本及《左傳》改。

晋里克帥師敗狄〔一〕

僖八年　晋里克帥師，梁由靡御，虢射爲右，以敗狄于采桑。梁由靡曰：「狄無耻，從之必大克。」里克曰：「拒之而已，無速衆狄。」虢射曰：「期年，狄必至，示之弱矣。」夏，狄伐晋，報采桑之役也。復期月。

治戎狄如治奸民，奸民狎官府則多訟，戎狄狎邊鄙則多難。一日之懲而終身不敢入官府者，善政也；一戰之威而百年不敢近邊鄙者，善謀也。戎狄之性，折則服，縱則驕。彼其悍然執兵，翦我郊保，燔我積聚，敺我馬牛，蹂我稼穡。羽檄雷動，車馳轂擊。謀臣勞于朝，戰士勞于野。賴天之靈，宗廟之福，幸而一勝，反抑鋒按鋭，縱之徐驅而歸。爲夷狄者，勝有重利，敗無他虞，亦何苦而不爲寇哉？是故狃於爲寇之利，視吾邊境如登虚邑。吾被邊之民，歲暴骨而月裹瘡。哭泣之聲未絶，而鼓鐸之音已振矣。是何待戎狄之厚，而待吾民之薄耶？

然此亦非所以厚戎狄也，恕生侮，侮生怒。恕之與怒，相反而相生者也。始吾恕戎狄，以爲不足治。其侵不問，其衂不迫。犬羊之心恣睢桀鷔，意我之不能師。陵侮暴犯，非人所堪。於是不勝其忿，掃境内之衆。窮誅極討，覆其巢，鋤其根，以逞吾憾。阪谷曰 知懲之而不知教之，知遠之而不知化之，視以爲非人類，待之如禽獸，斷不加交際之列，支那待外國之規模褊小淺近，如吕公亦不免此弊。爲所謂夷狄所并，亦宜矣。召今日之怒者，庸非前日之恕乎？嫚書之恕，所以召絶幕之怒也；漢惠帝即位，冒頓致書吕太后曰：「陛下獨立，孤憤獨居。兩主不樂，無以自娱。願以所有，易其所無。」太后好報書，遂和親。武帝即位，王恢以馬邑誘匈奴，自是絶和親。先是，漢趙信降匈奴，教單于益北絶幕，以誘疲漢兵。於是漢遣衛青等十萬騎絶幕擊匈奴。渭橋之恕，所以召定襄之怒也。唐太宗初，突厥進寇高陵。尉遲敬德與突厥戰於涇陽，大破之。癸未，頡利可汗進至渭水便橋之北。上自出玄武門，與高士廉、房玄齡等六騎徑詣渭水上，與頡利可汗隔水而語，責以負約。突厥大驚，皆下馬羅拜。俄而諸軍繼至，頡利見軍容甚盛，有懼色。頡利請和，詔許之。遂與頡利盟于便橋之上，突厥引兵退。後復寇邊。四年正月，李靖帥驍騎三千，自馬邑進惡陽嶺，夜襲定襄，破之。又破於陰山，擒頡利可汗。故曰：此非所以厚戎狄也。小治之於未侮之前，傷少而怨淺；大治之於積侮之後，傷多而怨深。孰厚孰薄，孰寬孰猛，必有能辨之者矣。吾是以知里克之待戎狄不得爲仁，而梁由靡之策亦未始爲虐也。

主里克之説者，歷舉宣王之詩、嚴尤之論，以謂王者治戎狄正當如此。抑不知理有似而差，言有類而異。毆之而已者，嚴尤之稱宣王也；見《漢・匈奴傳》。懼之而已者，里克之沮梁由靡也。兩者相去不能以寸，然謂之毆則不止於懼矣，〔宗曰〕善於搜剔，八比秘鑰。謂之懼則本未嘗毆矣。其言淄澠也，其理涇渭也。宣王之詩，「薄伐玁狁，至於太原」。太原，周境也。《小雅》。宣王之逐戎狄，不盡吾境不置也。乃若采桑之戰，實在屈之北，平陽之西南，固晉地也。狄尚在吾地，里克僅得小勝，遽卷甲而不進，安得自附于宣王之師乎？〔阪谷曰〕里克優柔不斷之人，觀其中立於驪姬之亂而可知也。乘機掃蕩，非其所能，況於威而服之乎？宣王縱戎狄於吾境之外，而里克乃縱戎狄於吾境之内。世比而同之，過矣！

吾嘗論縱戎狄者有二：驕之使不吾忌，待其自墮術中者，詐者之事也，爲阱以陷獸者也；寬之使知吾不足忌，遂敢肆其貪噬者，懦者之事也，開門以招盜者也。古今之縱戎狄者，揣其情，研其實，不出二説而已矣。前一説，聖人不忍爲也；後一説，聖人不肯爲也。〔阪谷曰〕末論縱戎二説，文則妙，然「聖人不忍爲」之一語，恐近以聖人爲婦人之仁。何則？未馴服時彼爲虎狼，不待虎狼以陷阱，不痴則迂，世豈有痴迂聖人哉？

宗廷輔曰 痛繩戎狄，似有感於南宋時事而言。

校勘記

〔一〕此篇四庫本無。

宋太子兹父請立子魚

僖八年　宋公疾，太子兹父固請曰：「目夷長且仁，君其立之。」公命子魚。子魚辭曰：「能以國讓，仁孰大焉？臣不及也，且又不順。」遂走而退。九年，襄公即位，以公子目夷爲仁，使爲左師以聽政，於是宋治。故魚氏世爲左師。

無故而爲駭世之行，求名之尤者也，宋襄公之遜於子魚是也。以統則正，以親則嫡，以勢則順，無故而欲推之他人，非求名果何説也？然求名之罪，人所共指，不足深責。乃若不明乎善，則學者所同病，所當先論也。

宋襄所以無故而遜國者，吾知之矣。其心急欲自表見於世，悒然恨無善之可爲，故振奇以駭世耳。築山於平地者，以其無山也，使居泰、華之傍，必不築也；鑿沼於平地者，以其無沼也，使居江海之傍，必不鑿也。平地無山，故版築而强爲山；平地無沼，故疏鑿而强爲沼。彼矯激而强爲駭世之行者，豈非平居自視無善之可爲，不得不出此耶？人之言曰：「天下之善，遇之不可不爲，不遇不可强爲。」其視宋襄進一等矣，亦未免五十步笑百步也。一歲之間，自春至冬；一日之間，自朝至暮；一國之間，自君至民；一身之間，自頂至踵。無時非善，無物非善，周流充塞，隨在隨滿。今乃謂遇善則可爲，不遇善則不可爲，吾不知擇何物爲善，棄何物爲不善耶？ 阪谷曰 宋襄不足論，假宋襄而論善之常充滿，爲學者深矣。《孟子》曰：「非義襲而取之也」。世之遇一善而施施矜人者，皆善非己有而襲取焉耳。 吉人爲善，惟日不足。世俗乃歎善之難遇，何其反也？

以魯遇宋謂之遇，以齊遇陳謂之遇，以子路遇荷蓧謂之遇，爲善而欲遇善，善豈在外耶？君子明乎善者，天理混然，生生不息，不知有善之可擇也，不知有不善之可棄也。尚不見精，何者爲粗？尚不見純，何者爲駁？雖極世所謂至高之節，如堯、舜之揖遜，亦世俗自爲之名耳。步趨也，言語也，飲食也，寢息也〔二〕，皆人日用之常也，而兀者獨羨人之步趨， 阪谷曰 刖足謂兀。 以爲不可及，豈步趨果難於言語食息之屬哉！自兀者觀之則然也。

堯、舜之事，布在天下，若禮樂，若法度，若征伐，若巡狩，若歷試，若揖遜，皆因理之固然，本未嘗置輕重於其間也。則所謂揖遜者，特堯、舜萬事中一事耳。世俗指其一事爲高，而忽其餘事爲常者，無他焉，彼自見其捐一金之難，而駭堯、舜忘天下之易，遂誇大以爲至高之節，矯情而效之。此宋襄之徒所以每不絕於世也。 阪谷曰 矮人觀場，論君子豪傑者可以爲戒。結了宋襄，而以「噫」字轉進一步，文氣飄摇，如建赤幟於城上。噫！堯、舜之揖遜，堯、舜曷嘗自知其高哉？以世俗之心度之則高耳。然則非特幽囚野死之毁爲以利心量聖人也，阪谷曰 舜囚堯、禹黜舜、舜野死之説，在劉知幾《史通·疑古》篇。誦堯、舜揖遜以爲高者，正所謂以利心量聖人也。

校勘記

〔一〕寢息，宋刻本作「宴寢」。

東萊先生左氏博議卷之十一

會于葵丘尋盟

僖九年　夏，會于葵丘。尋盟，且修好，禮也。王使宰孔賜齊侯胙，曰：「天子有事于文、武，使孔賜伯舅胙。」齊侯將下拜。孔曰：「且有後命。天子使孔曰：『以伯舅耋老，加勞〔一〕，賜一級，無下拜。』」對曰：「天威不違顔咫尺，小白余敢貪天子之命無下拜！恐隕越于下，以遺天子羞。敢不下拜！」下，拜，登，受。秋，齊侯盟諸侯于葵丘，曰：「凡我同盟之人，既盟之後，言歸于好。」宰孔先歸，遇晋侯，曰：「可無會也。齊侯不務德而勤遠略，故北伐山戎，南伐楚，西爲此會也。東略之不知，西則否矣。其在亂乎？君務靖亂，無勤於行！」晋侯乃還。

天下之爲治者，未嘗無所期也。王期於王，伯期於伯，强期於强，不有以的之，孰得而射之？不有以望之，孰得而趨之？志也者，所以立是期也；動也者，所以赴是期也；效也者，所以應是期也。汎然而議，卒然而行，忽然而罷，汗漫荒忽，無所歸宿者，是豈足與爲治哉？故期者，聖君賢臣所以先天下之治者也。

期固爲治之先，亦或爲治之害。自期於强者，至强則止，欲挽之使進於伯，不可得也；自期於伯者，至伯則止，欲挽之使進於王，不可得也。何則？其素所期者，止於如是也。强而止於强，伯而止於伯，是特安於小耳。雖不足肩盛世而追遐軌，然下視弱國陋邦，所獲不既多矣乎？謂之無志則可，謂之有害則不可也。阪谷曰 取一「期」字自不可無説，入其有害，曲折進步，亦如登山阪。抑不知天下之勢，不盛則衰；天下之治，不進則退。强而止於强者，必不能保其强也；伯而止於伯者，必不能保其伯也。驅駿馬而馳峻坂，中間豈有駐足之地乎？

齊桓公拔管仲於縲紲桎梏之中，屬之國政，立談之間，遽以伯功相期，何其壯也！所期既立，左國右高，前鮑後隰，下逮比閭族黨之民，夙興夜寐，淬厲奮發，以赴吾君之所期。至於葵丘之會，威加諸侯，宗曰 寫得高興，宏詞本領尚拏得出。名震四海，天子致胙，王人下臨，環以旌旄，崇以壇陛，幕張燎舉，有司戒期，駢圭交舄，抑首就位，弁冕秩秩，穆然無聲，於是桓公降阼遵廷，下拜王命。興俯跪起之容，翼如也；環佩衝牙之音，鏘如也。隆寵榮光，焜燿在列。申以五命之嚴，示以載書之信，明約顯命，若挾河漢而轟雷霆。阪谷曰 形容絢爛眩目。區區曹、許之君，出於鼠壤蟻封之中，驟見曠古駭俗之偉觀，目眩氣奪，莫敢仰視。雖平日跋扈倔强、不受控御如晋侯者，猶膏車秣馬，奔走道路，恐干後至之誅。五伯莫高於桓公，宗曰 霸功非儒者所尚，故矜誇者不過「騷人墨客」，此是先生下字斟酌處。而桓公九合之盟，葵丘之會實居其最。一時文物之盛，騷人墨客誇談矜語，至于今不衰。嗚呼！桓公素所期者，及葵丘之會，悉償所願，滿足無餘。種之累年，而穫之於今日，信可謂不負所期矣。所期既滿，其心亦滿，滿則驕，驕則怠，怠則衰。近以來宰孔之譏，遠以召五公子之亂，《僖十七年》。孰知盛之極，乃衰之始乎？吾嘗譬桓公之功業，葵丘未會之前，猶自旦至望之月也，浸長而浸盈；葵丘既會之後，猶自望至晦之月也，浸缺而浸盡。蓋未滿則有增，既滿則招損而已，尚安能復增乎？甚矣！人心之不可滿也。桓公非不知滿之可戒也，阪谷曰「桓公非不知」云云，句上恐脱「抑」字。「甚矣人心」云云，以上説滿之害，以下説滿生於所期之小。所期既滿，其心不得不滿也。使桓公所自期者，不止於伯，詎肯至伯而滿哉？桓公之罪，在於自期之時，而不在於既滿之時也。

雨驟而沼溢，非雨之罪，鑿沼者之罪也；酒暴而卮翻，非酒之罪，造卮者之罪也。沼之所受有常限，卮之所容有常量，人之所期有常願。逾其限，過其量，塞其願，雖不欲滿，而不自知其滿矣。我不爲沼，何憂乎十日之霖？我不爲卮，何憂乎千釀之醴？桓公素不以伯自期，則下視伯功，亦蚊虻之過前耳。吾是以知自期之不可小也。

進伯而至於王，極天下之所期，無在其上者，其亦可以息乎？曰：王道果可息，則禹之孜孜，湯之汲汲，文之純亦不已，何爲者耶？

宗廷輔曰 自漢魏以來，所有著作未有不兼辭采者。至趙宋則質勝矣，然究未嘗廢辭采也。自明以八股取士，專束其心志於《大全》一書，於是士之學始陋。正嘉而後時文大家盛推茅、薛。嘗見《鹿門文集》枵然無物，一涉詞藻，便不成文。而其評點《史》、《漢》，且欲鎸改馬、班，洵漫漫長夜之世矣。東萊雖以講學立名，其早年曾舉詞科，故不專爲樸遬之文。如此篇中段，有此點綴，便覺如火如荼，場中遇之，試官必然刮目。此篇議論似高而實謬，仲僅能輔桓成霸，故桓亦期於霸而止，此其所以爲天下才也。若有霸之才而妄思圖王，勢必王不成王、霸不成霸，徒爲千古笑柄而已。

校勘記

〔一〕勞，原本缺，據四庫本及《左傳》補。

晉獻公使荀息傅奚齊

僖九年　初，獻公使荀息傅奚齊。公疾，召之，曰：「以是藐諸孤辱在大夫，其若之何？」稽首而對曰：「臣竭其股肱之力，加之以忠貞。其濟，君之靈也；不濟，則以死繼之。」及里克將殺奚齊，先告荀息曰：「三怨將作，秦、晉輔之，子將何如？」荀息曰：「將死之。」里克曰：「無益也。」荀叔曰：「吾與先君言矣，不可以貳。」冬十月，里克殺奚齊于次。荀息將死之。人曰：「不如立卓子而輔之。」荀息立公子卓。十一月，里克殺公子卓于朝。荀息死之。君子曰：「《詩》所謂『白圭之玷，尚可磨也；斯言之玷，不可爲也』，荀息有焉。」

秦伯納晉惠

僖九年　晉郤芮使夷吾重賂秦以求入，齊隰朋帥師會秦師，納晉惠公。秦伯謂郤芮曰：「公子誰恃？」對曰：「臣聞亡人無黨，有黨必有讎。夷吾弱不好弄，能鬬不過，長亦不改，不識其他。」公謂公孫枝曰：「夷吾其定乎？」對曰：「臣聞之，唯則定國。《詩》曰：『不識不知，順帝之則。』又曰：『不僭不賊，鮮不爲則。』無好無惡，不忌不克之謂也。今其言多忌克，難哉！」公曰：「忌則多怨，又焉能克？是吾利也。」

晉侯殺里克丕鄭

僖十年　夏四月，周公忌父、王子黨會齊隰朋立晉侯。晉侯殺里克以說。將殺里克，公使謂之曰：「微子，則不及此。雖然，子弒二君與一大夫，爲子君者，不亦難乎？」對曰：「不有廢也，君何以興？欲加之罪，其無辭乎？臣聞命矣。」伏劍而死。於是丕鄭聘于秦，且謝緩賂，故不及。丕鄭如秦，言於秦伯曰：「呂甥、郤稱、冀芮實爲不從，重問以召之，臣出晉君，君納重耳，蔑不濟矣。」冬，秦伯使泠至報問，且召三子。郤芮曰：「幣重而言甘，誘我也。」遂殺丕鄭、祁舉及七輿大夫。丕豹奔秦，言於秦伯曰：「晉侯背大主而忌小怨，民弗與也。伐之，必出。」公曰：「失衆，焉能殺？違禍，誰能出君？」

晋乞糴于秦

僖十三年　冬，晋荐饑。使乞糴于秦。秦伯謂子桑：「與諸乎？」對曰：「重施而報，君將何求？重施而不報，其民必携。携而討焉，無衆，必敗。」謂百里：「與諸乎？」對曰：「天灾流行，國家代有。救灾恤鄰，道也。行道有福。」丕鄭之子豹在秦，請伐晋。秦伯曰：「其君是惡，其民何罪？」秦於是乎輸粟於晋，自雍及絳相繼，命之曰「汎舟之役」。

秦乞糴于晋

僖十四年　冬，秦饑，使乞糴于晋，晋人弗與。慶鄭曰：「背施，無親；幸灾，不仁；貪愛，不祥；怒鄰，不義。四德皆失，何以守國？」虢射曰：「皮之不存，毛將安傅？」慶鄭曰：「棄信背鄰，患孰恤之？無信患作，失援必斃，是則然矣。」虢射曰：「無損於怨，而厚於寇，不如勿與。」慶鄭曰：「背施幸灾，民所棄也。近猶讎之，況怨敵乎？」弗聽。退曰：「君其悔是哉！」

秦晋戰韓原

僖十五年　晋侯之入也，許賂秦伯以河外列城五。既而不與。晋饑，秦輸之粟；秦饑，晋閉之糴。故秦伯伐晋。九月，晋侯逆秦師。壬戌，戰于韓原。秦獲晋侯以歸。

正始者，萬事之本也。始其始而不終其始者，蓋有之矣；不始其始而能終其始者，理之所必無也。吾未聞種稗而得穀者也，吾未聞植棘而得檟者也，吾未聞造醯而得醪者也，吾未聞網魚而得禽者也，吾未聞學墨而得儒者也，吾未聞圖伯而得王者也。失其始而求其終，理之所必無也。自古及今，失於始而蹈禍釁者，豈惟一人耶？荀息受獻公不正之托，國危身死，死無所名，失之於始也；秦穆公不置德而置服，親被晋惠反噬之辱，失之於始也；晋惠公攬一國之利，不見輕諾之害，竟被内外之賂，自取囚縶，失之於始也。失之於始，良、平不能爲之謀，儀、秦不能爲之辨，孫、吳不能爲之戰，墨翟、田單不能爲之守，百補千營，終亦必敗而已矣。

雖然，是説也，爲始謀者言之可也，不幸而已失其始者，雖聞吾言，不過拊膺搏髀爲無益之悔，果何術而救之乎？〔阪谷曰〕轉換展拓，不跌一步，抑冗長喧客之弊。則雖爲課試，亦不免爲過支辭。曰：見其無始而絶之者，君子之正也；見其無始尚欲扶持之者，君子之恕也。父母之於子，雖其始不遵教戒，已在憲網，已在縲絏，自非甚不可救，父母之心，豈遽已乎？經度赴援，使得末減其罪，降重爲輕，亦父母之所屑爲也。君子視天下，猶父母之視子也。雖見其已失於始，苟未至於勢窮理絶，亦豈惜一舉手之力乎？

荀息以孤身而當衆怨之衝，其禍大而不可救；秦穆公雖受侮，而終能取償於晋，其禍小而不必救。惟晋惠公之事，在二者之間，猶君子之所當論也。〔阪谷曰〕此篇論所主在惠公，而荀息、秦穆假爲陪客，故前段撇開入主，不復及二人。惠公始以甘言重賂誘秦，既得國而盡食其言，秦穆公之心未嘗一日忘晉也。至晉饑而秦輸之粟，非憂晉也，積我之厚，形彼之薄，所以怒其衆而將使之也。斯怨也，豈禱請所可謝，言語所可回乎？幸而秦饑，乞糴於晉，此天錫晉以釋怨之資也。使君子爲晉謀，必曰：「吾久負秦約，常患無以自解，苟因其乞糴，亟如其請而振其急，則秦將見今日之恩，而忘前日之怨。政使怨不盡解，亦可以殺其怒而緩其毒，雖鋒刃相向，其致死於我必不力矣。」彼虢射乃謂：「無損於怨，而厚於寇。」吁！是何言歟？虢公徒知與粟之無損於怨，不知閉糴之增其怨也。擇禍莫若輕，擇怨亦莫若輕。雖使果如虢公之言，無損於怨，亦猶愈於增其怨。況與之粟，乃所以損其怨乎！慶鄭雖欲救之，然其氣暴，其辭悍，適所以起晉惠之怒而已。阪谷曰 虢射之淺率、慶鄭之粗暴，一齊描出，爲戒深矣。抑二人事猜忌褊狹之君，知禍之不可救，精神躁亂，心不得其平而然耳，使之事文公則不然。惜乎慶鄭有救之之心，而未得救之之道也。使君子爲晉謀〔一〕，則失之於始，豈不可收之於終乎！

吾嘗考論秦、晉交争之際，阪谷曰 以下别加一意，故「吾嘗」之「嘗」，似可作「更」。益知天下之理，不可有毫髮之過焉。晉之負秦，理當怨也；秦之伐晉，理當報也。韓原之戰，忿晉惠者豈特秦人哉？雖晉之衆，亦忿然有不直其君之心矣。逮至秦穆執晉侯而歸，囚之靈臺，則是奪蹊田之牛，見《宣十一年》。報之亦已甚矣。惟其報之稍過於理，於是晉人反哀其君之窮，而怨秦之酷，移不直其君之心爲不直秦之心，奮怒踊躍，征繕以輔孺子，有不與秦俱生之意。嗚呼！天下之理，果可有毫髮之過耶？阪谷曰 過猶不及，難矣哉，中也！千鈞之重，加銖兩而移，信

矣哉！

校勘記

〔一〕君子，原作「君」，據四庫本、瞿本補。

沙麓崩

僖十四年　秋，沙麓崩。晉卜偃曰：「期年將有大咎，幾亡國。」

隕石鷁退飛

僖十六年　春，隕石于宋五，隕星也。六鷁退飛，過宋都，風也。周内史叔興聘于宋，宋襄公問焉，曰：「是何祥也？吉凶焉在？」對曰：「今兹魯多大喪，明年齊有亂，君將得諸侯而不終。」退而告人曰：「君失問。是陰陽之事，非吉凶所生也。吉凶由人，吾不敢逆君故也。」

星孛北斗

文十四年　有星孛入于北斗，周内史叔服曰：「不出七年，宋、齊、晉之君，皆將死亂。」

梁山崩

成五年　梁山崩，晉侯以傳召伯宗。伯宗辟重，曰：「辟傳！」重人曰：「待我，不如捷之速也。」問其所。曰：「絳人也。」問絳事焉。曰：「梁山崩，將召伯宗謀之。」問將若之何。曰：「山有朽壤而崩，可若何？國主山川，故山崩川竭，君爲之不舉，降服，乘縵，徹樂，出次，祝幣，史辭以禮焉。其如此而已。雖伯宗，若之何？」伯宗請見之，不可。遂以告，而從之。

晉侯論宋災

襄九年　春，宋災。樂喜爲司城以爲政。晉侯問於士弱曰：「吾聞之，宋災，於是乎知有天道，何故？」對曰：「古之火正，或食於心，或食於咮，以出内火。故咮爲鶉火，心爲大火。陶唐氏之火正閼伯居商丘，祀大火，而火紀時焉。相土因之，故商主大火。商人閲其禍敗之釁，必始於火，是以日知其有天道也。」公曰：「可必乎？」對曰：「在道。國亂無象，不可知也。」

梓慎論無冰

襄二十八年　春，無冰。梓慎曰：「今兹宋、鄭其飢乎？歲在星紀，而淫於玄枵，以有時災，陰不堪陽。蛇乘龍。龍，宋、鄭之星也，宋、鄭必飢。玄枵，虚中也。枵，耗名也。土虚而民耗，不飢何爲？」

裨竈論楚

襄二十八年　裨竈曰：「今兹周王及楚子皆將死。歲棄其次，而旅於明年之次，以害鳥帑。周、楚惡之。」

子產論參商

事在昭元年〔一〕　注見八卷首。

大雨雹

昭四年　大雨雹。季武子問於申豐曰：「雹可禦乎？」對曰：「聖人在上，無雹。雖有，不爲災。古者，日在北陸而藏冰，西陸朝覿而出之。其藏冰也，深山窮谷〔二〕，涸陰沍寒，於是乎取之。其出之也，朝之禄位，賓食喪祭，於是乎用之。其藏之也，黑牡、秬黍，以享司寒。其出之也，桃弧、棘矢，以除其災。其出入也時，食肉之禄，冰皆預焉。大夫命婦，喪浴用冰。祭寒而藏之，獻羔而啓之，公始用之。火出而畢賦，自命夫命婦，至於老疾，無不受冰。山人取之，縣人傳之，輿人納之，隸人藏之。夫冰以風壯，而以風出。其藏之也周，其用之也徧，則冬無愆陽，夏無伏陰，春無淒風，秋無苦雨，雷出不震，無災霜雹，癘疾不降，民不夭札。今藏川池之冰棄而不用，風不越而殺，雷不發而震。雹之爲災，誰能禦之？《七月》之卒章，藏冰之道也[三]。」

士文伯論火見

昭六年　士文伯曰：「火見，鄭其火乎？火未出，而作火以鑄刑器，藏争辟焉。火如象之，不火何爲？」六月丙戌，鄭災。

晋侯問日食

昭七年　夏，四月，甲辰，朔，日有食之。晋侯問於士文伯曰：「誰將當日食？」對曰：「魯、衛惡之。衛大，魯小。」公曰：「何故？」對曰：「去衛地，如魯地。於是有災，魯實受之。其大咎，其衛君乎！魯將上卿。」公曰：「《詩》所謂『彼日而食，于何不臧』者，何也？」對曰：「不善政之謂也。國無政，不用善，則自取謫于日月之災。故政不可不慎也。務三而已，一曰擇人，二曰因民，三曰從時也。」十一月，季武子卒，晋侯謂伯瑕曰：「吾所問日食，從矣，可常乎？」對曰：「不可。六物不同，民心不一，事序不類，官職不則，同始異終，胡可常也？」公曰：「何謂六物？」對曰：「歲、時、日、月、星、辰是謂也。」公曰：「多語寡人辰，而莫同。何謂辰？」對曰：「日月之會是謂辰，故以配日。」

晉侯問史趙

昭八年　楚公子棄疾使穿封戌爲陳公。晉侯問於史趙曰：「陳其遂亡乎？」對曰：「未也。」公曰：「何故？」對曰：「陳，顓頊之族也。歲在鶉火，是以卒滅，陳將如之。今在析木之津，猶將復由。且陳氏得政于齊而後陳卒亡。自幕至于瞽瞍無違命，舜重之以明德，寘德於遂，遂世守之。及胡公不淫，故周賜之姓，使祀虞帝。臣聞盛德必百世祀，虞之世數未也。繼守將在齊，其兆既存矣。」

裨竈論陳災

昭九年　夏四月，陳災。鄭裨竈曰：「五年，陳將復封。封五十二年而遂亡。」子産問其故，對曰：「陳，水屬也。火，水妃也，而楚所相也。今火出而火陳，逐楚而建陳也。妃以五成，故曰五年。歲五及鶉火，而後陳卒亡，楚克有之，天之道也，故曰五十二年。」

星出婺女

昭十年　春王正月，有星出于婺女。鄭裨竈言於子産曰：「七月戊子，晉君將死。今兹歲在顓頊之虛，姜氏、任氏實守其地。居其維首，而有妖星焉，告邑姜也。邑姜，晋之妣也。天以七紀，戊子逢公以登，星斯於是乎出。吾是以譏之。」

景王問萇弘

昭十一年　景王問於萇弘曰：「今兹諸侯，何實吉？何實凶？」對曰：「蔡凶。此蔡侯般弑其君之歲也，歲在豕韋，弗過此矣。楚將有之，然壅也。歲及大梁，蔡復，楚凶，天之道也。」楚子在申，召蔡靈侯。靈侯將往。蔡大夫曰：「王貪而無信，唯蔡於憾，今幣重而言甘，誘我也，不如無往。」蔡侯不可。三月丙申，楚子伏甲而享蔡侯於申，醉而執之。夏四月丁巳，殺之，刑其士七十人。

梓慎論禘

昭十五年　春，將禘於武公，戒百官。梓慎曰：「禘之日，其有咎乎？吾見赤黑之祲，非祭祥也，喪氛也。其在莅事乎！」二月癸酉，禘。叔弓莅事，籥入而卒。去樂，卒事，禮也。

星孛大辰

昭十七年　冬，有星孛于大辰，西及漢。申須曰：「彗所以除舊布新也。天事恒象，今除於火，火出必布焉。諸侯其有火災乎！」梓慎曰：「往年吾見之，是其徵也，火出而見。今兹火出而章，必火入而伏。其居火也久矣，其與不然乎？火出，於夏爲三月，於商爲四月，於周爲五月。夏數得天，若火作，其四國當之，在宋、衛、陳、鄭乎！」鄭裨竈言於子産曰：「宋、衛、陳、鄭將同日火。若我用瓘斝玉瓚，鄭必不火。」子産弗與。

火始昏見

昭十八年　夏五月，火始昏見。丙子，風。梓慎曰：「是謂融風，火之始也。七日，其火作乎！」戊寅，風甚。壬午，大甚〔四〕。宋、衛、陳、鄭皆火。梓慎登大庭氏之庫以望之，曰：「宋、衛、陳、鄭也。」數日，皆來告火。裨竈曰：「不用吾言，鄭又將火。」鄭人請用之。子産不可。子太叔曰：「寶，以保民也。若有火，國幾亡。可以救亡，子何愛焉？」子産曰：「天道遠，人道邇，非所及也，何以知之？竈焉知天道？是亦多言矣，豈不或信？」遂不與，亦不復火。

梓慎望氣

昭二十年　二月己丑，日南至。梓慎望氛，曰：「今兹宋有亂，國幾亡，三年而後弭。蔡有大喪。」叔孫昭子曰：「然則戴、桓也。汰侈，無禮已甚，亂所在也。」

梓慎對日食

昭二十一年　七月壬午，朔，日有食之。公問於梓慎曰：「是何物也？禍福何爲？」對曰：「二至二分，日有食之，不爲災。日月之行也，分，同道也；至，相過也。其他月則爲災，陽不克也，故常爲水。」於是叔輒哭日食。昭子曰：「子叔將死，非所哭也。」八月，叔輒卒。

梓慎論日食

昭二十四年　夏五月乙未，朔，日有食之。梓慎曰：「將水。」昭子曰：「旱也。日過分而陽猶不克，克必甚，能無旱乎？陽不克莫，將積聚也。」秋八月，大雩，旱也。

齊有彗星

昭二十六年　齊有彗星，齊侯使禳之。晏子曰：「無益也，祇取誣焉。天道不謟，不貳其命，若之何禳之？且天之有彗也，以除穢也。君無穢德，又何禳焉？若德之穢，禳之何損？」公説，乃止。

史墨占日食

昭三十一年　十二月辛亥，朔，日有食之。是夜也，趙簡子夢童子羸而轉以歌。旦，占諸史墨，曰：「吾夢如是，今而日食，何也？」對曰：「六年及此月也，吴其入郢乎？終亦弗克。入郢必以庚辰，日月在辰尾。庚午之日，日始有謫。火勝金，故弗克。」

楚雲如赤鳥

哀六年　吴伐陳，楚子救陳，將戰，王有疾。庚寅，卒于城父。是歲也，有雲如衆赤鳥，夾日以飛，三日。楚子使問周太史。周太史曰：「其當王身乎！若禜之，可移於令尹、司馬。」王曰：「除腹心之疾，而置諸股肱，何益？不穀不有大過，天其夭諸？有罪受罰，又焉移之？」遂弗禜。

一氣運行乎天地之間，灾祥祲兆，未始不以其類應也。麗於上，峙於下，群於中，同本同生，同體同流，未有一物之不類，未有一物之不應。阪谷曰　吕公前論妖祥曰：「耳目之所接者謂之常，耳目之所不接者謂之妖。」夫子之不語怪，非懼其惑衆也，本無怪之可語也。夫灾異亦怪也，而其論不同，以感應論之，其言雖博大，亦未能出《洪範》藩圍而脱術家窠臼，何哉？類乎，類乎，其天地萬物之樞乎！有明類，有晦類，有旁類，有互類，有遠類，有反類。肅雨乂暘，謀寒哲燠，睯儀之不可測，數術之不可推者，明類也；崑崙滂薄，恍惚杳冥，相與於無相與，相求於無相求者，晦類也；盪而相侵，迫而相陵，指其影而射其形，動於室而兆於鄰者，旁類也；經緯羅絡，參錯四薄，其應復爲感，其感復爲應者，互類也；悶悶其遲，恢恢其容，阪谷曰 《老子》：「其政悶悶。」悶，不明白貌。遲，緩也。《莊子》：「恢恢有餘地。」恢，博廣貌。容，受也，包也。形若疏而實密，近若差而實精者，遠類也；憂喜聚門，吉凶同域，宗曰 二句出《鵩賦》。或順來而逆往，或咎終而休始者，反類也。

類與不類相與爲類，類之中復分其類焉。毫而析之，縷而陳之，雖合天下之人皆爲研桑，空渭濱之竹皆爲籌算，阪谷曰 《史記·貨殖傳》注：「計然名研。諺曰：『研桑心算。』」桑，桑弘羊也。亦有所不能計。貫之以理，則一而已矣。千妍萬醜，無二鏡也；千柯萬葉，無二木也；千殊萬別，無二類也。一而萬，萬而一者也。

貫一理而通之者，聖人也；名一說而執一類者，瞽史也。阪谷曰 大體看徹，所以爲名儒。春秋二百四十二年之間，災眚之見，視前世爲多。一時爲瞽史之學者，占候推步，時合時舛，時得時失，瑣碎繳繞。聽者益厭之，則爲說以攻之，曰：「星墜木鳴，川竭谷堙，彼之咎也；德薄道虧，政荒民散，我之咎也。彼爲彼，我爲我。我不能預彼事，彼亦安能預我事哉！」阪谷曰 余則取第一說，然爲不預我事而漠然不關，則又深非之。蓋大而論之，天地亦我家屋也。家屋有變動，亦家屋之常數耳。然以爲常數，不加警慎，則不免爲粗暴痴漢。日食，常數也；迅雷、風烈，常數也。古者雖推步分析未精，數有之事，少有知者，必知其爲常數矣而致敬者，亦示警戒於家屋之變焉耳。

是說既出，又有爲說以攻之者，曰：「居天下之上者，君也；居人君之上者，天地也。聖人患人君在人上肆情任意，無物可制，故復假在君之上者以制之。此災眚變異之說所以興也。苟明言其無預於人，則聖人之機一旦發露，爲君者不復有所畏矣。」

是說既出，又有爲說以攻之者，曰：「天、地、人，未有不相通也。聖人非虚假災眚以脅人君也。召瑞者，德；召妖者，暴。昭然不可誣，但不當如瞽史之苛細耳。災眚之來，修吾政，省吾過，以敬天怒，可也；指某災謂由某事，修某事以應某災，不可也。」說至於此，天下之論其定已乎？未定也。

天地之應，未嘗不以其類也。阪谷曰 衆說列舉結束而後入吾說，故骨節不放鬆，然其說則不免渺漠。泛謂之災，而不知其所由災；泛謂之怒，而不知其所由怒。何其汗漫而無統也？阪谷曰 多伐樹木則旱魃爲害，漫墾山麓則山崩爲災，是災異之生人爲而源因之易見者也。以此類推擴之，則災異之源亦不難知，亦不可不警，然不可以話五行家。一人之身，痛發於股，則知其在股；痛發於肱，則知其在肱；痛發於腹，則知其在腹；痛發於心，則知其在心。詎有蹙頞呻吟，而不知痛之所在者乎？天地萬物，皆吾體也。惟聖人不爲私意小智所間，全體混然，大而無際。一星一雲之祲，一川一阜之變，歷然如疾痛之在身，無不知其所自起。錙錙銖銖，不紊不亂，豈若世之汗漫者哉！是聖人曆象在身，而不待羲和之曆象；璣衡在身，而不待璇玉之璣衡也。然堯不信己而信曆象，舜不信己而信璣衡，豈所謂制行以人不以己耶？非也。阪谷曰 從來拘焉者陷痴愚，不拘焉者陷汙漫，皆不可也。善推步析氣源，不爲輕薄之行者，庶幾免二者之弊。身有曆象，而不廢羲和之曆象，堯之所以爲堯也；身有璣衡，而不廢璇玉之璣衡，舜之所以爲舜也。阪谷曰 才德兼備便能之。彼謂制行以人不以己者，果足以知堯舜哉？見《堯典》及《舜典》。

宗廷輔曰 陳同甫言東萊呂伯恭，自謂於天下之義理極其精微，而於世所謂陰陽卜筮、書畫伎術與夫世間可以動心娱目之事，皆斥去不顧，若將浼我者。蓋宋儒之學往往獨行己志，不必盡符聖人，故由宋至今幾及千年，尊之者半，毁之者亦半也。觀於《博議》，於卜筮二十三事，則曰「聖人不須卜筮，當信心而不信蓍龜」；於陰陽二十四事，則曰「聖人曆象在身，不待羲和之曆象」；於妖祥十七事，則曰「天下之理本無可怪，子不語怪，實無怪之可語」；於説夢二十二事，則謂其「以有窮之説，欲窮無盡之理」；於論相三事，則謂荀卿著《非相篇》，乃下與卜祝較，爲太不自愛；於賦《詩》二十三事，則謂是匹夫匹婦胸中之經，非可格以義理，局以訓詁。大概於古人相傳之學一手抹殺，獨逞己見。觀於同甫所言，知非獨筆之於書，常以是宣之於口矣。

校勘記

〔一〕元年，原作「九年」，據四庫本及《左傳》改。

〔二〕谷，原作「水」，據四庫本及《左傳》改。

〔三〕章藏冰之道也，原本缺，據四庫本及《左傳》補。

〔四〕大甚，原作「火甚」，據四庫本及《左傳》改。

楚子賜鄭伯金

僖十八年　鄭伯始朝于楚子。賜之金，既而悔之，與之盟曰：「無以鑄兵。」故以鑄三鐘。

趙姬請逆叔隗

僖二十四年　狄人歸季隗于晋而請其二子。文公妻趙衰，生原同、屏括、樓嬰。趙姬請逆盾與其母，子餘辭。姬曰：「得寵而忘舊，何以使人？必逆之。」固請，許之。來，以盾爲才，固請于公，以爲嫡子，而使其三子下之；以叔隗爲内子，而己下之。

楚子討鄭

宣十一年　冬，楚子爲陳夏氏亂故，伐陳。謂陳人：「無動！將討於少西氏。」遂入陳，殺夏徵舒，轘諸栗門。因縣陳。陳侯在晋。申叔時使於齊，反，復命而退。王使讓之，曰：「夏徵舒爲不道，弑其君，寡人以諸侯討而戮之，諸侯、縣公皆慶寡人，女獨不慶寡人，何故？」對曰：「猶可辭乎？」王曰：「可哉。」曰：「夏徵舒弑其君，其罪大矣。討而戮之，君之義也。抑人亦有言曰：『牽牛以蹊人之田，而奪之牛。』牽牛以蹊者，信有罪矣；而奪之牛，罰已重矣。諸侯之從也，曰討有罪也。今縣陳，貪其富也。以討召諸侯，而以貪歸之，無乃不可乎？」王曰：「吾未之聞也。反之，可乎？」對曰：「吾儕小人所謂『取諸其懷而與之』也。」乃復封陳。鄉取一人焉以歸，謂之夏州。故書曰「楚子入陳。納公孫寧、儀行父于陳」，書有禮也。

晋使魯歸汶陽田

成八年　春，晋侯使韓穿來言汶陽之田，歸之于齊。季文子餞之，私焉，曰：「大國制義，以爲盟主，是以諸侯懷德畏討，無有二心。謂汶陽之田，敝邑之舊也，而用師於齊，使歸諸敝邑。今有二命，曰『歸諸齊』。信以行義，義以成命，小國所望而懷也。信不可知，義無所立，四方諸侯，其誰不解體？《詩》曰：『女也不爽，士二其行。士也罔極，二三其德。』七年之中，一與一奪，二三孰甚焉？士之二三，猶喪妃耦，而況霸主？霸主將德是以，而二三之，其何以長有諸侯乎？《詩》曰：『猶之未遠，是用大簡。』行父懼晋之不遠猶而失諸侯也，是以敢私言之。」

鄭伯石辭卿

襄三十年　鄭伯有既死，使太史命伯石爲卿，辭。太史退，則請命焉。復命，又辭。如是三，乃受策入拜。子產由是以惡其爲人也，使次己位。

楚復取魯大屈

昭七年　楚子享公于新臺，使長鬣者相，好以大屈。既而悔之。薳啓彊聞之，見公。公語之，拜賀。公曰：「何賀？」對曰：「齊與晉、越欲此久矣。寡君無適與也，而傳諸君，君其備禦三鄰，慎守寶矣，敢不賀？」公懼，乃反之。

予奪之際，猶辭受之際也。已受者可辭，宗曰 四句總括，猶起講。已辭者不可受〔一〕；已奪者可予，已予者不可奪。

趙姬既爲內子，宗曰 平按四項。復推以與叔隗，而身下之，已受者可辭也；鄭伯石爲卿，既辭而復請命，子產是以惡其爲人，已辭者不可受也；楚莊王已縣陳，從申叔時之諫，而續其封，已奪者可與也；晉景公剖齊汶陽之田以畀魯，七年之中，一予一奪，以納季文子之侮，已予者不可奪也。

君子無苟辭，宗曰 一路雙搓到底，已開八股之先聲。知其不可復受也；君子無苟與，知其不可復奪也。理不當辭，在我何愧？始辭而卒受之，則愧心生焉。理不當予，在彼何怨？始予之而卒奪之，則怨心生焉。吾尚欲釋有愧爲無愧，豈可反使無愧爲有愧乎？吾尚欲平有怨爲無怨，豈可反使無怨爲有怨乎？

王述之未嘗辭官，宗曰王述與伊尹對舉，是隨手摭拾處。不察者固疑其貪也；晉哀帝興寧三年，以揚州刺史王述爲尚書令。述每受職，不爲虛讓，其所辭必於所不受。及爲尚書令，子坦之白述：「故事當讓。」述曰〔三〕：「汝謂我不堪耶？」坦之曰：「非也。但克讓自美事耳。」述曰：「既謂堪之，何爲復讓？人言汝勝我，定不及也。」伊尹之一介不以與人，不察者固疑其吝也。萬章問曰：「人有言『伊尹以割烹要湯』，有諸？」孟子曰：「否！不然。伊尹耕於有莘之野，而樂堯舜之道焉。非其義也，非其道也，禄之以天下弗顧也，繫馬千駟弗視也。非其義也，非其道也，一介不以與人，一介不以取諸人。」觀其辭受未定之初，人競自處於廉，而處王述以貪，王述固不辨也。及觀其終，則人皆不免於愧，超然居衆愧之外者，王述一人而已矣。觀其予奪未定之初，人皆競自處於義，而處伊尹以吝，伊尹固不辨也。及觀其終，則人皆不免於怨，泰然居衆怨之外者，伊尹一人而已矣。是故賢王述於後者，貪王述於先者也；聖伊尹於後者，吝伊尹於先者也。聖賢之辭受予奪，非衆人所能識也。

物在彼則謂之辭受，宗曰由辭受側入，取與按賜金、取弓二項。物在我則謂之予奪，一名而二實者也。辭受既不可中悔，予奪其可中悔乎？予奪固不可中悔，若土地廣輪之博，爵秩印韍之崇，猶人情之所重者，不能堅決，尚有說也。

彼楚成之金，楚靈之弓，淺心狹量，拳拳於一物，何其愈下耶？世俗猶以鑄兵之盟、薳啓疆之說，爲楚之得計。抑不知楚成與鄭以金，而禁其鑄兵，則鄭忘楚之賜，而怨楚之猜。是雖不奪鄭之金，而實奪鄭之心也。在楚失有寶之用，在鄭得無用之具。我有所損而彼無所益，計無拙於此矣。魯侯懼薳啓彊之説，而反楚之弓者，非果懼三鄰之窺也，懼楚靈之怒也。阪谷曰 金、弓得失，計算不差錙銖，是文中心計之妙者。不壓以全楚之威，則區區兒戲之説，豈足以動魯侯耶？以堂堂六千里之楚，而下臨蕞爾之魯，令出於正，何索不獲？乃以一弓之故，卑體巧説，惟恐魯之不從。想啓彊之膝一屈，而楚國之威索然矣。信哉！予奪之不可輕也。阪谷曰「信哉」一句，爲上下關捩。

予奪不可輕，猶衆人事耳。聖人之視予奪，初未嘗有輕重也。阪谷曰 明差別而後可能合差別，明輕重而後可能一輕重，然已立物內，則輕重差別盡轉倒，可與不可與之權衡，唯在物外者能運之。舜視天下，如棄弊屣，豈舜真輕天下如弊屣哉〔三〕？孟子特爲桃應言之耳。見《孟子》。天下者，桃應之所重也；敝屣者，桃應之所輕也。以其所輕，而明其所重，欲使知舜之等視輕重而已。孟子止言舜之無所重，而人遂疑舜之有所輕〔四〕，誤矣！吾將因孟子之言，而附益之曰：「舜當其可與，視天下如敝屣；當其不可與，視敝屣如天下。」

宗廷輔曰 題本六項，文前四後二，中用過渡。略似後代搭題作法。

校勘記

〔一〕可受，原作「可及」，據四庫本、瞿本改。

〔二〕述，原作「退」，據四庫本及《晋書》改。
〔三〕真，原作「直」，據四庫本改。
〔四〕輕，原作「重」，據四庫本改。

邢人狄人伐衛

僖十八年　邢人、狄人伐衛，圍菟圃。衛侯以國讓父兄子弟及朝衆，曰：「苟能治之，燬請從焉。」衆不可，而後師于訾婁。狄師還。

衛叛晋

定八年　衛侯欲叛晋，而患諸大夫。王孫賈使次于郊。大夫問故。公以晋詬語之，且曰：「寡人辱社稷，其改卜嗣，寡人從焉。」大夫曰：「是衛之禍，豈君之過也？」公曰：「又有患焉，謂寡人『必以而子與大夫之子爲質』。」大夫曰：「苟有益也，公子則往，群臣之子敢不負羈紲以從？」將行，王孫賈曰：「苟衛國有難，工商未嘗不爲患，使皆行而後可。」公以告大夫，乃皆將行之。行有日，公朝國人，使賈問焉，曰：「若衛叛晋，晋五伐我，病何如矣？」皆曰：「五伐我，猶可以能戰。」賈曰：「然則如叛之，病而後質焉，何遲之有？」乃叛晋。晋人請改盟，弗許。

公孫文子拒衛侯

哀二十五年　夏五月庚辰，衛侯出奔宋。衛侯爲靈臺於藉圃，與諸大夫飲酒焉。褚師聲子韤而登席。公怒。辭曰：「臣有疾，是以不敢。」公愈怒。褚師出，公戟其手，曰：「必斷而足！」公之入也，奪南氏邑，而奪司寇亥政。公使侍人納公文懿子之車于池。初，衛人剪夏丁氏，以其帑賜彭封彌子。彌子飲公酒，納夏戊之女，嬖，以爲夫人。其弟期，太叔疾之從孫甥也。少畜於公，以爲司徒。夫人寵衰，期得罪。公使三匠久，公使優狡盟拳彌，而甚近信之。故褚師比、公孫彌牟、公文要、司寇亥、司徒期因三匠與拳彌作亂，乃出。適蒲，彌曰：「晉無信，不可。」將適鄄，彌曰：「齊、晉爭我，不可。」將適泠，曰：「魯不足與，請適城鉏以鉤越，越有君。」乃適城鉏。彌曰：「衛盜不可知也，請速，自我始。」載寶以歸。

天下之物，有置之則不可見，動之則不可禦者，殆非人力之能爲也，機之發於天者也。兄弟鬩于墻，鬬狠忿詈，手足之歡無復存矣。他日俱出，塗人毆其兄，爲弟者忘向之怨，勃然往救之，是心安從生耶？兄弟之愛，天也。鬬鬩之時，其機伏而不見，初未嘗忘也。一旦遇塗人之辱，以動吾之機，是機一發，奮厲勁烈，海可倒，山可移，金石可貫，豈薄忿細怨所能遏耶！君臣也，父子也，夫婦也，兄弟也，朋友也，五者天下之大機也。私欲梏之，小智藩之，封縶固密，其機若不可復還也。或叩焉，或觸焉，其機立應，目不容瞬。掣其梏，決其藩，千封萬縶，剥落解散，固有破百年之人僞於一息之間者矣。

唐代宗，何如君也？德宗，何如君也？阪谷曰 代宗以吐蕃入寇，出奔陜州。德宗以朱泚之亂，出幸奉天。昏庸猜虐，民困其暴，固已不復知有君臣之義也。及在播遷流離之中，用柳伉、陸贄之言，貶損自責，以感發天下君臣之機。見《唐·柳伉、陸贄傳》真機既生，森不可禦，向日之抑塞，向日之殘酷，向日之横斂，向日之征徭，後機一衝，前怨咸息。愛君之外，舉無餘念。疾首痛心，争先赴敵。不越月逾時，而歸二君於故都，祀唐配天，不失舊物。暫動其機，效已若此，況其機素明者耶？阪谷曰 此機斷不可恃，又不可妄用，唯可養之而已。何以養之？曰仁曰公。私與不仁，則所以消耗此機也。

衛國之君兩用此機：文公以邢、狄之侵，避位而激其民，動是機於前，而終能滅邢；阪谷曰 衛滅邢在僖公二十五年。靈公以晋之侮，亦避位以激其民，動是機於後，而終能亢晋。是非樂於自屈也，不屈己於此，則無以發機於彼也。文公固賢主，若靈公之淫縱侈慢，豈素拊循其民者耶？民之所以畢力拒晋者，非爲靈公也，靈公之言適動其愛君之機而不能已也。

雖然，動天之機者，不可雜之以人。邢、狄之侵與晋之侮，非有陜郊之危、奉天之急也，而文公、靈公張大其事，遽自避位，甚己之辱而起民之怒，其動民之本，既雜而不純矣。故衛國之民，天機雖動，人機亦隨，馴致其患，公孫彌牟反竊是機以拒出公。非文、靈動其機者不端，詎至是耶？

以人蔽天猶可也，以人亂天不可也。蔽者其天尚存，方開之以天而遽投之以人，匿邪於根，浹毒於髓，本原之地爲所汩亂，吾不知何時而能去也。阪谷曰語語有感慨氣，蓋呂公有見乎南宋此機之日梏亡而然。心不受病，受病則其狂不可制；真不受僞，受僞則其惡不可除。制心之狂〔一〕，除真之惡〔二〕，果終無術而不可解耶？吁！

校勘記

〔一〕制，原作「陝」，據四庫本、瞿本改。

〔二〕除，原作「陝」，據四庫本、瞿本改。

秦取梁新里

僖十八年　梁伯益其國而不能實也，命曰新里。秦取之。

梁亡

僖十九年　梁亡，不書其主，自取之也。初，梁伯好土功，亟城而弗處，民罷而弗堪。則曰：「某寇將至。」乃溝公宮，曰：「秦將襲我。」民懼而潰，秦遂取梁。

觀治不若觀亂，觀美不若觀惡。自古及今，蹂踐殘賊而終不可亡者，乃天理之真在也。登唐虞之朝者，舉目皆德政；陪洙泗之席者，入耳皆德音。縱横交錯，無非此理；左顧右盼，應接不暇。果何自以窺天理之真在哉？至於居亂世，遇惡人，所見者莫匪横逆，所聞者莫匪詖淫。所謂天理，疑若殄滅而靡有孑遺矣。然横逆詖淫之中，天理間發，時見一班，豈非是理之真在歟？

「我生不有命在天」，紂之所以拒祖伊也。《書·西伯戡黎》。人皆知其托辭也，托則托矣，然天之一言，胡爲而忽出於紂之口哉？阪谷曰 就無中看出有，是觀察良法。余亦嘗以爲盜賊不假善名，不能行盜；奸賊不假善名，不能行奸。然則善者天下之大本，惡亦非善則不能自立也。「何適而無道」，跖之所以答其徒也。《莊子·胠篋》。人皆知其托辭也，托則托矣，然道之一言，胡爲而忽出於跖之口哉？紂身與天違，而口忽言天；跖身與道違，而口忽言道。噫！不如是，何以知是理之果不可亡歟？

善觀理者，於此所以深致其觀也。梁伯溺於土功，無故勞民，底於滅亡。議者莫不指罔民以寇，自致駭潰定梁伯之罪，是則然矣，吾獨於罪之中而知天理之所在焉。人皆以罔民爲梁伯之詐心，吾獨以爲梁伯之良心。世之論良心者，歸之仁，歸之義，歸之禮，歸之信，未有敢以詐爲良心者也。名詐以良心，豈有説乎？曰：詐非良心也。所以詐者，良心也。梁伯之版築，其自以爲是乎？自以爲非乎？如自以爲是，必不待罔民以某寇將至也，必不待罔民以秦將襲我也。惟其心慊然以爲非〔二〕，恐民之不我從，故虚張外寇以脅之耳。嗜版築而不已者，心之私也；慊版築而不安者，心之正也。詐固非良心，慊獨非良心乎？吾是以知天理常在人欲中，未嘗須臾離也。梁伯欲心方熾，而慊心遽生，孰導之而孰發之乎？嗚呼！梁伯一念之慊，此改過之門也，此復禮之基也，此堯、舜、禹、湯、文、武之路也。聖人迎其善端，而推之，而廣之，而大之，沛然若決江河，莫之能禦。梁伯一慊方生，而遽繼之以詐，是猶隕雪霜以摧始萌之草，群鷹隼以擊未翼之雛，良心安得而獨勝乎？阪谷曰：前篇所謂「以人亂天」者，不亡則不已。

與生俱生者謂之良心，毁之不能消，背之不能遠。雖甚無道之人，是心或一日而數起也。是心既起，有以繼之，則爲君子；無以繼之，則爲小人。繼與不繼，而君子、小人分焉。故學者不憂良心之不生，而憂良心之不繼。

校勘記

〔一〕慊，原作「嫌」，據安正堂本、四庫本、瞿本改。

東萊先生左氏博議卷之十二

宋公使邾文公用鄫子

僖十九年　宋公使邾文公用鄫子于次睢之社，欲以屬東夷。司馬子魚曰：「古者六畜不相爲用，小事不用大牲，而況敢用人乎？祭祀，以爲人也。民，神之主也。用人，其誰饗之？齊桓公存三亡國以屬諸侯，義士猶曰薄德，今一會而虐二國之君，又用諸淫昏之鬼。將以求伯，不亦難乎？」

季平子用人于亳社

昭十年　秋，平子伐莒，取郠。獻俘，始用人于亳社。臧武仲在齊，聞之，曰：「周公其不享魯祭乎？周公享義，魯無義。《詩》曰：『德音孔昭，視民不佻。』佻之謂甚矣，而壹用之，將誰福哉？」

楚子用隱太子

昭十一年　冬十一月，楚子滅蔡，用隱太子于岡山。申無宇曰：「不祥。五牲不相爲用，況用諸侯乎？王必悔之。」

無間則仁，有間則暴。無間則天下皆吾體，烏得而不仁？有間則獨私其身，烏得而不暴？幽明也，物我也，混混同流而無間者也。喜同一喜，喜觸於心，則幽明、物我不約而皆喜；怒同一怒，怒觸於心，則幽明、物我不約而皆怒。判而爲慘舒、休戚、愛憎、哀樂之情，别而爲盈虛、予奪、損益、是非之理，散而爲禍福、利害、安危、死生之變。彼動則此應，彼發則此知，未嘗有間也。

昔之仁人，所以視民如傷者，豈以冥冥之不可欺，昭昭之不可犯哉！幽明、物我，通爲一體，不見有可傷之地也。既傷於民，亦傷於身；既傷於身，復傷於神。噫！知此者，其知仁之方乎？

不仁則不覺，不覺則不合。幽明不合，而有人與物之間焉；物我不合，而有人與己之間焉。阪谷曰 析物我而推合一之理，以歸之同，則不入楊，又不入墨。曰己所不欲，勿施於人。遂以爲苟便於身，何耻乎媚神？苟媚於神，何恤乎害人？以妄傳妄，以僞傳僞，然後嚚淫怪誕之説興，然後焄蒿悽愴之妖作，然後陰詭側僻之祀起，然後衅塗刳剔之亂生。如宋襄、楚靈、季平子之事，蓋有戎狄禽獸之所不忍爲者，非天獨賦以酷戾狠逆之性也，私己深，畏神甚，淪惑其心而至此極也。

一時之君子隨而議之，是猶詆蚩尤之殘，哂盜跖之貪，適爲贅爾，曷若求其爲暴之原而滌之乎？阪谷曰 輕詆如淺而有味。「曷若」一句闔闢，絶大骨力。天下之理，有通有塞。其通耶，八荒之外，六合之内，幽明物我，上際下蟠，不見其間，孰非吾仁者哉？其塞耶，雖汲汲以愛人利物爲志，朝三省而日九思，然在此有毫芒之塞，則在彼有尋丈之間。發於其身，害於其事；發於其事，害於其政。民有不得其死者矣！一念之毒，流金鑠石；一念之駃，奔雷走霆。雖未嘗以兵殺人，實以心殺人。；宗曰 險語破鬼膽。雖未嘗用人以祭社之神，而實用人以祭心之神也。阪谷曰 立人上者，静夜端坐誦此數行，能不惕然否耶？其視宋襄輩，何以大相過乎？通者，仁之門也；塞者，暴之門也。是故欲仁者，不於其仁，於其通；去暴者，不於其暴，於其塞。

宗廷輔曰 從仁、暴源頭立論，是宋儒得意文字。

衛旱伐邢

僖十九年　秋，衛大旱，卜有事於山川，不吉。甯莊子曰：「昔周饑，克商而年豐。今邢無道，諸侯無伯，天其或者欲使衛討邢乎？」從之，師興而雨。

昔之善用兵者，托於怪神，以使其衆。雖苟收一時之勝，其患有遂流於後世而不可解者矣。然所托者，出於人之所共疑，則其患淺；出於人之所共信，則其患深。卜偃之牛聲，《僖三十二年》。田單之禽翔，《史記》。陳勝之書帛，見《漢書·陳勝傳》。樊崇之探籌，見《後漢·劉盆子傳》。皆托神怪以譎衆者也。是其説妖誕不經，可以欺愚者，而不可以欺智士；可以欺小人，而不可以欺君子；可以欺一時，而不可以欺後世。亦何足與深辨哉？

乃若衛之伐邢，其所托者有不得不辨者焉。天者，人之所大也；聖人者，人之所尊也。以天爲辭，人孰敢違？以聖人爲辭，人孰敢議？衛方欲伐邢，而患無以使其衆，甯莊子乃因歲旱之災，爲動民之具，其言曰：「昔周饑，克商而年豐。今邢方無道，天其或者使衛討邢乎？」意，不過欲假天之神，借武王之重，取衆人之所共信者，誑脅其民而使之戰耳。

【阪谷曰】三代以天爲辭，三代後以聖人爲辭。歐米亦到底以天爲辭，天字所指異矣，而爲辭一也。

甯莊子之能前知其冰也，濟適與冰會也；漢光武起兵，至下曲陽，傳聞王郎兵在後，從者皆恐。至滹沱河，候吏還白河水流澌，無船，不可濟。使王霸往視之，霸恐驚衆，欲且前，阻水還，即詭曰：「冰堅可渡。」官屬皆喜。光武笑曰：「候吏果妄語也。」遂前，比至河，河冰亦合。乃令王霸護渡，未畢數騎而冰解。伐邢之役，非果能前知其雨也，師適與雨會也。

【阪谷曰】引一典配説，不費辭而意自明。

逢其適然，而人遂以爲必然，甯莊子之説遂行於後世矣。是役也，雖衛國之幸，實後世之不幸也。

【阪谷曰】「衛國」收上，「後世」開下。

後世徒見伐邢之役，言脱於口，師出於境，雨降於天，三者相隨，如桴如鼓，如影如響，不約而俱應，遂以爲天道果可以意窺，天變果可以術移。歸亢旱於乾封，漢武帝封泰山，改元封元年。明年夏，旱，公孫卿曰：「黄帝時封則天旱，乾封三年。」乃下詔曰：「天意欲乾封乎？」歸星變於輔弼，漢成帝綏和二年，熒惑守心，時翟方進爲相，憂之。會郎賁麗善爲星，言大臣宜當之。上乃詔見方進，責以政事不治，災害日臻，百姓窮困，方進即日自殺。歸火災於丁、傅，傅太后，哀帝祖母也；丁太后，哀帝母也。哀帝即位，暴興尤盛。帝崩，王莽秉政，使有司舉奏丁、傅罪惡，奏貶傅太后號爲「定陶共王母」，丁太后號曰「丁姬」。莽復言請發冢，太后以爲既已之事，不須復發。莽固争之，太后詔曰：「因故棺爲致椁作冢。」既發傅太后冢，崩壓殺數百人。開丁姬椁户，火出炎四五丈，吏卒以水沃滅，乃得入，燒燔椁中器物。莽復奏言：「前共王母生，僭居桂宫，皇天震怒，灾其正殿；丁姬死，葬逾制度，今火焚其椁。此天見變以告，當改如媵妾也。」矯誣上天，文飾六經，傲然無所忌憚，導其源而遺其毒者，庸非甯莊子乎？

噫！甯莊子欲僥幸一勝，尚有他塗也。勢可以使人，氣可以使人，賞罰可以使人，激揚奮發，豈患無術？何爲輕取古今之所共信者，一朝而墮壞之耶？雖然，不知天，則壓以天之大而不敢辨；不知聖人，則壓以聖人之尊而不敢争。虚服其名，而實闇其理，此甯莊輩所以每得行其説也。阪谷曰「虚服」二句，天下滔滔概如是。真知天與聖人者異是矣。親見憲貧回夭，而不疑天之禍善；見《家語》及《史記》。親見慶富跖壽，而不疑天之利淫。齊慶封事，見《襄二十八年》；盗跖事，見《莊子》。雖聞速貧速朽之言，而斷然知其不出於夫子；見《禮記》。雖聞血流漂杵之言，而斷然知其不出於武王。《孟子·盡心》。蓋其所知者在理不在事，在實不在名也。阪谷曰學所以要明理。政使百甯莊子，亦豈能眩之哉？

子魚諫宋公圍曹

僖十九年　宋人圍曹，討不服也。子魚言於宋公曰：「文王聞崇德亂而伐之，軍三旬而不降。退修德教而復伐之，因壘而降。《詩》曰：『刑于寡妻，至于兄弟，以御于家邦。』今君德無乃猶有所闕，而以伐人，若之何？盍姑内省德乎？無闕而後動。」

天下之情，宗曰 起太鶻突。不見其速，未有見其遲者也。浴焉而食，食焉而繭，繭焉而繅，繅焉而織，歷數月而後得帛，凡蠶者皆以爲固然，不聞厭其遲也；耕焉而種，種焉而耘，耘焉而穫，穫焉而舂，歷一歲而後得粟，凡農者皆以爲固然，不聞厭其遲也；身修而後家齊，家齊而後國治，國治而後天下平，是猶自浴而至織、自耕而至舂，一階一陛，豈可妄躐哉？由三代以前亦未聞有厭其遲者也。阪谷曰 案此一段，不善讀則流入老子學，塞亹亹之業。見倚市門者，得帛於一笑之頃，則回視蠶婦數月之勞，不勝其遲矣；見坐賈區者，得粟於一日之間，則回視農夫終歲之勞，不勝其遲矣。功利之説興，變詐之風起，棄本徇末，忘内事外，競欲收富强之效於立談之餘，反顧王道，豈不甚遲而可厭哉？是宜子魚舉文王之事，宗曰 出題又一法。而終不能正宋襄之師也。

儒者之論曰：蠶而帛，農而粟，身而治，正也。不以蠶，不以農，不以身，雖得利，如不正何？嗚呼！小人之情，惟利是嗜。阪谷曰「小人之情」云云，巧描人情。既衣其帛，何恤乎不蠶之名；既食其粟，何恤乎不農之名；既享其治，何恤乎不身之名。阪谷曰 所謂布帛菽粟之論，卑近而有至理者。爲是論者，豈足以梍小人之心而閉之哉？則盍反其本矣。

天下之所以有僥幸而得帛者，宗曰 言下令人首肯。以蠶婦陰爲之織也；天下之所以有僥幸而得粟者，以農夫陰爲之耕也。如使天下盡厭耕織，焚其機，斧其耒，則雖有巧術，何從而取帛〔一〕？雖有巧計，何從而得粟？皆將凍於冬，而餒於塗矣。彼僥幸而收功利，豈真其力哉？亦聖人之遺澤，三綱五常之猶未亡者，陰有以扶持之也。阪谷曰 假主立論，主却爲客，固其常也，然不可無斟酌。此篇少有弊，可思。向若聖人皆效後世之欲速，釃其根，涸其源，以争旦暮之利，則大經大法殄滅無遺，人之類不能自立於中國久矣。當是時，城皆戎狄之城，吾亦無城之可争；地皆鳥獸之地，吾亦無地之可奪。雖有欲速之心，果何所用其速哉？阪谷曰 事至此，則不可復爲，如印土、如波蘭皆然者，不獨南宋，豈得不竦然哉？

然則後世共詆薄以爲遲鈍迂闊者，乃其所恃以生者也。無賢者，則不肖者不能獨立；無智者，則愚者不能獨存。彼其相戕相賊，歲消月爍，而戴髮含齒之屬終不可盡者，意者其中必有所恃也。所恃者，果專在於聖人乎？曰：否！阪谷曰 鍾伯敬曰：「臨去又一轉，有餘不盡，無限煙波。」余未肯服鍾説。

宗廷輔曰 隱據《論語》「無欲速，無見小利」以立意，而發揮亦復透徹。

校勘記

〔一〕取，四庫本作「得」。

隨叛楚

僖二十年　隨以漢東諸侯叛楚。冬，楚鬭穀於菟帥師伐隨，取成而還。君子曰：「隨之見伐，不量力也。量力而動，其過鮮矣。善敗由己，而由人乎哉？《詩》曰：『豈不夙夜，謂行多露。』」

君子憂我之弱，而不憂敵之强；憂我之愚，而不憂敵之智。國爲敵所陵而不能勝者，非敵之果强也，罪在於我之弱也；爲敵所陷而不能知者，非敵之果智也，罪在於我之愚也。强者弱之對也，我苟不弱，則天下無强兵；智者愚之對也，我苟不愚，則天下無智術。後之爲國者，終歲憂敵之强，而未嘗一日憂我之弱；終歲憂敵之智，而未嘗一日憂我之愚。使其移憂敵之心而自憂，則誰敢侮之哉？阪谷曰 南宋之事，所親見痛恨，故言之最切最實，讀者宜深省也。

以隨之陋而鄰於楚，以隨之君臣與楚成、子文抗，其强弱智愚判然矣。隨非惟不知自憂，而又且不知自量，怒臂以當轍，亟蹈禍敗。左氏以「不量力」譏之，允矣。其言曰：「隨之見伐，不量力也。量力而動，其過鮮矣。善敗由己，而由人乎哉？」阪谷曰「其言」之「其」字上，宜加「抑」字看。左氏之論，以謂楚雖强暴，終不敢無故加兵於隨，使隨自知力不如楚，甘處於退怯，則禍何由至哉？伐隨者，楚也；召楚者，隨也。是隨之敗，由己之敗，而不由人也。見伐者雖在人，無致伐之端者，顧不在我耶？嗚呼！信如是說，乃所謂「由人而不由己」也。

畏楚而不敢先動者，固出於隨矣；所以制隨而使之不動者，非楚耶？是其不動者，名由於我，而實由於人也。有宗廟，有社稷，有民人，而寄存亡之命於他國，惴惴自保，惟幸不見侵，陋矣！漢陽諸姬，楚實盡之，彼豈皆先犯楚者也？隨雖量力自守，恪遵信約，疆埸有釁，楚之執事豈其顧盟？然則隨雖自守，不能禁楚之吞噬。存亡之權，固由楚而不由隨也。左氏能誦「善敗由己」之言而止耳，孰知夫「善敗由己」之理乎？

天下之事，未有不由己者。善者，己也；極其善，則爲堯爲舜、爲禹爲湯者，亦己也。敗者，己也；極其敗，則爲桀爲紂、爲幽爲厲者，亦己也。阪谷曰 談則易，抑能奮勵耐忍至此者，果幾許？前無禦者，欲聖則聖；後無挽者，欲狂則狂。隨侯果知此理，則位天地、育萬物，無不由己，況區區之楚，何足畏耶？而左氏不知己之尤，反以畏楚爲量力，抑不知適所以墮人之力也。

阪谷曰 一曲一折，與左氏反擊，如溪流之與石相激呼號。

古之所謂量力者，蓋有說矣。養而未充也，爲而未成也，修而未備也，於是量力而未敢輕動焉。吾之所以未動者，非憂彼之强，憂我之弱也；非憂彼之智，憂我之愚也。所憂固在於己，而不在於人也。養已充，爲已成，修已備，則有所不動，動而無敵。今之伸，豈不由向之屈乎？苟以齷齪自保爲量力，則人將自安於弱而終於弱矣，自安於愚而終於愚矣。噫！墮天下之力者，獨非量力之論歟？

宋襄公欲合諸侯

僖二十年　宋襄公欲合諸侯，臧文仲聞之，曰：「以欲從人則可，以人從欲鮮濟。」

宋爲鹿上之盟

僖二十一年　春，宋人爲鹿上之盟，以求諸侯於楚，楚人許之。公子目夷曰：「小國争盟，禍也。宋其亡乎？幸而後敗。」

楚執宋公

秋，諸侯會宋公于盂。子魚曰：「禍其在此乎？君欲已甚，其何以堪之？」於是楚執宋公以伐宋。

宋公伐鄭

僖二十二年　夏，宋公伐鄭。子魚曰：「所謂禍在此矣。」

楚宋戰于泓

僖二十二年　秋，楚人伐宋救鄭。宋公將戰，大司馬固諫曰：「天之棄商久矣，君將興之，弗可赦也已。」弗聽。宋公及楚人戰于泓。宋人既成列，楚人未既濟。司馬曰：「彼衆我寡，及其未既濟也，請擊之。」公曰：「不可。」既濟而未成列，又以告。公曰：「未可。」既陳而後擊之，宋師敗績。公傷股。門官殲焉。國人皆咎公。公曰：「君子不重傷，不禽二毛。古之爲軍也，不以阻隘也。寡人雖亡國之餘，不鼓不成列。」子魚曰：「君未知戰。勍敵之人隘而不列，天贊我也。阻而鼓之，不亦可乎？猶有懼焉。且今之勍者，皆吾敵也。雖及胡耇〔一〕，獲則取之，何有於二毛？明耻、教戰，求殺敵也，傷未及死，如何勿重？若愛重傷，則如勿傷；愛其二毛，則如服焉。三軍以利用也，金鼓以聲氣也。利而用之，阻隘可也；聲盛致志，鼓儳可也。」

宋襄公卒

僖二十三年　夏五月，宋襄公卒，傷於泓故也。

由涿鹿而至牧野，舉帝王之兵，更數十戰；由六經而至諸子，談帝王之兵，逾數萬言。效非不明，而説非不詳也。及宋襄公爲泓之役，而以帝王之兵自許，反至喪敗。後世指其一戰之失，盡疑數十戰之功爲不可信；指其一言之謬，盡廢數萬言之理爲不可行。果哉！説之遽也。

是説既行，帝王之兵，人共視以爲迂闊遲鈍之具。儒者相與力挽而極辨之，終莫能勝。意者未知争之之説乎？輿薪之不見，而自謂能見秋毫者，愚也；責其不見者，亦愚也。撞鐘之不聞，而自謂能聞蚋飛者，愚也；責其不聞者，亦愚也。信之在前，責之在後。不見輿薪者，方自譽其目之明，人固已不信之矣，豈待其真不見秋毫而始責之乎？不聞撞鐘者，方自譽其耳之聰，人固已不信之矣，豈待其真不聞蚋飛而後責之乎？古之難知，秋毫也，蚋飛也；今之易知，輿薪也，撞鐘也。欲驗宋襄言古道之是非，當先觀宋襄料今事之中否。

宋襄生於宋，豈不知宋之弱？迫於楚，豈不知楚之强？乃不量宋之力，偃然自爲盟主，欲屈强楚之君於會，其愚而不能料事一矣。阪谷曰　笋皮層層，剥至前段結語。此段承接歷舉，所謂證據法。齊桓之霸，宋襄公耳目所接也，宋襄自觀信義與齊桓孰愈？壤地與齊桓孰愈？兵甲與齊桓孰愈？齊桓九合諸侯，終不能屈致楚子，而宋襄乃驟欲致之，其愚而不能料事二矣。盂之會，宋襄身見執於楚，幾不免虎口，僅能縱釋，曾未閲時，忘前日之辱，忘前日之懼，忘前日之禍，尚敢稱兵與楚争鄭，自取傷敗，其愚而不能料事三矣。是三者，皆匹夫匹婦之共曉，宋襄尚不能知；况所謂帝王之兵制，遠在千百年之外，斷編遺簡，若滅若没，若存若亡，是豈宋襄之所能知乎？觀其料今事之疏，即可驗其談古道之謬。雖未交鋒之前，固預知其必敗也。説者乃以宋襄之敗爲古道之累，是猶見瞶者之誤評宫角，遂欲并廢大樂，豈不過甚矣哉？

或者又謂宋襄無帝王之德，而欲效帝王之兵，所以致敗，亦非也。使帝王之世，人皆服其德，則固不待於用兵矣。德不能服，是以有兵，則兵者生於人之不服也。彼既不服矣，豨縱豕突，亦何所不至？阪谷曰孫子曰：「兵者，詭道也。」人待虎狼，不設陷穽，愚而已矣。我乃欲從容揖遜以待之，適遺之禽耳。吾恐帝王之兵，不如是之拙也。古之誓師者曰「殄殲乃讎」，曰「取彼凶殘」，凜然未嘗有毫髮貸其所寬者，惟「弗迓克奔」而已。阪谷曰「曰殄」云云，《泰誓下》。「曰取」云云，《泰誓中》。「弗迓克奔」，《牧誓》。奔而歸我，所以弗擊。苟推鋒而與争一旦之命，胡爲而縱之哉？是縱降者，帝王之兵；縱敵者，宋襄之兵也。阪谷曰縱降、縱敵二語，極奇，極平。烏可置之一域耶？

公羊子以宋襄之戰爲文王之過。嗚呼！宋襄何足以知文王？若子魚，乃真知文王者也。子魚諫宋襄之伐曹，曰：「文王聞崇德亂而伐之，軍三旬而不降，退修教而復伐之，因壘而降。」《僖十九年》。其言薰然而不傷，退然而不伐，妙得文王之本心；至於泓之戰，其諫宋襄之辭，發揚激厲，奮起勁悍，驟與前日異，若與文王不相似。與變推移，不主故常，此真學文王者也。知子魚之善學文王，則知宋襄之不善學文王矣。

校勘記

〔一〕畜，原作「苟」，據四庫本及《左傳》改。

魯饑而不害

僖二十一年　夏，大旱，公欲焚巫尪。臧文仲曰：「非旱備也。修城郭，貶食省用，務穡勸分，此其務也。巫尪何爲？天欲殺之，則如勿生。若能爲旱，焚之滋甚。」公從之。是歲也，饑而不害。

天者，人之所不能外也。信者固信，不信者亦信；從者固從，不從者亦從。使不信者果能不信，是可外也，可外非天也；使不從者果能不從，是可外也，可外非天也。嗚呼！世之論天者，何其小耶？

日月星辰之運，則付之天；灾祥妖孽之變，則付之天；豐歉疫癘之數，則付之天。若是者，皆非人之所能爲。吾知崇吾德、修吾政而已。彼蒼蒼者，吾烏知其意之所在哉？以湯之時而旱，天與湯未嘗相參也，湯大旱七年，太史占之，當以人禱。湯曰：「吾所爲請雨者，民也。若以人禱，吾請自當。」遂禱于桑林之野，而以六事自責，言未已而雨。當是時，天亂而湯治；以秦之暴而稔，天與秦未嘗相參也，秦自孝公用商鞅之説，變法修刑；始皇用李斯之言，焚書坑儒；至趙高相二世，復勸其嚴法刻令。於是誹謗者族，偶語者棄市，天下咸怨。陳涉一唱，而秦遂以亡。當是時，天治而秦亂。天自旱之，湯自養之；天自稔之，秦自暴之。天與人曷嘗相預耶？自世俗之説行，天人始離而不合矣。魯僖公遇旱而欲焚尪，其陋已甚，賴從臧文仲之諫，亟修旱備，是歲饑而不害。詳考左氏之所載，殆未免世俗之見也。

左氏之意以謂，旱在天，備在人。泉枯石燥，土焦金流，人固無如天何；修城節費，務穡勸分，天亦無如人何。阪谷曰 一篇《天論》，觸物而發，不拘拘其題。饑者，天之所爲也；而不害者，人之所爲也。果如是説，則所見者不過覆物之天而已矣。抑不知天大無外，人或順或違，或向或背，或取或捨，徒爲紛紛，實未嘗有出天之外者也。阪谷曰 應首節，説事物皆在天中。夫違者，違天也。背者，背天也。捨者，捨天也。唯在天地自然中，故得違背且捨焉耳。其言卑近親切，莫眩語之奇而疑過高可也。順中有天，違中有天，向中有天，背中有天，取中有天，捨中有天，果何適而非天耶？左氏意以修旱備爲無預於天，抑不知臧文仲之諫自何而發？魯僖公之悔自何而生？旱備之修自何而出？人言之發，即天理之發也；人心之悔，即天意之悔也；人事之修，即天道之修也。無動非天，而反謂無預於天，可不爲大哀耶？

善觀天者，觀其精；不善觀天者，觀其形。成王之方疑周公，其天固嘗蔽也。及天大雷電以風，成王肅然祇懼，與召公、太公共啓金縢之書，執書以泣，始信周公之勤勞。《尚書·金縢》。是成王胸中之天，已回於執書以泣之時矣。阪谷曰 臨終拈出一證，乘勢提筆掉尾。豈必待天雨反風，禾則盡起，然後知天意之回耶？待天雨反風而知天意者，周人之知天也，非召公、太公之知天也。

成風請封須句

僖二十一年　任、宿、須句、顓臾，風姓也，實司太皞與有濟之祀，以服事諸夏。邾人滅須句，須句子來奔，因成風也。成風爲之言於公曰：「崇明祀，保小寡，周禮也。蠻夷猾夏，周禍也。若封須句，是崇皞、濟而修祀紓禍也。」

先王之澤，入人之深，雖至於世降道散，猶相與誦説歌咏而不衰。出於學士大夫之談者，教之餘也；出於故家遺老之傳者，俗之餘也；出於田夫野父之口者，治之餘也。習其教，漸其俗，思其治，向望懷想而不能自已，亦其勢之當然。乃若所謂婦人女子者，足不逾於墻屏，視不下於堂奥，組織是供，脯脩是職，其視先王之道果何物耶？

蓋嘗觀《詩》之變風，往往多出於婦人女子之手：《緑衣》，莊姜之詩也；《泉水》，衛女之詩也；并見《邶國風》。《柏舟》，共姜之詩也；《載馳》，許穆夫人之詩也。并見《鄘國風》。其辭忠厚雅馴，憂而不傷，勁而不怒，藹然文、武、周公之遺澤在焉。阪谷曰 自首雍容説入《詩》，自《詩》入文、武、周公之化，咀嚼有滋味。呂公嘗著《讀詩記》，其深於《葩經》有故也。是孰開之，而孰誘之耶？吾是以知文、武、周公之化，固有默行乎禮教、風俗、致治之外者矣。不然，則婦人女子，豈告語之所可及，防範之所可率哉？成周之澤，至於使婦人女子不能忘，則文、武、周公之用功深矣，遠矣！是豈一朝一夕之故哉？

成風請救須句，特以親昵而發。蓋人情之常，不足深道。然其言曰：「崇明祀，保小寡，周禮也。蠻夷猾夏，周禍也。」成風以一女子，而造次發言不捨周室，非文、武、周公之遺化潛中其心，陰致其意，詎能至是乎？遠矣！周澤之長也。

吾嘗紬繹成風周禮之説，如仲孫湫，《閔元年》。如韓宣子輩，其知之者，代不乏人。至周禍之説，則春秋二百四十二年之間，諸侯皆不能知；知之者，成風一人而已。阪谷曰 自周禮表出周禍，出一婦人之口，着眼高人。平王之東，降於列國，國異政，家殊俗，各私其私，各戚其戚，燕不謀楚之難，齊不預秦之憂。曰「天禍晉國」者，晉人自言晉禍也，未聞在晉而言周禍者也。曰「是衛之禍」者，衛人自言衛禍也，未聞在衛而言周禍者也。成風請救須句，自常情言之，必以邾既滅須句，勢將逼魯，實魯之禍，庶幾可動僖公之聽。今乃置魯而專言周禍，周自有禍，何預於魯耶？成風之意，則有在矣。通天下皆周也，魯非魯之魯，乃周之魯也；須句非須句之須句，乃周之須句也。邾爲不道，翦滅周之須句，則爲周之魯者，安得不被髮纓冠而亟救之耶？諸侯視王室如家，而國則其身也。以家禍爲不切於身者，是謂大不孝；以國禍爲不切於身者，是謂大不忠。成風之言，孰謂其緩而不切哉？阪谷曰 憂天墜、不恤緯，皆如痴而真能知憂身者。嗚呼！文、武、周公既没數百年，而一女子之所見，猶非周時諸侯之所能及，吾是以知周之所以盛；晉、楚、齊、秦以降數十國，合諸侯之所見，反出一女子之下，吾是以知周之所以衰。阪谷曰 以「盛」字收首段，配以「衰」字，摇曳於題外，姿態横生。君子未嘗不歎息於斯焉。

秦晉遷陸渾之戎[一]

僖二十二年　初，平王之東遷也，辛有適伊川，見被髮而祭於野者。曰：「不及百年，此其戎乎？其禮先亡矣。」秋，秦、晉遷陸渾之戎于伊川。

物之相召者，捷於風雨。地夷人華者，公劉之治豳也，以華召華，不旋踵而有文、武之興王；周之先后稷名棄，堯舉爲農師，天下得其利，有功，封于邰，號曰后稷，別姓姬氏。越三世而公劉立。公劉雖在戎狄之間，復修后稷之業，百姓懷之，多徙而保焉。周道之興，實自此始。地華而人夷者，晉帝之納后也，以夷召夷，不旋踵而有耶律之俘虜。五代晉高祖石敬瑭，其本出於西夷。清泰爲河東節度使，徙鎮天平，不受命。唐廢帝命張敬達討，敬瑭求援于契丹。耶律入自雁門，唐兵大敗。遂約爲父子，立敬瑭爲皇帝。及崩，出帝即位而不稱臣。契丹大怒，遂大舉入寇，出帝北遷。是知居夷而華者，必變夷爲華；居華而夷者，必變華爲夷。物物相召，未嘗不以其類也。中天下而畫壤者，是爲伊洛，萬國莫先焉。天地之所合也，四時之所交也，風雨之所會也，陰陽之所和也。自伊洛而俯視夷狄，猶鈞天帝居與偃溷然，相去不知其幾千百等。政使風俗隤壞，何至遽淪于戎狄乎？阪谷曰此事有辨矣。在夷爲夷風者，其外貌之常也，故其心有爲君子者；不在夷而仿夷者，其心先爲夷，故爲小人。然夷者畢竟無禮義之名，是亦不可不辨。辛有一見被髮之祭，預期爲戎於百年之前，而秦、晉之遷陸渾，果不出其所料者，抑有由矣。

曠百世而相通者，心也；跨百里而相合者，氣也。伊洛之民，雖居中華聲明文物之地，然被髮野祭，意之所向，已在于大荒絶漠之外矣。故以心感心，以氣動氣，安得不爲陸渾之遷哉？阪谷曰「以心感心，以氣動氣」，妙話，又一篇警策。我無禮義，則我先爲夷。支那三代以來，既爲夷者不勝數，如桀、紂，特其魁已，若專以衣服器械論夷，則萬國互夷視，何日定甲乙？既爲沮澤，潦水自歸；既爲羶肉，螻蟻自集；既爲夷俗，戎狄自至。辛有所以能預期于百年之前者，非有他術也。閑田隙地散在九州者尚多也，秦、晉必徙于此而不之他焉，陸渾亦必居於此而不之他焉，是豈嘗擇而處之哉？風聲氣習自相感召，以默而驅之，潛而趨之，蓋有不能自已者矣。是故秦、晉非能徙，不得不徙；陸渾非能居，不得不居。罪在此而不在彼也。使在我無召戎之具，彼胡爲乎來哉？嗚呼！辛有可謂知幾矣。

然其言曰：「不及百年，此其戎乎？」吾以爲猶未盡也。善惡無定位，華夷無定名。一渝禮義，旋踵戎狄。彼被髮野祭之際，固已爲戎矣，豈待百年而始爲戎乎？陸渾未遷之前，戎狄其心者也；陸渾既遷之後，戎狄其形者也。人徒以秦、晉之遷陸渾爲亂華之始，不知伊洛之爲戎久矣。阪谷曰支那宋代人而説至此，亦奇矣。蓋吕公熟見南宋之已爲夷，故其言自公。豈待氈毳其服，穹廬其居，侏離其語，然後謂之戎哉？十九年掘鼠牧羊于北海之濱，而未嘗少改蘇武之漢也；《漢·蘇武傳》。承乾身未離唐宫，而已純乎突厥矣。《唐·承乾傳》。天下之可畏者，莫大於吾心之夷狄，而要荒之夷狄次之。

校勘記

〔一〕四庫本無此篇。

子圉逃歸

僖二十二年　晋太子圉爲質於秦，將逃歸，謂嬴氏曰：「與子歸乎？」對曰：「子，晋太子，而辱於秦。子之欲歸，不亦宜乎？寡君之使婢子侍執巾櫛，以固子也。從子而歸，棄君命也。不敢從，亦不敢言。」遂逃歸。

謀於塗者，不若謀於鄰；謀於鄰者，不若謀於家。非遠則愚而近則智也，愛淺者其慮略，愛深者其慮詳。理也，亦勢也。

四海九州之人，卒然相遇，倏然相遭，猶斷梗枯槎偶相值於大澤之陂，恩何從而生，愛何從而發哉？問焉而不對者有矣，間有對者，謾對也，非真對也；叩焉而不應者有矣，間有應者，謾應也，非真應也。操兩可之論，近足以免我之累，遠足以逃彼之責，則自以爲得計矣。其爲人謀而忠者，蓋千萬而一遇耳。乃若家人婦子則不然，同分義，均休戚，其反覆謀議於家庭者，非相爲賜也。如手足之赴頭目，不知其然而然也。內無所隱，故其情真；外無所飾，故其語真。

阪谷曰　縱横展拓入主意，則可也，但恐過拓。

以真遇真，懇款惻怛，往往得利害之真焉。彼家人婦子之智，非果逾於他人也，智者之略，固不如愚者之詳也。故家人婦子之謀，智慮有所不及，聰明有所不逮，則付之無可如何而已矣，豈肯僥幸苟免而懷不盡如塗人之爲耶？異哉，嬴氏之於子圉，何其親則同室而情則塗人也？

當子圉逃秦而歸，嬴氏曾不爲之反覆計議，遽告之宜歸，以順其意；又不與之俱，以脱其身；又自詭不泄，以解其疑。意之所主，特欲自爲僥幸苟免之計，而子圉之利害，未嘗過而問焉。苟免固賤行也，然世人之苟免者，猶曰姑以免吾身焉。父子一體也，兄弟一體也，害於彼則傷於此矣。此嬴氏所以始欲苟免，而終不免於二變之辱也。

昔之烈女不幸而處不可兩全之地，固有殺身以致吾義者矣。況子圉之事，未至於不可兩全耶！使嬴氏當子圉之謀歸，易辭以對曰：「子淹卹於秦者非他，所以合秦、晉之交也。今不忍數年之不燕，而蔑棄敝邑，若二國何？寡君有社稷之事，不得以身服役，而使賤妾得侍巾櫛。子介然有他志，是寡君不得事子也。妾將復於寡君。」嬴氏苟能爲此言，則子圉憚嬴氏之告，必不敢興遁逃之謀；嬴氏席秦伯之勢，必不至爲子圉之害；秦伯顧嬴氏之愛，必不入重耳之策。父子、夫婦之間，顧不兩全乎？阪谷曰權機之策，似不似吕公之平生，然無此權機，則道德亦不爲用，所以不爲腐儒。嗚呼！嬴氏果出於此，則可以成父之志，可以解夫之禍，可以盡婦之道，可以全己之節，可以續惠公廢絶之祀，可以解秦伯戎狄之議，一舉而數利附。使嬴氏少致思焉，則何憚不出於此也？

思之苟，生於情之疏；情之疏，生於義之薄。土薄則無豐殖，雲薄則無甘霖，鐘薄則無震聲，味薄則無珍膳。未有薄其誠於先，而厚其謀於後者也。【阪谷曰】權謀推歸一「誠」，不爲尾生，又不爲秦、儀。然則嬴氏之不能謀，豈在於子圉逃秦之時哉！

東萊先生左氏博議卷之十三

邾敗魯于升陘

僖二十二年　邾人以須句故出師。公卑邾，不設備而禦之。臧文仲曰：「國無小，不可易也。無備，雖衆，不可恃也。《詩》曰：『戰戰兢兢，如臨深淵，如履薄冰。』又曰：『敬之敬之，天維顯思，命不易哉！』先王之明德，猶無不難也，無不懼也，況我小國乎！君其無謂邾小，蠭蠆有毒，而況國乎？」弗聽。公及邾師戰于升陘，我師敗績。邾人獲公冑，縣諸魚門。

天下有常勝之道，大勝小，强勝弱，多勝寡，此兵家之定論也。大有時而敗於小，强有時而敗於弱，多有時而敗於寡，豈所謂常勝者，或不可常耶？非然也。用兵，以力相加也。使各極其力，則小終無勝大之理，弱終無勝强之理，寡終無勝多之理。惟恃大、恃强、恃多，墮廢其力而不能用，則與無力者同。顧不如小者、弱者、寡者，猶有毫末之力也。以吞舟之魚而俯視螻蟻，其小大之相去，豈止相什百而相千萬哉！碭而失水，反爲螻蟻之食。阪谷曰 碭音蕩，溢也。《莊子·庚桑楚》：「吞舟之魚，碭而失水。」注謂：碭，溢而失水也。人以爲小勝大也，抑不知得水，則魚大而蟻小；失水，則魚小而蟻大。置其形而論其力，則是大勝小，而非小勝大也。强弱、衆寡之相勝，皆此類也。故曰：大勝小，强勝弱，多勝寡，兵家之定論也。

魯與邾戰，兵未接之前，人皆意魯之必勝矣。然升陘之役，僖公卑邾而不設備，雖有衆，與無衆等爾，曾不若邾猶有一旅之兵、一割之用。是魯無魯，而邾有邾也。以有對無，勝安得不在邾，敗安得不在魯乎？

吾嘗論僖公之爲君，納莒拏之俘，事在元年。受介葛盧之朝，事在二十九年。謷然軒然，自處於衆人之上，是亦一僖公也；奔走於葵丘之會，事在九年。周章於踐土之盟，事在二十八年。惴然眇然，自處於衆人之下，是亦一僖公也。彼一僖公耳，昨勇今怯，朝盛夕衰，何其多變而無特操耶？殆非專僖公之罪，其居使之然也。阪谷曰《孟子》曰：「居移氣，養移體。」僖公所居者魯，以魯而臨介、莒，則自大視細，心不期驕而驕；以魯而望齊、晉，則自細視大，心不期畏而畏。既見大國之可尊，必見小國之可忽。阪谷曰「忽」字神理，自首段「恃」字來，可着眼。斯其所以禍生所忽，而召魚門之辱與？

臧文仲之諫，忠矣。惜其能箴僖公之病，而未知僖公受病之源也。僖公受病之源安在哉？使僖公易地而居齊晉，則將變畏爲驕；易地而居介莒，則將變驕爲畏。吾是以知尊大國者，非僖公也，魯也；忽小國者，非僖公也，魯也。僖公不以己爲己，而以魯爲己，故大於魯者，吾亦大之；小於魯者，吾亦小之。豈非爲居之所移乎？

昔者舜自側微而登至尊，木石不能使之愚，鹿豕不能使之野，耕稼不能使之勞，陶漁不能使之辱，袗衣鼓琴不能使之逸，牛羊倉廪不能使之奢。事見《孟子》。蓋居爲舜所移，而舜未嘗爲居所移也。噫！當僖公之時，有能誦舜之事，以起僖公之病，庶幾其有瘳乎！

鄭文夫人勞楚子入享于鄭

僖二十二年　鄭文夫人羋氏勞楚子於柯澤。楚子使師縉示之俘馘。君子曰：「非禮也。婦人送迎不出門，見兄弟不逾閾，戎事不邇女器。」楚子入享于鄭，九獻，庭實旅百，加籩豆六品。享畢，夜出，文羋送于軍。取鄭二姬以歸。叔詹曰：「楚王其不沒乎！爲禮卒於無别。無别不可謂禮，將何以沒？」諸侯是以知其不遂霸也〔一〕。

見奔而謂之敗，見鬭而謂之餓，見憊而謂之疾，何其見之晚也？未奔之前，有先敗焉；未鬭之前，有先餓焉；未憊之前，有先疾焉。冥冥之中，其先固已瞭然而不可揜，豈必待見形而後悟哉？

楚子帥師過鄭，納文夫人之勞，受享祀之僭，又取鄭二姬以歸，固蠻夷之常態，不足以污簡册。吾獨怪叔詹之言，何其見之晚也！

叔詹譏楚子取鄭之二姬曰：「爲禮卒於無别，無别不可謂禮。」是叔詹徒知無别之非禮，而不知受享之非禮也。使楚子不取二姬，則叔詹將遂以受享爲禮之正矣。孰知夫受享之際，乃無别之先乎？阪谷曰「豈必」、「何其」，節節推詰，以赴「孰知」句，揭明主意。當鄭之享楚子也，陳其鼎俎，肅其樽彝，蠲其巾冪，豐其腶修，威儀可則，進退可度，宜叔詹不悟其非禮也。抑不知生天下之善者，出於敬；生天下之惡者，出於慢。一籩一豆之相去，其爲禮也微矣，嚴之而不敢犯者，敬心存也。是心苟存，將無所不敬。推而上之，至於守君臣、父子、夫婦之分，爲世大法者，同一敬也。忽之而無所顧者，慢心生也。是心苟生，將無所不慢。阪谷曰全篇爲此數行敬、慢分別，讀者宜求之其心。推而下之，至於亂君臣、父子、夫婦之分，爲世大戒者，同一慢也。是故今日謹一籩一豆者，即他日謹君臣、父子、夫婦之分者也；今日易一籩一豆者，即他日易君臣、父子、夫婦之分者也。楚爵則子，而輒當上公九獻之儀，庭實旅百之盛，加籩豆六品之侈，其於燕享之禮，固已無別矣。燕享之無別，即男女之無別也。阪谷曰禮至此，則一麒麟楦。宜矣哉！貴裝富飾之眩人而亂世也。均爲無別耳，始之罪不爲輕，而後之罪不爲重；始之罪不爲小，而後之罪不爲大。豈可立等於其間哉？燕享之禮無別，其罪隱；二姬之無別，其罪彰。叔詹捨其隱而譏其彰。噫！何其見之晚也！阪谷曰「何見之晚」，首尾呼應，以爲一篇結構。

吏必先明法，然後可以責人之逾法；士必先明禮，然後可以責人之逾禮。叔詹猶以鄭之享楚爲禮，則既不知禮之爲禮矣，又何責楚子之逾禮哉？阪谷曰世上紛紛，不勝叔詹之多。

校勘記

〔一〕霸，原作「疾」，據四庫本及《左傳》改。

楚子文使成得臣爲令尹

僖二十三年　楚成得臣帥師伐陳，遂取焦、夷，城頓而還。子文以爲之功，使爲令尹。叔伯曰：「子若國何？」對曰：「吾以靖國也。夫有大功而無貴仕，其人能靖者與，有幾？」

范武子請老

宣十七年　春，晋侯使郤克徵會于齊。齊頃公帷婦人，使觀之。郤子登，婦人笑於房。獻子怒，出而誓曰：「所不此報，無能涉河！」獻子先歸，使欒京廬待命于齊〔一〕，曰：「不得齊事，無復命矣。」郤子至，請伐齊。范武子將老，召文子曰：「爕乎！吾聞之，喜怒以類者鮮，易者實多。《詩》曰：『君子如怒，亂庶遄沮；君子如祉，亂庶遄已。』君子之喜怒，以已亂也。弗已者，必益之。郤子其或者欲已亂於齊乎？不然，余懼其益之也。余將老，使郤子逞其志，庶有豸乎！爾從二三子，唯敬！」乃請老。郤獻子爲政。

多而不可滿者，欲也；鋭而不可極者，忿也。治欲之法，有窒而無開；治忿之法，有懲而無肆。處己，是法也；處人，亦是法也。或者之論曰：饑者，得食則止；渴者，得飲則止；寒者，得衣則止；熱者，得濯則止；欲者，得求則止；忿者，得報則止。我欲可窒，我忿可懲，乃若他人之忿欲，不有以少償之，彼亦安肯遽止乎？嗚呼！此非忿欲之譬也。忿欲譬則火然，畏火之怒，而投薪以濟之，則其勢隨投而隨熾；忿欲譬則盜然，畏盜之怒，而授刃以濟之，則其勢隨授而隨增。薪者，火之資也；刃者，盜之資也；權位者，忿欲之資也。假其資而望其止，天下寧有是也？

先王尊權位以示天下〔二〕，所以嚴萬世之巨防也。何人而無欲，何人而無忿？忿欲方興，有谿壑貪啉之欲，欝勃炮燔之忿，莫不限於權位之巨防而止。止則回，回則有趨於善者矣。天下方馳騖於忿欲而不知反也，先王固未嘗與之争也。阪谷曰 假先王説政略。朱子所不喜而吕公時發之，蓋公少年好誦老泉文，愛其活潑故然。嚴吾權位之巨防，使忿欲者窘於無資，氣衰力怠，道窮塗絶，倀倀然而無所歸。雖吾不使之趨於善，而彼自不得不趨於善。然則權位者，真先王閉忿欲之巨防也歟？

先王以是爲忿欲之防，後世以是爲忿欲之資，何其反也？阪谷曰 以下子文、武子對説，讀者宜注目於其開合。楚成得臣有功於陳，子文推令尹之位與之，以塞其欲；齊侯既辱郤克，范武子遽請老而授郤克政，使逞忿於齊。噫！令尹豈賞功之物，而晉數百年之社稷，亦豈二三臣逞憾之具歟？楚非置兩令尹也，幸而一成得臣有功耳，如使數人者并立大功，吾不知子文復何以與之。阪谷曰 分説。春秋之時，行人見辱者，何國蔑有？姑以晉言之，若解揚之見執於宋圍，《宣十五年》。韓起、羊舌肹之見挫於楚靈。《昭五年》。是數事者，如與郤克之辱并發於一時，則晋師亦將車敝馬汗，東馳西逐，徧繞天下，盡報諸臣之怨而後已歟？甚矣！子文、武子之不思也。阪谷曰 合東。

將以飽其欲，適以滋其欲；將以散其忿，適以張其忿。故得臣之欲，與位俱長。成師而出，服陳服蔡，服魯服鄭，服曹服衛，嗜勝不止，貪以遇大敵，迄至城濮之敗，《僖二十八年》。軍覆身殞，爲天下笑。阪谷曰 論則正矣，抑漢高不能制黥、彭於反前，況子文、武子，責之亦恐過酷。向若子文不畀以大柄，雖驕縱怨望，不過須司敗之刀鋸耳。楚必不至於不競，晋必不至於獨霸，西廣、東宮、若敖之卒，亦必不至於偕死也。阪谷曰 又分說。至於郤克鞌之戰，《成二年》。雖曰幸勝，然忿不思難，至欲質齊侯之母，苟無魯、衛之諫，則以晋之驕，當齊之怒，背城借一之際，阪谷曰「背城借一」，《成公二年》鞌戰齊人之語。吾未知齊晋雌雄之所在也。不幸而敗於垂成，則亂原禍端，武子安得不任其咎乎？得臣之欲，得子文之位而盛；郤克之忿，得武子之位而伸。阪谷曰 又合東。君子視人之忿欲，不能救則已矣，安可假其資而成其惡乎？

吾嘗考論二子之言，武子誦已亂之詩，而誤領已亂之意，猶未足深責，彼子文之語叔伯者，一何悖耶？阪谷曰 撇開武子，專責子文，以結全篇，而武子自在其中。文法變化，如雙雲之飄空中。曰：「吾以靖國也。夫有大功而無貴仕〔三〕，其人能靖者有幾？」凡人爵不足酬功，慊之者固多矣。若遽作不靖，危其國家，自非盜賊小人，未必皆有是心也。子文之爲是言，將概以盜賊小人待天下耶？自子文之言出，人臣之立大功者，人君或懼其不靖，反加屠戮，是功者身之賊也；以是位而答是功，不復問其材之能否，使播其惡於民，是功者位之賊也；既立大功，自謂居危疑不賞之地，而奸謀始生，是功者國之賊也。一有大功，則爲身之不幸，位之不幸，國之不幸，孰敢以功業自奮者耶？《詩》曰：「誰生厲階，至今爲梗！」〔阪谷曰〕「爲梗」下，宜補「其子文、武子之謂乎」一句看。

〔宗廷輔曰〕看得透，説得出，自成一則史論。摘兩事之相似者，比而合之，以觀作者之議論斷制，元人試士即用此法。用於四書，是爲經疑；用於《春秋》，是爲合題。

校勘記

〔一〕于，原作「王」，據四庫本及《左傳》改。
〔二〕王，原作「生」，據安正堂本、四庫本、瞿本改。
〔三〕夫，原作「未」，據四庫本、瞿本改。

晉懷公殺狐突

僖二十三年　晉惠公卒。懷公命無從亡人，期，期而不至，無赦。狐突之子毛及偃從重耳在秦，弗召。冬，懷公執狐突，曰：「子來則免。」對曰：「子之能仕，父教之忠，古之制也。策名、委質，貳乃辟也。今臣之子，名在重耳，有年數矣。若又召之，教之貳也。父教子貳，何以事君？刑之不濫，君之明也，臣之願也。淫刑以逞，誰則無罪？臣聞命矣。」乃殺之。卜偃稱疾不出，曰：「《周書》有之：『乃大明服。』己則不明，而殺人以逞，不亦難乎？民不見德，而唯戮是聞，其何後之有？」

明於觀人，暗於觀己，此天下之公患也。見秋毫之末者，不能自見其睫；舉千鈞之重者，不能自舉其身。甚矣！己之難觀也。人皆知以己觀己之難〔一〕，而不知以人觀己之易。同是言也，彼言之則從，我言之則違，其必有故矣；同是事也，彼爲之則是，我爲之則非，其必有故矣。因人之善，見己之惡；因人之惡，見己之善。觀孰切於此者乎？

晉懷公不知己之無以致人，徒責人之不從己，殆未嘗以人而觀己也。懷公，晉國之君；彼重耳，特一亡公子耳。狐、趙之徒，出從重耳，陷狄困衛，逃齊脱楚，人有不堪其憂者矣；乞食投塊，觀浴操戈，人有不堪其辱者矣；風羈雨紲，過都歷邑，人有不堪其勞者矣。註見後篇。使其一日捨重耳而從懷公，則里閭歡迎，姻族畢至，擊鮮釃酒，舒發故情，此天下之至樂也；堂宇靚深，自公退食，體胖心廣，四顧無虞，此天下之至安也。阪谷曰 憂辱勞與樂榮安反覆轉换，操縱闔闢，異様光彩，所謂六轡在手沃若者。懷公盍亦以人觀己乎？阪谷曰 二「懷公盍」空中架構，幻出無數樓閣。從彼者，憂如是，辱如是，勞如是，而狐、趙輩乃就之而不辭；從我者，樂如是，榮如是，安如是，而狐、趙輩乃棄之而不顧，則德之優劣厚薄，不待言而可見矣。懷公盍亦因此自反曰：「樂也，榮也，安也，人之所同嗜也。狐、趙之徒，而以崎嶇從重耳者，豈與人異情哉？其棄樂而就憂者，必重耳之德有以勝其憂也；其棄榮而就辱者，必重耳之德有以勝其辱也；其棄安而就勞者，必重耳之德有以勝其勞也。阪谷曰：四面楚歌，非戰之罪，亦唯如是耳。況吾以晉國之大，而增修其德，則人之從我者，既有道德之樂，又有名位之樂；既有道德之榮，又有名位之榮；既有道德之安，又有名位之安。重耳無我之所有，而我有重耳之所無。有無之相形，人將不待招而至矣。」此猶爲懷公而言，非論之至者也。德之休明，冰天桂海，荒區絶漠，將奉琛重譯而皆來臣。何至下與一亡公子争數僕役哉？陋矣！懷公之褊也。阪谷曰：躍進一步，歸於一「褊」字。老吏斷獄，簡鍊無比。

懷公肆其褊心，不知反己，徒殺人以逞，使在外者絶向我之意，而堅事讎之志，計無失於此矣。雖重耳苟安於外，彼毛、偃挾不戴天之讎，思欲一逞，豈容重耳之安於外乎？是則納重耳於晉者，非秦伯也，非狐、趙也，懷公也。

校勘記

〔一〕知，原缺，據安正堂本、瞿本補。

晋重耳奔狄止降服而囚

僖二十三年　晋公子重耳之及於難也，晋人伐諸蒲城。蒲城人欲戰，重耳不可，曰：「保君父之命而享其生禄，於是乎得人。有人而校，罪莫大焉。吾其奔也。」遂奔狄。從者狐偃、趙衰、顛頡、魏武子、司空季子。狄人伐廧咎如，獲其二女叔隗、季隗。納諸公子。公子取季隗，生伯儵、叔劉；以叔隗妻趙衰，生盾。將適齊，謂季隗曰：「待我二十五年，不來而後嫁。」對曰：「我二十五年矣，又如是而嫁，則就木焉。」過衛，衛文公不禮焉。出於五鹿，乞食於野人，野人與之塊。公子怒，欲鞭之。子犯曰：「天賜也。」稽首，受而載之。

及齊，齊桓公妻之，公子安之。從者以爲不可。將行，謀於桑下。蠶妾在其上，以告姜氏，姜氏殺之。而謂公子曰：「子有四方之志，其聞之者，吾殺之矣。」公子曰：「無之。」姜曰：「行也。懷與安，實敗名。」公子不可。姜與子犯謀，醉而遣之。

及曹，曹共公聞其駢脅，欲觀其裸。浴，薄而觀之。僖負羈之妻曰：「吾觀晋公子之從者，皆足以相國。若以相，夫子必反其國。反其國，必得志於諸侯。得志於諸侯，而誅無禮，曹其首也。子盍蚤自貳焉？」乃饋盤飧，寘璧焉。公子受飧反璧。

及宋，宋襄公贈之以馬二十乘。

及鄭，鄭文公亦不禮。及楚，楚子享之，曰：「公子若反晋國，則何以報不穀？」對曰：「子女玉帛，則君有之。羽毛齒革，則君地生焉。其波及晉國者，君之餘也。其何以報君？」曰：「雖然，何以報我？」對曰：「若以君之靈，得反晉國，晉、楚治兵，遇於中原，其辟君三舍。若不獲命，其左執鞭弭，右屬櫜鞬，以與君周旋。」子玉請殺之。楚子曰：「晉公子廣而儉，文而有禮。其從者肅而寬，忠而能力。晉侯無親，外内惡之。吾聞姬姓唐叔之後，其後衰者也，其將由晉公子乎！天將興之，誰能廢之？違天，必有大咎。」乃送諸秦。

秦伯納女五人，懷嬴與焉。奉匜沃盥，既而揮之。怒曰：「秦、晉，匹也，何以卑我！」公子懼，降服而囚。

秦伯納重耳至頭須求見

僖二十四年　春，秦伯納之。及河，子犯以璧授公子，曰：「臣負羈紲從君巡於天下，臣之罪甚多矣。請由此亡。」公子曰：「所不與舅氏同心者，有如白水！」投其璧於河。濟河，圍令狐，入桑泉，取臼衰。晉師軍於廬柳。秦伯使公子縶如晉師，師退，軍於郇。狐偃及秦、晉之大夫盟於郇。公子入於晉師。丙午，入於曲沃。丁未，朝於武宫。戊申，使殺懷公於高梁。寺人披請見，公使讓之，且辭焉，曰：「蒲城之役，君命一宿，女即至。其後余從狄君以田渭濱，女爲惠公來求殺余，命女三宿，女中宿至。雖有君命，何其速也？夫祛猶在，女其行乎！」對曰：「臣謂君之入也，其知之矣。若猶未也，又將及難。君命無二，古之制也。除君之惡，惟力是視。蒲人、狄人，余何有焉？今君即位，其無蒲、狄乎？齊桓公置射鉤而使管仲相，君若易之，何辱命焉？行者甚衆，豈唯刑臣？」公見之，以難告。初，晋侯之豎頭須，守藏者也。其出也，竊藏以逃，盡用以求納之。及入，求見，公辭焉以沐。謂僕人曰：「沐則心覆，心覆則圖反，宜吾不得見也。居者爲社稷之守，行者爲羈紲之僕，其亦可也，何必罪居者？國君而讎匹夫，懼者甚衆矣。」僕人以告，公遽見之。

晋文公自出亡至於霸天下，拔身流離阨困之中，而成閎大豐顯之業。一時諸臣，狐、趙、胥、郤推挽翊贊之功居多焉[一]。疇諸臣之功次者，文公未入之前，必以反晋之謀爲冠；文公既入之後，必以城濮之戰爲冠。吾獨以爲反晋之功不若去齊，而城濮之諸將，序績論勛，曾未及寺人披、頭須之萬一也。阪谷曰 翻案雙提。

天之生物，自蘖而條，自華而實，特造化之小者耳。霜焉，雪焉，勁列刻厲，翦擊其枝葉，剥傷其膚理，然後能反膏收液，鬱積磅礴，發而爲陽春之滋榮，此天下之大造化也。必有大彫落，然後有大發生；必有大摧折，然後有大成就。文公安齊之富，無復四方之志，苟從行諸臣亦徇其欲，則終身營丘一布衣耳。幸而從行者識高慮遠，謀於桑下，載而去齊，奪其燕安之雨露，而壓以禍患之雪霜；激之觀浴、沃盥以起其憤，激之鄭文、子玉以作其憂。乃切乃磋，乃琢乃磨，向來弛墮驕怠之氣掃除咸盡，伯心勃然而生，朝於武宫，不失舊物。向非奪其安齊，亦安能進文公之志而霸之耶？文公始所以眷眷於齊者，屬意於二十乘之馬耳。從者奪文公二十乘之馬，而與文公全晋四千乘之賦〔二〕，使之棄鴻毛而得泰山，可謂知取予矣。苟不去齊，烏能入晋？然則策復國之勛，安得不以去齊爲首乎！阪谷曰了一案。

文公既入晋，席未及暖，已忘其初。於寺人披、頭須之見，忿然有不平之心。若肆行忿戮，則懼者甚衆。雖幸免焚宫之變，安知他日無蒯聵、戎州之釁乎？《哀二年》。賴披與須力抗危言以警之，文公一聞其警，忿戾俱消，變淺陋褊急之襟量，爲廣大易直之規模，隆寬盡下，人皆思奮，以取城濮之勝，豈非披與須一警之力乎？回萬里之迷途者，一呼之力也；瘳十年之廢疾者，一鍼之力也；登五霸之盛烈者，一警之力也。自披、須而視城濮諸將之功，則我源而彼流，我根而彼榦，其小大輕重判然矣。此吾所以高披、須而下城濮也。

文公方安其小，遽奪之而使不得安於小；文公方驕其大，遽警之而使不敢驕於大。奪於前而警於後，置文公於不得不霸之地。信矣！諸臣之功也。雖然，此非專諸臣之功也，其本實在於文公焉。

文公當出亡之初，不校君父之命，既有君人之資矣。其未安齊之前，危於渭濱，餓於五鹿，所以動心忍性，增益其所不能者，亦非一日也。雖時有所蔽，一奪一警，初心遽還，遷移改悔，速不容瞬。若文公先無所資，二三臣者雖有斡旋之妙用，亦安所施乎？其君有如是之資，其臣有如是之用，反僅成霸業而止，此吾所以爲文公恨也。阪谷曰「所以爲文公恨」以下，恐不免枝蔓，宜熟思辨别。

洙泗之濱，席間函丈，聖化天運。奪子貢之學，而一貫自通；奪顏淵之才，而卓爾自見。并《論語》。或謦或咳，或顧或盼，或語或笑，一謦之下，萬慮消亡。吾未嘗不恨文公生夫子之前，而又自恨今之學者生夫子之後也。嗚呼！夫子則遠矣，乃若夫子之神化，蓋通萬世古今爲一爐冶，初未嘗息也。孰謂吾生之晚乎？

校勘記

〔一〕胥，原作「晋」，據四庫本、瞿本改。

〔二〕四千，原作「四十」，據四庫本、瞿本改。

晋文公秦穆公賦詩

僖二十三年　晋重耳奔秦。他日，公享之。子犯曰：「吾不如衰之文也。請使衰從。」公子賦《河水》，公賦《六月》。趙衰曰：「重耳拜賜！」公子降，拜，稽首，公降一級而辭焉。衰曰：「君稱所以佐天子者命重耳，重耳敢不拜！」

晋侯享公賦詩

文三年　公如晋，及晋侯盟。晋侯享公，賦《菁菁者莪》。莊叔以公降拜，曰：「小國受命於大國，敢不慎儀？君貺之以大禮，何樂如之？抑小國之樂，大國之惠也。」晉侯降，辭。登，成拜。公賦《嘉樂》。

甯武子來聘公賦詩

文四年　衛甯武子來聘，公與之宴，爲賦《湛露》及《彤弓》。不辭，又不答賦。使行人私焉。對曰：「臣以爲肄業及之也。昔諸侯朝正於王，王宴樂之，於是乎賦《湛露》，則天子當陽，諸侯用命也。諸侯敵王所愾，而獻其功，王於是乎賜之彤弓一、彤矢百、玈弓矢千，以覺報宴。今陪臣來繼舊好，君辱貺之，其敢干大禮以自取戾？」

荀林父賦詩

文七年　先蔑之使也，荀林父止之，曰：「夫人、太子猶在，而外求君，此必不行。子以疾辭，若何？不然，將及。攝卿以往，可也，何必子？同官爲寮，吾嘗同寮，敢不盡心乎？」弗聽。爲賦《板》之三章，又弗聽。及亡，荀伯盡送其帑及其器用財賄於秦，曰：「爲同寮故也。」

鄭伯宴公賦詩

文十三年　鄭伯會公于棐，亦請平于晉。公皆成之。鄭伯與公宴于棐，子家賦《鴻雁》。

季文子曰：「寡君未免於此。」文子賦《四月》。子家賦《載馳》之四章。文子賦《采薇》之四章。鄭伯拜。公答拜。

公享季文子賦詩

成九年　伯姬歸于宋。夏，季文子如宋致女，復命，公享之。賦《韓奕》之五章。穆姜出于房，再拜，曰：「大夫勤辱，不忘先君，以及嗣君，施及未亡人，先君猶有望也。敢拜大夫之重勤。」又賦《緑衣》之卒章而入。

公享范宣子賦詩

襄八年　晋范宣子來聘，且拜公之辱，告將用師于鄭。公享之。宣子賦《摽有梅》。季武子曰：「誰敢哉？今譬於草木，寡君在君，君之臭味也。歡以承命，何時之有？」武子賦《角弓》。賓將出，武子賦《彤弓》。宣子曰：「城濮之役，我先君文公獻功于衡雍，受彤弓于襄王，以爲子孫藏。匄也，先君守官之嗣也，敢不承命？」君子以爲知禮。

叔孫穆子賦詩

襄十四年　諸侯大夫從晋侯伐秦，晋侯待于竟，使六卿帥諸侯之師以進。及涇，不濟。叔向見叔孫穆子，穆子賦《匏有苦葉》，叔向退而具舟。魯人、莒人先濟。

高厚賦詩

襄十六年　晋平公即位，與諸侯宴于温，使諸大夫舞，曰：「歌詩必類。」齊高厚之詩不類。荀偃怒，且曰：「諸侯有異志矣。」使諸大夫盟高厚，高厚逃歸。

穆叔賦詩

襄十六年　冬，穆叔如晋聘，且言齊故。晋人曰：「以寡君之未禘祀，與民之未息。不然，不敢忘。」穆叔曰：「以齊人之朝夕釋憾於敝邑之地，是以大請。敝邑之急，朝不及夕，引領西望曰『庶幾乎！』比執事之間，恐無及也。」見中行獻子，賦《圻父》。獻子曰：「偃知罪矣。敢不從執事以同恤社稷，而使魯及此！」見范宣子，賦《鴻雁》之卒章。宣子曰：「匄在此，敢使魯無鳩乎！」

晋享季武子賦詩〔一〕

襄十九年　季武子如晋拜師，晋侯享之。范宣子爲政，賦《黍苗》。季武子興，再拜稽首，曰：「小國之仰大國也，如百穀之仰膏雨焉。若常膏之，其天下輯睦，豈惟敝邑？」賦《六月》。

晋侯鄭伯賦詩

襄二十六年　衛侯如晋，晋人執而囚之於士弱氏。秋七月，齊侯、鄭伯爲衛侯故如晋，晋侯兼享之。晋侯賦《嘉樂》。國景子相齊侯，賦《蓼蕭》。子展相鄭伯，賦《緇衣》。叔向命晋侯拜二君，曰：「寡君敢拜齊君之安我先君之宗祧也，敢拜鄭君之不貳也。」國子使晏平仲私於叔向，曰：「晋君宣其明德於諸侯，恤其患而補其闕，正其違而治其煩，所以爲盟主也。今爲臣執君，若之何？」叔向告趙文子，文子以告晋侯。晋侯言衛侯之罪，使叔向告二君。國子賦《轡之柔矣》，子展賦《將仲子兮》，晋侯乃許歸衛侯。叔向曰：「鄭七穆，罕氏其後亡者也。子展儉而壹。」

慶封賦詩

襄二十七年　齊慶封來聘，叔孫與食，不敬，爲賦《相鼠》，亦不知也。

鄭七子賦詩

襄二十七年　鄭伯享趙孟于垂隴，子展、伯有、子西、子産、子太叔、二子石從。趙孟曰：「七子從君，以寵武也。請皆賦，以卒君貺，武亦以觀七子之志。」子展賦《草蟲》，趙孟曰：「善哉！民之主也。抑武也，不足以當之。」伯有賦《鶉之賁賁》，趙孟曰：「牀笫之言不逾閾，况在野乎？非使人之所得聞也。」子西賦《黍苗》之四章，趙孟曰：「寡君在，武何能焉？」子産賦《隰桑》，趙孟曰：「武請受其卒章。」子太叔賦《野有蔓草》，趙孟曰：「吾子之惠也。」印段賦《蟋蟀》，趙孟曰：「善哉！保家之主也。吾有望矣。」公孫段賦《桑扈》，趙孟曰：「『匪交匪敖』，福將焉往？若保是言也，欲辭福禄，得乎？」卒享，文子告叔向曰：「伯有將爲戮矣！詩以言志，志誣其上而公怨之，以爲賓榮，其能久乎？幸而後亡。」叔向曰：「然。已侈，所謂不及五稔者，夫子之謂矣。」文子曰：「其餘皆數世之主也。子展其後亡者也，在上不忘降。印氏其次也，樂而不荒。樂以安民，不淫以使之，後亡，不亦可乎？」

薳罷賦詩

襄二十七年　楚薳罷如晋莅盟，晋侯享之。將出，賦《既醉》。叔向曰：「薳氏之有後於楚國也，宜哉！承君命，不忘敏。子蕩將知政矣。敏以事君，必能養民。政其焉往？」

穆叔食慶封誦詩

襄二十八年　叔孫穆子食慶封，慶封氾祭。穆子不説，使工爲之誦《茅鴟》。亦不知。

令尹趙孟賦詩

昭元年　令尹享趙孟，賦《大明》之首章。趙孟賦《小宛》之二章。事畢，趙孟謂叔向：「令尹自以爲王矣，何如？」對曰：「王弱，令尹强，其可哉！不終。」趙孟曰：「何故？」對曰：「强以克弱而安之，强不義也。不義而强，其斃必速。」

穆叔子皮賦詩

昭元年　夏四月，趙孟、叔孫豹、曹大夫入於鄭，鄭伯兼享之。子皮戒趙孟，禮終，趙孟賦《瓠葉》。子皮遂戒穆叔，且告之。穆叔曰：「趙孟欲一獻，子其從之！」子皮曰：「敢乎？」穆叔曰：「夫人之所欲也，又何不敢？」及享，具五獻之籩豆於幕下。趙孟辭，私於子産曰：「武請於冢宰矣。」乃用一獻。趙孟爲客。禮終乃宴。穆叔賦《鵲巢》，趙孟曰：「武不堪也。」又賦《采蘩》，曰：「小國爲蘩，大國省穡而用之，其何實非命？」子皮賦《野有死麕》之卒章，趙孟賦《常棣》，且曰：「吾兄弟比以安，尨也可使無吠。」穆叔、子皮及曹大夫興，拜，舉兕爵，曰：「小國賴子，知免於戾矣。」飲酒樂。趙孟出，曰：「吾不復此矣。」

季武子韓宣子賦詩

昭二年　春，晉侯使韓宣子來聘，公享之，季武子賦《綿》之卒章。韓子賦《角弓》。季武子拜，曰：「敢拜子之彌縫敝邑，寡君有望矣。」武子賦《節》之卒章。既享，宴于季氏。有嘉樹焉，宣子譽之。武子曰：「宿敢不封殖此樹，以無忘《角弓》？」遂賦《甘棠》。宣子曰：「起不堪也，無以及召公。」

楚子賦詩

昭三年　十月，鄭伯如楚，子産相。楚子享之，賦《吉日》。既享，子産乃具田備，王以田江南之夢。

鄭六卿賦詩

昭十六年　晉韓起聘於鄭。鄭六卿餞宣子於郊。宣子曰：「二三君子請皆賦，起亦以知鄭志。」子齹賦《野有蔓草》。宣子曰：「孺子善哉，吾有望矣。」子産賦《鄭》之《羔裘》。宣子曰：「起不堪也。」子太叔賦《褰裳》。宣子曰：「起在此，敢勤子至於他人乎？」子太叔拜，宣子曰：「善哉，子之言是。不有是事，其能終乎？」子游賦《風雨》，子旗賦《有女同車》，子柳賦

《蘀兮》。宣子喜曰：「鄭其庶乎！二三君子以君命貺起，賦不出鄭志，皆昵燕好也。二三君子，數世之主也，可以無懼矣。」

小邾穆公季平子賦詩

昭十七年　小邾穆公來朝，公與之燕。季平子賦《采菽》，穆公賦《菁菁者莪》。昭子曰：「不有以國，其能久乎？」

宋公賦詩

昭二十五年　宋公享昭子，賦《車轄》。明日宴，飲酒，樂，宋公使昭子右坐，語相泣也。樂祁佐，退而告人曰：「今茲君與叔孫其皆死乎？吾聞之，『哀樂而樂哀，皆喪心也』。心之精爽，是謂魂魄。魂魄去之，何以能久？」

至理之所在，宗曰 第一段，虛起。可以心遇而不可以力求。阪谷曰 歐陽公論作文法曰：「看多，做多，商量多。」商量者，心工夫；看與做者，力工夫。二工夫缺一不可，天下事皆然。此篇主心，故說不得不偏，讀者要善看。斷編遺簡，呻吟諷誦，越宿已有遺落。至於塗歌里咏，偶入吾耳，則雖終身而不忘。天下之理，固眩於求而真於遇也。理有觸於吾心，無意而相遭，無約而相會，油然自生，雖吾不能以語人，況可以力求乎？一涉於求，雖有見，非其正矣。日用飲食之間，無非至理，惟吾退而求之，則隨迫而隨失。研精極思，日入於鑿，曾不知是理交發於吾前而吾自不遇，是非不用力之罪也，乃用力之罪也。阪谷曰 一篇主意在此二句，語氣頗似東坡。 天下之學者，皆知不用力之害，而不知用力之害。苟知力之不足恃，盡黜其力，而至於無所用力之地，則幾矣。

阪谷曰 用力之失在不善用，抑心亦不善用，則生大害。故曰：「故有道而正焉。」

二帝三王之《書》，宗曰 第二段，入經。 犧、文、孔子之《易》，《禮》之儀章，《樂》之節奏，《春秋》之褒貶，皆所以形天下之理者也。天下之人不以理視經，而以經視經，刳剔離析、彫繢疏鑿之變多，而天下無全經矣。阪谷曰 所謂七日混沌死者。 聖人有憂之，泛觀天壤之間，蟲鳴於秋，鳥鳴於春，而匹夫匹婦歡愉勞佚，悲怒舒慘，動於天機，不能已而自泄其鳴於詩謠歌咏之間，阪谷曰 性情自然，却自細處認來。 於是釋然喜曰：天理之未鑿者，尚有此存，是固匹夫匹婦胸中之全經也。遽取而列諸《書》、《易》、《禮》、《樂》、《春秋》之間，并數而謂之六經。羈臣賤妾之辭，與堯、舜、禹、湯、文、武之格言大訓并列，而無所輕重。聖人之意，蓋將舉匹夫匹婦胸中之全經，宗曰 止說得《風》一面，而《雅》、《頌》兩面都抛却。 以救天下破裂不全之經，使學者知所謂詩者，本發乎閭巷草野之間，衝口而發，舉筆而成，非可格以義例而局以訓詁也。阪谷曰 一段風調，略自老泉《詩論》來。文或不及，而說《詩》趣則過之。 義例、訓詁之學，至《詩》而盡廢，是學既廢，則無研索擾雜之私以累其心。一吟一諷，聲轉機回，虛徐容與，至理自遇，片言有味，而五經皆冰釋矣。阪谷曰先生一部《讀詩記》，自此數行中發出。是聖人欲以《詩》之平易，而救五經之支離也。孰知後世反以五經之支離，而變《詩》之平易乎？

蓋嘗觀春秋之時，宗曰第三段，講題。列國朝聘，皆賦《詩》以相命，《詩》因於事，不遷事而就《詩》；事寓於《詩》，不遷《詩》而就事。阪谷曰善得《春秋》人物用《詩》之意。意傳於肯綮毫釐之中，跡異於牝牡玄黄之外。斷章取義，可以神遇，而不可以言求。區區陋儒之義例、訓詁，至是皆敗。春秋之時，善用《詩》蓋如此。

當是時，宗曰第四段，結尾。先王之經浸墜于地，《易》降於卜筮，《禮》墜於僭，《樂》流於淫，《史》病於舛。雖多聞諸侯，如左史、倚相者，亦不過以誦說三墳、五典、八索、九丘爲能，獨賦《詩》尚未入於陋儒之學。阪谷曰春秋間人物説經，大抵迂僻，唯《詩》得妙用，亦奇。是先王之教，未經踐躪，巋然獨全者，惟《風》、《雅》、《頌》而止耳。此孔子所以既論之六經，而又以首過庭之問也。阪谷曰「過庭」一句，畫龍點睛。火於秦，雜於漢，别之以齊、魯，汩之以讖緯，亂之以五際，阪谷曰漢世《詩》分爲魯、齊、韓、毛。又五經皆有緯書。《前漢書·翼奉傳》：「《詩》有五際。」注引《詩内傳》曰：「卯酉午未戌也，陰陽際會之歲也。」狹之以專門，銖銖而析之，寸寸而較之，豈復有《詩》？噫！安得春秋賦《詩》之説語之？

宗廷輔曰 徐徐容與，自成一則經論。愚按《詩集傳》八卷，宋朱子撰；《呂氏家塾讀詩記》三十二卷，宋呂祖謙撰。《四庫提要》曰：朱子注《詩》時亦兩易稿，凡呂祖謙《讀詩記》所稱「朱氏曰」者，皆其初稿。其説全宗《小序》，後乃改從鄭樵。而祖謙仍堅守毛、鄭。又考朱子《詩集傳》成於淳熙四年，東萊《讀詩記》始編於淳熙元年，復修於淳熙六年，校朱《傳》後出二年。而所著《博議》則先在乾道四年，而此篇論《詩》却與朱子廢《序》之旨合。是朱子先宗《序》而後廢《序》，東萊則先廢《序》而後宗《序》也。然東萊是時年甫逾壯，意氣正盛，偶有所見，稱情而談，實無心與朱子立異。又可見是編皆乘機鬥捷之作，要未可據爲定論焉。

校勘記

〔一〕晉，原作「公」，據四庫本改。

東萊先生左氏博議卷之十四

介之推不言禄

僖二十四年　晋侯賞從亡者。介之推不言禄，禄亦弗及。推曰：「獻公之子九人，惟君在矣。惠、懷無親，外内棄之。天未絶晋，必將有主。主晋祀者，非君而誰？天實置之，而二三子以爲己力，不亦誣乎？竊人之財猶謂之盗，况貪天之功以爲己力乎？下義其罪，上賞其奸，上下相蒙，難與處矣。」其母曰：「盍亦求之，以死，誰懟？」對曰：「尤而效之，罪又甚焉。且出怨言，不食其食。」其母曰：「亦使知之，若何？」對曰：「言，身之文也。身將隱，焉用文之？是求顯也。」其母曰：「能如是乎？與女偕隱。」遂隱而死。晋侯求之不獲，以緜上爲之田，曰：「以志吾過，且旌善人。」

居争奪奔競之中，而見曠逸高世之舉，囂塵滞慮一掃而空，心開目明，頓還舊觀。暑風旱雨，不足以喻其快也；渴漿饑炙，不足以喻其美也；沂浴雩游，不足以喻其清也。

晋文公反國之初，從行諸臣駢首争功。子犯之受璧，顛頡、魏犨之縱爇，要切很戾，有市人之所不忍爲者。而介之推獨超然處衆紛之外，孰謂此時而有此人乎！阪谷曰 案之推狹量狷介，故不合人，所以脱賞，蓋清而悁者。母亦同性之人，所以欲偕隱。是宜百世之後，聞其風者，猶咨嗟歎頌而不能已也。雖然，盗跖之風不足以誤後世，而伯夷之風反可以誤後世；魯桓之風不足以誤後世，而季札之風反可以誤後世。

凡人之情，既惡之，則必戒之。其所以陷溺而不知非者，皆移於所慕也。然則介之推之失，其可不别白以警後世乎？推尤諸臣之貪功，其言未必非也，其言之所自發則非也。使晋文賦之以禄，推以此爲辭禄之言，雖不盡中理，猶不失爲狷介也。今既不得禄而爲此言，則是借正義以泄私怨耳。向若晋文位定之後，首行推之賞，置之狐、趙之間，吾不知推之發是言乎？不發是言乎？切意斯言之未必發也。推之言不在於禄方賦之初，而在於禄不及之後，吾固疑推之不主於理，而主於怨也。怨而忿詈，未足多責，惟不明言其怨，而借理以逞怨者，君子疾之。時不我用，必曰「此時不可進」也，未嘗肯明言「吾怨時之遺我」也。始若見用，則必不爲此言矣。人不我舉，必曰「此人不足附」也，未嘗肯明言「吾怨人之棄我」也。始若見舉，則必不爲此言矣。同是時也，用我則爲治，不用我則爲亂；同是人也，舉我則爲賢，不舉我則爲愚。何其無特操耶？此君子所甚疾也。吾固疑推之未免乎借理以逞怨也。

推，高士也，未易以凡心窺、利心量也。事固有外似而中實相遠者，安知推之果出於怨也？推，吾所敬也，因其似而加推之罪，非惟不忍，亦不敢也。以怨斷推之罪，非吾之言也，乃推之言也；非推之言也，推母之言也。推自謂：「既出怨言，不食其食。」其母亦曰：「盍亦求之，以死，誰懟？」母子之間，真實底藴舉皆披露，推安所逃情乎？ 阪谷曰 自不用意中摘出真證，鞫審機警，罪犯如推，亦必不能復辯。

推若果以從亡之臣爲不當賞，則狐、趙從亡之臣也，己亦從亡之臣也，其不賞，均也。文公之賞狐、趙，固濫而可責也，賞者爲濫，則不賞者乃理之常也。是文公失之於狐、趙，而得之於我也。君待我以常，我自安其常，怨何爲而生？身何爲而隱乎？ 阪谷曰 審理精到，分析明白，推固當首服。而世之捨己而咎人、鳴其不平者，亦當汗背。是非無兩立之理，賞者是則不賞者非，賞者非則不賞者是。今推既咎文公之濫賞，又咎文公之不賞，此近於人情乎？吾是以知推之言特借理而逞怨也。

天下固有迹高而心卑、形清而神濁者矣，如推之徒是也。聚争名者於朝，聚争利者於市，山之巔、水之涯，忽遇如推者焉，非不蕭然可喜也。怨心内積，則林麓未必非幽縶之網，澗溪未必非忿激之聲也。吾未見此之果勝彼也。

鄭伯使盗殺子臧

僖二十四年　鄭子臧出奔宋，好聚鷸冠。鄭伯聞而惡之，使盗誘殺之于陳、宋之間。君子曰：「服之不衷，身之災也。《詩》曰：『彼己之子，不稱其服。』子臧之服，不稱也夫？《詩》曰『自詒伊慼』，其子臧之謂矣。」

物之有是根者遇物必發。一粒之穀投倉窖，歷歲月，混埃塵，焦槁頽敗，若無復有生意矣，偶得半犁之土，則芃芃覆塊，無信宿之淹，根在焉故也。是根苟存，倉窖所不能腐，歲月所不能隔，埃塵所不能淹。使與土相遇，其生意蓋森然而不可禦矣。

生藏於一粒之中，無久無近，遇物則必榮；惡藏於一念之中，無久無近，遇物則必發。鄭世子華以賣國誅，其弟子臧出奔宋，竟坐聚鷸冠而爲鄭伯所殺。當見殺之時，去子華之誅殆將十年，而宋、鄭之封疆亦不啻數百里也，風聲不相接，利害不相及，鄭伯之視子臧，與塗人等耳。鷸冠之侈，第得於道路之傳，其在鄭伯初無損益。以常情揆之，不過付之一笑耳。聞之非所怒也，怒之非所殺也。今鄭伯一聞鷸冠之侈，陰謀詭計，必置之死地而後止，何其喜怒之不類耶？蓋鄭伯之怒本不在冠也，特遇冠而發之。

鄭伯殺子臧之根，固已萌於朋附於子華之時矣。以國君而誅一亡公子，如狐豚腐鼠，何所不可？乃淹遲而不發者，非有所待也，時移地移，鄭伯固已忘其怒也。怒則忘，而怒之根不忘，未與物遇之時，固伏匿而不見；及鷸冠之傳，忽動其根，前日之積忿宿憾，一旦如新，非翦滅其身不足以逞其毒。此所以罪之小而怒之大也。雖鄭伯亦自不能言其所以怒，況他人耶？自他人視之，則冠雖未必不附於孔門；見《家語》。貂蟬未必不貴於漢室；步摇之冠、飛翮之纓，未必不見奇於武帝也。《江充傳》。聚鷸爲冠，豈有可怒之實耶？鄰人之笛，懷舊者感之；《晋・向秀傳》。斜谷之鈴，愛溺者悲之。《明皇雜録》。感在人而不在笛，悲在人而不在鈐，怒在人而不在冠也。以我之不怒，笑彼之怒，則過矣。嗚呼！阪谷曰「嗚呼」以下，更推一層，入道學心理。鄭伯之怒子臧，本於一念；而子臧朋附子華之邪志，亦根一念間耳。根於一念，遇物而發，雖事在十年之前，身居數百里之外，終不能免。其亦可畏矣哉！

十年之久也，數百里之遠也，而忿怒之根終不忘，吾是以知怒之不可藏也；十年之久也，數百里之遠也，而邪慝之根終不忘，吾是以知邪之不可萌也。嗚呼！阪谷曰再下「嗚呼」字，結二「是以」云云。去惡者，其務去其根也哉！子臧雖欲遷善改過，以去邪慝之根，然鄭伯之怒已根於胸中，其能保其遇物而不發耶？曰：鄭伯何爲而怒也？以子臧而發也。過在子臧，而怒在鄭伯。吾是以知人心固通而無間也。阪谷曰更下第三「是以」字，下乘勢卷收，於題爲餘意，於示人爲主意。子臧之過，既可以動鄭伯之怒；則子臧之改，獨不可以動鄭伯之喜乎？想子臧意方回於睢陽之野，而鄭伯顏已解於溱洧之濱矣。心之相通，胡越無間，况父子間耶？

衛禮至殺邢國子

僖二十五年　春，衛人伐邢，二禮從國子巡城，掖以赴外，殺之。正月丙午，衛侯燬滅邢。同姓也，故名。禮至爲銘曰：「余掖殺國子，莫余敢止。」

物莫壽於金石，言於千載之上，而傳於千載之下者，皆托金石以不朽。然金有時而銷，石有時而泐，其所托者未必真可恃也。一得其托，不銷不泐，視古今如旦暮者，果何物？曰：君子之論是也。

天下不見湯之盤，而能誦「日新」之銘者，托於《大學》也；天下不見周之量，而能誦「文思」之銘者，托於《周官》也。是則銘托於湯盤者，反不如托於《大學》之堅；銘托於周量者，反不如托於《周官》之固。君子之論，其可恃豈金石比耶？

阪谷曰 周量，《周禮・冬官》：㮚人，㮚氏爲量。其銘曰：時文思索，允臻其極。嘉量既成，以觀四國。

善托於君子之論，固不朽；惡托於君子之論，亦不朽。衛禮至行險儌幸而取其國，恬不知耻，反勒其功於銘，以章示後世。人皆以禮至之惡，因金石而遺臭萬世也，抑不知禮至之惡，雖因金石而傳，不因金石而遠。自今而求禮至之所銘者，鼎耶？鐘耶？敦耶？鉶耶？而已滅已没，化爲飛塵，蕩爲太虚，無絲髪之存矣。物不存，則銘不存；銘不存，則惡不存。然禮至之惡播在人口，初不隨物而朽。吾是以知禮至之所以遺臭萬世者，非金石也，君子之論也。

阪谷曰 自起首反覆轉回，總歸「君子之論也」五字。

使幸而不爲左氏所載，則銘亡而惡亦亡矣，豈至於今日猶爲人詆訶而不已耶？

見辱於市人，越宿而已忘；見辱於君子，萬世而不泯。君子所以筆誅口伐於蓽門圭竇之間，而老奸巨猾心喪膽落者，恃此權也。遇伯樂者，駑駘之不幸；遇匠石者，樗櫟之不幸；遇左氏者，禮至之不幸。向若禮至之事，偶逃左氏之紀録，其辱亦必有時而止矣。是舉衛國之嘲哂，不如左氏一字之辱也。

禮至之辱，雖他人爲之汗顔泚顙，然至曷嘗自以爲辱哉？想其顯書深刻之時，未必不願君子之紀録也。以辱爲榮，其無愧而不知耻，蓋不足多責[一]。吾切怪戰國、秦、漢以來用兵者，反覆狙詐[二]，大率皆禮至之比，不特其人自矜其功，而作史者亦從而咨美頌歎之，以誇示來世。甚矣！風俗之日薄也。

春秋之時，有一禮至，人固已指爲異，特書之以爲笑端，孰知後世爲禮至者，將千百而未已耶？又孰知後世執筆而記之者，亦禮至之徒耶？甚矣！風俗之日薄也。阪谷曰「甚矣風俗」云云重出，殊表慨歎之意。

抑吾有所深懼焉[三]。讀《左氏》之書者，夫人而能笑禮至之妄也。戰國、秦、漢以來爲將者，其視禮至相去幾何[四]？然史之所載，閎麗雄偉，可喜可愕。讀史者奪於其辭，而眩於其實，未必不快然慕之矣。阪谷曰萬怪幻出之世，眼光迷離，唯有眩倒而已。同是事也，讀《左氏》之書則隨左氏而輕之，讀後世之史則隨史官而重之。吾心之真輕重安在耶？今日之游於書，他日之游於世，一也。游衆正之間，則見貪冒者，賤之而不爲；游衆邪之間，則見貪冒者，慕之而欲爲。阪谷曰楊之泣歧，墨之悲絲，一齊放出，無限風神。人正亦正，人邪亦邪，正者難見，而邪者易逢，終必爲小人之歸而已矣。吁！可畏哉。

校勘記

〔一〕責，原作「矣」，據四庫本、瞿本改。
〔二〕狙詐，原作「徂詐」，據安正堂本、四庫本、瞿本改。
〔三〕抑，原作「仰」，據安正堂本、四庫本、瞿本改。
〔四〕禮至，原作「禮」，據四庫本、瞿本補。

晉文請隧　啓南陽　圍陽樊　圍原　問原守

僖二十五年　晉侯辭秦師而下。三月甲辰，次于陽樊。右師圍温，左師逆王。四月丁巳，王入于王城，取太叔于温，殺之于隰城。戊午，晉侯朝王。王享醴，命之宥。請隧，弗許，曰：「王章也。未有代德而有二王，亦叔父之所惡也。」與之陽樊、温、原、欑茅之田。晉於是始啓南陽。陽樊不服，圍之。倉葛呼曰：「德以柔中國，刑以威四夷，宜吾不敢服也。此誰非王之親姻，其俘之也！」乃出其民。冬，晉侯圍原，命三日之糧。原不降，命去之。諜出，曰：「原將降矣。」軍吏曰：「請待之。」公曰：「信，國之寶也，民之所庇也。得原失信，何以庇之？所亡滋多。」退一舍而原降，遷原伯貫于冀。趙衰爲原大夫，晉侯問原守於寺人勃鞮。對曰：「昔趙衰以壺飧從，徑，餒而弗食。」故使處原。

言周、秦之强弱者，必歸之形勢。其説蓋始於婁敬。敬之言曰：「周公營成周，都雒，以爲有德易以興，無德易以亡，不欲阻險，令後世驕奢以虐民也。及周之衰，天下莫朝，周不能制。

非德薄，形勢弱也。秦地被山帶河，四塞以爲固，此所謂天府。」見《高帝紀》。論周、秦之形勢者，皆宗於敬，吾獨謂敬所見者，特平王之周耳，曷嘗見文、武、成、康之周哉？敬以周之形勢爲弱，秦之形勢爲强，抑不知敬之所謂秦，乃文、武、成、康之周也。文、武、成、康之世，岐、豐乃周之都，如敬之言，被山帶河，四塞以爲固者，蓋皆周之形勢。當是時，安得有所謂秦者耶？

迨至平王東遷，輕捐岐、豐之地以封秦，遂成秦之强。是秦非能自强也，得周之形勢而强也。秦得周之形勢，以無道行之，猶足以雄視諸侯，并吞天下。况文、武、成、康，本之以盛德，輔之以形勢，其孰能禦之耶？ 阪谷曰 素嘗謂：凡天下之事，宜細别，至施之則可合行。如德與形勢，亦然。已得其一，尚足雄視，况能兼之乎？吕公意亦如是。是天下形勢之强者，莫周若也。敬何所見，而遽以弱名周耶？吾故曰：敬所見者，平王之周，而未見文、武、成、康之周也。

敬論周之形勢既謬，其論周之德益謬。形勢與德，夫豈二物？形勢，猶身也；德，猶氣也。人未有恃氣之充，而置身於易死之地者；亦未有恃德之盛，而置國於易亡之地者。王者之興，其德必有以先天下，其形勢亦必有以先天下。文、武、成、康之德，天下莫如也；岐、豐、伊、雒之形勢，天下亦莫如也。兩盡其極，而未嘗有所隆殺也。君子無所不用其極者，隆其德而殺其形勢，是有時而不用其極矣，烏得爲王者之道耶？陋矣哉！敬之論也。 阪谷曰 以上駁敬説，以下論周子孫。竊案，「非」字上恐脱「抑」字。此二句上下轉換之樞，不可省一字也。

非特敬爲然，雖周之子孫，莫不皆然。晉文公既定子帶之難，請隧以自寵，襄王弗許，曰：

「王章也。未有代德而有二王，亦叔父之所惡也。」與之陽樊、温、原、欑茅之田。襄王之意以謂：吾周之爲周，在德而不在形勢。典章文物之制，子孫當世守之，不可一毫之假人。至於區區土壤，吾何愛而以犯强國之怒耶？〔阪谷曰〕放飯流歠而問無齒決之類，庸主概然。抑不知隧固王章也，千里之畿甸亦王章也。襄王惜禮文不以與晉，自謂能守王章，抑不知割地自削，則畿甸之王章既不全矣。惜其一而墮其二，烏在其能守王章耶？〔阪谷曰〕再揭前喻駁襄王，極緊。形勢猶身也，德猶氣也，披其肩背，斷其手足，自謂能守氣者，吾不信也。

嗚呼！周自平王捐岐、豐以封秦，既失周之半矣；以破裂不全之周，兢兢自保猶恐難立，豈容復有所侵削耶？奈何子孫猶不知惜，今日割虎牢畀鄭，明日割酒泉畀虢，文、武境土，歲朘月耗，至襄王之時，鄰於亡矣。又頓捐數邑於晉，猶棄糧於陳、蔡之間，揮金於原、曾之室，果何以堪乎？周之堙替至此，見之者皆爲之憫惻。晉文乃忍於此時多取其地以自肥，亦猶奪糧於陳、蔡之間，攫金於原、曾之室，其亦不仁甚矣。〔阪谷曰〕一喻兩用，辯詰殊覺簡勁。噫！晉文獨非周之苗裔耶？坐視宗國之危蹙，不能附益，反從而漁奪之，是而可忍，孰不可忍！議者反屑屑然論其伐原之信，問守之非，何其捨本而求末也！〔阪谷曰〕前自襄王説入晉文，此自晉文説入襄王，有錯綜之妙，特恨有冗長之弊耳。晉文之不仁至是，固自不可以人理責；向使爲襄王者，知祖宗之地尺寸不可以與人，以正義大法明告於晉，晉雖强暴，未必敢遽加無道於周也。

雖然，仲叔于奚有功於衛，賞之繁纓，夫子以爲不如多與之邑。隧之與繁纓，不亦大乎？襄王重隧而輕邑，適合夫子之訓。夫子是，則襄王亦是；襄王非，則夫子亦非：必居一於此矣。曰：不類。仲叔于奚，内臣也，雖多與之邑，猶衛地也；晋文公，外臣也，朝受圖而夕設版矣。是不同。阪谷曰 抑素尚竊疑有闕文。

展喜犒齊師

僖二十六年　齊孝公伐我北鄙。公使展喜犒師，使受命于展禽。齊侯未入竟，展喜從之，曰：「寡君聞君親舉玉趾，將辱於敝邑，使下臣犒執事。」齊侯曰：「魯人恐乎？」封曰：「小人恐矣，君子則否。」齊侯曰：「室如縣罄，野無青草，何恃而不恐？」對曰：「恃先王之命，昔周公、太公股肱周室，夾輔成王。成王勞之，而賜之盟，曰：『世世子孫，無相害也！』載在盟府，太師職之。桓公是以糾合諸侯，而謀其不協，彌縫其闕，而匡救其灾，昭舊職也。及君即位，諸侯之望曰：『其率桓之功！』我敝邑用不敢保聚，曰：『豈其嗣世九年，而棄命廢職，其若先君何？君必不然。』恃此以不恐。」齊侯乃還。

魯如楚乞師

僖二十六年　東門襄仲、臧文仲如楚乞師。臧孫見子玉而道之以伐齊、宋，以其不臣也。

楚伐宋齊

僖二十六年　宋以其善於晉侯也，叛楚即晉。冬，楚令尹子玉、司馬子西帥師伐宋，圍緡。公以楚師伐齊，取穀。凡師，能左右之曰以。

緩則信，急則詐；安則信，危則詐。習俗之情皆然也。公卿大夫平居佚豫，侃侃正論，所出，有能拾儀、秦、代、厲之遺策，以排難解紛者，則皆欣然恨聞之晚。彼非遽忘前日之論也，苟以濟一時之難，不暇顧一時之詐也。故無事則爲君子，有事則爲小人；在國則爲君子，在敵則爲小人。宗曰 筆勢凌厲，調侃不少。 視儀、秦、代、厲爲何等物？一旦羽檄雷動，邊聲四起，搶攘怵迫，不知陣相向，此何地也？彼其心以謂：誠信者，國家閑暇用之以厚風俗則可耳。四郊多壘，此何時也？兩吾福，雖置敵於禍，勿恤也。區區之小謀，豈當施於此耶？可以爲吾利，雖置敵於害，勿恤也；可以爲未必信有其人也，聞其名未必信有其實也，彼孰知君子之道行乎兵革之間，固有兩全而不傷者耶？聞其語吾請舉其人、指其實以曉之。

齊孝公親帥師伐魯北鄙，魯使展喜犒師。其行也，實受辭於柳下惠焉。他人爲之辭，必捭闔詭辨，期於誤齊而全魯。吾觀柳下惠之辭，何其温厚誠篤，守約而施博也。首告之以先王之命，宗曰 作長題消納法。 以發其尊周之心；繼告之以周公、太公之睦，以發其親魯之心；終告之以桓公之盛，以發其圖霸之心。既爲魯慮之，又爲齊慮之，初無一語之欺。想展喜致命之際，齊侯一聞王命之重，必肅然而敬；再聞齊、魯之舊，必歡然而和；三聞霸業之盛，必慨然而奮。向來憤毒怨憾之氣，陰銷潛鑠，不知所在。是宜還轅反旆，不待其辭之畢也。柳下惠之辭命，無儀、秦、代、厲之詐，而有儀、秦、代、厲之功。然則排難解紛者，變詐之外，豈無術耶？吾今而後知存魯、亂吳、破齊、强晋、霸越者，決不出於孔子之徒也。子貢。見《史記》。

雖然，柳下惠之辭命則善，魯所以用其辭命則不善。阪谷曰 一轉渺然，波瀾打天。齊孝公成師以出，既臨魯境，在常情論之，豈有聞一言而遽還者乎？孝公度越常情，樂於從善，不憚三軍之暴露，徒手而還，是有大造於魯也。魯曾不知報齊之施，反以德爲怨，與楚連兵而伐齊，是柳下惠之辭命，適爲魯欵敵之具耳。古語有之：阪谷曰 古語，《淮南子》。柳下惠見飴曰：「可以養老。」盜跖見飴曰：「可以黏牡。」此言非爲盜跖也，爲魯也。盜跖得柳下惠之飴而爲盜跖，魯得柳下惠之辭而爲詐。一物而兩用，一言而兩心，隨人之所見何如耳，飴與辭何罪焉？然則魯之君臣，是一盜跖也。

阪谷曰 桂棹擊空明，飄飄欲羽化而登仙。

宗廷輔曰 太原公子裼裘而來，麈尾一揮，光溢四座。時文之勝境，亦奪標之好手也。集中開卷數行，往往遇之。效之安得不速飛乎？

楚滅夔

僖二十六年　夔子不祀祝融與鬻熊，楚人讓之。對曰：「我先王熊摯有疾，鬼神弗赦，而自竄于夔。吾是以失楚，又何祀焉？」秋，楚成得臣、鬬宜申帥師滅夔，以夔子歸。

以君子之言，借小人之口發之，則天下見其邪，而不見其正；以小人之言，借君子之口發之，則天下見其正，而不見其邪。是故《大誥》之篇入於王莽之筆，則爲奸說；王莽嘗作《大誥》，以告諭群下。陽虎之語，編於孟氏之書，則爲格言。《孟子》曰：「陽虎曰：『爲富不仁矣。爲仁不富矣。』」是非變其言也，氣變則言隨之變也。

於此有木焉，柯幹固未嘗改也，春氣至，則枯者榮，衰者盛，陳者新，悴者澤；秋氣至，則榮者枯，盛者衰，新者陳，澤者悴。氣也者，潛乎柯幹之中，而浮乎柯幹之外者也。惟言亦然。阪谷曰 與前《展喜犒師論》并讀，反對相照，大有益于學者。

溫厚之氣加焉，凡勁暴粗厲之言，皆變而爲溫厚；忿戾之氣加焉，凡溫醇和易之言，皆變而爲忿戾。不動一辭，不移一字，而善惡相去若天淵然，是孰使之然哉？氣也。氣可以奪言，言不可以奪氣。故君子之學，治氣而不治言。阪谷曰 孔曰：「言以足志，文以足言。」孟曰：「知言養氣。」今曰「君子治氣而不治言」，是大可疑。

夔子之對楚問，正也；其激楚怒而見滅者，以氣之忿而奪言之正也。夔子不祀祝融與鬻熊，禮也。衛祖康叔不敢祀后稷，魯祖周公不敢祀公劉，非所以爲罪也，此固先儒之所已論也。然夔子言之所守則是，言之所出則非。治言而不治氣，雖有正禮大義，反爲忿戾之所敗，不足以解紛，而反以速禍，豈不甚可惜哉？

夔之不當祀祝融、鬻熊，楚固知之。知之而且問者，特假以爲發兵之端耳，在常情不得不忿也。忿心既生，言亦隨厲。故其對楚之辭則曰：「我先王熊摯有疾，鬼神弗赦，而自竄於夔。吾是以失楚，又何祀焉？」忿戾之氣，殆如矛戟傷人。至今讀者猶爲之變容，况仇敵乎？使夔有君子，亦必以不當祀爲對，然其言之所自出則異矣。惟其空國無君子，故蔽於私忿，徒能爲不當祀之對，而弗暇思不當祀之由，反追咎失楚，餒鬼神之不祐，何其悖耶！

嗚呼！祖可餒，是天可餒也。果如夔子之言，則石厚之子，可以廢碏之祀，事見《隱四年》。而日磾之孫，阪谷曰 案厚及日磾長子，未聞有子，是假設言之。蓋有不入敬侯之廟者矣。事見本傳。夔之始所以不祀者，曷嘗有是意耶？人情固有自譽而以惡爲美者矣，未有自誣而以美爲惡者也。夔之祀典，本出於禮。今務快其忿，甘自處於悖逆，而忘其守禮之初心。忿戾之移人，可畏哉！忿楚子而上及吾祖，何怒之遷也！怒止於楚，其可自附於不遷怒乎？曰：未也。所謂遷怒者，非待怒室及市，然後謂之遷也；非待怒甲及乙，然後謂之遷也；怒在於彼，遷之於我，是之謂遷。阪谷曰「何其悖耶」、「何怒之遷也」，二「何」相配應，而忽偏承「遷」字發問垂戒於文外，敏甚。怒在於彼而遷之於我，是猶奪人之酖而自飲，其不裂腹潰腸者幾希。彼顏子之不遷怒，果何以異於人哉？亦不奪酖者之智而已矣。

宗廷輔曰 胡氏《傳》云：諸侯之祀，無過其祖者。夔祖熊摯，本不得祀祝融與鬻熊，而以楚滅之爲非其罪，故《春秋》特存其爵而不名。文本此立説。

東萊先生左氏博議卷之十五

宋叛楚即晋

僖二十六年　秋，宋以善於晋也，叛楚即晋。楚令尹子玉、司馬子西帥師伐宋，圍緡。

楚子將圍宋止文之教也

僖二十七年　楚子將圍宋，使子文治兵於睽，終朝而畢，不戮一人。子玉復治兵於蔿，終日而畢，鞭七人，貫三人耳。國老皆賀子文。子文飲之酒。蔿賈尚幼，後至，不賀。子文問之。對曰：「不知所賀。子之傳政於子玉，曰：『以靖國也。』靖諸内而敗諸外，所獲幾何？子玉之敗，子之舉也。舉以敗國，將何賀焉？子玉剛而無禮，不可以治民。過三百乘，其不能以入矣。苟入而賀，何後之有？」冬，楚子及諸侯圍宋，宋公孫固如晋告急。先軫曰：「報施救患，取威定霸，於是乎在矣。」狐偃曰：「楚始得曹，而新昏於衛，若伐曹、衛，楚必救之，則齊、宋免矣。」於是乎蒐于被廬，作三軍，謀元帥。趙衰曰：「郤穀可。」乃使將中軍，郤溱佐之；使狐偃將上軍，讓於狐毛而佐之；命趙衰爲卿，讓於欒枝、先軫；使欒枝將下軍，先軫佐之。荀林父御戎，魏犨爲右。晋侯始入而教其民，二年，欲用之。子犯曰：「民未知義，未安其居。」於是乎出定襄王，入務利民，民懷生矣。將用之。子犯曰：「民未知信，未宣其用。」於是乎伐原以示之信。民易資者不求豐焉，明徵其辭。公曰：「可矣乎？」子犯曰：「民未知禮，未生其共。」於是乎大蒐以示之禮，作執秩以正其官。民聽不惑，而後用之。出穀戍，釋宋圍，一戰而霸，文之教也。

晋侯將伐曹止會諸侯于許

僖二十八年　晋侯將伐曹，假道于衛，衛人弗許。還，自南河濟，侵曹、伐衛。取五鹿。晋侯、齊侯盟于斂盂。衛侯請盟，晋人弗許。晋侯圍曹，三月丙午，入曹。令無入僖負羈之宫而免其族，報施也。執曹伯，分曹、衛之田以畀宋人。楚子入居于申，使申叔去穀，使子玉去宋，曰：「無從晋師。晋侯在外十九年矣，而果得晋國。險阻艱難，備嘗之矣；民之情僞，盡知之矣。天假之年，而除其害。天之所置，其可廢乎？」子玉使伯棼請戰，曰：「非敢必有功也，願以間執讒慝之口。」王怒，少與之師，公乃拘宛春於衛，且私許復曹、衛。曹、衛告絶於楚。子玉怒，從晋師。晋師退。軍吏曰：「以君辟臣，辱也。且楚師老矣，何故退？」子犯曰：「師直爲壯，曲爲老，豈在久乎？微楚之惠不及此，退三舍辟之，所以報也。」退三舍，楚衆欲止，子玉不可。四月，晋侯次于城濮。楚師背酅而舍，子玉使鬬勃請戰，晋侯登有莘之虚以觀師，曰：「少長有禮，其可用也。」遂伐木以益其兵。己巳，晋師陳于莘北，楚師敗績。晋師三日館穀，及癸酉而還。甲午，至于衡雍，作王宫于踐土。丁未，獻楚俘于王。己酉，王享醴，命晋侯宥。王命尹氏及王子虎、内史叔興父策命晋侯爲侯伯，賜之大輅之服，戎輅之服，彤弓一，彤矢百，玈弓矢千，秬鬯一卣，虎賁三百人。曰：「王謂叔父：『敬服王命，以綏四國，糾逖王慝。』」晋侯三辭，從命，曰：「重耳敢再拜稽首，奉揚天子之丕顯休命。」受策以出，出入三覲。衛侯聞楚師敗，懼，出奔楚，遂適陳，使元咺奉叔武以受盟。癸亥，王子虎盟諸侯于王庭，要言曰：「皆獎王室，無相害也。有渝此盟，明神殛之！俾隊其師，無克祚國，及其玄孫，無有老幼。」君子謂是盟也信，謂晋於是役也能以德攻。城濮之戰，晋中軍風于澤，亡大旆之左旃。祁瞞奸命，司馬殺之，以徇于諸侯。使茅茷代之。師還，濟河。舟之僑先歸，士會攝右。七月，振旅，愷以入于晋。獻俘授馘，飲至大賞，徵會討貳。殺舟之僑以徇于國，民於是大服。君子謂：「文公其能刑矣，三罪而民服。」冬，會于温，討不服也。是會也，晋侯召王，以諸侯見，且使王狩。仲尼曰：「以臣召君，不可以訓。」故書曰：「天王狩于河陽。」言非其地也，且明德也。晋侯有疾，曹伯之豎侯獳貨筮史，使曰：「以曹爲解。齊桓公爲會而封異姓，今君爲會而滅同姓。曹叔振鐸，文之昭也；先君唐叔，武之穆也。且合諸侯而滅兄弟，非禮也。與衛偕命，而不與偕復，非信也；同罪異罰，非刑也。禮以行義，信以守禮，刑以正邪，舍此三者，君將若之何？」公説，復曹伯，遂會諸侯于許。

户有樞，言亦有樞；射有的，言亦有的；屠有會，言亦有會。一得其樞，萬户皆開；一破其的，萬矢皆廢；一中其會，萬理皆解。千世之所不能決，百家之所不能定，群説之所不能該，聖人折之以一字，而包羅交結，舉無所遺，是果何術耶？蓋所運者樞，所貫者的，所據者會也。阪谷曰千古史乘是非，紛紜弗決，何得明識如孔子者定之？蓋古人亦如罪犯，數罪俱發，善斷其一，則他可舍。然其事綦難，所以致紛紜也。

晉文公之霸諸侯，其謀畫，其政刑，其征伐，其盟會，使後世學者定其是非，必條陳縷數之曰：「此臧也，彼否也；此優也，彼劣也；此工也，彼拙也。」雖累牘聯簡，猶未能盡其是非，而吾夫子斷之一字曰「譎」而已。

味「譎」之一字，而觀晉文之平生，千源萬派，滔滔汩汩，皆赴於一字之内。動容周旋，横斜曲直，無往非譎。如拔其尤者論之：楚與宋，皆有德於文公者也。兼受二國之施，則當兼報二國之德，豈當有所偏助哉？文公之心，則以宋弱國也，因前日之德而親我者也；楚强國也，挾前日之德而陵我者也。阪谷曰豪傑畢竟大盗耳，故以信義駕馭其部下而不顧恩於君，況敵乎？曹操、司馬懿、劉裕是也。如晉文，尚其小者。今楚伐宋，爲吾討者，固當助宋以厚其親我之心，挫楚以奪其陵我之氣。不寧惟是，吾方圖霸業，坐視楚横行而不敢較，則霸權在楚不在晉矣。然遽加兵於楚，則天下必以我爲背惠食言，其誰與我？於是不攻楚，而攻楚之所必救。伐曹伐衛，皆楚親暱，外無背楚之名，而内有怒楚之實。使兵端發於楚，而不發於我。待楚之先動，而後徐起而應之，則雖破楚，而無背惠之名。其爲謀可謂譎矣，此猶非其譎之尤者也。阪谷曰 晉文尚奸雄之小者，至大奸，則譎詐更巧，抑譎愈巧而假名義愈大。余又以知名義之貴重也。

文公名雖救宋，而意實在於勝楚。時天下之强國，惟晉與楚，必先摧楚之鋒，然後晉可以專霸於天下。阪谷曰 奸雄謀略抉摘不漏，抑當時若檢晉文帷幕中，其謀略必有過此者。楚子固倦於兵，其很戾而好戰者，獨子玉耳。儻不深激楚之怒，則楚將知難而退，晉、楚之雌雄不決矣。於是因執曹伯，分曹、衛之田賜宋，所以深激楚之怒而趣之戰也。苟文公意止於救宋，則當宛春之使，必欣然而從矣。何者？始伐曹、衛，本所以救宋也，今楚果以愛曹、衛之故，將釋宋圍，是適投吾欲也。我復曹、衛，彼釋宋圍，兩得其欲，何爲不許之乎？文公非惟不許，乃執宛春以辱之，又私許復曹、衛以挑之，惟恐激而不怒，怒而不戰。阪谷曰 武侯巾幗，則司馬懿激而不怒，以非子玉輩之比。是其心果在於勝楚，而不在於救宋也。人知文公救宋而止耳，孰知其譎之尤，一至於此乎！

至於退舍之事，則其譎又深矣。楚本無與晉競之心，文公多方以怒之，迫而使戰。阪谷曰 雖子玉名將欺人，自後世而觀之概兒戲。蓋非類兒戲者，則人不能一見而解，但顧兒戲之運用巧拙如何耳。不勝一朝之忿，然上則楚子，下則士卒，皆不欲也。自常情論之，雖車馳卒奔，猶懼失楚師，况退舍避之，使子玉得假以爲班師之名乎？蓋文公固已料子玉於度內。明知子玉内懷蔿賈之謗，急於立功，以刷其耻，見吾之退避，必謂幸遇脆敵，功業易取無若此時，雖吾退十舍，猶將來追，況三舍乎？文公之所以肯退者，先有以必楚之不退也。【阪谷曰】當時晉君臣經萬艱來，廟算之明，如燭照數計。如子玉特紈袴驕兒，夙已玩之掌上。心欲戰，而形若不欲戰，用以報德，用以驕敵，用以感諸侯之心，用以作三軍之憤。一世爲其所眩惑而不自知，雖明智如左氏者，猶信其「我退楚還，我將何求」之語，載之於書。信矣！文公之善譎也。

文公之譎，夫豈一端而已哉！三日而去原，若欲自附於王者之師；然毁丘墓以脅曹，果王者之師耶？利小則用信，利大則用暴，吾是以知文公之譎也。三罪而民服，顛頡、祁瞞、舟之僑。若欲自附於王者之刑矣；然舍魏犨而屈法〔二〕，果王者之刑耶？疏者則用法，愛者則用私，吾是以知文公之譎也。【阪谷曰】二「是以」急節奏，與上文變化。而以「要皆」二句總結。垂淚斬馬謖，武侯已失之；宗澤不斬岳飛，爲千古美談。呂公何失之目睫？統而論之，大則如托狩以召王，小則如曳柴以誤敵，殆未易偏舉，要皆不能出夫子一字之外。聖人之言，可畏也。

嗚呼！【阪谷曰】「嗚呼」以下，咏歎發餘意。文公之譎，所就者區區之霸業耳。其師一動，而子叢死於魯，子玉死於楚，叔武、歂犬、士榮、元咺、子適、子儀死於衛，鄉若晉師不出，則是皆無罪之人也。至於若偏若裨，若輿若臺，膏潤原野，名不登於簡冊者，抑不知其百耶？千耶？萬耶？忍哉！文公之不仁也。【阪谷曰】已是奸雄，豈顧積骸爲山？呂公責晉文，以爲君子而然乎？

雖然，文公始欲譎人，而終不免爲人所譎。曹伯之當執當復，衛侯之當殺當釋，出於文公可也。顧乃爲巫所譎而還曹伯，爲醫所譎而生衛侯。至於反衛侯於國，則爲魯所餌，而使恩歸於魯。《僖二十八年》：晋人執衛侯歸之于京師。《三十年》：晋侯使醫衍酖衛侯。甯俞貨醫，使薄其酖，不死。公爲之請納玉於王，與晋侯皆十瑴，王許之。秋，乃釋衛侯。魯諸侯也，受其譎猶不足深愧，孰謂巫醫下流，其譎又有在文公之上者耶？阪谷曰此數事間，恐有爲不知而欺人者。然自古無數奸雄爲女子小人所欺而不覺者比比矣，况晋文乎？獨晋文不陷大禍而全終者，以其十六年道路磨琢之也。吾所以深爲文公愧，而益知譎之果不足恃也。

校勘記

〔一〕舍，原作「後」，據瞿本改。

晋文夢與楚子搏

僖二十八年　四月，晋侯夢與楚子搏，楚子伏己而盬其腦，是以懼。子犯曰：「吉。我得天，楚伏其罪，吾且柔之矣。」楚師敗績。

楚子玉夢河神求瓊弁玉纓

僖二十八年　初，楚子玉自爲瓊弁玉纓，未之服也。先戰，夢河神謂己曰：「畀余，余賜汝孟諸之麋。」

燕姞夢天與己蘭

宣三年　冬，鄭穆公卒。初，鄭文公有賤妾曰燕姞，夢天使與己蘭，曰：「余爲伯鯈。余，而祖也。以是爲而子。以蘭有國香，人服媚之如是。」既而文公見之，與之蘭而御之。辭曰：「妾不才，幸而有子。將不信，敢徵蘭乎？」公曰：「諾。」生穆公，名之曰蘭。穆公有疾，曰：「蘭死，吾其死乎？吾所以生也。」刈蘭而卒。

魏顆夢結草之老人

宣十五年　秋，秦桓公伐晋，次于輔氏。壬午，魏顆敗秦師。獲杜回，秦之力人也。初，魏武子有嬖妾，無子。武子有疾，命顆曰：「必嫁是！」疾病，則曰：「必以爲殉！」及卒，顆嫁之，曰：「疾病則亂，吾從其治也。」及輔氏之役，顆見老人結草以亢杜回，杜回躓而顛，故獲之。夜夢之曰：「余，而所嫁婦人之父也。爾用先人之治命，余是以報。」

韓厥夢子輿

成二年　韓厥夢子輿謂己曰：「且辟左右。」故中御而從齊侯。邴夏曰：「射其御者，君子也。」公曰：「謂之君子而射之，非禮也。」射其左，越于車下。射其右，斃于車中。

趙嬰夢天使

成五年　原、屏放趙嬰於齊。嬰曰：「我在，故欒氏不作。我亡，吾二昆其憂哉！且人各有能有不能，舍我，何害？」弗聽。嬰夢天使謂己：「祭余，余福女。」使問諸士貞伯，貞伯曰：「不識也。」既而告其人，曰：「神福仁而禍淫。淫而無罰，福也。祭其得亡乎？」祭之之明日而亡。

晋侯夢大厲　夢疾爲二豎子　小臣夢負公登天

成十年　晋侯夢大厲，被髮及地，搏膺而踊曰：「殺余孫，不義。余得請於帝矣。」壞大門及寢門而入。公懼，入于室。又壞户。公覺，召桑田巫。巫言如夢，公曰：「何如？」曰：「不食新矣。」公疾病，求醫于秦，秦伯使醫緩爲之。未至，公夢疾爲二豎子，曰：「彼良醫也，懼傷我，焉逃之？」其一曰：「居肓之上，膏之下，若我何？」醫至，曰：「疾不可爲也。在肓之上，膏之下，攻之不可，達之不及，藥不至焉。不可爲也。」公曰：「良醫也。」厚爲之禮而歸之。六月，晋侯欲麥，使甸人獻麥，饋人爲之。召桑田巫，示而殺之。將食，張，如廁，陷而卒。小臣有晨夢負公以登天，及日中，負晋侯出諸廁，遂以爲殉。

吕錡夢射月

成十六年　吕錡夢射月，中之，退入於泥。占之，曰：「姬姓，日也；異姓，月也；必楚王也。射而中之，退入於泥，亦必死矣！」及戰，射共王，中目。

聲伯夢瓊瑰

成十七年　初，聲伯夢涉洹，或與己瓊瑰，食之，泣而爲瓊瑰，盈其懷。從而歌之曰：「濟洹之水，贈我以瓊瑰。歸乎！歸乎！瓊瑰盈吾懷乎！」懼不敢占也。還自鄭，壬申，至于貍脤而占之，曰：「余恐死，故不敢占也。今衆繁而從余三年矣，無傷也。」言之，之暮而卒。

中行獻子夢與厲公訟

襄十八年　中行獻子將伐齊，夢與厲公訟，弗勝。公以戈擊之，首隊於前，跪而戴之，奉之以走，見梗陽之巫皋。他日，見諸道，與之言，同。巫曰：「今兹主必死。若有事於東方，則可以逞。」獻子許諾。

叔孫穆子夢天壓己

昭四年　初，穆子去叔孫氏，及庚宗，遇婦人，使私爲食而宿焉。問其行，告之，故哭而送之。適齊，娶于國氏，生孟丙、仲壬。夢天壓己，弗勝。顧而見人，黑而上僂，深目而豭喙，號之曰：「牛，助余！」乃勝之。旦而皆召其徒，無之。且曰：「志之。」宣伯曰：「魯以先子之故，將存吾宗，必召女。召女，何如？」對曰：「願之久矣。」魯人召之，不告而歸。既立，所宿庚宗之婦人獻以雉。問其姓，對曰：「余子長矣，能奉雉而從我矣。」召而見之，則所夢也。未問其名，號之曰「牛」，曰：「唯。」皆召其徒使視之，遂使爲豎云云。

魯昭夢襄公祖

昭七年　楚子成章華之臺，願與諸侯落之。太宰薳啓疆來召公，公將往，夢襄公祖。梓愼曰：「君不果行。襄公之適楚也，夢周公祖而行。今襄公實祖，君其不行。」子服惠伯曰：「行。先君未嘗適楚，故周公祖以道之。襄公適楚矣，而祖以道，君不行，何之？」三月，公如楚。

晉侯夢黄熊

昭七年　鄭子産聘于晉。晉侯有疾，韓宣子逆客，私焉，曰：「寡君寢疾，於今三月矣。并走群望，有加而無瘳。今夢黄熊入於寢門，其何厲鬼也？」對曰：「以君之明，子爲大政，其何厲之有？昔堯殛鯀于羽山，其神化爲黄熊，以入于羽淵，實爲夏郊，三代祀之。晉爲盟主，其或者未之祀也乎？」韓子祀夏郊，晉侯有間。賜子産莒之二方鼎。

孔成子夢康叔

昭七年　衛襄公夫人姜氏無子，嬖人婤姶生孟縶。孔成子夢康叔謂己：「立元。余使羈之孫圉與史苟相之。」史朝亦夢康叔謂己：「余將命而子苟與孔烝鉏之曾孫圉相元。」史朝見成子，告之夢。夢協，故立靈公。

泉丘人有女夢以其帷幕孟氏之廟

昭十一年　泉丘人有女，夢以其帷幕孟氏之廟，遂奔僖子，其僚從之。盟于清丘之社，曰：「有子，無相棄也。」僖子使助薳氏之簉。反自祲祥，宿於薳氏，生懿子及南宫敬叔於泉丘人。其僚無子，使字敬叔。

趙宣子夢文公授之陸渾

昭十七年　九月丁卯，晉荀吴帥師涉自棘津，使祭史先用牲于雒。陸渾人弗知，師從之，遂滅陸渾。宣子夢文公攜荀吴而授之陸渾，故使穆子帥師，獻俘于文宫。

宋元公夢太子欒即位

昭二十五年　宋元公將爲公故如晋，夢太子欒即位於廟，己與平公服而相之。旦，召六卿。公曰：「寡人不佞，不能事父兄，以爲二三子憂，寡人之罪也。若以群子之靈，獲保首領以没，唯是楄柎所以藉幹者，請無及先君。」仲幾對曰：「君若以社稷之故，私降昵宴，群臣弗敢知。若夫宋國之法，死生之度，先君有命矣，群臣以死守之，弗敢失隊。臣之失職，常刑不赦。臣不忍其死，君命祇辱。」宋公遂行。己亥，卒于曲棘。

曹人夢衆君子立于社宫

哀七年　初，曹人或夢衆君子立于社宫，而謀亡曹。曹叔振鐸請待公孫强，許之。旦而求之曹，無之。戒其子曰：「我死，爾聞公孫强爲政，必去之。」及曹伯陽即位，好田弋。曹鄙人公孫强好弋，獲白雁，獻之，有寵，使爲司城以聽政。夢者之子乃行。强言伯説於曹伯，曹伯從之。乃背晋而奸宋，宋人伐之。

衛侯夢渾良夫

哀十七年　衛侯夢于北宫，見人登昆吾之觀，被髮北面而譟曰：「登此昆吾之虚，緜緜生之瓜。余爲渾良夫，叫天無辜。」公親筮之，胥彌赦占之，曰：「不害。」與之邑，寘之，而逃奔宋。衛侯貞卜，其繇曰：「如魚竀尾，衡流而方羊。裔焉大國，滅之將亡。闔門塞竇，乃自後逾。」冬十月，晋復伐衛，入其郛。

宋得夢己爲烏

哀二十六年　宋得夢啓北首而寢於盧門之外，己爲烏而集於上。咮加於南門，尾加於桐門，曰：「余夢美，必立。」大尹奉啓以奔楚，乃立得。

形神相接而夢者，世歸之想；形神不接而夢者，世歸之因。阪谷曰晋衛玠問樂廣夢，廣云：「是想。」玠曰：「形神所不接而夢，豈是想耶？」廣曰：「因也。未嘗夢乘車入鼠穴，擣韲噉鐵杵，皆無想無因故也。」東坡云：「人有牧羊而寢者，因羊而念馬，因馬而念車，因車而念蓋。遂夢曲蓋鼓吹，身爲主公。夫牧羊之與王公亦遠矣，想之與因，豈足怪乎？」因之説曰：因羊而念馬，因馬而念車，因車而念蓋，固有牧羊而夢鼓吹曲蓋者矣。是雖非今日之想，實因於前日之想也。故因與想，一説也。信如是説，無想則無因，無因則無夢，舉天下之夢，不出於想而已矣。

嗚呼！萬物皆備於我，萬理皆備於心，豈以想而有，豈以不想而無哉？耳之所聞者有限也，然天下之聲皆具於吾耳之中，非可以聞不聞限也；目之所見者有限也，然天下之色皆具於吾目之中，非可以見不見限也；心之所想者有限也，然天下之理皆具於吾心之中，非可以想不想限也。上天下澤，内華外夷，往古來今，其鉅其細，其晦其明，皆與吾心同流而無間。或感於志氣，或動於四體，或發於夢寐。層見錯出，軸運機旋，豈待想而後有因，待因而後有夢耶？苟必謂因想而後有夢，則是未想之前胸中本無是物，因想而後有是物也；未想之前胸中本無是理，因想而後有是理也。抑不知心猶地而想特其一塵耳，心猶海而想特其一漚耳。阪谷曰 坡翁自禪理悟出，吕公更拈出二喻，翻弄説來，輕妙無比。抑亦帶蔥嶺語氣，亦是吕公狡獪之處。以想爲心，何異指塵爲地，指漚爲海乎？是其爲論淺狹潰亂，猶未離乎夢中語，反欲證他人之夢，甚矣！其惑也。

歷舉左氏所載之夢，自晋文公至於宋得，無慮於數十。名之以想可也，名之以因亦可也。至於叔孫穆子夢童牛之貌於牛未至之前，曹人夢公孫强之名於强未生之前，是果出於想乎，果出於因乎？雖起樂廣於九原，吾知其未必能判是義也。阪谷曰 衛玠聞廣言，思而不得致病。若當時聞此等語，必有霍然全治，又必不爲人看殺。以有窮之説而欲盡無窮之理，以有外之見而欲測無外之心，難矣哉！

嗚呼！理本無窮而人自窮之，心本無外而人自外之。故左氏之所謂夢，出於所因所想之外蓋無幾，其餘未有不局於區區念慮之間者也。持樂廣之論以揆之，事見本傳。固已十中其八九矣。然醫不至於神，治常疾則精，治非常之疾則疏；論不至於極，談常夢則合，談非常之夢則敗。魯襄公之夢周公，宗曰 實則了無深意，場中得之，却可醒試官之目。固子服惠伯之所能辨也。如使論孔子之夢周公，吾不知其何辭以對？阪谷曰 孔子一證，蓄而出之結尾，是畫龍點睛法。

宗廷輔曰《法華》、《南華》均拉雜腕下，大約宋儒學問往往多從釋老入手，故其造詣深微，非唐以前儒者所及。及東萊早年有志科名，揣摩蘇文頗熟，蘇氏亦有得于兩《華》者，故其筆鋒所至，箭機森豎，亦甚似坡公。

晉侯作三行

僖公二十八年　晉侯作三行以禦狄。荀林父將中行，屠擊將右行，先蔑將左行。

事固有當責而不可責者。奢者可責也；多與之財而責其奢，不可也。醉者可責也；多飲之酒而責其醉，不可也。晉自武公，始受一軍啓封；繼以獻公之强，衍其一軍爲二；繼以文公之伯，衍其二軍爲三。猶以爲未足，復割爲三行之制。外避天子六軍之名，而内僭天子之實。議者并以文公爲可責也，吾獨以爲當責而不可責也。阪谷曰 先掀一筆。

亦嘗聞周室軍旅之制乎？五人爲伍，五伍爲兩，四兩爲卒，五卒爲旅，五旅爲師，五師爲軍。一軍之制，爲人萬二千五百。《司馬法》。損一人則不足，增一人則有餘。大國之三軍也，地方百里，而其人僅足以具三軍也；次國之二軍也，地方七十里，而其人僅足以具二軍也；小國之一軍也，地方五十里，而其人僅足以具一軍也。阪谷曰 舉制度，示限制之定則，言確而理明。地有限則人有限，人有限則軍有限。雖欲僭侈其軍，亦窘於無人而不得騁矣。王者之於諸侯，典祀陵節所當問也，車服亂常所當問也，宮室改度所當問也，樂舞逾數所當問也；獨軍旅之制，有所不必問焉。非軍旅果輕於典祀車服、宮室樂舞也，蹙之以地，束之以人，雖使僭之，亦不能僭也。王綱上舉，侯度下修，大不侵小，强不犯弱，則地有常地，人有常人，軍有常軍。雖欲如晋之僭，豈可得哉？阪谷曰 自禮上拔本塞源，治紛亂者，著手順敘，宜如是。晋之所以能僭六軍者，適當周室失政之時，南吞北噬，東攘西略，以斥大其國。增地必增人，增人必增軍。野曠則風勁，川漲則舟高，國大則兵衆矣，夫何疑耶？既已容其兼并，而反責其軍制之僭，是猶多與之財而責其奢、多飲之酒而責其醉也，阪谷曰 再提前喻，再表主意，鎖結鏗然有響。此吾所謂「事有當責而不可責者」也。

爲周室計者，當深絶其晋兼并之原，至於軍數之多寡，則在周室初無損益焉。周果能治晋兼并之罪，披其地，奮其人，則善矣。阪谷曰 是固非衰周所能，然論治之方，唯當如是而已。後世當可能之機，尚因循舍實而争名者，可深省也已。不然，則合爲一軍者是衆也，晋之强自若也；分爲六軍者是衆也，晋之强自若也。是一軍者，未分之六軍；而六軍者，既分之一軍也。吾何爲喜其一而怒其六哉？軍數之多寡不足爲損益，則先王之制禮，銖兩毫髮至嚴而不可逾者果非耶？曰：賈人不得衣綺穀者，政也；盜賊不得衣綺穀，非政也。阪谷曰《漢書·高祖紀》：「令賈人毋得衣錦綉、綺穀、絺紵、罽，操兵，乘騎馬。」盜賊非剽掠不能具綺穀，晋侯非兼并不能具六軍。舍其剽掠而責其服之侈儉，舍其兼并而責其軍之多寡，可不可耶？阪谷曰上文財酒外更發一喻，以不了語結之，妙甚。

宗廷輔曰開口即入譬喻，言出成趣，真得蘇家門徑。

周公閲聘魯

僖三十年　冬，王使周公閲來聘，饗有昌歜、白、黑、形鹽。辭曰：「國君，文足昭也，武可畏也，則有備物之饗，以象其德；薦五味，羞嘉穀，鹽虎形，以獻其功。吾何以堪之？」

身首，寄也；軒冕者，身之寄也。是道家者流之論也。人自送丞相長史而張君嗣厭其勞，見本傳。魯自待宰周公而姬閲辭其享。認而有之，非惑耶？信如是言，則有宰周公而又有姬閲，是身與位爲二也。蘇孺文視身與位爲二，宗曰引喻好。故指飲故人、按故人者爲兩事；見本傳。苟道將視身與位爲二，故指殺弟、哭弟者爲兩人。見本傳。傷恩敗教，其禍有不可勝言者，非二之罪耶？

儒者之論則進是矣。居其位而無其德，爲身之羞；居其位而黜其禮，爲位之羞。身者一夫之私也，位者萬世之公也。周公閱以德薄自愧，不敢受魯之享，抑不思所居者上宰之官，所持者天子之節，所享者先王之禮。今徒以一夫之無德，而廢萬世之常尊，是避身之羞而爲位之羞也；是知身之不足當其禮而不知身之不足當其位也〔一〕。如愧之，莫若亟去其位。位則受之，禮則辭之，受其大而辭其細，豈不甚可責耶？ 宗曰 抑。

以儒者之論而責周公閱，固無所逃罪，然吾竊有所矜焉。 宗曰 揚。 阪谷曰 一曲更開別路，柳州所謂「舟行若窮，忽又無際」者。 周公之位，自周文公之没，居其位者不知其幾人也；使于四方，享昌歜、白、黑、形鹽之享者， 阪谷曰 昌歜，注：昌蒲葅，白熬稻，黑熬黍。形鹽，鹽形象虎。 又不知其幾人也。彼豈皆德與禮稱、受之而無愧耶？晏然居之，欣然樂之，未聞有一人以德薄辭者〔二〕。至周公閱之居此官、受此享，怵惕内愧〔三〕，對大賓大客之前，痛自羞薄，不敢少安，其不能辭位固可責〔四〕，吾未嘗不獨矜其愧心之猶在也。 阪谷曰 不放下一筆，矜之則所以責之。 其視前後數公既不辭位又不辭禮、驕泰奢侈者，豈不賢耶？其視道家者流傲誕荒唐、視身與位爲二物者，豈不賢耶？范鞅一陪臣，猶索十牢於禮之外；《昭二十三年》。周公閱以天子之宰，乃肯辭備物於禮之内。儒者不矜其愧心， 宗曰 筆致特妙。 而責其迹，吾切恨儒者之不恕也。 阪谷曰 閱不足責，故矜之。矜之，所以假責後世之不愧大者。結尾一掉，其意躍然。 然既曰知愧矣，不愧其大而愧其細，獨何歟？吾又未見儒者之不恕也。

宗廷輔曰 論周公閱不敢當此享，宜先不應尸此位，亦常解耳。而如此落手，却非常想所及。又如《白季舉郤缺篇》中有云「古者公卿有不遇之歎，而布衣無不遇之歎；後世布衣有不遇之歎，而公卿無不遇之歎」，創論奇闢，其實不過説前世君求士，後世士求君，毫無足異。然説來却令人洗眼，殆即先生所謂「意常則語新」也。

校勘記

〔一〕不足當其禮，原無「不足」二字，據瞿本補。
〔二〕未聞，原作「永閱」，據臺圖本、四庫本、瞿本改。
〔三〕怵惕内愧，原作「怵楊州愧」，據臺圖本、安正堂本、四庫本、瞿本改。
〔四〕辭，原作「具」，據臺圖本、安正堂本、四庫本、瞿本改。

臧文仲如晉分曹田

僖三十一年　春，取濟西田，分曹地也。使臧文仲往，宿於重館。重館人告曰：「晉新得諸侯，必親其共。不速行，將無及也。」從之，分曹地。自洮以南，東傅于濟，盡曹地也。

利則居後，害則居先，此君子處利害之常法也。是故見利而先謂之貪，見利而後謂之廉；

見害而先謂之義，見害而後謂之怯。皆古今之定名，未有知其所由始者也。人之於利，憂其鋭而不憂其怠，憂其急而不憂其緩，憂其溺而不憂其忘，天下豈有憂蟻之避羶、憂蚋之捨醯者耶？

晋文公私有討於曹，披裂其地。爲諸侯者，坐視不能救則亦已矣，乃乘其危而共取其利，是誠何心也？【阪谷曰】自本心上點破，以歸下本心、利心之判決。臧文仲所以遲遲其行者，其亦忸怩而有所不安歟？異哉！重館人之論也。曰：「晋新得諸侯，必親其共。不速行，將無及也。」重館之人所謂「共」，其諸異乎聖人之「共」歟？信如是説，則狡商庸賈趨利如風雨者，皆重館人之所謂「共」也，世之共者何其多耶？彼逡巡推揖，耻於冒私之君子，格以重館人之言，皆不共之大者。其説陋甚，雖始學者猶知謝而却之。孰知以臧文仲之賢，反爲其説之所動乎？

【阪谷曰】曰「孰知」、曰「曾謂」、曰「吾恐」，皆警策處。

昔萬章與石顯善，顯免官歸，留物數百萬與章。章不受，曰：「吾以布衣見哀於石君。石君家破，不能有以安也，而受其財物，此爲石氏之禍，萬氏反當以爲福耶？」見《漢・游俠傳》。魯與曹同出姬姓，并列諸侯，其恩義信誓之重，非如石顯、萬章一時之私交也。魯坐視曹之翦覆，不惟不能辭其地，又奔走而趨之，以曹之禍爲魯之福，曾謂臧文仲之賢，不如萬章乎？使臧文仲緩轡徐驅，徘徊不進，以致吾不忍之意，雖後諸侯之期，不得尺土以歸，吾親親之義已盡矣。今冒利競進，雖得地之多，吾恐文仲所喪者之多於地也。前日魯僖之請復衛侯，文仲嘗爲謀主矣。其言曰：「諸侯之患，諸侯恤之，所以訓民也。君盍請衛侯以示親於諸侯，且以動晉。夫晉新得諸侯，使亦曰：『魯不棄其親，其亦不可以惡。』」於是納玉於晉，以免衛侯。見《魯語》。曹、衛一體也，免衛之難，其義既可以動晉；辭曹之田，其義獨不可以動晉乎？文仲於衛，則割我之所有，棄之而不惜；於曹，則奪彼之所有，受之而不疑。是非恩衛而仇曹也，本心易失，而利心易昏也。吁，可畏哉！

雖然，太公之就封，道宿行遲，逆旅人曰：「客寢甚安，殆非就國者也。」太公聞之，夜衣而行，黎明至國，則萊侯既與之爭營丘矣。《史記·齊世家》。太公聽逆旅之言，其亦未免於趨利歟？非也。君子固不以利自浼，亦不以利自嫌也。一國之重，有民人焉，有社稷焉，吾其可避趨利之小嫌，濡滯逗留，使爲奸寇之所伺乎？【阪谷曰】辯析精到。故太公之不可遲，猶臧文仲之不可速也。然受封分地之事，逆旅重館之言，其同其異、其是其非，相去間不容髮，若之何而辨之？曰在明善。

晉作五軍以禦狄

僖三十一年　秋，晉蒐于清原，作五軍以禦狄，趙衰爲卿。

爲善未盡，【宗曰】起法。猶愈不爲；改過未盡，猶愈不改。堯舜之善，非可一日爲也；桀紂之惡，非可一日改也。百善而有其一，固可漸自附於堯舜矣；百過而去其一，固可漸自離於桀紂矣。雖然，爲善未盡者，君子固矜而進之也，寬而待之也，徐而誘之也。至於人之改過者，君子必用其察焉。改過而未盡者在所恕，[宗曰]斷法。改過而不盡者在所誅。[阪谷曰]辨在未盡與不盡之間。未、不毫釐之差，致千里懸隔，不可不戒也。始發之善端新而未固，已染之惡習舊而難除，是改過未盡者也，是力不足者也；鐫其毫末以蓋丘山之愆，去其一二以塞衆多之議，是改過不盡者也，是誠不足者也。力不足者，猶有時而足焉；誠不足者，前過未盡，今僞已生，是益其過耳，何改過之云乎？曾不如不改之爲愈也。[阪谷曰]此篇假晋文以教人，純然一篇《改過論》。一讀不覺妙，而反覆熟玩，以體之其身，則知名儒爲人親切之深味。

瞑眩之藥不可再投，[宗曰]接法。背城之戰不可再接。藥未投，雖危疾猶有望其瘳；戰未接，雖危國猶有望其勝。一發而不中，則其望窮矣。過而不改者，雖元惡大憝，君子猶不忍輕絶，何也？所恃者改過之術存也。乃若改過而不肯盡，略爾裁抑，[阪谷曰]「略爾裁抑」四字，盡天下改過情狀。苟以欺人，則是改過之術既試而不效矣，夫復何所望耶？積昏所以致明也，[宗曰]接法。積蔽所以致通也，積迷所以致悟也。人心至神，雖懵懵罔罔，不知過之當改，久閉斯開[一]，久鬱斯發，是惟無改，改則若决江河而莫能禦矣。[阪谷曰]善心之發動，常如海無風而浪動。三年鐘鼓之間，[阪谷曰]三年鐘鼓，楚莊王故事。乃所以陰養其一日之修省也。今既知過之當改，反毛舉細故，公爲欺誕，以竊改過之名，是既累其心於不誠矣。心既不誠，則善端何時而復發耶？本無昏，安得明？宗曰句法。本無蔽，安得通？本無迷，安得悟？吾是以知改過不盡者，終無改過之路也。阪谷曰遷善改過，是道藝學問大緊要工夫，吕公不覺滔滔反覆至此，教人懇到，不可輕易讀過也。

晋文公始兼三行三軍之制，以擬天子之六軍。曾未數年，知僭侈之過，復蒐於清原，損其一而爲五軍焉。晋文公果知過之當改，則亟出令，盡復諸侯之舊可矣。乃於改過之時，而爲文過之事。創立軍制，上則異於天子，下則尊於諸侯。明知其過而不能盡改，外邀恭順之名，内享泰侈之實，其機不可謂不巧，其謀不可謂不譎矣。阪谷曰豪傑至此際，大抵日攘一雞，其卑屈奴隸心如小兒，可發一笑也。巧如是，譎如是，其良心乎？僞心乎？良心無巧，巧者僞心也；良心無譎，譎者僞心也。軍雖損其一，而僞心之增者不知其幾矣。

嗚呼！易則易，于則于。易、于雜者，未之有也。阪谷曰「易則易」以下十四字，《禮記·檀弓》下篇《邾婁考公之喪》章中之語也。通行本「於」作「于」，于於通，于猶迂也。天下之分，非君則臣；天下之俗，非夷則夏；天下之事，非善則惡；天下之説，非正則邪。出臣則入君，出夷則入夏，出善則入惡，出正則入邪。天下豈有出乎此而不入乎彼者耶？宜晋文之心勞日拙也。阪谷曰吕公嘗自勇斷變氣質，宜視晋文如小兒。

宗廷輔曰　純以議論行之，至末段纔出題，又一格。愚按晋原有三軍三行，今罷三行作新上軍、新下軍，是爲五軍，與改過無涉。文巧爲立説，所謂題常則意新也。

校勘記

〔一〕開，原作「人」，據四庫本、瞿本改。

東萊先生左氏博議卷之十六

先軫死狄師

僖三十三年　狄伐晋，及箕。晋侯敗狄于箕。郤缺獲白狄子。先軫曰：「匹夫逞志於君，而無討，敢不自討乎？」免冑入狄師，死焉。狄人歸其元，面如生。

至難發者，悔心也；至難持者，亦悔心也。凡人之過，狠者遂之，詐者文之，愚者蔽之，吝者執之，誇者諱之，怠者安之。孰能盡出數累之外，而悔心獨發者乎？是悔也，未發則憂其難發，既發則憂其難持。曷爲其難持也？悔心初發，自厭自愧，自怨自咎，戚然焦然，不能一日安。苟無以持之，則自厭者苟且弛縱，必入於自肆矣；自愧者退縮羞赧，必入於自棄矣；自怨者鬱積繳繞，必入於自懟矣；自咎者憂憤感激，必入於自殘矣。是悔固可以生善，亦可以生不善也。萬斛之舟，放乎滄海，非遇大風則不回。苟操舟者無以持之，固有因風力之勁，而反致覆溺者矣。舟之所以回者，風也；舟之所以溺者，亦風也。一念之悔，其勁烈蓋甚於風，烏可不知所以持之耶？

吾讀《左氏》至先軫之死，未嘗不嘉其悔，而又傷其無以持悔也。［阪谷曰］此篇主眼在一「持」

字，節節相顧，段段相應，有常山蛇勢。　軫以晉襄公之縱秦囚，不顧而唾，《僖三十二年》：夏，晉敗秦師于殽，獲百里孟明視、西乞術、白乙丙以歸。文嬴請三帥，使歸，公舍之。先軫怒曰：「武夫力而拘諸原，婦人暫而免諸國。墮軍實而長寇讎，亡無日矣。」不顧而唾。無禮於君甚矣。及箕之役，深悔前過，免胄而死於狄師，其一念之勁烈如此。使有以持之，固可以一日而收克己復禮之功矣。惟其無以持之，不用是力於禮義，而用是力於血氣。身爲元帥，揔三軍之重，而輕棄其身，身死無名，驕敵辱國，没有餘責，殆與自經於溝壑者等耳。先軫所犯者，晉君也；所死者，狄師也。前日犯君者，謂之悖；今日死狄者，謂之狂。聞以義掩利矣，聞以善掩惡矣，曰悖曰狂，其過惟均，豈聞有爲狂而能掩悖者乎？　先軫未能改前日之過，而適所以生今日之過也。先軫意在於改過，而反至於生過，失不在於悔，而在於不能持其悔也。阪谷曰　人無情非人，而情緒多端，所謂可發於情而止乎禮義者，豈唯在七情未發之前，發而至悔亦然。呂公反覆示人以「持」字，其意深切可味。

風之無力者不能回舟，至於風勁者，惟善操舟者爲能持之；悔之無力者不能遷善，至於悔力之勁者，惟善治心者爲能持之。如使人之有過者，不自厭自愧，自怨自咎，則終始如此而已矣。厭愧怨咎，正吾入德之門。然毫釐之差，復陷於過，果何以持之乎？曰：負擔而趨家者，不勝其勞；弛擔而至家者，不勝其逸。負擔之勞，乃所以爲弛擔之逸也。阪谷曰　自前喻風力轉化，更發一妙義。　悔過之初，厭愧怨咎；改過之後，舒泰恬愉。先軫悔過而至于殺其身，意者徒知悔而未知改乎？使果能持其悔，亟改而歸之善，則舒泰恬愉之地自有真樂，必不肯輕殺其身也。【阪谷曰】乘則放，放則悔又生悔，何得有真樂？「持」工夫，其在不乘乎？既歸家，則忘其勞；既改過，則忘其悔。豈有既歸而猶勞，既改而猶悔者乎？【阪谷曰】鏗爾有餘響，慣手結法，每出每奇。是則勞獨當改也，悔亦當改也。

臼季舉郤缺

僖三十三年　初，臼季使，過冀，見冀缺耨，其妻饁之，敬，相待如賓。與之歸，言諸文公曰：「敬，德之聚也。能敬必有德，德以治民，君請用之。臣聞之，出門如賓，承事如祭，仁之則也。」公曰：「其父有罪，可乎？」對曰：「舜之罪也殛鯀，其舉也興禹。管敬仲，桓之賊也，實相以濟。《康誥》曰：『父不慈，子不祗，兄不友，弟不共，不相及也。』《詩》曰：『采葑采菲，無以下體。』君取節焉。」文公以爲下軍大夫。反自箕，襄公以三命命先且居將中軍，以再命命先茅之縣賞胥臣，曰：「舉郤缺，子之功也。」以一命命郤缺爲卿，復與之冀。

人之觀，隨所遇而變。過朝廷則觀政，過障戍則觀備，過營壘則觀兵，過廛市則觀貨。所觀未嘗不隨所遇也。惟因所遇而觀，故將求士者，必之庠焉、序焉、校焉、塾焉，捨庠、序、校、塾而適野，則所見畎畝而已矣，稼穡而已矣，農夫而已矣，於此而求士，是猶求魚於山，求獸於海，果何從而得之哉！

彼臼季出使，而得冀缺於耕饁之間，其亦異於人之觀矣。臼季，文公之近臣也。居則華屋，出則雕軒，方其奉君命而使，佩玉長裾光麗溢目，麾幢旌節貴震一時。使他人居之，則意必滿，氣必揚，下視農夫霑體塗足之勞，將顰蹙嘔噦而不肯觀矣。况東阡西陌，不知其幾畝也；前耘後耕，不知其幾人也；婦饁子餉，不知其幾家也。棼棼闐闐，往來如織，何以辨其孰肅孰慢，孰莊孰肆，孰敬孰怠耶？臼季於道路駐足之頃，驟拔冀缺於千鎛萬笠之間，舉之於君，列之於卿大夫之間，迄爲名臣，不負所舉。吾不知臼季且何術以觀之也？阪谷曰「吾不知臼季」一句，應前段「彼臼季」云云，而唤起下段。前段起首説觀方，以逼出「彼臼季」句；此段故用濃縟筆，形容臼季富貴、田野曠漠之狀，以逼出「吾不知」句。兩段筆彩殊別，而筆路則同。行文最在逼出巧拙之間，宜注眼於此等。

蓋嘗聞之，昔之在公卿之位者，未嘗不以求士爲首務。旦之所思者，士也；暮之所思者，士也。在朝退朝，出疆入疆，未嘗須臾忘士。思之既深，故雖田野之間，莽蒼之外，寸長片善，未有不投吾之意，而動吾之目者。吾非數數然求見之也，吾心在於求士，則士自見於吾心也。鑒以照物爲職，吾明既徹，則物自入其照；公卿以求士爲職，吾誠既立，則士自入其求。如使本無求士之誠，則雖左顧右盼，見一人而問之，又見一人而質之，體煩目眩，精耗神竭，而所謂真賢實能者，未必不失之交臂之間矣。

觀茅容之避雨者，未有知容之賢者也，而郭泰獨知之者，阪谷曰假泰對説，明心觀之義，玲瓏透徹。非泰之觀異於衆人，泰求士之心異於衆人也；《後漢》：茅容耕於野，時與等輩避雨樹下。

衆皆夷踞相對，容獨危坐愈恭，林宗行見而奇其異，遂與共言，因勸令學，卒以成德。過冀缺之耕饁，未有知缺之敬者也，而曰季獨知之者，非季之見異於衆人，季求士之心異於衆人也。苟所觀者以目而不以心，則見避雨而偶不箕踞者，遽謂之茅容；見耕饁而偶不嫚侮者，遽謂之冀缺。可邪？ 阪谷曰 語帶戲妙，唯以其形，則天子輦上所見，不勝缺、容之多。作論主義，反在末段，無限感慨。

吾嘗考臼季、冀缺之事，而知古今風俗之變有大不同者焉。古者公卿有不遇之歎，而布衣無不遇之歎；後世布衣有不遇之歎，而公卿無不遇之歎。古者公卿以求士爲己責，故常以不遇賢者爲憂。至於布衣，外無責，内無憂，囂囂然何往而不遇哉？ 阪谷曰 古雖君主專制而政網不密，故處士自占自由。後世則唯抑壓，所以異風習。故臼季惟恐不遇冀缺，而冀缺不恐不遇臼季也。後世之公卿，以得位爲遇；後世之布衣，以無位爲不遇。下求之愈急，上應之愈緩，而風俗日以薄矣。 阪谷曰 後世公卿以塞賢路爲務，應之緩者尚其可者也。非自拔於污俗之中，殆未足與論遇不遇之真在也。

晋陽處父侵蔡楚子上救之與晋師夾道泜水而軍

僖三十三年 晋陽處父侵蔡，楚子上救之，與晋夾泜而軍。陽子患之，使謂子上曰：「吾聞之，文不犯順，武不違敵。子若欲戰，則吾退舍，子濟而陳，遲速唯命。不然，紓我。老師費財，亦無益也。」乃駕以待。子上欲涉，大孫伯曰：「不可。晋人無信，半涉而薄我，悔敗何及？不如紓之。」乃退舍。陽子宣言曰：「楚師遁矣。」遂歸。楚師亦歸。太子商臣譖子上曰：「受晋賂而辟之，楚之耻也。罪莫大焉。」王殺子上。

國毁當辨，身毁當容；國辱當争，身辱當受。是固不可格以一律也。

昔夫子能忍匡人之圍，見《論語》。而不能忍萊夷之兵；見《家語》。能忍南子之見，見《論語》。而不能忍優施之舞。見《家語》。聖人之心，何其多變也？繞指之柔，忽變而爲擊柱之剛；緩帶之和，忽變而爲奮髯之怒。迭弛迭張，迭弱迭强，闔闢推移，不主故常，是非聖人樂於多變也，處身之與處國，其法固不相參也。毁辱在身，聖人納之而不校也，此匡人之圍、南子之見，夫子所以未嘗一動念也；毁辱在國，聖人競之而不置也，此萊夷之兵、優施之舞，夫子所以未嘗一毫貸也。

楚子上爲陽處父所薄而退舍，加以遁逃之謗。爲子上者，盍思是謗其身之謗乎？其國之謗乎？使所謗止於子上之身，則不與之校者，盛德也，閎量也，大度也。今遁逃之謗，不專及其身，而且及其師；不專及其師，而且及其國。爲子上者，安可嘿嘿受謗，遽帥師而歸乎？楚與晋争衡久矣，一旦爲陽處父而被以逃遁之名，子上曾不出一語與之競，天下必以爲楚師之真遁，皆將雄晋而雌楚。吾不知而今而後，幾戰幾勝而後可洗此耻耶？

然則爲子上者將奈何？曰：夾泜之師，兩軍相望，先濟不可也，先退亦不可也。先濟則晋將乘之，逞邀擊之計；先退則晋將藉之，爲班師之名。子上盍當退舍之際，遣一介之使，以告晋師曰：「大國有命，敝邑不敢違，是以在此。爲大國退免成列矣，使人敢請濟期。」彼陽處父無辭以對，然後卷甲而趨之。雖使不及晋師，然遁逃之名，將在晋而不在楚矣。處父何自駕其謗，商臣何自入其譖哉？〔阪谷曰〕辭令則妙逼左氏。抑兵機果何如？余未知此計之行否。且商臣之暴惡，欲譖之豈憂無辭？「莫須有」三字，能殺岳飛，况子上乎？

大抵君子勇於公，而怯於私。在家庭，在鄉黨，在田野，含垢忍耻，見侮不爲〔二〕，恂恂愉愉，人百欺之而不以爲忤；在廟堂，在軍旅，在官府，燭奸擿隱，洞見肺肝，凛凛冽冽，雖人一欺之，亦未嘗容。〔阪谷曰〕能如此，固莫難爲，然豈可以責子上輩？其所以不移朝廷、軍旅、官府之勇，而變家庭、鄉黨、田野之怯，非嫌於私己也。一己之尊，萬物無對。其所以不與人校者，非不敢校也，不見有可校者也。舉梃擊空，適以自勞；舉刀斷水，適以自困。彼之來毁譽者，適所以自損耳。吾從容無爲，而置彼於不足校之地，勇不既大矣乎！至於國家之事，則存亡安危繫焉，不得已而出力與之校。校而以力，則其威褻矣。〔阪谷曰〕「不得已」以下至「褻矣」十八字，不能解。竊以爲作「不得已而與之校，與之校則天下無敵矣」十六字，其意始明。雖僭妄，書正之大方。是知怯於私者，衆人以爲怯，而君子則以爲勇之大也。

校勘記

〔一〕爲，四庫本作「校」，瞿本作「辱」。

周叔服相公孫敖二子

文元年　王使内史叔服來會葬。公孫敖聞其能相人也，見其二子焉。叔服曰：「穀也食子，難也收子。穀也豐下，必有後於魯國。」

越椒生而文子知其滅若敖氏

宣四年　初，楚司馬子良生子越椒。子文曰：「必殺之。是子也，熊虎之狀而豺狼之聲，弗殺，必滅若敖氏矣。諺曰『狼子野心』，是乃狼也，其可畜乎？」子良不可。子文以爲大慼。及將死，聚其族曰：「椒也知政，乃速行矣，無及於難。」且泣曰：「鬼猶求食，若敖氏之鬼不其餒而！」及令尹子文卒，鬭般爲令尹，子越爲司馬。蔿賈爲工正，譖子揚而殺之，子越爲令尹，己爲司馬。子越又惡之，乃以若敖氏之族，圄伯嬴於轑陽而殺之，遂處烝野，將攻王。師于漳澨。秋七月，楚子與若敖氏戰于皋滸。遂滅若敖氏。

伯石生而叔向之母知其喪羊舌氏

昭二十八年　初，叔向欲娶於申公巫臣氏，其母欲娶其黨。叔向曰：「吾母多而庶鮮，吾懲舅氏矣。」其母曰：「子靈之妻殺三夫、一君、一子，而亡一國、兩卿矣，可無懲乎？」向懼不敢取，平公强使取之，生伯石。伯石始生，子容之母走謁諸姑，曰：「長叔姒生男。」姑視之。及堂，聞其聲而還，曰：「是豺狼之聲也，狼子野心。非是，莫喪羊舌氏矣。」遂弗視。

勢相敵而後訟，未有非其敵而訟者也。非其敵而訟焉〔一〕，則大者喪其爲大矣。公卿之於皂隸也，巨室之於窶民也，儒者之於卜祝也，邈乎其勢之不相敵也。親屈公卿之貴而與皂隸訟，親屈巨室之富而與窶人訟，親屈儒者之重而與卜祝訟，勝之不武，不勝爲笑，適以自卑而已矣。

荀卿以大儒而著《非相》之篇，《荀·非相篇》。下與卜祝較，何其不自愛也？彼挾相術以苟衣食者，卑冗凡賤，厠迹於巫醫優伶之間，仰視儒者，如斥鷃望大鵬於羊角扶摇之上，敢有一毫争衡之心乎？荀卿忽降尊貶重，譊譊然與相師辨，連簡累牘而不已。是書一出，相師之氣坐增十倍，互相告語，以謂：我何人也？卜祝也；彼何人也？儒者也〔二〕。我何足以致彼之争？彼亦何苦於我争也？今彼乃明目張膽，極其辨而與我争曲直，恐不勝者，是必我之道可以與彼抗也。由是卜祝之流，人相勸，家相勉，支分派别，相形之術遂蔓延於天下矣。然則荀卿之於相術，將以排之，適以助之；將以抑之，適以揚之。《非相》之篇，吾恐未免爲「是相」之篇也。阪谷曰 此篇亦假題論相術，其駁荀卿，則所以戒世之拘拘論瑣節者。特其假得巧，論得奇，尤足醒人心目。

自孔子以前，相術固已槩見於世矣。若周叔服相公孫敖之二子，一言其必食子，一言其必收子，是以相而預言人之福也；子文及叔向母，見越椒、伯石之始生，一言其必滅若敖氏，一言其必喪羊舌氏，是以相而預言人之禍也。數十年之後，福焉而福，禍焉而禍，無一不合。誇於口者有之，筆於書者有之，孔子未嘗過而問焉。豈孔子衛道之心反緩於荀卿耶？阪谷曰 揭孔子反映，壓倒荀卿。孔子以謂：天下之曲伎小術，雜焉而不可縷數。如蜩蟬蛙黽，自鳴自止，本不足爲吾道之輕重。苟獨取其一而辨焉，則天下必以爲：是術也，至勞聖人與之辨，必其道可與聖人抗。殆將有陷溺而從之矣。是不能爲吾道損一異端，反爲吾道增一異端也。天下本未嘗以異端待相術，荀卿強斥以爲異端而與之辨，無故而爲吾道增一異端，非卿之罪耶？阪谷曰 斷案明快如日月，然後徐徐一轉，取餘暉照出仙境。

吾觀孔子周遊於天下，鄙夫陋人每以區區相術而窺之，有曰「顙類堯」也，有曰「項類皋陶」也，有曰「肩類子產」也，見《家語》。孔子與門弟子聞之，不過付之一笑耳。豈非曲伎小術，初不足與論是非耶？乃若吾夫子之門，自有相書，殆非卜祝所誦之相書也。申申夭夭，即孔門相容貌之術；誾誾侃侃，即孔門相言語之術；躩如翼如，即孔門相步趨之術；勃如怡如，即孔門相顏色之術。并《論語·鄉黨》。一部一位，一占一候，毫釐不差。季咸、康舉、許負之術，至是皆敗矣。曾子傳此相書以相人，故發而爲動容貌之論；子思傳此相書以相人，故發而爲動乎四體之論；孟子傳此相書以相人，故發而爲眸子瞭眊之論。苟荀卿得孔門之相書，將心醉服膺之不暇，何暇非他人之相書耶？

校勘記

〔一〕非其敵而訟焉，原缺，據瞿本補。

〔二〕彼何人也儒者，原爲空白，據臺圖本、安正堂本、四庫本、瞿本補。

閏三月非禮

文元年　於是閏三月，非禮也。先王之正時也，履端於始，舉正於中，歸餘於終。履端於始，序則不愆；舉正於中，民則不惑；歸餘於終，事則不悖。

閏不告朔

文六年　閏月不告朔，非禮也。閏以正時，時以作事，事以厚生，生民之道於是乎在矣。不告閏朔，棄時政也，何以爲民？

辰在申再失閏

襄二十七年　十一月乙亥，朔，日有食之。辰在申，司曆過也，再失閏矣。

火西流司曆過

哀十二年　冬十一月，螽。季孫問諸仲尼，仲尼曰：「丘聞之，火伏而後蟄者畢。今火猶西流，司曆過也。」

天下之事，有若贅而實不可損者，君子之所當察也。三月而春，三月而夏，三月而秋，三月而冬。孟其始也，仲其中也，季其終也。孟、仲、季之月具，而始、中、終之序全，殆不可一毫加益。彼所謂閏者，果何爲者耶？阪谷曰 借題示教，《博議》之常，抑故意假借，豈無其弊？此篇以管見，則文雖佳，而其説就閏講道學，猶詩家追韻强押，恐不免凑合之弊。閏在春，則春之贅也；閏在夏，則夏之贅也；閏在秋，則秋之贅也；閏在冬，則冬之贅也。閏之附於四時，若附贅然，聖人果何爲置之耶？及問諸知曆者，然後知閏者實曆數之基本，四時之所待而正者也。

太極運三辰、五星於上，而元氣轉三統、五行於下。阪谷曰「太極」二句，《漢書·律曆志》之語。三統謂天地人、子丑寅之敘。上下經緯，而天下至變生焉。苟不置閏以通其變，則周天之餘度，誰與受之？朞年之餘日，誰與受之？以有常之曆而追無常之天，日疏日遠，日舛日差，積而至於久〔一〕，將見曆在震而時已夏矣，曆在離而時已秋矣。此魯曆之差，仲尼之譏，左氏之論，未嘗不本於置閏也。閏定則曆定，曆定則時定，孰知吾向日視爲贅物者，乃曆數之大本乎？因曆數而例其餘，則吾平居嗤笑以爲贅而無用者，未必非至理之所在也。阪谷曰《莊子》曰：「人皆知有用之用，而莫知無用之用也。」此篇立意，自此點化來。一揖可矣，三揖則贅；再拜可矣，百拜則贅。阪谷曰《祭統》：「散齋七日以定之，致齋三日以齊之。」終日恪誠，足以格鬼神，〔二〕乃贅爲七日之齋；阪谷曰《樂記》：「獻之禮，賓主百拜。」終年勤苦，足以通倫類，乃贅爲九年之學。阪谷曰《學記》：一年云云；三年云云；五年云云；七年視論學取友，謂之小成；九年知類通達，强立而不反，謂之大成。是皆吾平日之甚不快，猶是閏之贅也。

以閏爲贅而損之，則所差者特寒暑之節耳；阪谷曰是至重事，恐抑揚之失。至於以揖爲贅者，損之又損，必至於不揖；以拜爲贅者，損之又損，必至於不拜；以齋爲贅者，損之又損，必至於不齋；以學爲贅者，損之又損，必至於不學。然則聖人之教，凡世指爲苛細繁委、贅而無用者，皆可以陰養天下之有用也，豈止一閏法而已哉！

雖然，斗指兩辰謂之閏，是閏非辰之正也；《後漢·律曆志》。月無專建謂之閏，是閏非月之正也；《公羊傳》。中氣不在謂之閏，是閏非氣之正也。《後漢·律曆志》。如是則人非特以爲贅，天固以爲贅矣。阪谷曰每月記中氣，閏則屬主月，故無中氣。兩辰無專建，亦以屬主月。閏不爲主，以轉運四時之差，故謂之樞。曰：非也。閏者，曆之樞也。使斗杓可得而指，月建可得而名，中氣可得而攝，則是亦四時之一耳，何以定四時而成歲乎？惟閏也，非辰之辰，而斗杓所不能指；非月之月，而月建所不能名；非氣之氣，而中氣所不能攝。居章會統元之間，阪谷曰曆法十九歲七閏，爲一章。盧舜治曰：十九歲爲一章，二十七章爲一會，三會爲一統，三統爲一元。章統會元，運于無窮，此曆之大成也。視之若贅，而千載之日繫焉。爲曆官者，安可棄而不考耶？天下之理，固有手之所不能指，口之所不能名，說之所不能攝，古今共棄而不考者矣。此又非曆官之責也。

校勘記

〔一〕至，原作「在」，據四庫本、瞿本改。

〔二〕格，原作「恪」，據四庫本、瞿本改。

楚太子商臣弒成王

文元年　初，楚子將以商臣爲太子，訪諸令尹子上。子上曰：「君之齒未也，而又多愛，黜乃亂也。楚國之舉，恒在少者。且是人也，蠭目而豺聲，忍人也，不可立也。」弗聽。既，又欲立王子職而黜太子商臣。商臣聞之而未察，告其師潘崇曰：「若之何而察之？」潘崇曰：「享江芈而勿敬也。」從之。江芈怒曰：「呼，役夫！宜君王之欲殺女而立職也。」告潘崇曰：「信矣。」潘崇曰：「能事諸乎？」曰：「不能。」「能行乎？」曰：「不能。」「能行大事乎？」曰：「能。」冬十月，以宮甲圍成王。王請食熊蹯而死，弗聽。丁未，王縊。謚之曰「靈」，不瞑；曰「成」，乃瞑焉。

天下之言，察於利害未驗之前，人皆以爲難；察於利害既驗之後，人皆以爲易。鯀能欺四嶽於九載之初，而不能欺比屋於九載之後，見《尚書》。非比屋果智於四嶽也，未驗之與已驗，其難易固不同也。少正卯能欺子貢於兩觀方誅之始，而不能欺市人於兩觀既誅之餘，見《家語》。非市人果智於子貢也，未驗之與已驗，其難易固不同也。未見汨陳之禍，而能察鯀之策，則天下皆堯矣；未見僞辨之慝，而能察少正卯之言，則天下皆孔子矣。如必待既驗而後察之，特比屋、市人之智耳。是故出夏癸於南巢，則必思伊尹不可再留；起商辛於牧野，則必思祖伊不可再用，并見《尚書》。脱夫差於姑蘇，則必思子胥不可再生。《史記·吴世家》。當利害既驗之後，雖至愚極暴之人，猶知其可從，而悔其不從也。然則天下之言，當利害未驗之時察之，安得不謂之難乎？自利害既驗之後察之，安得不謂之易乎？

吾獨以爲利害之未驗，察言者若難而實易；利害之既驗，察言者若易而實難。吾非樂與説者反也，所謂正言似反者也。利害未驗之前，利未見利，害未見害，吾心未爲利害之所分，則所用以察言者，皆心之正也，以吾心之正而察天下之言，其善、其惡、其邪、其正，畢陳于前而莫能遁，非難而易耶？至於利害既驗之後，吾見其言之驗，則竊意其言之可從，是以事信之，而非以心信之也；吾見其言之不驗，則竊意其言之不可從，是以事疑之，而非以心疑之也。信與疑不出於心，而出於事，其弊可勝既耶？阪谷曰 以成敗論古，是讀史者之深戒，抑亦可以爲論今者之戒。凡定見不立，則以爲利害之所使役；人能不爲利害所使役，則其論始確。

人臣之以是諫非者，君從之則有

利，君不從之則有害。後世因其事之驗，而信其言之驗，可也。抑不知天下固有以非諫非者。雖能知君之過，而己之諫亦不免於過；雖能舉君之失，而己之諫亦不免於失。君不從其言，固有害也；君從其言，亦有害也。後世徒見其君不從其言之害，而不見從其言之害。溺其事之驗，而忘其理之差，争拾其遺説而襲之，蓋有亂亡相尋而不悟者矣。此吾所謂若易而實難者也，楚子上之事是已。阪谷曰 反覆辨駁，滔滔滚轉，一句入題。有截奔馬之勢，抑冗長喧客之弊則存焉。蓋感慨於南宋多子上輩而然也，是當以别格看之。

子上諫楚成王之立商臣，既中楚成之非矣，而子上之所以諫者，亦未免於非也。既曰「君之齒未也，而又多愛，黜乃亂也」，又曰「楚國之舉，常在少者」，此二説者，實萬世禍亂之權輿。使楚成從其前之説，則國本不建，儲位久虚，得無起覬覦之奸乎？使楚成從其後之説，則嫡庶不明，長幼失序，得無開篡奪之萌乎？此二禍者，吾未知與熊蹯之變孰先孰後也。後世徒見子上料商臣之驗，遂信其言而納於禍。有以立嗣爲諱如唐宣宗者，見《本紀》。實子上「齒未」之言誤之也；有以庶孽奪宗如隋文帝者，見《本紀》。實子上「舉少」之言誤之也。阪谷曰 引《唐》、《隋》二事爲證，論確而垂戒深矣。其餘以此隊命隕姓者未易枚舉，豈非槳已驗之言，而蹈未見之禍乎！

彼商臣之惡，自非梟鴟其心者，皆知疾趨而避之。其禍後世，殆未若子上之烈也。張角不足爲漢禍，而討張角者乃爲漢禍；魏曹操。盧循不足爲晋禍，而滅盧循者乃爲晋禍；宋劉裕。

商臣不足爲萬世禍，而排商臣者乃爲萬世禍。天下之禍，固有機於此而動於彼者矣，夫豈始慮所及耶！ 阪谷曰 結一句，竊疑其泛。

晉襄公朝王先且居胥臣伐衛

文元年　晉文公之季年，諸侯朝晉。衛成公不朝，晉襄公既祥，使告于諸侯而伐衛，及南陽。先且居曰：「效尤，禍也。請君朝王，臣從師。」晉侯朝王于温，先且居、胥臣伐衛。

因人而有過者，君子不謂之過；因人而有善者，君子不謂之善。周公之過，宗曰 證因人有過。因管叔而過也。過在管叔，而周公何與焉？《孟子·公孫丑下》：陳賈見孟子，問曰：「周公，何人也？」曰：「古之聖人也。」曰：「使管叔監殷，管叔以殷畔也。有諸？」曰：「然。」曰：「周公知其將畔而使之與？」曰：「不知也。」「然則聖人且有過與？」曰：「周公，弟也；管叔，兄也。周公之過，不亦宜乎？」孔子之過，因昭公而過也。過在昭公，而孔子何與焉？《論語·述而》：陳司敗問：「昭公知禮乎？」孔子曰：「知禮。」孔子退。揖巫馬期而進之，曰：「吾聞君子不黨。君子亦黨乎？君取於吴，爲同姓，謂之吴孟子。君而知禮，孰不知禮？」巫馬期以告，子曰：「丘也幸，苟有過，人必知之。」過端發於人而不發於己，是安得爲周、孔累哉？漢高帝因傾項籍而爲義帝服，宗曰 證因人有善。非真悲也，帝服所以挫羽也〔一〕；見《漢·高帝本紀》。劉裕因傾桓玄，興復晉祚，非真忠也，復晉所以滅玄也。《南史·宋高祖紀》。時無項籍，則高帝必不爲服義帝之喪；時無桓玄，則劉裕必不唱復晉祚之師：其爲善果出於己耶？因人而過者，猶鑒遇嫫母而醜〔二〕，本非鑒之醜也；因人而善者，猶木托於岳而高，本非木之高也。是故因人而有過者，雖百過不足尤；因人而有善者，雖百善不足喜。爲善由己，而由人乎哉？

晉襄公即位而朝王于温，人皆善其尊周也。及考其朝王之由，蓋將討衛之不朝，故身先朝周以責之。其意曰：「周，王也；晉，霸也；衛，小侯也。晉獨朝周，而衛不朝晉，可乎？」故朝王之事，名爲尊周，而實則討衛也。阪谷曰 此一篇著眼處。人云《春秋》者誅心之書，余於《博議》亦云爾。因討衛而後朝周，非因朝周而後討衛也。然則尊王之善，豈襄公之本心哉！特因衛而發耳。向若衛侯之車先叩於晉關，則吾知晉襄公之旆未必入於周境矣。彼因人而有善者，果足以爲善耶？

臣之於君，猶子之於父也。子必因責人而始敬父，則父得子之敬寡矣；臣必因責人而始朝君，則君得臣之朝寡矣。阪谷曰 天下滔滔爲利禄拜朝廷，爲之如何？不可不思也。周之諸侯苟皆若晉襄之用心，則是父無故終不得子之敬，君無故終不得臣之朝也。又况子之敬父，自敬汝父耳，於人何有？臣之朝君，自朝汝君耳，亦於人何有？挾敬父之孝而辱人者，必反爲人所辱；挾朝君之忠而陵人者，必反爲人所陵。使晉襄之事周，春朝秋覲，史不絶書，亦昏定晨省之常耳，猶不足以自高。况欲甫陟周之庭，遽傲然自足，鳴鐘擊鼓，峻責他人之無禮，安得不納孔達之侮哉？孔達，衛大夫。世有妄人嘗拜其父者，他日執塗人而責之曰：「我常拜父，汝何爲不拜我？」天下未有不笑其狂者。晉襄之責衛非此類耶？

雖然，無諸己而後非諸人，《大學》之道也。《大學》，古之遺言也。晉襄先朝王而後責衛，似合於《大學》之旨，庸可毁耶？非也。觀書要當忘言而得意，《大學》之意，在於「無諸己」而不在於「非諸人」也。欲學者，宗曰 鈎剔明白，初學作文之秘鑰也。將非人之時，常思「無諸己」之戒；不欲學者，持「無諸己」之論，用爲非人之資也。故先曰「無諸己」，次曰「非諸人」，其意主於攻己過而不主攻人過，明矣。黠吏奸民，將與人訟，必痛自刻削，不入文法。鄉閭未有以修飾許之者，阪谷曰 奸有大小，而先自飾則古今同揆。以其身之治而心之險也，豈有士君子而嘗懷非人之心者耶？吾恐説經者以文害辭，浸入黠吏奸民之用心，故力辨之以告吾黨之士云。

宗廷輔曰 羅羅清疏。

校勘記

〔一〕帝服，四庫本作「爲服」，瞿本作「服帝」。

〔二〕嫫，原作「嬪」，據四庫本、瞿本改。

東萊先生左氏博議卷之十七

禘太廟躋僖公

文二年　秋八月丁卯，大事于太廟，躋僖公，逆祀也。夏父弗忌爲宗伯，尊僖公，且明見曰：「吾見新鬼大，故鬼小。先大後小，順也。躋聖賢，明也。明、順，禮也。」君子以爲失禮。禮無不順。祀，國之大事也，而逆之，可謂禮乎？子雖齊聖，不先父食久矣。故禹不先鯀，湯不先契，文、武不先不窋。宋祖帝乙，鄭祖厲王，猶上祖也。是以《魯頌》曰：「春秋匪解，享祀不忒。皇皇后帝，皇祖后稷。」君子曰禮，謂其后稷親而先帝也。《詩》曰：「問我諸姑，遂及伯姊。」君子曰禮，謂其姊親而先姑也。

順祀先公

定八年　冬十月，順祀先公而祈焉。辛卯，禘于僖公。

議禮如聚訟，斷禮如聽訟。競禘争袷，宗曰 氣象萬千，得之説禮尤難。駁郊難社，大訴牒也；据章守句，執文秉法，大券契也；棟充宇積，帙千簡萬，大案牘也。前師後儒，乃禮中之證佐；

黨同伐異，乃禮中之讎敵；析言曲辨，乃禮中之奸氓。斷禮者，苟欲隨事而析之，隨説而應之，彼以經來，我以經對；彼以傳來，我以傳對；彼以史來，我以史對。是猶聽訟者欲與珥筆之民，争長於律令質劑之間，終必反爲所困而已矣。善聽訟者，出於律令質劑之外，折以人情，一言而訟可息；善斷禮者，出於詁訓箋釋之外，折以人情，一言而禮可明。

人情者，訟之所由生，亦禮之所由來也。阪谷曰歐洲諸國斷罪，以陪審爲重，陪審立於法律外，而斷以其心裁。蓋亦推歸之人情之公也。吾先得其所由生者而制之，自綱觀條，自源觀派，物迴縷解〔一〕，冰釋露晞，雖老於議禮者，墜筆失簡，莫敢支梧。苟舍其本，瑣瑣然下與彼角逐於詁訓箋釋之間，是固彼之所長，而我之所短也。以我之所短而遇彼之所長，其受侮也則宜。此古今斷禮者所以每爲人屈，而鮮有能屈人者也。魯祀僖公，始逆終順，禮家之説，互有從違。其論篤而義精者固多矣，未有折之以人情者也。吾請悉置禮家之説，而專以人情明之。阪谷曰「吾請」云云，如大將揭大旆於中軍。

人之情，欲尊其親者，將欲爲親榮也。尊吾父而坐之吾伯父之上，則人必以吾父爲不弟矣；尊吾父而置之吾君之上，則人必以吾父爲不忠矣。不弟，大惡也；不忠，大刑也。本欲尊吾父而納之於大惡，本欲尊吾父而納之於大刑。爲人之子，無故而納父於大惡，陷父於大刑，非不孝之尤者乎？阪谷曰誹謗非忠，然比之諂諛陷惡者則尚忠矣。諂諛之賊國家害君父，其禍莫大焉，故明君立誹謗之木。

生與死一理，宗曰接健。寢與廟一制，宴與祀一儀也。文公溺於夏父弗忌之諂，躋僖公於閔公之右，以尊其父。胡不以人情推之，若使閔公、僖公俱無恙，一旦忽使僖公以弟躐兄，則愛僖公者，乃所以辱僖公也。阪谷曰僖公閔公庶兄，「以弟躐兄」語，恐偶然失之。以臣躐君，則謗讟之集、刑戮之加不旋踵矣。是者。苟文公誠不爲枝辭蔓説所蔽，獨斷以常情，則知夏父弗忌者乃吾父之讎，將奮戈之不暇，豈有反聽其説者乎？阪谷曰反案激蕩，却是平平人情。抑世概不好平平人情，蓋有所蔽而然。

躋僖公於閔殆百餘祀，宗曰折入順祀。想僖公有神，震慄惶灼，蹵然不寧，日望一日，歲望一歲，庶幾人或正之，得還昭穆之舊。而魯之臣子，例皆蒙蔽，不能度以人情，因謬承誤，迄莫能正，反使順祀之舉出於陽虎之手，阪谷曰倩陽貨，配以唐强藩，掉尾揚揚，風彩動人。是可羞也。定八年，陽虎將作大事，欲以順祀取媚。噫！唐不能還魏徵之宅，反使强藩請之；《白居易傳》。魯不能序僖公之廟，反使賊臣正之：國尚爲有人乎？吾以爲魯失寶玉、大弓之辱，《定八年》。未如順祀之爲大辱也。

宗廷輔曰僖是閔之庶兄，繼閔而立，則嘗爲閔臣，準以傳位次第，不得居閔上。三《傳》説皆同，文之欲躋僖於閔上者，妄意僖爲閔兄，欲順兄弟之位耳。若閔兄僖弟，文亦不應如此之愚。東萊不知何據，而文特有斷制。

校勘記

〔一〕迴，原作「迵」，據瞿本改。

出姜貴聘而賤逆

文四年　逆婦姜于齊，卿不行，非禮也。君子是以知出姜之不允於魯也。曰：「貴聘而賤逆之，君而卑之，立而廢之，棄信而壞其主，在國必亂，在家必亡。不允宜哉！《詩》曰：『畏天之威，于時保之。』敬主之謂也。」

襄仲殺惡及視立宣公出姜歸齊

文十八年　文公二妃。敬嬴生宣公。敬嬴嬖，而私事襄仲。宣公長，而屬諸襄仲。欲立之，叔仲不可。仲見于齊侯而請之。齊侯新立，而欲親魯，許之。冬十月，仲殺惡及視，而立宣公。書曰「子卒」，諱之也。仲以君命召惠伯，其宰公冉務人止之，曰：「入必死。」叔仲曰：「死君命可也。」公冉務人曰：「若君命，可死；非君命，何聽？」乃入，殺而埋之馬矢之中。公冉務人奉其帑以奔蔡，既而復叔仲氏。夫人姜氏歸于齊，大歸也。將行，哭而過市，曰：「天乎！仲爲不道，殺適立庶。」市人皆哭。魯人謂之哀姜。

義之所責，民略而士詳；法之所禁，市寬而軍急。士，吾所厚也，責之不當如民之薄也；

軍，吾所重也，治之不當如市之輕也。此説者之所共守者也，君子之意果出於是乎？

君子以同天下爲心者也。厚士而薄民，重軍而輕市，非所以同天下也。待之同而治之異者，稱物平施，而歸之同也。爲士者，身處於籩豆弦歌之間，視禮義如寢食；而愚鄙之民，蓋有不聞禮義之名者矣。是士宜不犯義，而民宜犯義者也。在軍者，身處乎旗鼓鈇鉞之間，視法律如寢食；而市廛之氓，蓋有不聞法律之名者矣。是軍宜不犯法，而市宜犯法者也。宜不犯義者責之詳，宜犯義者責之略；宜不犯法者治之急，宜犯法者治之寬。其不同乃所以爲同也，是所謂稱物平施者也。【阪谷曰】巨屨小屨異賈，是不同之所以爲同也。所謂稱物平施者，實天地間自然之權衡。

抑又有説焉。居於義之中而犯義，居於法之中而犯法，非盡滅棄義法而不顧，必不赦也。其法雖小，而蔑棄義法之心則大也。彼其處於義與法之外者，雖過惡暴著，特未知義法而然耳。身過雖大，而心過則小矣。天下之過，有衆人以爲大，而君子以爲小者，必身過也；有衆以爲小，而君子以爲大者，必心過也。【阪谷曰】上段就身分而説權衡，以發此段心身之權衡。西洋治罪以陪審，亦唯付權衡於公論而稱身心輕重而已。所謂千變萬化，只説從心上來者，孟子然，吕公亦然，西洋法律亦然。

魯文公逆姜氏於齊[一]，命使差輕，是衆人之所謂小過耳，而君子視之若大惡然。論姜氏之逐，魯國之禍，皆本之於一使之不備。驗襄仲之難，其言無不讎者，其所觀者在心不在事也。失禮魯人之於禮，猶越人之漁、胡人之獵也。晝與禮俱作，夜與禮俱息，不見異物而遷者也。

之愆，在他國則可，在魯國則不可。蓋越人不能獵，非耻也；胡人不能漁，非耻也。在越而不能漁，在胡而不能獵，則舉國笑之矣。蓋生漁獵之俗而不能者，必天下之至拙；生禮義之俗而不守者，必天下之至慢也。

一使之不備，他國之所謂小過，而魯之所謂大過也。一使之不備，其事固小，至於蔑棄周公數百年之禮法，其心則大也。阪谷曰 孔子欲存告朔之餼羊者，意不在乎餼羊，而在乎其心。世事風習轉換之際，不可不深慮深戒也。履堯舜之朝而爲欺者，真欺也，欺一言重於他時之欺萬言者也；入夷齊之里而爲盜，真盜也，盜一金重於他時之盜萬金者也。見堯舜而敢欺，事夷齊而敢盜，居魯國而敢犯禮，推是心以往，何所不至耶？惡發於心者大，則禍應於心者亦大。是非報其事也，報其心也；非報其人也，報其天也。阪谷曰 急進改革，可喜也。然而卒然一變，可不變者亦皆廢毁，歸厚之意掃蕩不存，滔滔驅入輕薄，風俗所以日頽，亦唯因人心之變動，憂世者豈所可忽也哉？

晋、楚、齊、秦聘娶之際，其犯禮蓋有大於出姜者矣，而其得禍不皆若文公之烈者，文公遭彭生之禍。以其冒禮而非侮禮，事雖醜而心則未如文公之縱也。不然，則文公一過而得譴，他君百過而無尤，天何私於晋、楚、齊、秦，而獨讎魯耶？〔二〕

校勘記

〔一〕逆，原作「通」，據瞿本改。四庫本作「迎」。

〔二〕按此段文字中之「文公」，四庫本皆改作「桓公」，蓋因遭彭生之禍者實爲魯桓公。然呂氏本文實可通，注釋則誤。

楚滅六蓼

文五年　六人叛楚即東夷。秋，楚成大心、仲歸帥師滅六。冬，楚子燮滅蓼。臧文仲聞六與蓼滅，曰：「臯陶、庭堅不祀忽諸。德之不建，民之无援，哀哉！」

物莫不惡傷其類。桃僵而李仆，若樗若櫟，必不爲之仆，何也？非其類也。芝焚而蕙歎，若蕭若艾，必不爲之歎，何也？非其類也。楚人滅江而秦穆爲之憂，《文四年》。君子未嘗疑焉。秦之與江，同諸侯也，同盟會也，同利害也。類同則憂同，固其所也。

臧文仲，魯國一大夫耳。大夫束脩之問不出境，其視他國之休戚，固非職所當憂。況六與蓼，邈然在江、淮之間，自魯視之，蓋風馬牛不相及，其存與亡，何與於魯大夫事哉？而臧文仲一聞其滅，蹙頞深憂，且遠傷臯陶之不祀，此世之所以共疑其闊於事情也。阪谷曰 臧文仲爲孔子所毀，亦其人畢竟君子之黨，故憂世感時，自非膚淺者所及，呂公所以有此篇。見故人之子顛頓困阨，則惻怛流涕，解衣推食之不暇；他日遇塗人之子，則是心衰焉。必厚其父祖，然後憐其子孫者，人之常也。臯陶之没，下竟春秋，千有餘年矣。臧文仲生千有餘年之後，初不識臯陶於何地，友臯陶於何時，而視其子孫之亡，憫惜痛悼，不啻數十年膠漆之契，是心安從生哉？

類之同者，移千歲爲一朝；類之異者，睽一朝爲千載。阪谷曰「楚人滅江」以下，反覆詰難，至此徐應起處，説其所以深爲類。以同時之四兇證之，文字曲折，有情有景。皋陶之所與同朝者，曰共，曰鯀，曰兜，曰苗。禮貌非不相際也，言語非不相接也，然一則在雲天之上，一則在沮洳之下；一則在風塵之表，一則在膏火之中。對席而分胡越，接步而判古今。想共、鯀、兜、苗之心，其視皋陶如寇讎然，日夜伺隙，惟恐害皋陶之無路耳，矧有閔惜其子孫之意哉？是所謂時同而類異者也。

天下之理，未嘗無對。既有時同而類異者，亦有時異而類同者。阪谷曰《博議》文法，亦自此理來。故皋陶近不與共、鯀、兜、苗爲類於唐虞之朝，而遠與臧文仲爲類於春秋之世。想文仲之心，仰不知皋陶之在唐虞，俯不知身之在春秋。無形之中，自相拜酬；無聲之中，自相賡載。阪谷曰《書經・益稷》曰：乃賡載歌曰云云。注：賡，續也。載，成也。跡遠而心近，跡疏而心親。此所以見皋陶之不祀，慨歎憫惜不能自已，殆甚於合堂同席之交。

大抵君子必與君子合，小人必與小人合。學者欲自驗其心，盍以是觀之。吾見君子失志而憂，見君子之子孫衰替而憂，則是吾心與君子合也；吾見君子失志而不憂，見君子之子孫衰替而不憂，則是吾心不與君子合也。憂人之憂，本未足稱，然吾心與君子合，則大可喜；不憂人之憂，本未足貶，然吾心不與君子合，則大可懼。欲占吾心於君子合與不合，當察吾心於君子憂與不憂。自省之術，孰要於此哉？

秦穆公以子車氏之三子爲殉

文六年　秦伯任好卒。以子車氏之三子奄息、仲行、鍼虎爲殉，皆秦之良也。國人哀之，爲之賦《黄鳥》。君子曰：「秦穆之不爲盟主宜哉！死而棄民。先王違世，猶詒之法，而况奪之善人乎？《詩》曰：『人之云亡，邦國殄瘁。』無善人之謂。若之何奪之？古之王者，知命之不長，是以并建聖哲，樹之風聲，分之采物，著之話言，爲之律度，陳之藝極，引之表儀，予之法制，告之訓典，教之防利，委之常秩，道之以禮則，使无失其土宜，衆隸賴之，而后即命聖王同之。今縱无法以遺後嗣，而又收其良以死，難以在上矣。」君子是以知秦之不復東征也。

三良之殉君，古今之論，是者半，非者半。是之者，壯其忘身之勇也；非之者，議其忘身之輕也。是非之論雖不一，至論其忘身則一而已矣。吾獨以謂：三良惟不能忘其身，然後殉君；使其果能忘身，必不至於殉君也。

殺身以殉其君，非忘身者不能，今反謂不能忘身者，獨何歟？殉葬，非厚也，是從君於昏也，是納君於邪也，是陷君於過也。以三良之明，非不知也，知之而不敢辭者，爲其嫌於愛身也。以愛身自嫌者，未能忘其身者也。使三子果能忘其身，則視人如己，視己如人。君欲以他人爲殉，吾固争之，所争者殉葬之失也，不知其在人也；君欲以我爲殉，吾亦争之，所争者殉葬之失也，不知其在己也。吾尚不知有吾身，又安有愛身之嫌哉？身，天下之身；理，天下之理。

苟强認其身而有之，凡事之涉於吾身，明知天下之正理，避嫌而不敢言，是横私天下之身，而横私天下之理也。吾方欲救吾君萬世之惡名，豈暇置一身之嫌於其間哉！三子果不置嫌於一身之胸中，則論己事如論人事，居之不疑，言之不怍，必不至黽勉而受秦穆之命矣。其所以寧殺身而不忍犯愛身之嫌者，惟其未能忘身也。人徒見三子奮然捐軀，駢首就死，共指之爲忘身，孰知其所以死，實生於不能忘身也歟？阪谷曰自首翻案攻擊，理正而論奇，無一事懈怠，作論文宜如是。

或曰："「三子之不能忘身則諾〔一〕，要不可謂之不厚其君也。」吾又以爲不然。爲君計者，厚其君者也；爲身計者，厚其身者也。三子若爲君計，必思殉葬爲吾君無窮之累，吾身縱不自惜，豈不爲吾君惜乎？惟其專爲身計，而不爲君計，故當秦穆命殉葬之際，謂不從則受偷生之責，從之則君受害賢之責，吾知免吾責耳，彼君之責，吾何預焉？是心也，果厚於君乎？果厚於身乎？然則三子之厚其君，乃所以薄其君也。阪谷曰拈出「厚」、「薄」字，就尋常人人皆知之事，比較説出公理，前段不能忘其身之義更明白。末拗一筆反擊，慧心妙腕，誰攖其鋒？

校勘記

〔一〕諾，四庫本作「信」。

季文子如晋求遭喪之禮行

文六年　秋，季文子將聘於晋，使求遭喪之禮以行。其人曰：「將焉用之？」文子曰：「備豫不虞，古之善教也。求而无之，實難。過求，何害？」八月，晋襄公卒。

天下之患，不發於人之所備，而發於人之所不備。十事而記其九，來問者必其一之不記者也；六經而習其五，來難者必其一之不習者也；四封而守其三，來攻者必其一之不守者也。十而九焉，六而五焉，四而三焉，所備者不爲不多矣，然吾敵者，置其九而問其一，置其五而難其一，置其三而攻其一，緣間投隙，專擇吾之不備而徑犯之，何其逆料陰揣如是之巧耶？此世所以共憂爲備之難也。然爲備而不盡則難，爲備而既盡則易。阪谷曰 以盡、不盡對説，解備之難易，亦是孫子「爲不可勝」之意。而説人世常狀，最親切可味。人之游於世，罕與所長遇，多與所短遇；罕與所精遇，多與所略遇。雖左隄右防，朝戒暮警，偶有毫芒之不盡，則禍必發於此，而不發於其他。信矣！爲備之難也。

是非爲備之難也，爲備不盡之難也。必猶有短，然後人得而乘之；必猶有略，然後人得而困之。無所不長，彼孰得以乘吾短？無所不精，彼孰得以困吾略？苟無所不備，禍雖欲發，無所發之地矣。是故君子之爲備也，人以爲無，我以爲有；人以爲後，我以爲先。蚤正素定，使胸中無一之不備。及與事物接，此來則與此應，彼來則與彼應。從容談笑，各就條理。吾是以知爲備既盡者，如此其易也。阪谷曰 楠公千早、韋孝寬玉壁如此。治國家，善如二公之守城，孰侮之？

季文子聘晋，求遭喪之禮而行。且卿大夫之出聘，所備者，郊勞贈賄之儀耳，張旝展幣之節耳，專對答賦之辭耳，至於遭喪之事，衆人以爲必無，後其禮而不講者也。阪谷曰 衆人皆醉我獨醒，非醒，不醉而已。宣公十二年邲之戰，晋軍皆潰，上軍獨不敗，以士季備之也。魯使如晋者，冠蓋相望而輪蹄相躡，豈有他人皆不遭喪，而文子獨遭喪者乎？文子獨以爲時無止、變無常，墻數年而一頹，固有適遇其頹者矣；人百年而一死，固有適遇其死者矣。安可恃他人之不遭，而必己之不遭者乎？阪谷曰 就文子意中構成樓閣，亦是狡獪手段，其實蓋文子豫聞襄公有疾而然。於是屬意衆人之所無，博講衆人之所後，當暇豫之時，而汲汲然扣遭喪之禮。吾意魯國之人切笑文子之迂闊者多矣。噫！當暇豫之時，而求遭喪之禮，文子固迂闊也。至晋而果遭襄公之喪，使未嘗講喪者處之，其搶攘爲如何？其顛錯爲如何？及是時，回視文子之問禮，果迂闊乎？果不迂闊乎？始笑文子之迂闊者，未必不反服文子之精審也。阪谷曰 精審，即「盡」之工夫。

嗚呼！晝者夜之對，未有常晝而不夜；生者死之對，未有常生而不死。當晝而謀寢息之具者，人未嘗有以爲怪；文子當晋侯之存而問遭喪之禮，亦何足怪乎？矧文子所問者，文子之遭喪耳〔一〕，儻如當生而問死〔二〕，則世愈不勝其怪駭矣。

雖然，文子猶有所未盡也。阪谷曰 是蓋責文子平生不講禮，抑立言過高，有未説盡者。聘與喪無二禮，而文子獨問喪，是猶以喪爲異也；生與死無二理，而子路獨問死，是猶以死爲異也。異聘於喪，故欲備喪；異生於死，故欲備死。合聘、喪爲一本，貫生、死爲一條者，夫何備不備之足言哉！

校勘記

〔一〕文子之遭喪，原作「遭文子之喪」，據四庫本改。瞿本作「遭他人之喪」。

〔二〕當生而問死，瞿本作「子路當生而問死」。

趙孟立公子雍

文六年　八月，晉襄公卒。靈公少，晉人以難故，欲立長君。趙孟曰：「立公子雍。好善而長，先君愛之，且近於秦。秦，舊好也。置善則固，事長則順，立愛則孝，結舊則安。爲難故，故欲立長君。有此四德者，難必抒矣。」賈季曰：「不如立公子樂。辰嬴嬖於二君，立其子，民必安之。」趙孟曰：「辰嬴賤，班在九人，其子何震之有？且爲二嬖，淫也。爲先君子，不能求大，而出在小國，辟也。母淫子辟，無威；陳小而遠，無援。將何安焉？杜祁以君故，讓偪姞而上之；以狄故，讓季隗而己次之，故班在四。先君是以愛其子，而仕諸秦，爲亞卿焉。秦大而近，足以爲援；母義子愛，足以威民。立之，不亦可乎？」使先蔑、士會如秦，逆公子雍。

趙孟背先蔑而立靈公

文七年　秦康公送公子雍于晉，曰：「文公之入也無衛，故有呂、郤之難。」乃多與之徒衛。穆嬴日抱太子以啼于朝，曰：「先君何罪？其嗣亦何罪？舍適嗣不立，而外求君，將焉寘此？」出朝，則抱以適趙氏，頓首于宣子，曰：「先君奉此子也而屬諸子，曰：『此子也才，吾受子之賜；不才，吾唯子之怨。』今君雖終，言猶在耳，而棄之，若何？」宣子與諸大夫皆患穆嬴，且畏偪，乃背先蔑而立靈公，以禦秦師。

齊景公使國惠子高昭子立荼

哀五年　齊燕姬生子，不成而死。諸子鬻姒之子荼嬖，諸大夫恐其爲太子也，言於公曰：「君之齒長矣，未有太子，若之何？」公曰：「二三子間於憂虞，則有疾疢，亦姑謀樂，何憂於無君？」公疾，使國惠子、高昭子立荼，寘群公子於萊。秋，齊景公卒。冬十月，公子嘉、公子駒、公子黔奔衛，公子鉏、公子陽生來奔。萊人歌之曰：「景公死乎不與埋，三軍之事乎不與謀，師乎師乎，何黨之乎？」

陳乞逐高國

哀六年　齊陳乞僞事高、國者，每朝必驂乘焉。所從，必言諸大夫，曰：「彼皆偃蹇，將棄子之命。皆曰：『高、國得君，必偪我，盍去諸？』固將謀子，子早圖之。圖之，莫如盡滅之。需，事之下也。」及朝，則曰：「彼虎狼也，見我在子之側，殺我無日矣。請就之位。」又謂諸大夫曰：「二子者禍矣！恃得君而欲謀二三子，曰：『國之多難，貴寵之由，盡去之而後君定。』既成謀矣，盍及其未作也，先諸？作而後悔，亦無及也。」大夫從之。夏六月戊辰，陳乞、鮑牧及諸大夫，以甲入于公宫。昭子聞之，與惠子乘如公。戰于莊，敗。國人追之，國夏奔莒。

陳僖子立公子陽生

哀六年　八月，陳僖子使召公子陽生。陽生駕而見南郭且于，曰：「嘗獻馬於季孫，不入於上乘，故又獻此，請與子乘之。」出萊門而告之故。闞止知之，先待諸外。公子曰：「事未可知，反，與壬也處。」戒之，遂行。逮夜，至於齊，國人知之。僖子使子士之母養之，與饋者皆入。冬十月丁卯，立之。

一國之惡，易以義奪；一夫之惡，難以義争。一國，至衆也；一夫，至寡也。義可以勝衆而不可以勝寡，何也？公與私之異也。有公惡，有私惡，惡出於公，雖衆易奪；惡出於私，雖寡難争。故君子之論難易，不施諸衆寡之間，而施諸公私之際。【阪谷曰】公私難易四字，一篇眼目。

廢立，大惡也。晋人欲立長君，捨靈公而迎公子雍；齊陳乞欲立長君，廢荼而召陽生。其惡同也。然公子雍之謀，一國之所共，宜若難奪，而穆嬴之弱，反能以義奪之；陽生之謀，一夫之所專，宜若易争，而鮑牧之强，反不能以義争之。障稽天之浸，而不能遏畎澮之流；掃燎原之焰，而不能息束緼之火，抑有由矣。

晋人之迎公子雍，舍家嗣而外求君，視置君如奕棋，其爲惡固不待言。然其情非以私己也，非以求利也，非以危國也，不過欲得長君以靖難耳〔一〕，是固晋人之所同欲也。事則惡，而心則公也。其心既公，故迎子雍，其事未嘗不出於公焉。卿士合謀，公之也；支庶并擇，公之也；兩使如秦，公之也；三軍并迎，公之也。舉國之人雖陷於惡逆，其心猶誤以爲公。一言一動，皆明白簡直，未嘗有纖毫覆匿掩蔽之意，豈非公心尚存？雖一國鋭欲立雍，有排山倒海之勢，穆嬴一女子，動之以義，而一國之人怵迫焦灼，如負芒刺，如中刀槊，如卧薄冰。不畏秦師之鋭鋒，而畏穆嬴之涕泣，亟棄雍而立靈公，不啻如反掌之速。吾是以知惡出於公者，雖衆而易奪也。

至於陳乞之立陽生，雖以齊國有憂、少君不可訪爲名，自附於晋人之義，然其意實貪策立之功，以爲簒齊之資耳。心私則事私，故其援立陽生，自始至末，無非相與爲私焉。僞參乘而事高、國者，乞以私而除陽生之害也；托習馬而出魯境者，陽生以私而應乞之召也。乞之召陽生，其始固已相與爲私，故投暮夜之隙以隱其歸，混饋者之中以匿其迹，惴惴然若狗偷鼠竊之爲者。其擅置廢立雖與晉人同，然陳乞則畏人之知，晉人則不畏人之知；陳乞畏事之泄，晉人則不畏事之泄。是晉人以公自處，而陳乞以私自處也。陳乞先以私自處，故雖聞鮑牧至公之義，邈然如風之歷耳。蓋乞之心自絶於義久矣，故使百人摇之，猶不能少概其心，况一鮑牧哉？【阪谷曰】前段説晉國，結惡出於公易奪；此段説陳乞，宜亦結以惡出於私難争。而不然，再拈晉國與陳乞對較，結以「蓋乞之心」云云，齊整中變化，文不板而見主意在陳乞。

大抵惡出於公，則其根淺而易摇，故雖一國之勢，弱女子勝之而有餘；惡出於私，則其根深而難拔，故雖一夫之謀，强大夫排之而不足。百圍之木，根不附土，未終朝而可仆；拱把樸樕，蟠根繞蔓於九泉之下，雖千夫未易動也。【阪谷曰】吕公蓋感慨於當時奸臣之難争，筆端有餘憤。故君子能受萬人之公毁，而不願受一人之私讎；寧救萬人之公過，而不能救一人之私慝。

校勘記

〔一〕過，原缺，據瞿本補。四庫本「不過」作「惟欲」。

東萊先生左氏博議卷之十八

陽處父改蒐賈季殺陽處父

文六年　晉蒐于夷，舍二軍。使狐射姑將中軍，趙盾佐之。陽處父至自温，改蒐于董，易中軍。陽子，成季之屬也，故黨於趙氏。

八月乙亥，襄公卒。靈公少，趙孟立公子雍。賈季曰：「不如立公子樂。」趙孟使先蔑、士會如秦，逆公子雍。賈季亦使召公子樂于陳。趙孟使殺諸陴。賈季怨陽子之易其班也，而知其無援於晉也。

九月，賈季使續鞫居殺陽處父。書曰：「晉殺其大夫。」侵官也。

冬十月，襄仲如晉葬襄公。

十一月丙寅，晉殺續簡伯。賈季奔狄。宣子使臾駢送其帑。夷之蒐，賈季戮臾駢，臾駢之人欲盡殺賈氏以報焉。臾駢曰：「不可。吾聞《前志》有之，曰：『敵惠敵怨，不在後嗣。』忠之道也。夫子禮于賈季，我以其寵報私怨，無乃不可乎？介人之寵，非勇也；損怨益仇，非知也；以私害公，非忠也。釋此三者，何以事夫子？」盡具其帑與其器用財賄，親帥扞之，送致諸竟。

私者，人之所惡也。立乎人之朝，相結以私情，相交以私利，相報以私恩，不復知公義之所在，固人之所共惡也。是其爲私，雖人之所共惡，亦人之所共知，猶非可惡之尤者也。天下之尤可惡者，其惟私之私乎！受私而矯情以示公，示公而匿機以行私，私中有公，公中有私，深閟險譎，舉世皆莫能窺，此所謂私之私也。君子之所尤惡也。

陽處父私於趙盾，犯君命，墮國法，擅蒐于董，奪賈季之位以畀盾，其私於盾者深矣。使盾果公存心，必思命當出於君，而不當出於臣。君命既定，而臣擅易之，是無國法也。竊財者謂之盗，受其財者亦謂之盗；擅命者謂之叛，受其命者亦謂之叛。其可貪一時之寵而自納於叛之乎？苟盾持此義以固拒陽處父之命，吾始信盾之真公也。今盾安受處父之擅命，恬處正卿之位，受其利而欲逃其名，背惠棄恩，疏絶處父，自示其公，以避受私之謗。盾之用心可畏也哉！

何以知盾疏絶處父以示公也？以賈季殺處父而知之也。賈季所以敢殺處父者，以其無援於晋也。晋國之權，專出於盾；而盾之權，專出於處父。有盾以爲處父援，天下之援，豈有强於此者乎？而賈季反謂處父無援於晋者，是必盾既得位之後，視處父如路人，利害不相關，患難不相救，此賈季所以知其無援也。盾之不援處父者，豈不知處父之恩不可負哉？其矯情以示公者，急於自解而不暇顧人耳。然其示公之中，未嘗不匿機以行其私焉。阪谷曰　吕公論常説入其心，斷心之邪正，在分析其公私。此篇首段先揭其規則，而就盾實事析之。「然」字以上，説前段末示公避謗之意；以下更近一層，説公中之私。論綦深刻，似讀《韓非子》。

賈季既殺陽處父，盾歸其獄於續簡伯。不探其情而誅賈季者，蓋以賈季之所以殺處父者，不平其私於我也，是處父之死由我也。處父由我而死，我爲處父復讎而殺賈季，則未免於私之嫌也。故宥賈季於遠，又送其帑以致勤厚之意，皆矯情以示公也。孰知其示公之中，陰匿其至私而不悟乎？盾之所使送賈季之帑者臾駢。臾駢，賈季之讎。送帑而使其讎，實欲臾駢盡殺賈氏，以逞吾憾也。苟盾果出於善意，則舉晉國之人，豈無可任以送帑之責者？阪谷曰 舞文巧詆，然其證明白，盾亦不能辯。今不付之他人而獨付諸其讎，則盾之情可見矣。若臾駢從其黨之言盡殺賈氏，則全賈氏之恩歸於盾，滅賈氏之惡歸於駢。阪谷曰 此時臾駢從黨言，則賈季必爲楚巫臣，晉禍不可測也。外示公義，内復私怨，其機可謂險矣。臾駢不悟其機，反謂盾行禮於賈季，抑忿釋憾，衛之出竟。其事雖善，吾恐未必投盾之機也。衛瓘將殺鄧艾，知田續有憾於艾，使田續追之，曰："可以報江油之辱矣。"《晉·衛瓘傳》。續果殺艾。瓘使仇讎追鄧艾，盾使仇讎送賈氏，其機本同，然衛瓘之機淺，故田續悟其機而殺之；盾之機藏，故臾駢不悟其機而生之。是全賈季者，雖臾駢之美，而本非盾之意也。盾示之惡，而駢誤以爲善；盾示之邪，而駢誤以爲正。阪谷曰 所謂郢書燕説。人之誤每如此，亦何患於誤乎？

惡機可以感善，邪機可以感正。是善常在於惡之中，而正常在於邪之中也。阪谷曰 此唯就前段末善惡邪正生一枝葉，於全文泛然，其説亦頗，幾無差别。善在惡之中，是天下本無惡；正在邪之中，是天下本無邪也。是言也，是理也，微矣哉！

宋昭公將去群公子

文七年　昭公將去群公子，樂豫曰：「不可。公族，公室之枝葉也。若去之，則本根無所庇廕矣。葛藟猶能庇其本根，故君子以爲比，況國君乎？此諺所謂『庇焉而縱尋斧焉』者也。必不可！君其圖之。親之以德，皆股肱也，誰敢攜貳？若之何去之？」不聽。穆、襄之族率國人以攻公，六卿和公室，樂豫舍司馬以讓公子卬。

見怒於人，爲吾解者，必與吾親者也；見疑於人，爲吾辨者，亦必與吾親者也。抑不知怒可使疏者解，不可使親者解；疑可使疏者辨，不可使親者辨。【阪谷曰】突起，以「抑」字挫折。如書家藏鋒，文字取勢多在於此。

人之方怒也，人之方疑也，望其親厚者來，固逆以游説待之矣。先持游説之心以待其至，則雖有公言亦視以爲私，雖有正論亦視以爲黨，豈特塞耳而不聽哉！解其怒而甚其怒者有矣，辨其疑而增其疑者有矣。嗚呼！親者猶不可解，況於自解乎？親者猶不可辨，況於自辨乎？苟不審勢，不見機，不察言，不觀色，身往辨解，徑犯其疑怒之鋒，則一顧而生百忿，一詰而生百猜。辭多則謂之争，辭寡則謂之險；貌莊則謂之傲，貌和則謂之侮。進退周旋，無非罪者。束手而赴讎家，其見殺者，非讎之過也，我自送其死於讎也；裸裎而投虎穴，其見噬者，非虎之暴也，我自送其死於虎也。彼方蓄怒積疑，欲致毒於我而未得逞，我乃委身其前以投之，其得全也難哉！

宋昭之無道，嗣位之初，欲盡去群公子，其志鋭甚。吾意爲群公子所親者，皆將遠嫌退縮，而不敢預其禍，獨樂豫拳拳亹亹，力進諫而止之。意者豫之視群公子，聲迹不相聞，休戚不相及，居無嫌之地，可以肆言而不忌乎？阪谷曰伊尹幽太甲而滿朝不疑，郭子儀功名蓋世而猜忌主不疑，皆能使人忘者也。蓋才德兼備，有不可忘之名望，而能使人忘，然後可以濟世。如延陵季子、張子房、李鄴侯，亦此類也。及詳考之於《傳》，豫實戴公之裔，乃所謂群公子之一也。身在群公子之數，不以自嫌，獨敢辨解於昭公之前，昭公雖不從，亦安其言而不以爲憾也。豫不以嫌自處可耳，至於使無道之君亦安其言而不憾，是豈一朝一夕之故哉？

切意豫平居暇日〔一〕，處群公子間，身廊廟而心山林，身軒冕而心布褐，身鐘鼎而心簞瓢，和而不同，群而不黨，豫固不以公子自處，而人亦未嘗敢以公子處豫也。惟其素不以公子自處，故雖在利害之中，實出利害之外，從容進諫，忠誠懇惻，專悟於君，物莫能間。當是時，豫豈自知身之爲公子哉！何獨豫不自知爲公子，雖昭公亦豈知豫之爲公子哉！阪谷曰《莊子》云：「魚相忘於江湖，人相忘於道術。」抑使不忘之昭公能忘，豫之賢不可及也。儻豫自知爲公子，則嫌心生而不敢言；儻昭公知豫之爲公子，則忿心生而不能忍。將見諫語未終，先群公子而賜絶命之書矣。惟兩出於不知，此所以兩相安而不相忌也。

昭公雖能安豫之言，而不能從豫之言。迄至群公子之亂刃交矢，接公室如綴旒，阪谷曰《詩·商頌》之「綴旒」，謂爲下國表章，而後世轉用，謂飄揚無寧處，如旌旗之旒。豫復與六卿和公室，舍其司馬以畀昭公之弟卬，使昭公知公族之中，固有視富貴如鴻毛者，以深釋昭公之疑怒。是昔以言諫，而今以身諫也。非心無富貴，其能勇退如此之決乎？豫心無富貴，故始不以公子自嫌而進言，忘嬰鱗之危；阪谷曰攖鱗，見《韓非·説難》。終不以司馬自累而棄位，過脱屣之速。苟藏於心者有毫芒之顧惜，則發於口者有丘山之畏怯矣。故棄人之所不能棄，然後能言人之所不能言。

校勘記

〔一〕暇日，原作「暇食」，據四庫本、瞿本改。

士會不見先蔑

文七年　趙宣子背先蔑而立靈公。己丑，先蔑奔秦，士會從之。士會在秦三年，不見士伯。其人曰：「能亡人於國，不能見於此，焉用之？」士季曰：「吾與之同罪，非義之也，將何見焉？」及歸，遂不見。

物之易合者，莫如居患難之時。同川之魚，鱣不知鮪，鮪不知鱣，游泳不相顧也；及失水，則相沫相濡，歡然而相親，豈得水則不仁，失水則仁耶？居患難之地，不得不合也。同舟之人，胡不知越，越不知胡，語言不相入也；及遇風則相赴相救，慨然而協力，豈無風則不義，有風則義耶？居患難之地，不得不合也。

隨會之與先蔑，并立於晉朝，其游居周旋之久，豈如胡越之無情哉？及以公子雍之故，俱得罪而奔秦，此政涸澤之魚相濡沫之時，會之視蔑，乃漠然無情，歲律三改，而曾不與之一面。居患難之地，而反落落難合，何耶？ 阪谷曰 二「何耶」生下三「是宜」。

人知患難之易合，而未知其所以合也。憂同則易合，怨同則易合，忿同則易合。同憂相遇，必相親以謀其憂；同怨相遇，必相親以毁其怨；同忿相遇，必相親以逞其忿。其朝夕聚會，握手而語，促膝而議者，豈復有善意哉？ 阪谷曰 小人親交情狀，抉摘逼真。非咎人則訾人也，非私計則詭計也。以憂濟憂，以怨濟怨，交日深而惡日張矣〔二〕。其所以易合者，果正耶？果不正耶？竇嬰、灌夫父子，歡於廢退之時〔三〕；見本傳。淮南、衡山昆弟，語於怨望之日。見本傳。其終之爲何如耶？是宜隨會之所不忍爲也。

吾嘗聞君子處患難矣。内省不疚者也，反求諸己者也，素其位而行者也。 阪谷曰 患難之際，不變其常，非眼明識定者則不能，工夫全在平生培養。本未嘗憂，何必與人共其憂；本未嘗怨，何必與人共其怨；本未嘗忿，何必與人共其忿。使其人道義可慕，忠信可友，樂易可近，慈仁可依，則未有患難之始，吾固與之合矣，豈必待有患難而與之合耶？待患難而始合，則其合者非吾本心也，驅於患難，苟合以濟事也。是宜隨會之所不忍爲也。

貧者不肯與富者狎，而與貧者狎，是何也？富者其所忌，兩貧則無所忌也。愚者不肯與賢者狎，而與愚者狎，是何也？賢者其所忌，兩愚則無所忌也。人居患難之時，以己之在難，而疾人之無難。其視優豫愉佚之人，且憎且忌，望望然去之。惟其同在難者，欵密親狎而無間，其心豈不甚淺狹而可憐耶？是宜隨會之所不忍爲也。

或曰：「趙盾實執晉柄，背先蔑而立靈公，則盾之所讎者惟蔑爾。至隨會雖以累而俱出，本非盾所怒也。會明絶蔑於秦，乃所以陰結盾於晉，僥幸歸國，不顧賣友以市恩，非險薄之尤者乎？」吾應之曰：「此後世之心，而非隨會之心也。」以後世之利心，而量君子之公心，則其舉其措，其語其默，無不可名以利，豈獨先蔑一事哉！會果出於利心，則其險譎僅足以欺一夫耳。不動聲色，而群盗自奔，是亦可以利心感之耶？光輔五君，而名聞諸侯，是亦可以利心圖之耶？固不可以後世之利心，量君子之公心也。阪谷曰 以三「是宜隨會」云云，答首段詰問而不別總結。忽揭「或曰」字辨明一回，引群盗、五君之證，付隨會以君子之公心。更即公心，一轉責備。作法迂餘不迫，有彩鷁下大江之趣。

雖然，會之公心，吾猶有憾焉。會不以同患而親蔑，可也；至於絶迹不見，則矯枉過直矣。阪谷曰 論洵精微矣。然士會之巉然壁立，不近蔑，其故必有史不及録者。吾不知會在晉之時，於朝廷，於官府，於衢路，果能避蔑而不見耶？在晉則見之，在秦則不見，是不免以罪自嫌，而非公之盡也。以公自處，則去國如在國，有難如無難，雖不加親，亦不加疏，豈以晉、秦二其心哉！吾固疑會公心之未盡也。阪谷曰 不留一滲漏，所謂容光必照者。吾固以公心責之，而不以利心量之也。

校勘記

〔一〕張，四庫本、瞿本作「長」。

〔二〕歡，原作「觀」，據四庫本、瞿本改。

穆伯取己氏

文七年　穆伯娶于莒，曰戴己，生文伯，其娣聲己生惠叔。戴己卒，又聘于莒。莒人以聲己辭，則爲襄仲聘焉。冬，徐伐莒。莒人來請盟。穆伯如莒涖盟，且爲仲逆。及鄢陵，登城見之，美，自爲娶之。仲請攻之，公將許之。叔仲惠伯諫，曰：「臣聞之，兵作於内爲亂，於外爲寇。寇猶及人，亂自及也。今臣作亂而君不禁，以啓寇讎，若之何？」公止之。惠伯成之，使仲舍之，公孫敖反之，復爲兄弟如初。從之。

穆伯以幣奔莒

文八年　穆伯如周弔喪，不至，以幣奔莒，從己氏焉。

穆伯歸魯復適莒

文十四年　穆伯之從己氏也，魯人立文伯。穆伯生二子於莒，而求復。文伯以爲請。襄仲使無朝聽命，復而不出。三年而盡室以復適莒。文伯疾，而請曰：「穀之子弱，請立難也。」許之。文伯卒，立惠叔。穆伯請重賂以求復，惠叔以爲請，許之。將來，卒于齊。告喪，請葬，弗許。

齊人歸公孫敖喪聲己不視

文十五年　齊人或爲孟氏謀，曰：「魯，爾親也。飾棺寘諸堂阜，魯必取之。」從之。卞人以告。惠叔猶毁以爲請，立於朝以待命。許之。取而殯之。齊人送之。書曰「齊人歸公孫敖之喪」，爲孟氏，且國故也。葬視共仲。聲己不視，帷堂而哭。襄仲欲勿哭，惠伯曰：「喪，親之終也。雖不能始，善終可也。史佚有言曰：『兄弟致美。救乏、賀善、吊災、祭敬、喪哀，情雖不同，毋絶其愛，親之道也。』子無失道，何怨於人？」襄仲説，帥兄弟以哭之。

問脩怨於君子，必以爲非；問脩怨於小人，必以爲是。二者皆未爲定論也。專於報怨者，商鞅氏之徒耳，范雎氏之徒耳，并本傳。格之以聖人之門，在所擯也；專於忘怨者，老聃氏之徒耳，莊周氏之徒耳，并本書。格之以聖人之言，亦在所擯也。吾聖人之門，未嘗脩怨，未嘗不脩怨，權其小大輕重，而中持衡焉。小者忘之，大者報之；輕者忘之，重者報之。未嘗倚一偏而主一說也。

穆伯爲襄仲聘婦于莒，中道而奪之，夫豈細怨也哉？而惠伯區區其間，委曲調護，始則釋其憾，終則全其恩。彼非不知輕重小大之所在也，蓋穆伯之於襄仲，兄弟也。怨之小大，在他人可言耳，兄弟之間，非較小大之地也；怨之輕重，在他人可言耳，兄弟之間，非較輕重之地也。合以人者，有時而離；合以天者，無時而離。兄弟之屬，天也，人怨不足以害之。襄仲之怨穆伯，以人觀之，則固大矣，重矣；以天視之，則兄弟之親，宗曰 說得親切。與生俱生而不可離，豈以恩而加，豈以怨而損哉！

雨暘變於前，太虛之真體未嘗動也；恩怨交於前，兄弟之真情未嘗動也。曰雨曰暘，而真體之中，本不知有雨暘；自恩自怨，而真情之中，本不知有恩怨。襄仲向者之怨，私情之怨耳；今者之解，私情之解耳。乃若胸中之天，則向無怨而今無解也。不然，則豈惠伯立談之頃所能回耶？阪谷曰 襄公不足論，吕公假示天彝之深。焚廩捐階之虐，治棲入宫之侮，見《孟子·萬章上》。百世之後，讀其書者，猶爲舜切齒。而舜之恩意源源不絕者，非以德而報怨也。以弟待象，而不以象待象也；以天觀象，而不以人觀象也。蓋鬱陶而思舜者，乃象之天；彼傲而害舜者，特象之人耳。舜之胸中純乎天，故見象之天而不見象之人也。使惠伯立於舜之朝，將化於舜之天，而不自知矣。雖有喙三尺，焉攸用？

宗廷輔曰　寫出天性之愛，纏綿固結，純任自然，是爲有功名教之作。

酆舒問趙衰趙盾於賈季

文七年　狄侵我西鄙，公使告于晉。趙宣子使因賈季問酆舒，且讓之。酆舒問于賈季曰：「趙衰、趙盾孰賢？」對曰：「趙衰，冬日之日也；趙盾，夏日之日也。」注云：冬日可愛，夏日可畏。

天下之物，不可以疑心觀也。萬物錯陳於吾前，梟短鶴長，繩直鉤曲，堯仁桀暴，夷廉跖貪，區別彙分，本無可惑。疑心一加，則視梟如鶴，視繩如鉤，視堯如桀，視夷如跖，是非物之罪也，以疑先物，所見固非其正也。內疑未解，外觀必蔽，不求之於心，而求之於目，難矣哉！此猶非其難也。物未嘗眩吾，而吾則疑物也。吾先以疑待物，而物之似復適投吾之所疑，以我之疑，觀物之似，此天下之至難辨也。阪谷曰　疑自畏忌生，畏忌自燭理之不明而私心之彭張來。此篇爲賈季，而實爲世之猜疑者。

賈季之仇趙盾，古今莫不聞。言發於仇讎之口，人固先以疑心聽之矣。使季譽盾之清耶，人必曰「陽譽其清，而陰譏其陋」也；使季譽盾之剛耶，人必曰「陽譽其剛，而陰譏其很」也。宗曰　挑剔，是時文作法。人必曰「陽譽其清，而陰譏其陋」也；季以公心譽之，人以疑心聽之，言在此而意亦在彼。雖其辭坦明易直，無疑可指，且猶揣摩猜度，靡所不至，況所譽之言未免於可疑耶？冬日，人所愛也；夏日，人所畏也。季目衰以冬，而目盾以夏，吾不知季以衰勝盾也？抑以盾勝衰耶？是殆未可知也。阪谷曰 古人云：「交絶不出惡聲。」冬夏之喻，言淺而意深，如賈季者，可以爲絶交者之標準。以盾之威爲可畏耶？抑以盾之虐爲可畏耶？是殆未可知也。一言而挾勝負之兩意，一字而具威虐之兩端，苟季素與盾無間然之隙，則人固未敢以毀盾疑也。今季與盾，其仇若此，其語又若此，以前之仇驗後之語，雖有知者觀之，亦必斷然謂之毀盾矣。信如是，則季之毀非似也，宗曰 頓足。真也；人之觀季非疑也，明也。

吾何以知季之非毀盾耶？幽囚野死之謗，不出於康衢之間，阪谷曰 堯幽囚、舜野死之説，出《史通》。堯游於康衢，聽童謡。而出於秦漢之後。《記・檀弓》。蓋以秦漢之心，而量唐虞之心，信乎其可疑也。癰疽瘠環之謗，不出於洙泗之濱，而出於戰國之末。《孟子・萬章》。蓋以戰國之心，而量仲尼之心，信乎其可疑也。持後世之心，而觀古人之迹，蓋無適而非可疑者，豈獨賈季事哉？阪谷曰 以人不疑之堯、舜、仲尼，證人皆疑之賈季不可疑；以秦漢戰國之心，隱然證後世好毀自便之心。萬人瞠若，誰容喙？兄弟鬩於墻，外禦其侮，古之人未嘗以私鬥忘其家也，自後世之心而量之，未必不疑其匿怨也；人之行不以所惡廢鄉，古之人未嘗以私惡忘其鄉也，自後世之心量之，未必不疑其矯情也。季、盾易班之仇，私仇耳；百年父母之邦，豈以一盾而大棄之耶？盾所以敢使季責酆舒者，知其怨盾而不怨晉也；季所以肯對酆舒而譽盾者，亦主晉而不主盾也。

盾以晉使之，而不以盾使之〔一〕；季子亦爲晉言之，而不爲盾言之。烏可以後世淺心量之乎？以冬擬衰，以夏擬盾，其迹似優衰而劣盾也，宗曰 一篇命意，至此乃出。其心則爲戎狄難以愛懷，易以威服，欲酆舒知盾之威不可犯，非如衰之猶可狎也。張盾之威，所以張晉之威，所謂實與而文不與也。馬援未嘗尊高帝而卑光武，阪谷曰 引馬援，忽見疑擬議非倫，細味之則全篇爲生精彩。激言之者，所以使隗囂知光武細謹之不可欺；見本傳。賈季未嘗優趙衰而劣趙盾，激言之者，所以使酆舒知趙盾威靈之不可犯。馬援嘗與光武有睚眦之隙，則世又抑以疑季者疑援矣。心未古而遽欲觀古人之書，其疑可勝既耶？阪谷曰 今人不可信，然心未古而遽疑今人，今人亦不得不疑今人。疑疑相待，百怪横生，爲輕薄世界。嗚呼！「無好人」三字，誠今古小人自賊者也哉！

宗廷輔曰 正意一經説破，以下便無文可做，看其宛折到題處。

校勘記

〔一〕不，原作「人」，據四庫本改。

晉郤缺言於趙宣子歸衛地

文七年　晉郤缺言於趙宣子曰：「日衛不睦，故取其地。今已睦矣，可以歸之。叛而不討，何以示威？服而不柔，何以示懷？非威非懷，何以示德？無德，何以主盟？子爲正卿，以主諸侯，而不務德，將若之何？《夏書》曰：『戒之用休，董之用威。勸之以九歌，勿使壞。』九功之德皆可歌也，謂之九歌。六府三事，謂之九功。水、火、金、木、土、穀，謂之六府。正德、利用、厚生，謂之三事。義而行之，謂之德禮。无禮不樂，所由叛也。若吾子之德，莫可歌也，其誰來之？盍使睦者歌吾子乎？」宣子説之。

晋歸衛田

文八年　春，晋侯使解揚歸匡、戚之田于衛，且復致公壻池之封，自申至于虎牢之境。

急人之聽者，宗曰起法。必以言之緩爲大戒，然其所以終不合者，非傷於緩也，傷於急也。大其聲，疾其呼，而聽者猶若不聞；危其言，激其論，而聽者猶謂不切。檻可折，墀可丹，冠可免，笏可還，而聽者之心，終不可移。忠臣義士，感慨憤悱，自尤其言之猶未急，更相激揚，更相摩厲，言愈迫而效愈疏。他日聞有一言悟意，回難回之聽者，意其言必剴切的近，出於吾平日所慮之外，及徐問其説，乃吾異時所共訕侮以爲迂闊者也。言者急，而聽者緩；言者緩，而聽者急。豈聽者樂與言者相反覆耶？

覆觴推盎，不能止人之飲，而談笑諷咏，可以使人終身視酒如仇讎；閉門投轄，不能挽人之留，而邂逅遇合，可以使人終身從我如父子。强人之聽者，固不若使人之自聽也。以衛之弱而取怒於晋，壤地侵削，鄰於危亡，君臣側席，朝不謀夕，勢可謂至急矣。爲衛謀者，必亟問亟禱，急自解於晋可也。今郤缺爲衛請侵地於趙宣子，乃取古人之陳言，所謂六府、三事、九歌者，諄諄而誦之，此何時而爲此言耶？然言出而地歸，曾不旋踵，持斷編腐簡熟爛之語，而速於辨士説客捭闔之功。吾是以知世人之所謂急者，未始不爲緩；世人之所謂緩者，未始不爲急也。

嗚呼！以此之利害，宗曰：接法。而解彼之利害，是同游乎利害之内者也；以此之是非，而攻彼之是非，是同游乎是非之内者也。晋既以壤地爲急，爲衛請者，復以壤地爲急，言者、聽者，俱墮於是非利害之内，是猶兩人之角，其勝其負，安可預必乎？故郤缺之進説，綽約容與，不與宣子争於是非利害之内，而置宣子於是非利害之外。阪谷曰：「綽約容與」云云，是進説妙處，古今唯張子房最得此術。彼方瑣屑猥細，滯心壤地尺寸之末，而吾忽以聖人之法語大訓、仁聲正樂投於其耳。心融神釋，如朝舜禹而陪夔龍，胸中洞然，曠無畛域，至此豈復知有晋疆衛界之辨乎？阪谷曰：取緩、急二字，層層對説，至此專説緩之妙用。此其所以不用力，不費辭，而平兩國之憾於片言，還數年之侵於一日也。

雖然，舜之琴不若舜自鼓，《記·樂記》。禹之樂不若禹自歌。《書》。琴存而操已變，樂是而人已非。郤缺追誦六府、三事、九歌之語於春秋争奪之中，豈能動物悟人如此之速乎？蓋樂有作輟，而至音無存亡；世有久近，而至理無今古。《九叙》之歌在唐虞聽之不爲新，在晚周聽之不爲舊。愈言愈深，愈聽愈感，一念警發，阪谷曰：一念之間，春亦秋，秋亦春。固可以再還唐虞之天地於几席之間，又奚止戚田之還耶！

宗廷輔曰 議論剛正，筆亦透達。

東萊先生左氏博議卷之十九

宋襄夫人殺昭公之黨

文公八年　宋襄夫人，襄王之姊也，昭公不禮焉。夫人因戴氏之族，以殺襄公之孫孔叔、公孫鍾離及大司馬公子卬，皆昭公之黨也。司馬握節以死，故書以官。司城蕩意諸來奔，效節於府人而出。公以其官逆之，皆復之。亦書以官，皆貴之也。

宋襄夫人殺昭公

文十六年　昭公無道，國人奉公子鮑以因夫人。夫人將使公田孟諸而殺之。公知之，盡以寶行。蕩意諸曰：「盍適諸侯？」公曰：「不能其大夫至于君祖母以及國人，諸侯誰納我？且既爲人君，而又爲人臣，不如死。」盡以寶賜左右而使行。夫人使謂司城去公。對曰：「臣之而逃其難，若後君何？」冬十一月甲寅，宋昭公將田孟諸。未至，夫人王姬使帥甸攻而殺之。蕩意諸死之。書曰「宋人弒其君杵臼」，君無道也。

待人欲寬，論人欲盡。待人而不寬，君子不謂之恕；論人而不盡，君子不謂之明。善待人者，不以百非没一善；善論人者，不以百善略一非。善待人者，如天地，如江海，如藪澤，恢恢乎無所不容；善論人者，如日月，如權衡，如水鑒，昭昭乎無所不察。二者要不可錯處也。待人當寬，世固已知之矣，至於論人當盡，學者每疑其近於刻，而不敢盡焉。抑不知論人者，借人之短，以攻我之短；借人之失，以攻我之失。主於自爲〔一〕，而非爲人也。品題之高下，所以驗吾識之高下；與奪之公私，所以驗吾心之公私。苟發於言者略而不盡，則藏於心者必有昏而未明者矣。吾夫子譏賜也之方人，言未絶口，而自操《春秋》之筆，善善惡惡，無毫髮貸，是豈遽忘前日之語哉？待人與論人，固自有體也。阪谷曰 起一段，論理精明，筆力遒勁，可爲後學之法。

宋襄夫人之亂，蕩意諸始則出奔，終則致死。大浸稽天，而砥柱不移；風雨如晦，而雞鳴不已；凜然亂臣賊子之大閑也。雖使有一行之未當，一善之未全，君子尚忍復議之乎？當是時，奔走於夫人之宮者，冠蓋相望；受施於公子鮑之室者，蹄踵相躡；至於安受昭公之賜，橐珍囊寶，散而之四方者，又不知其幾人也。阪谷曰 極力模寫以發揚意諸之節，發揚之即所以爲後段抑勒之地。不思議此，而惟意諸之是責，吾不知與逆徒何親，與公室何讎乎！與小人何厚，與君子何薄乎！讎公室而親逆徒，厚小人而薄君子，雖鄉黨自好者猶耻爲之，未有名爲學者而反不耻者也。

然立論之際，先則譽意諸之忠，後則責意諸之過，變譽爲責，夫豈得已哉？蓋將假意諸既往之過，爲吾身將來之戒也。言發於意諸，而心主於吾身也。意諸效節之去，義當去也；意諸從田之死，義當死也。是皆不可毁也。

然意諸親則公族，官則司城，坐視昭公之失道，襄夫人之蓄怒，公子鮑之陰謀，凶德參會，待釁而發。上則不聞有正救之諫，中則不聞有調護之功，下則不聞有擊斷之勇。見亂而始去，去何晚也？見弑而始死，死何補也？想夫亂機之將兆，弑械之將成，通國之内外舉知，曾謂意諸之賢獨不知耶？其所以徘徊濡滯，阪谷曰 以濡滯而誤事、身死而無益者，古今往往有之。假意諸論發，極痛快，然是不可爲暴斷者説也。不能翻然高舉者，蓋懷其父「去官則族無所庇」之言，阪谷曰「其父」云云在文公十六年《傳》。顧位苟禄，日復一日。其意以謂：無難則忍恥以庇宗，有難則捐身以刷恥，以後之節，贖前之非，後世君子要必有哀吾之用心者。

殊不知君子不忍一日置其身於可愧之地，今日爲善，尚恐他日爲惡，詎有身居可愧之中，預指他日之節以贖今日之非乎？他日之節未至，今日之非方增。斯心也，君子乎？小人乎？此吾所以爲意諸懼也，此吾所以不爲意諸懼而爲吾身懼也。

校勘記

〔一〕主，原作「言」，據四庫本改。瞿本作「言主」。

箕鄭父殺先克

文八年　夷之蒐，晉侯將登箕鄭父、先都，而使士穀、梁益耳將中軍。先克曰：「狐、趙之勛，不可廢也。」從之。先克奪蒯得田于堇陰，故箕鄭父、先都、士穀、梁益耳、蒯得作亂。九年，春王正月己酉，使賊殺先克。

見人之禍，必思求其得禍之道，古今之通蔽也。人之得禍，果皆以其道，是天下無不幸而遇禍者也。天下固有得禍而非不幸者矣，四裔之囚，流共工於幽州，放驩兜於崇山，竄三苗於三危，殛鯀於羽山。見者不嗟，非不幸也；兩觀之僵，孔子誅少正卯於兩觀之下。過者不憫，非不幸也。得禍而非不幸，惟此時爲然爾。時非虞也，君非舜也，國非魯也，相非丘也，流竄相望，安可概以凶族待之乎？刀鋸相尋，安可概以少正卯待之乎？吾恐四裔之遠，未必無如稷、如契、如垂、如益者也；吾恐兩觀之下，未必無如參、如騫、如由、如賜者也。王綱殞絶，忿欲橫流，以私讎公，以邪戕正，得禍而不以其道者，夫豈一人耶？阪谷曰無限感慨，當時尤大者，有岳飛、曲端，有胡澹庵、朱元晦，其多紛紛，不勝不幸之禍。

《左氏》所録公卿大夫之遇禍者，必求其召禍之由〔一〕。信如是説，則春秋之時無一人不幸而受禍者也。使左氏移此筆以書虞之《典》，續魯之《論》，則雖曰無一人不幸受禍，吾孰敢以爲非哉？阪谷曰「吾」字，疑可作「其」。今記載春秋衰亂之世，見人之遇禍者，則吹毛求疵，捃摭其過，以證成其罪。不憫君子受禍之不幸，而惜小人殺人之無名，此吾所以深爲左氏惜也。阪谷曰 待人、論人之别，前篇詳明。此篇論後人吹求之非，所以救前篇之弊。

姑以先克一事明之。左氏將書先克之死，以謀帥之事列其前，以奪田之事繼其後，積二事以爲先克召禍之由。欲後世知箕鄭父輩之作亂，不爲無説；先克之致死，不爲無罪。其爲箕鄭父輩謀則忠矣，吾不知先克何負於左氏？阪谷曰 「所以深爲左氏惜」之句，前後響應，中間骨節，處處提撕，不放下一筆。而謀帥，大事也。國之興衰，民之死生，所由繫者也。先克身爲近臣，親見晋侯謀帥之未當，詎肯坐視耶？匿情而不言，不可也；畏禍而不言，大不可也。於是上不敢順主欲，下不敢恤衆仇，奮然請於晋侯而更之，可謂不負其君矣。阪谷曰 争官相殺，春秋最盛，而晋又最多。是亦一時習尚，猶近日歐洲諸國暗殺之流行。至於堇陰之役，以軍事奪蒯得之田，此又晋之軍政，而非先克之家政也。大而謀帥，小而奪田，爲先克者，知致吾義而守吾職而已。人怨耶，不暇問也；人不怨耶，亦不暇問也。苟預憂人之怨，畏首畏尾，則在朝必不敢發一言，在軍必不敢舉一罰矣。人皆持此心，社稷何賴焉？國家何賴焉？先克所以明知他日之禍而不敢避也。

爲左氏者，盍亦深嘉先克之忠，毁斥箕鄭父輩之罪？俾當官而行者有所勸，覆出爲惡者有所懲，阪谷曰 「覆出爲惡」，《詩・小雅・雨無正》篇之語。則庶可自附於《春秋》褒貶之義矣。既乃無一言直先克之枉，屑屑然若爲箕鄭父輩解殺人之謗者，此吾所以深爲左氏惜也。

或曰：「陽處父易狐射姑、趙盾之班，終以見殺。《文六年》。其事適與先克類，然則《左氏》所載者亦非歟？」曰：不然。陽處父易中軍之帥，在晉侯命既出之後；先克謀中軍之帥，在晉侯命未出之前。命既出而擅更之，逆也；命未出而亟救之，忠也。處父之逆，司寇不誅，至使狐射姑不勝其忿而自戕之，襄公於是失刑矣。至於先克之忠，猶當十世宥之，以勸其事君。孰謂堂堂晉國不能保一臣，而使盜賊竊發之謀敢行於朝乎？ 阪谷曰 假類似之陽處父，辨析公私之際，文氣一轉，大生精彩。君子是以知晉之不競也。處父之事在所戒，先克之事非所戒；處父之禍在所懲，先克之禍非所懲。名則魯衛，實則胡越，烏得均之處於一域耶？

校勘記

〔一〕必，原作「不」，據四庫本、瞿本改。

范山説楚子圖北方

文九年　范山言於楚子曰：「晉君少，不在諸侯，北方可圖也。」楚子師于狼淵以伐鄭，囚公子堅、公子尨及樂耳。鄭及楚平。

觀人之道，宗曰 翻得足。自近者始。一言之誤，一行之愆，同室者知之，同里者未及知也；同里者知之，同國者未及知也。國疏於里，里疏於室，地愈疏則知愈晚，理也，亦勢也。自鄒視魯，有逾日而不知者矣；自燕視齊，有逾月而不知者矣；自越視胡，有逾歲而不知者矣。是近者之舊聞，即遠者之新聞；近者之飫見，即遠者之創見。庸有近未知而遠先知者乎？

晉靈公即位之初，其失德未有聞於人也。内而欒、郤、胥、原日陪日侍，《傳》不載其諷諫之辭；外而宋、衛、陳、鄭時聘時覲，《傳》不載其怨誹之語。彼范山者，邈然介居漢水、方城之間，顧瞻汾、澮，如在絶域，果何自而知靈公之可輕，北方之可圖乎？【阪谷曰】且抑且折，蓄勢深，故發揚雲起不可當。冬之閉凍堅而春之發生盛，可以評此段。是非道聽塗説之誤，必臆度意料之妄也。然楚師一出，諸夏披靡，莫敢枝梧，果不出山之所料。豈觀於近反不若觀於遠耶？

吾知其説矣。以地以勢，則近者詳而遠者略；以情以理，則近者蔽而遠者明。問官府之政於鈴下馬走，甲是乙非，嘈嘈嘵嘵，迄無定説；至太山之隈，絶澗之曲，農夫樵父相與畫地而譏長吏之能否，若辨黑白，若數一二，較然而不可欺。彼豈常識刺史之屏，而望縣令之舄哉？其言堅定精審，反勝於左右前後擁篲奉轡之人，蓋爱憎絶於耳目之前，則毁譽公於郊野之外。近者之蔽，固不如遠者之明也。【阪谷曰】遠近之解，唯在一「蔽」字。孔子所謂「六言六蔽」，孟子所謂「詖辭知其所蔽」，是「蔽」字出處，而立言自《大學》傳八章來。《傳》曰「辟焉」，「辟」即「蔽」也。靈公之不君，基於始而成於終。當其嗣服之初，雖無萌芽之可尋，豈無兆朕之可卜？舉世不知，而范山獨知之，豈合衆人之智不如一范山乎？亦有所蔽焉耳。

嬖幸者，靈公恩賞之所及也，故蔽於愛而不知；卿大夫者，靈公政令之所及也，故蔽於尊而不知；列於齊盟者，靈公兵威之所及也，故蔽於畏而不知。惟范山立楚之朝，食楚之禄，其視靈公若風馬牛，非恩賞之所及，故不爲愛所蔽；非政令之所及，故不爲尊所蔽；非兵威之所及，故不爲畏所蔽。三蔽既盡，一心自明，此其所以雖身居萬里之表，而揣摩靈公之巧，揆之趙盾、隨會之諫，反在於十年之先也。孰謂近者難揜而遠之易欺耶？

吾嘗深味范山「晋君不在諸侯」之一語，有所深感焉。晋主夏盟，自文至靈三君矣。靈公即位之始，其拊循諸侯，必未敢遽改先世之舊。玉帛瑞節，猶文、襄也；蜀粟牲牢，猶文、襄也；禮物采辭令，猶文、襄也；盟約要束，猶文、襄也。惟其心不在諸侯，故幣雖厚，而人自見其薄；禮雖備，而人自見其略；儀雖華，而人自見其瘁；令雖嚴，而人自見其慢。猶人之將疾，百骸九竅物物備具，然而神不主體，耳目鼻口、手足肩背解散而不屬，弛縱而不隨，形雖在，而其精華英靈之氣枵然無復存矣。阪谷曰 觀神心，據形跡，據而不據，故敵不能欺。名將妙用，蓋如此而已。范山之論晋，置其形而索其神，遺其跡而察其心，其亦妙於觀國哉！

宗廷輔曰 觀書透徹，中間引喻處以文言道俗情，讀之聽然欲笑，的是蘇文勝境。

楚范巫矞似謂成王子玉子西皆强死

文十年　初，楚范巫矞似謂成王、子玉、子西曰：「三君皆將强死。」城濮之役，王思之，故使止子玉曰：「毋死。」不及。止子西，子西縊而縣絶，王使適至，遂止之，使爲商公。沿漢泝江，將入郢。王在渚宫，下，見之。懼而辭曰：「臣免於死，又有讒言，謂臣將逃，臣歸死於司敗也。」王使爲工尹，又與子家謀弑穆王。穆王聞之。五月，殺鬬宜申及仲歸。

凡人之情，厭常而嗜怪，駭正而從僞，此古今之通病也。奮臂大呼，不足以動一旅，而狐鳴魚腹之詐，不移晷而成軍；見《陳勝傳》。徒步獻書，不足以取一官，而祭竈鬥棋之誕，不終朝而胙土。《漢・郊祀志》。久矣夫！人之嗜怪而從僞也。天下之常道，惟恐人之不嗜，至於怪則惟恐嗜之太深；天下之正理，惟恐人之不從，至於僞則惟恐從之太過。巫覡之説，怪僞之尤者也。

楚巫矞似謂成王、子玉、子西皆將强死。三人者，銘其説於心。至於城濮之敗，成王汲汲赦子西、子玉之罪，惟恐巫言之或驗。既而子玉果不及止而死，《僖二十八年》。是巫言既一中矣。有神妖之説誘之於前，有子玉之死堅之於後，爲成王者尚不知戒，溺愛奪嫡，取熊蹯之禍，《文元年》。〔一〕是巫言既再中矣。巫言其三而中其二，惟子西惸然孑立，顧影獨存，是宜朝警夕戒，擇地而行，深圖自免之術。乃顯行逆亂，以殺其身。

巫者，人之所甚信；死者，人之所甚畏。不信人之所信，不畏人之所畏，子西豈與人異情哉？阪谷曰 首一段意義，讀至結末，頗覺不通暢。若削之，自「巫覡之説」云云讀起，則一篇轉折分明，敢録疑乞教。蓋所以信巫者，私心也；所以作亂者，亦私心也。私心之生，乍發乍止，上無所蔕，下無所根，烏能持久而不變耶？始怵於妖而信之，終怵於利而忘之。以私奪私，互爲消長，無惑乎子西之遽忽其所信也。

世衰道微，邪説暴行，有作張詭幻禍福之説以誑脅愚俗，阪谷曰 撇上開下，大轉換。是亦巫覡類耳。儒者或以陰助教化許之，遽謂蕊宮金地之説未必真有，要可以引人爲善；酆都泥犁之説未必真有，阪谷曰 李白詩「沈魂此羅酆」，注：福地。《内經》曰：玉京之下乃昆侖北都羅酆。《玉格》曰：羅酆山，在北方癸地，是爲六天鬼神之宮，人死皆至其中。要可以止人爲惡。所示者虚，所得者實，亦何負於天下耶？

抑不知墻之始築，有一臿之虚，則其頽敗必見於風雨之時；念之始發，有一毫之虚，則其渝毁必見於事變之日。人之始信禍福之説，固已失其本心矣。阪谷曰 學者本領固如此，獨以古今計算比較，能有此本領者果幾許？然則禍福姑息之説不存，則唯有爲惡而已。惑焉則不可，而陰助教化之説，未可猝廢也。以誑而趨善，非本欲爲善也；以脅而避惡，非本不爲惡也。是心本無，特暫爲禍福虚説之所誑脅爾。他日復爲利害所誑脅，安得不變而之他耶？此亦一誑脅也，彼亦一誑脅也，亦何分輕重於其間哉？有實理然後有實心，有實心然後有實事，豈有借虚説而能收實效者耶？如成王、子西，其始信畜似之説，至堅至篤；曾未幾何，蔑棄而不顧。則詭幻禍福之説，不能久使人信明矣。阪谷曰 以下更進一步，就上段子西忽所信之意，明怪僞之不足使人久信。

其始之鋭，固可以占知其終之怠；其始之執，固可以占知其終之移。本心不堅，事物攻之者四面而至，固可以拱手而俟其敗，何必親與之角哉？故吾始憂異端之難攻，而終知異端之不足攻也。阪谷曰 不可攻而不可缺備也。

宗廷輔曰 明袁了凡先生，世所稱爲正人君子也。《提要》蔽以一言曰「愿」，洵可謂月旦評矣。此輩近多有之，讀「世衰道微」一段，覺宋時風俗去今不遠。

校勘記

〔一〕元年，原作「六年」，據四庫本及《左傳》改。

楚文無畏戮宋公僕

文十年　陳侯、鄭伯會楚子于息。冬，遂及蔡侯次于厥貉，將以伐宋。乃逆楚子，勞且聽命。遂道以田孟諸。宋公爲右盂，鄭伯爲左盂。期思公復遂爲右司馬，子朱及文之無畏爲左司馬。命夙駕載燧，宋公違命，無畏扶其僕以狥。或謂子舟曰：「國君不可戮也。」子舟曰：「當官而行，何强之有？敢愛死以亂官乎？」

宋殺申舟

宣十四年　楚子使申舟聘于齊，曰：「无假道于宋。」亦使公子馮聘于晉，不假道于鄭。申舟以孟諸之役惡宋，曰：「鄭昭宋聾，晋使不害，我則必死。」王曰：「殺女，我伐之。」見犀而行。及宋，宋人止之。華元曰：「過我而不假道，鄙我也。鄙我，亡也。殺其使者，必伐我。伐我，亦亡也。亡一也。」乃殺之。楚子聞之，投袂而起，屨及於窒皇，劍及於寢門之外，車及於蒲胥之市。秋九月，楚子圍宋。

名不可以幸取也。天下之事，固有外似而中實不然者。幸其似而竊其名，非不可以欺一時[一]，然他日人即其似而求其真，則情見實吐，無不立敗。名果可以幸取耶？幸雖在前，憂實在後。人見其似，而信其真，幸之大者也；人見其似，而責其真，憂之大者也。以一朝之幸，易終身之憂，智者其肯易之耶？馬之外彊中乾者，濫得騏驥之名，幸則幸矣，馳陵谷而責以騏驥之足，憂將若之何？士之色厲内荏者，濫得逢、干之名，幸則幸矣，臨刀鋸而責以逢、干之節，憂將若之何？是故求名易，保名難；取名易，辭名難。受名之始，乃受責之始也。

昔之君子，内未有其實，則避名如避謗，畏名如畏辱，方逡巡却走之不暇，况敢乘其似而邀其名乎！孟諸之役，文之無畏席强楚之威而窘戮宋公，本無足稱者，然宋公國雖弱，而位則君也；文之無畏國雖强，而位則臣也。論其實，則以楚加宋，以强凌弱，人之所甚易；論其跡，則以卑犯尊，以弱擊强，人之所甚難。居甚易之地，而坐得至難之名，人情誰不樂此哉？此無畏所以因其似而竊其名也。必嘗揮金發粟，然後人許其豪；必嘗赴敵突圍，然後人許其勇。今無畏挾六千里之楚，而折一與國之君，前無權勢之可懼，後無憂患之可虞，從容談笑，而冒不畏强禦之名，天下之所謂幸者，有過於此乎？想無畏正色莊語，以答或人之問，必謂名固可以幸取，人固可以名欺，雖吾君亦以勁正見期，孰知吾之有所挾哉！捘衛侯之腕，人知涉佗之直，而不知其借晉之威也；《定八年》：晉師將盟衛侯于鄟澤，趙簡子曰：「群臣誰敢盟衛君者？」涉佗曰：「我能盟之。」將歃，涉佗捘衛侯之手，及捥，衛侯怒，乃叛晉。晉人請改盟，弗許。【阪谷曰】忽引證，發「借」字，波瀾異樣。沒太子之車，人知江充之直，而不知其借漢之威也；江充從上甘泉，逢太子家使乘車馬行馳道中。充以屬吏，太子使人謝曰：「非愛車馬，誠不欲令上聞之，以教敕亡素者。惟江君宥之。」充白奏。上曰：「人臣當如是矣。」大見信，威震京師。戮宋公之僕，人知無畏之直，而不知其借楚之威也。無畏借楚之威以爲己名，無毫末之勞，而有丘山之譽。使如是而後無憂，則誠不如詐，直不如曲，君子不如小人矣。

抑不知人既以直期之，亦必以直使之。故楚子異日遣使過宋而不假道，置他人而推無畏，豈不以直辭勁氣，固可以横身犯難，而張强楚之大聲乎？無畏始知前日之僞名，適所以招今日之實禍。畏縮惶惑，言於楚子曰：「鄭昭宋聾，晉使不害，我則必死。」哀鳴乞憐，一至於此。向來之直辭勁氣安在耶？始則曰：「敢愛死以亂官？」今則曰：「我則必死。」始一何壯，今一何怯耶！【阪谷曰】源頭一句，漲流千里，至此奔騰入海，名果不可以幸取也哉！無事則爲不畏死之言，有事則爲畏死之語，真情本態，至是盡露矣。名之不可苟得如是哉！

嗚呼！躄者命在杖，失杖則顛；渡者命在壺，失壺則溺。挾外以爲重者，失其所挾，未有不危者也。阪谷曰「幸」字一篇眼目，中間「借」字、結尾「挾」字，是其爪牙。無畏之所挾者楚耳，一旦身出方城之境，宋人豈懼失楚之無畏哉？宜其甘心而不顧也。吾故表而出之，以爲挾外物者之戒。

校勘記

〔一〕欺，原作「期」，據四庫本、瞿本改。

叔孫得臣獲長狄僑如

文十一年　冬十月甲午，敗狄于鹹，獲長狄僑如。富父終甥摏其喉以戈，殺之。埋其首于子駒之門，以命宣伯。初。宋武公之世，鄋瞞伐宋。司徒皇父帥師禦之。耏班御皇父充石，公子穀甥爲右，司寇牛父駟乘，以敗狄于長丘，獲長狄緣斯。晋之滅潞也，獲僑如之弟焚如。齊襄公之二年鄋瞞伐齊，齊王子成父獲其弟榮如，埋其首於周首之北門。衛人獲其季弟簡如。鄋瞞由是遂亡。

防風氏身横九畝，不能免於會稽之誅；昔禹致群臣於會稽之山，防風後至，禹殺而戮之，身横九畝。巨無霸身大十圍，不能免於昆陽之戮。光武與尋、邑戰。尋、邑兵盛，時有長人巨無霸，長一丈，大十圍，以爲壘尉。光武乃與敢死者三千人破之。久矣，形之不足恃也！

造化一機，坯冶一陶，陰翕陽張，萬形并賦。遇川澤則黑而津，遇墳衍則皙而瘠，遇原隰則豐而痺，遇山林則毛而方。【阪谷曰】「遇川澤」云云，是《周禮·大司徒》「辨五地之物生」中舉其四。黑而津，注：津，潤也，其民黑色而津潤也。豐而痺，豐肉而短痺也。予其形者無愛憎，受其形者無恩怨。是故鵾鵬不以大自夸，蜩鷃不以小自慊，冥靈不以長自喜，【宗曰】此二句論壽夭，與題不切。蟪蛄不以短自憂。私天地之形以爲己有，固已得罪於鑪錘，況敢恃之爲暴耶！

衣不勝而成霸晋之功者，【宗曰】趙文子。無所恃也；趙文子其中退然如不勝衣，其言吶吶然如不出諸其口，所舉於晋國管庫之士七十有餘家，人以爲知人。晋之復伯，文子之力也。貌不稱而擅佐漢之謀者，無足恃也；【宗曰】張良。贊曰：「聞張良之智勇，以爲其貌魁梧奇偉，反若婦人女子。故孔子稱：『以貌取人，失之子羽。』」形不長而專伐蔡之勛者，【宗曰】裴度。無足恃也。裴度退然纔中人，而神觀邁爽，操守堅正。平蔡既有功，名震四夷。使外國者，其君長必問度年今幾，狀貌孰似。其自贊云：「爾形不長，爾貌不揚。胡爲將？胡爲相？一點靈臺，丹青莫狀。」事見《唐史》。以是知無恃者存，有恃者亡。尫弱么麽，未必非福；魁梧壯偉，未必非殃。有形不能使，而反見使於形，可不爲大哀耶！

長狄之種，其軀幹絶異於人，是亦偶得一氣之偏者耳。自緣斯以來，負其軀幹，暴蔑上國，每出輒敗。一出而斃於長丘，再出而斃於周首，三出而斃於鹹，四出而斃於潞。種殲族殄，靡有孑遺，豈非形爲之累耶？

東方之夷，被髮文身，自古及今，其族類自若也；西方之戎，被髮衣皮，自古及今，其族類自若也。使長狄之種所賦之形與四夷等，彼將安其氊毳，甘其湩酪，未必敢與上國抗衡。縱使蠢賊邊鄙，亦將知難而退，詎至若此極耶？惟其偉岸自伐，阪谷曰 恃貴恃財恃色恃才，是亦一長狄也。故飛揚跋扈，宗曰 氣盛言宜。陵跨中國，塊視泰華，垤視城郭，蟻視甲兵。兄蹈於前而不悛，弟仆於後而不止，挫愈奮，敗愈張，非覆宗絶祀，蕩無吹火，未有晏然而不爲諸華之害者也。

貔虎之猛，形實驅之；犬馬之馴，形實束之。長狄族類，豈皆爲暴哉？一受長狄之形，雖欲已而有所不能自已也。心爲君，則形爲臣；形爲君，則心爲臣。同是貌也，仲尼聖而陽貨狂。仲尼貌與陽虎相類，故有匡人之圍。同是目也，大舜仁而項籍暴。周生有言：「舜蓋重瞳子，項羽亦重瞳子，豈其苗裔耶？何興之暴也！」賦其形者非有異，特制其形者不同耳。苟長狄能制其形，則必能保其形矣，豈至身首異處，而爲萬世戒哉！小心翼翼，宗曰 瞿氏謂《博議》文筆奇幻，往往意盡語竭，另闢異境，令人不可測識，此類是也。徽柔懿恭，見者忘其十尺之高，是亦西夷之人也。議者勿謂狄無人。阪谷曰 一峰高秀乎雲表，遠翠欲滴。

宗廷輔曰 此點綴小題也。著眼「長」字，故通體皆從此發議，亦有敷佐。又《鄭伯惡子臧鷸冠》篇「鄰人之笛，懷舊者感之；斜谷之鈴，愛溺者悲之。感在人而不在笛，悲在人而不在鈴，怒在人而不在冠也」；《魏壽餘履士會之足於朝》篇「歃、職相感以一抶而商人戕，蓄憾之切者也；魏、韓相警以一肘而智伯滅，慮患之切者也；餘會相悟以一履而去計定，謀歸之切者也」，前以相反者襯，後以相類者襯，均妙極天然。

東萊先生左氏博議卷之二十

秦伯使西乞術來聘

文十二年　秦伯使西乞術來聘，且言將伐晉。襄仲辭玉，曰：「君不忘先君之好，照臨魯國，鎮撫其社稷，重之以大器，寡君敢辭玉。」對曰：「不腆敝器，不足辭也。」主人三辭。賓答曰：「寡君願邀福于周公、魯公以事君，不腆先君之敝器，使下臣致諸執事，以爲瑞節，要結好命，所以藉寡君之命，結二國之好，是以敢致之。」襄仲曰：「不有君子，其能國乎？國無陋矣。」厚賄之。

天下之情，待之厚者責之厚，待之薄者責之薄。厚責難勝，謗之所集；薄責易塞，譽之所歸。是故名大於實者，先榮而後辱；實大於名者，先辱而後榮。非人情之多變也，失所期則怒，過所期則喜，喜怒之變即榮辱之變也。總角之童，一拜一起，粗中儀節，不中朝而譽滿州閭；至於成人，則正冠束衽，終日兢兢，少有惰容，鐫譙四起，天下之情，夫豈難見耶？阪谷曰名實與人情對説，人情以入題，名實以暗立末段之案。

秦之爲秦，介在西戎，聲教文物闕如也；至於魯，則習周公、伯禽之教，世秉周禮，俎豆、羽籥、弁冕、鼎鍘，蔚然先王之遺風在焉。雖宋、衛、陳、鄭，號爲諸華者，猶且下視之，況如秦之僻陋在夷者乎？當西乞術入境之時，魯人固豫以戎狄待之矣。入粵者，不敢言鎛；入胡者，不敢言弓；入燕者，不敢言函；入魯者，不敢言禮。【阪谷曰】《周禮·冬官·考工記第六》：粵之無鎛，燕之無函，秦之無廬，胡之無弓車，非無也，夫人而能爲也。孰謂西乞術出於戎狄下國，乃不量其力，欲與魯之君臣周旋酬酢於玉帛鐘鼓之間乎？四方將命而來，至於雉門兩觀之下者，【阪谷曰】魯有雉門兩觀。鮮不失禮受辱而退。孫文子有同登之辱，《襄七年》。范獻子有歸費之辱，《昭二十一年》〔二〕。徐容居有進含之辱，《襄十八年》。齊慶封有《茅鴟》之辱。《襄二十八年》。矧區區西乞術，詎能免此辱耶？【阪谷曰】獻子、容居事皆未見爲辱，且容居非使魯，頗可疑。或偶然縱筆，未及檢正者乎？

想術奉璋薦瑞之際，公卿環列，輿隸堵觀，俟其步武之蹉跌以爲嘲，伺其辭令之舛差以爲哂。今術俯仰音吐丰容華暢，出於魯人之意表：始以爲烏鳶，今乃爲鸞鳳；始以爲蓬蒿，今乃爲梧檟。此襄仲所以失聲歎息，而繼之以重賄也。觀其儀，固魯人之常見；聽其言，亦魯人之常聞。襄仲所以變色而稱揚之者，庸非以夷狄遇之耶？曰「不有君子，其能國乎」者，駭而疑之也；曰「國無陋矣」者，矜而進之也。前之倨，適所以爲後之恭；前之輕，適所以爲後之重。其視鄭人之璞，【阪谷曰】鄭璞見《戰國策·秦策》下應侯語。稱頌未已而唾罵隨至者，亦有間矣。

名逐我則逸，我逐名則勞。甚智而居以愚，甚辯而居以訥。他日微見端倪，少出鋒穎，一談而人一警，一動而人一服，雖欲逃名，名亦將逐之而不置矣。阪谷曰 取首段線路，出題外。未智而先得智之名，未辨而先得辨之名，終日矻矻追逐，以求副其實，一不稱而萬有餘喪矣。昔之智者，所以寧使名負我，而不使我負名也。名負我，則責在名；我負名，則責在我。二者之勞逸，相去亦遠矣。

雖然，此猶未免名與我之對也。阪谷曰 進一層，自譬喻引入正意而一句反結，且慧且敏。形不知有影，而影未嘗離形；聲不知有響，而響未嘗離聲；聖人不知有名，而名未嘗離聖人。嗚呼！豈春秋之士所及哉？

校勘記

〔一〕二十一年，原作「二十二年」，據四庫本及《左傳》改。

隨會料晋帥

文十二年　秦爲令狐之役故，冬，秦伯伐晋，取羈馬。晋人禦之。以從秦師于河曲。臾駢曰：「秦不能久，請深壘固軍以待之。」從之。秦人欲戰，秦伯謂士會曰：「若何而戰？」對曰：「趙氏新出其屬曰臾駢，必實爲此謀，將以老我師也。趙有側室曰穿，晋君之婿也，有寵而弱，不在軍事，好勇而狂，且惡臾駢之佐上軍也。若使輕者肆焉，其可。」秦伯以壁祈戰于河。秦軍掩晋上軍，趙穿追之，不及。反，怒曰：「裹糧坐甲，固敵是求，敵至不擊，將何俟焉？」軍吏曰：「將有待也。」穿曰：「我不知謀，將獨出。」乃以其屬出。宣子曰：「秦獲穿也，獲一卿矣。秦以勝歸，我何以報？」乃皆出戰，交綏。秦行人夜戒晋師曰：「兩軍之士，皆未憖也，明日請相見也。」臾駢曰：「使者目動而言肆，懼我也，將遁矣。薄諸河，必敗之。」胥甲、趙穿當軍門呼曰：「死傷未收而棄之，不惠也；不待期而薄人於險，無勇也。」乃止。秦師夜遁。復侵晋，入瑕。

吴將伐魯問叔孫輒公山不狃

哀八年　吴爲邾故，將伐魯，問於叔孫輒。叔孫輒對曰：「魯有名而無情，伐之必得志焉。」退而告公山不狃。公山不狃曰：「非禮也。君子違，不適讎國。未臣而有伐之，奔命焉，死之可也。所托也則隱。且夫人之行也，不以所惡廢鄉。今子以小惡而欲覆宗國，不亦難乎？」

見一事而得一理，非善觀事者也；聞一語而得一意，非善聽語者也。理本無間，一事通則萬事皆通；意本無窮，一意解則千語皆解。圯上之書一編耳，尺簡寸牘所載幾何，豈能盡括車壘輿地之形，豫數嬴、項、韓、彭之難哉？然子房得之，則問羊知馬，覘影知形，迎閱而群策鋒起，隨諷而衆機叢生。此所以能用有限之書，對無窮之變也。如使子房見一事而滯於一事，聞一語而滯於一語，則雖盡納九州之圖於胸中，倉卒造次，亦必有書之所不能該者矣。書已盡，變方出；書已陳，變方新。非告往知來者，殆未足與議也。

蓋嘗以左氏所載論之，隨會自晉奔秦，《文六年》。而爲秦謀晉，説者秖以爲隨會之過耳；公山不狃自魯奔吴，《定十二年》。而不爲吴謀魯，説者秖以爲公山不狃之善耳。過在隨會，於我何損？善在不狃，於我何加？政使能體之於身，則所懲者特謀宗國之一過，天下之過果盡於此乎？所法者特全宗國之一善，天下之善果盡於此乎？惟舉一隅而反三隅，則因二子得失之跡，固可爲吾身無窮之用焉。

隨會有謀晉之過，宗曰 此段兩兩對勘，意議層出不窮，初學熟此，自無枯窘之病。而不失爲良大夫，吾是以知素行之不可無；公山不狃有全魯之善，而不免爲叛人，吾是以知小節之不足恃。以隨會之賢，而忽有謀晉之過，吾是以知惡念之難防；以不狃之不肖，而忽有全魯之善，吾是以知善念之易發。使隨會事事皆若謀晉，則隨會將轉而爲不狃；使不狃事事皆若全魯，則不狃將轉而爲隨會。吾是以知治己者，必長其善而絶其過。以終身論，則隨會爲君子，不狃爲小人；以一事論，則隨會爲小人，不狃爲君子。吾是以知論人者，必略其暫而待其終。自兩端而推之，可慕可懲，可遵可戒，舉集其中。阪谷曰 自上文「告往知來」及「可爲吾身無窮之用」之語展拓來。叠無數「是以知」字，有層嶂競秀之勢。然其用猶未窮也，宗曰 再勘進一層，二合下分。抑又有大可論者焉。阪谷曰 更下「抑」字，描二巨峰，諸篇中别爲一奇格。

隨會，晉之良也，其言於晉國無隱情，其祝史陳信於鬼神無愧辭也，阪谷曰「其言」云云，襄公二十七年宋之會，趙孟答楚子木之語。必非賣宗國以求和者也。其意以謂：「一心可以事百君，百心不可以事一君。在晉則當忠於晉，在秦則當忠於秦。苟於秦伯之問而不以實對，明則有隱於秦伯，幽則有愧於鬼神矣。」抑不知子爲父隱，臣爲君隱，在他人則以直爲直，在君父則以隱爲直。今隨會視君父如他人，盡發宗國之情以資寇讎，是攘羊之徒耳。阪谷曰《論語》：吾黨有直躬者，其父攘羊而子證之。惜夫！隨會後太公而生，不聞反葬之義；《史記》。先夫子而没，不見遲行之風。《孟子》。故其視父母之國恝然無情，意在爲直，卒陷於不直。吾是以知善之難擇，而是之難審也。

至於公山不狃，所以眷眷宗國，藹然忠厚，蓋以鄹聞闕里、洙泗之餘教而然耳。然自隨會而觀不狃，則厚薄有間；若格之以吾聖人之法，則不狃之所自處者，亦未得爲盡善也。不狃對叔孫之辭正矣，至於使之爲帥，乃導而之險，以困吳師。惜其始正而終入於詐也。魯國當隱，吳亦不當欺。不狃苟未忘宗國，則辭於吳子，弗與伐魯之役。既不負於舊君，亦不負於新主，義聲將徹於吳、魯之間矣。阪谷曰上惜隨會，下咎不狃，推究精到，不放一步，文字無滲漏。今身爲吳帥，而心爲魯用，懷二心而事人，庸非聖門之罪人乎？吾是以益知善未易擇，愈擇愈差；是未易審，愈審愈謬。君子之於學，其可以易心處之哉？

讀隨會、不狃之事者，不過以爲兩事而止耳。類而通之，區而別之，直而推之，曲而暢之，間見層出，衆理輻凑，此陳亢之所以問一得三也，此顔子所以聞一知十也，此大舜所以聞一善言見一善行，若决江河，莫之能禦也。阪谷曰末一段叠三「此」字，天外三峰，遠勢殊妙。

宗廷輔曰反覆推勘，一往清利。

晋使魏壽餘僞以魏叛以誘士會

文十三年　晋人患秦之用士會也，六卿相見於諸浮。趙宣子曰：「隨會在秦，賈季在狄，難日至矣，若之何？」中行桓子曰：「請復賈季，能外事，且由舊勛。」郤成子曰：「賈季亂，且罪大，不如隨會，能賤而有耻，柔而不犯，其知足使也，且無罪。」乃使魏壽餘僞以魏叛者，以誘士會。執其帑於晋，使夜逸。請自歸於秦，秦伯許之。履士會之足於朝。

忍棄其所不可棄者，必有大不可棄者也。刃在頭目，斷指不顧；病在腹心，灼膚不辭。彼豈以爲不足愛而棄之哉？是必有大不可棄者而奪其愛也。君子之於信義，與生俱生，猶手足體膚之不可須臾捨也。一旦幡然棄之，自處於信義之外，豈得已哉？其必有説矣。

隨會之信義，歷數晋之公卿，未能或之先也。至於詐秦歸晋之際，雖借辭於髡、衍，問策於儀、秦，殆不過如此，會果何所見而忍於自棄耶？蓋壽餘之來，會之終身通塞决於俄頃，歸亦今日，否亦今日。此時不反，後將無時；此策不行，後將無策。此其所以忍棄平昔之所不可棄者也。

嗚呼！使會知自古皆有死之説，則歸與不歸，固有命矣。不然，身將歸晋，吾恐其心放而不知歸也。爲身謀則工，爲心謀則拙，會也亦不善處輕重之間矣。雖然，爲身謀而棄信義，夫人知其不可矣；爲國謀而棄信義，可乎哉？〔阪谷曰〕自上段忍棄轉來。曰嗚呼、曰雖然云云，余未能解文理，恐此篇亦未經改訂者。

温嶠爲王敦所留，敦遣歸建鄴，嶠實欲歸晋，外懼敦之疑，乃陽不欲行。既辭復入，至於再三，嶠之所以詐敦者，即會之所以詐秦伯也。會爲身謀，固不逃君子之論矣；嶠爲國謀，獨不可諒其心而許其權乎？晋祚存亡，一嶠是繫。使嶠幸逃虎口，則危可平，難可解，亡可存，豈惟江左是賴？其自宣、景而下，實寵嘉之。義存君親，庸非不信之信乎？

曰：信義不可須臾棄也。君子平居暇日，尚不忍以不信不義自處，况敢以浼君親乎？吾平居暇日未嘗爲詐，因君父之難而爲之，是我之詐由君父而生也。詐由君父而生，亦是君父之詐也。免君父於難，而納君父於詐，有忠孝之心者，忍爲之乎？此吾之所以罪嶠也。〔阪谷曰〕「雖然」以下，因論隨會而舉温嶠，明信義之意則分明，然首段之意果無沮澀乎？余已不能解。而其所論之理，亦窮之則陷尾生之信，與吕公前斥宋襄而以子魚之論兵爲善學文王者，活潑之談，自相矛盾。是最可疑。其或有慨於南宋人姑息譎詐，招曲於敵而然也歟？危晋者王敦耳，使嶠力竭不能救社稷，而繼之以死，是亡晋者王敦也，非嶠也；今嶠苟爲詐謀，雖幸存社稷，然以不正之名累君父，是危晋者王敦，而累晋者温嶠。以五十步笑百步，相去幾何哉？

世俗之説，以爲君父在難，若可圖全，詼譎邪枉靡所不可，皆指嶠輩爲法。抑不知吾身在難，知自愛者，必不敢設詐以自免；至於君父在難則爲之，豈不謂以詐免身則無以自解，以詐免君父則可以歸之君父以自解耶？是君父乃吾歸惡之地也，是以所賤事君父也，薄莫甚焉。至於温嶠之隨會之過，冠圓冠者舉知之。阪谷曰《莊子》：「儒者冠圜冠者，知天道。」圜圓同。事，吾恐意在於忠孝而未嘗學者，不幸而蹈其失，故論之以待後世君子。

魏壽餘履士會之足於朝

註見上篇。

匪手携之言，示之事；匪面命之言，提其耳。阪谷曰起四句，《大雅·抑》篇。久矣夫，喻人之難也！我以爲羊腸，而彼方以爲衢道；我以爲烏喙，而彼方以爲稻粱。主涇賓渭，分鶩背馳，奚適而能相喻哉？言者不知聽者之心，而每恨其悟之遲；聽者不知言者之心，而每駭其談之遽。阪谷曰千古忠言不納之理，説破無餘藴。攻愈力，閉愈堅；叩愈煩，應愈怠。南面而君，北面而臣；東面而師，西面而徒。所以百諫而不從，屢告而不入者，職此之由也。

蓋嘗觀魏壽餘之誘隨會，一履其足，而歸晋之機已傳。是獨何術，而動物悟人如此其捷耶？殆非壽餘術之工，乃隨會聽之切也。阪谷曰秋波一轉，無誠也，而萬人皆動，觸切者也；貝錦萋斐，無誠也，而英雄亦感，觸切者也；酒與財，固此無機而能惑人，亦唯觸切者而已。吕公示人親切之處，讀者不可匆匆看過。會思晋之念，如獸思壙，鳥思林，魚思淵，蹙閼拘繫而不得騁。一旦壽餘以歸晋之機動之，微見其端，心領神受，舃交踵接，閟策已通，庸非聽之切則得之速耶？使會歸晉之念不切，則壽餘雖刺其股，搏其膺，亦將撫機而不喻矣。歜、職相感以一抶，而商人戕，《文十八年》：齊懿公之爲公子也，與邴歜之父争田，弗勝。及即位，掘而刖之，而使歜僕。納閻職之妻，而使職驂乘。夏五月，公游于申池。二人浴于池。歜以扑抶職，職怒。歜曰：「人奪女妻而不怒，一抶女，庸何傷？」職曰：「與刖其父而弗能病者何如？」乃謀殺懿公，納諸竹中。歸，舍爵而行。蓄憾之切者也；魏、韓相警以一肘，而智伯滅，貞定十三年，智伯求蔡臯狼之地於趙襄子，襄子弗與。智伯怒，帥韓、魏之甲以攻趙氏，襄子乃走晉陽。三家以國人圍而灌之，城不浸者三版。智伯行水曰：「吾乃知水可以亡人國也。」桓子肘康子，康子履桓子之跗，以汾水可以灌安邑，絳水可以灌平陽也。趙襄子使張孟談潛出見二子，二子乃陰與張孟談約爲之期日而遣之。襄子夜使人殺主隄之吏，而决水灌智伯軍。智伯軍救水而亂，韓、魏翼而擊之，遂殺智伯，盡滅其族。慮患之切者也；餘、會相悟以一履，而去計定，謀歸之切者也。使數子者，移蓄憾爲蓄德，移慮患爲慮善，移謀歸爲謀道，則皆將默會至理於交臂目擊之間，豈有告諄諄而聽藐藐者耶？信矣！「切」之一字，誠入道之門也。

自孔孟後，而感發轉移之機不復見於天下，蓋數千年于此矣。學者慨誦塵編，浩然歎息，以爲没身不可復遇也。抑不知道不可離，理不可忘。孔孟雖往，感發轉移之機，豈隨孔孟而往哉？ 阪谷曰 吕公性卞急，一日誦「躬自厚而薄責人」之語，平時忿懥忽冰釋。宜哉！說感發轉移之機，親切透徹。前觀之古，後觀之今；仰觀之朝，俯觀之野。利害相激，事會相投，此機此理，隨遇而發。下至於龍斷罔利之徒，萬貨錯陳，五方畢會，低昂盈縮，出没變化，一瞬未終，彼此咸喻，相語不以口而以形，相視不以迹而以神。是廛肆市區，皆處洙、泗之濱；工賈商旅，皆具游、夏之用也。阪谷曰 所謂每下愈況者。舉目皆妙用，而吾自不觀；盈耳皆至言[一]，而吾自不聽；終日與理遇，而反有不遇之歎。噫！理不遇人耶？人不遇理耶？

校勘記

〔一〕至，原作「入」，據四庫本改。

趙盾納捷菑于邾

文十四年　邾文公元妃齊姜，生定公；二妃晉姬，生捷菑。文公卒，邾人立定公，捷菑奔晉。趙盾以諸侯之師八百乘，納捷菑于邾。邾人辭曰：「齊出貜且長。」宣子曰：「辭順而弗從，不祥。」乃還。

物固有不可并者。一事而是非并，擇一焉可也；一人而褒貶并，擇一焉可也。參是於非，等褒於貶，則其論鬥閲陵奪，無以自立於天下。信矣，説之不可并也！并其不可并，豈君子樂爲異論哉？天下之言，固有相反而不可相無者，殆未易以前説律也。是非有時而并存，褒貶有時而并立，異而同，舛而合，戾而順，睽而逆，惟君子爲能言之，君子爲能一之。【阪谷曰】此篇迂餘曲折，雖用常起法而自爲一體，畢竟借趙盾教學者。其主意唯八字，曰懲忿窒欲，遷善改過。而説得異様風致，學文者、修身者共宜玩味。

晉趙盾以諸侯之師納捷菑于邾，鳴鐘擊鼓，至其城下，屈於邾人長少之義，徒手而還。責之者，咎其知之晚；奬之者，歎其改之勇。論者莫能并也。吾以爲二説要當兩行然後可。治疾欲速，愈久愈侵；知非欲蚤，愈久愈謬。由是説，則盾可責。遇過之尚淺者，盍以此警之？已成之疚，難望其瘳；已成之非，難望其革。由是説，則盾可奬。遇過之既深者，盍以此誘之？用前説警過之淺者，使不敢自堅；用後説誘過之深者，使不至自棄。缺一焉可乎哉？苟徒執一説，没其奬而專其責，以謂盾也受愬之時弗詢弗考，發命之時弗慮弗圖，内興車甲，外勤諸侯，跋履山川，傅其國都而後反〔一〕。盾意雖回，而既憊之力、既費之財，終不可回也。悔於邾，不若悔於晉；悔於郊，不若悔於都；悔於朝，不若悔於室。其悔彌遠，其失彌多。改過雖美，豈如無過之可改爲快哉？嗚呼！無疾則不必醫，無過則不必論。醫爲病設，論爲過設。【阪谷曰】「醫爲病」二句，庸言妙話。使盾審之於初，師不出，過不形，則亦何論之有？惟其陷而能拔，迷而能反，棄前日之勞，成今日之決，此奬之之説所以不可偏廢也。【阪谷曰】極力張皇，形改過之勇。一言之尤、一筆之誤，或者猶諱其短而遂成之，况盾以明主之令，八百乘之賦，反見阻於蕞爾小國。驅馳暴露之疲，餫饋扉屨之耗〔二〕，侯甸男邦之訾，勇於從義，皆不暇顧，是豈碌碌凡子所能辨乎！戲之代括，阪谷曰 戲、括，魯武公之二子。周宣王擯兄括立弟戲，魯亂自此起。事在《國語·周上》。突之攘忽，以强脅弱，自古而然。盾若挾晋之威，援周、宋之比，郲將覆亡之不暇，何力之敢抗？今見義之大，而忘郲之小；不念前功之可惜，惟知今失之當除。盾之大過人者，此也。阪谷曰 節節發揚盾改過之美，便所以鼓舞學者。

蓋嘗觀戰國之際，諸子蠭起，終身蔽蒙者置不足議。至若宋牼、淳于髡之徒，皆親嘗爲孟子之所折。坐摧陣衄矣，終不肯幡然儒服，竟自名其家是非，不知操術之誤。反顧平生肆習之勤，未能决然捨也。彼於呻吟佔畢間，阪谷曰《學記》：「呻其佔畢。」注：佔，視也。簡謂之畢。不曉文，故但吟誦所視簡之文。尚戀戀不肯棄，况興師之衆、征伐之重乎？奬盾之義，宜吾之不敢廢也。

吾嘗歷考世變，冒甚厚之名，必就甚厚之實；辭甚厚之實，必避甚厚之名。其避其就，不出名實之兩端而已。阪谷曰 水邊楊柳，婀娜摇曳，如結如解，妙不可言。然亦自起首以下，節節關鎖之密來。盾之退師，將以避名耶，則有輕率之譏；將以就實耶，則無錙銖之獵。所避非名，則避者果何事？所就非實，則就者果何物？學者嘗試思之。

校勘記

〔一〕傅，原作「傳」，據四庫本改。

〔二〕扉，原作「扉」，據四庫本、瞿本改。

周公王孫蘇訟于晋

文十四年　周公將與王孫蘇訟于晋，王叛王孫蘇，而使尹氏與聃啓訟周公于晋。趙宣子平王室而復之。

昔者文王聽虞、芮之訟，而商道始衰。《史記·周紀》。聽訟，非文王之心也。東冰西炭，凍者不得不西；溺者不得不右。虞、芮之訟，文王未嘗招之使來，蓋麾之不能去也。左淵右陸，文王雖不與虞、芮期，而虞、芮自至。故議者以二國之向背，筮商、周之興亡也。舜避朱，禹避均，益避啓，見《孟子》。其辭其受，未嘗不視獄訟之所歸以爲決。虞、芮之訟，近捨朝歌而遠趨豐鎬，彼紂雖屈强於酒池肉林間，直寄坐焉耳。

吾嘗持是而觀後世隆替之由，權在則昌，權出則亡，未有失其權而國不隨亡者也。阪谷曰 國權立不立，歐米間大關係，讀者宜注目。周道既降，孱王僕臣不能主方夏之柄，儕於列國。至匡王之世，則殆甚焉。周公，大臣也；王孫蘇，卿士也。二臣有訟，不之王而之晋。君天下者，尚將照臨萬國，大明淑慝，外薄海表，咸得其職，今至不能尸堦戺之訟，則國之置王，果何用乎？

虞、芮，介然遠國矣，其質成於周，議者尚爲商危之。向若飛廉、惡來内相忿競，宗曰 翻空易奇。棄紂而即文，紂雖無道，亦未必能堪也。匡王恬然坐視，不惟不駭，反使人於晋助所厚者之訟，惴惴然恐其不伸。巍然被衮，號稱天子，顧乃企足矯首，待晋之予奪以爲輕重，何其衰也？

是周之危過於商，而匡王之無耻甚於紂也。阪谷曰 南宋之勢，非有桀紂之主，其有可振之權。非如周室之衰，而萎靡卑屈，自招困辱。其弊駸駸將蹈匡王之覆轍，吕公何得不憂憤？ 周之頽敝甚於周季，何爲當亡而不亡？ 晉侯之小心不及於文王，何爲可取而不取？

蓋嘗思其故矣。紂之末年，雖三分失其二，然威令尚行境内，凶虐尚能及人，故民不堪其暴而共亡之。晚周之微，門内小訟猶不得專，雖欲淫侈，誰聽其掊克？ 雖欲殘酷，誰受其指令？ 其起其仆，近不係斯民之休戚，遠不係諸侯之强弱。晉雖陽尊貌敬，實不過以邾、莒遇之耳，何嫌何疑，而遽欲墟之哉？ 故周非不亡，無可亡也；晉非不取，不足取也。

大抵能害人者，必能利人；能殺人者，必能生人。阪谷曰 喻之病，紂若瘋癲人，匡王若肺癆者。 紂雖下愚不移，然操柄猶未盡失，使其移比干之戮於崇侯，比干諫而死。 移崇侯之寵於比干，崇侯虎有寵於紂。 朝發鹿臺之財，暮發鉅橋之粟，武王伐紂，散鹿臺之財，發鉅橋之粟。 烏知其不祈天永命，編名六七君之列乎？ 阪谷曰《孟子》：「由湯至於武丁，賢聖之君六七作。」至於匡王，枵然建空名於六服之上，禮樂刑政舉不在己，雖欲自奮，其道何由？ 是將僨之商，猶有復起之望；未墜之周，已如既隕之時也。 左支廢，右支緩，奄奄餘息，綿百世而閲千齡。 樂乎哉！ 周過其曆之言，吾未敢信。

宗廷輔曰《博議》頗有寬緩之病，此篇却警策，持論亦不迂闊。

東萊先生左氏博議卷之二十一

晋侯秦伯圍鄭

僖三十年　秋，晋侯、秦伯圍鄭，佚之狐言於鄭伯曰：「國危矣。若使燭之武見秦君，師必退。」公從之。辭曰：「臣之壯也，猶不如人。今老矣，無能爲也已。」公曰：「吾不能早用子，今急而求子，是寡人之過也。然鄭亡，子亦有不利焉。」許之。夜縋而出。見秦伯曰：「秦、晋圍鄭，鄭既知亡矣。若亡鄭而有益於君，敢以煩執事。越國以鄙遠，君知其難也，焉用亡鄭以陪鄰？鄰之厚，君之薄也。若舍鄭以爲東道主，行李之往來，共其困乏，君亦無所害。且君嘗爲晋君賜矣，許君焦、瑕，朝濟而夕設版焉，君之所知也。夫晋何厭之有？既東封鄭，又欲肆其西封，若不闕秦，將焉取之？闕秦以利晋，唯君圖之。」秦伯説，與鄭人盟。使杞子、逢孫、楊孫戍之，乃還。子犯請擊之。公曰：「不可。微夫人之力不及此。因人之力而敝之，不仁；失其所與，不知；以亂易整，不武。吾其還也。」

天下之事，有非出於人情之常者，其終必不能安。受施者致其報，施者享其報，人情之常也。居施者之地，而爲報者之事，非人情之常也，矯也。其所以矯情而爲之者，抑有説矣。

彼徒見夫有德於人者，責報則兩傷，忘報則兩全也，遂以謂忘報者猶足以全其恩，況吾度越常情之外，居施者之地而爲報者之事，其恩厚豈有涯哉？抑不知君子不盡人之歡，亦不盡己之歡；不竭人之忠，亦不竭己之忠。〔阪谷曰〕自異者而言之，則萬人萬情；自同者而言之，則萬人無二情。是宜深思也。人與己無二情也，人受施於我，其報猶有時而厭，況我有施於人，反僕僕然爲報者之事，是果人情之所安乎？惟其不出於吾情之所安，雖矯而行之，激而爲之，矯者怠，激者衰，則吾情終有時而不能繼矣。恩之而不能繼，則釁隙生焉，曾不如相忘者之爲安也。〔阪谷曰〕反覆曲折，節節提明，人情看破徹底。常理之外，不可加一毫之理；常情之外，不可加一毫之情。是故過厚者必薄，〔宗曰〕名言。過親者必疏，過愛者必憎，過喜者必怒，情豈有過而不反者哉？〔阪谷曰〕萬流赴一壑。

蓋嘗觀秦穆、晉文之争端，然後知常情之果不可加也。晉文以一亡公子而列於五霸，揆厥本原，果誰之力耶？流離之時，使無秦穆，則爲尫爲瘠、爲僵爲殍；呂、郤之難，使無秦穆，則爲灰爲燼、爲煙爲埃。始拔之於尫瘠僵殍之中，終脱之於灰燼煙埃之外，使襲先祀，使君萬民，使專土疆，使擅利勢，一身之間，自冕及舄，皆秦穆所致也。有丘山之施，而不受涓滴之報，在秦穆既爲盛德矣。〔阪谷曰〕納亡公子，用亡大夫，其傑出者又厚待之，春秋間自然風習，而方今歐洲各國亦然。且互納國事犯人，以爲公法。吾邦封建之際，亦自有其風，是蓋古今情勢之所同也。今秦穆非特不責報於晋，乃反致其報於晋，務欲加於常情以結晋之歡焉。嗚呼！情果可加，則聖人已先加之矣。聖人所不能加，而秦穆則欲加之，豈自以爲勝於聖人耶？秦穆始欲加聖人之所不能加，終則自不能繼，而怨隨之。隙開於鄭之圍，而成於殽之役。吾是以知始之加，乃終之損也。

或者咎秦穆與晋俱圍鄭，反背晋而成之。吾謂是固秦穆之罪，然其禍源正不在是。一室之人，同盤而食，辛甘酸鹹，所嗜猶雜然而不齊。况二國并立，形異勢異，利異害異，秦穆乃以秦狥晋，無役不會，無盟不同，挾未報之德，矯情屈意，反若受役於晋者，是安可久耶？釁隙不發於今，必發於後。燭之武之説，三大夫之戍，特釁隙之迹，而非其端也。〔阪谷曰〕此篇假秦穆示學者，以人情之常不可有加，故立論如此。其實秦穆假風習以博譽望，晋文假風習以逞權略。交際如親，而所争在私利。其恩其怨，與君子久敬之意遠矣，祗當以英雄權變論之而已。

噫！晋人初受秦穆生全之際，懷恩未報，方以爲我負秦；習見秦穆服從之久，少有不合，遽以爲秦負我。是秦穆之以恩召怨，固可責；晋人之以恩爲怨，尤可責也。以恩爲怨，少知自愛者皆耻之，獨秦穆之失，不得不發之以告學者焉。

露之濡，根莖苗節無不沾；雨之降，丘陵原隰無不被。天之恩物至矣。〔阪谷曰〕花開花落，每歲一律，而每歲常新，是《博議》筆法也。然日出陽升，則天不知有露也；雲歸空霽，則天不知有雨也。種一草，植一木，幸而滋榮，則朝環夕繞，認以爲己恩，爬搔培壅，未必不反爲物之害者，其秦穆類耶？

宗廷輔曰　議論平正。

秦穆出師襲鄭

僖三十二年　杞子自鄭使告於秦，曰：「鄭人使我掌其北門之管，若潛師以來，國可得也。」穆公訪諸蹇叔，蹇叔曰：「勞師以襲遠，非所聞也。師勞力竭，遠主備之，無乃不可乎？師知所爲，鄭必知之。勤而無所，必有悖心。且行千里，其誰不知？」公辭焉。召孟明、西乞、白乙，使出師於東門之外。蹇叔哭之，曰：「孟子，吾見師之出，而不見其入也。」公使謂之曰：「爾何知？中壽，爾墓之木拱矣。」蹇叔之子與師，哭而送之，曰：「晋人禦師必於殽。殽有二陵焉：其南陵，夏后皋之墓也；其北陵，文王之所辟風雨也。必死是間，余收爾骨焉。」秦師遂東。

秦師過周北門

僖三十三年　秦師過周北門，左右免胄而下。超乘者三百乘。王孫滿尚幼，觀之，言於王曰：「秦師輕而無禮，必敗。輕則寡謀，無禮則脱。入險而脱，又不能謀，能無敗乎？」及滑，鄭商人弦高將市於周，遇之。以乘韋先，牛十二，犒師，曰：「寡君聞吾子將步師出於敝邑，敢犒從者。」孟明曰：「鄭有備矣，不可冀也。攻之不克，圍之不繼，吾其還也。」滅滑而還。

晋原軫曰：「秦違蹇叔，而以貪勤民，天奉我也。奉不可失，敵不可縱。縱敵患生，違天不祥，必伐秦師。」欒枝曰：「未報秦施而伐其師，其爲死君乎？」先軫曰：「秦不哀吾喪而伐吾同姓，秦則無禮，何施之爲？吾聞之，一日縱敵，數世之患也。謀及子孫，可謂死君乎！」遂發命。

夏四月，敗秦師于殽，獲百里孟明視、西乞術、白乙丙以歸。文嬴請三帥，公舍之。秦伯素服郊次，鄉師而哭，曰：「孤違蹇叔，以辱二三子，孤之罪也。不替孟明，孤之過也。大夫何罪？且吾不以一眚掩大德。」

秦使孟明爲政

文元年　殽之役，晋人既歸秦帥，秦大夫及左右皆言於秦伯曰：「是敗也，孟明之罪也，必殺之。」秦伯曰：「是孤之罪也。周芮良夫之詩曰：『大風有隧，貪人敗類。聽言則對，誦言如醉。匪用其良，覆俾我悖。』是貪故也，孤之謂矣。孤實貪以禍夫子，夫子何罪？」復使爲政。

晋秦戰彭衙復用孟明

文二年　秦孟明視帥師伐晋，以報殽之役。二月，晋侯禦之。甲子，及秦師戰于彭衙，秦師敗績。

秦伯猶用孟明。孟明增修國政，重施於民。趙成子言於諸大夫曰：「秦師又至，將必辟之。懼而增德，不可當也。《詩》曰：『毋念爾祖，聿修厥德。』孟明念之矣。念德不怠，其可敵乎？」

秦濟河焚舟

文三年　秦伯伐晉，濟河焚舟，取王官，及郊。晉人不出。遂自茅津濟，封殽尸而還。遂霸西戎，用孟明也。君子是以知：「秦穆公之爲君也，舉人之周也，與人之壹也；孟明之臣也，其不解也，能懼思也；子桑之忠也，其知人也，能舉善也。《詩》曰『于以采蘩？于沼于沚。于以用之？公侯之事』，秦穆有焉；『夙夜匪解，以事一人』，孟明有焉；『詒厥孫謀，以燕翼子』，子桑有焉。」

天下之事以利而合者，亦必以利而離。秦、晉連兵而伐鄭，鄭將亡矣。燭之武出説秦穆公，立談之間，存鄭於將亡。不惟退秦師，而又得秦置戍而去。《僖三十年》。何移之速也？燭之武一言，使秦穆背晉親鄭，棄强援，附弱國；棄舊恩，召新怨；棄成功，犯危難。非利害深中秦穆之心，詎能若是乎？秦穆之於晉，相與之久也，相信之深也，相結之厚也，一怵於燭之武之利，棄晉如涕唾，亦何有於鄭乎？他日利有大於燭之武者，吾知秦穆必翻然從之矣。是則杞子襲鄭之謀，實燭之武有以開之也。

舉鄭國之人，咸誦燭之武退兩國之師，續百年之祀於頰舌之間，孰知危亡之釁，亦已牙於武之頰舌乎？　秦穆從燭之武之言而戍鄭者，非愛鄭也，利在焉故也；從杞子之言而襲鄭者，非憎鄭也，利在焉故也。　心無晉、鄭，惟利之趨。　豈有輕絕數十年締交之晉，而反重結數年始附之鄭者乎？　燭之武以利始之，杞子以利終之，使外無弦高之謀，内有三子之應，豈復有鄭乎？　是燭之武之留戍，乃所以留禍，雖免國於晉，而輸國於秦也。　君子之重言利，其以是哉！　**阪谷曰**「以是哉」以上，取秦穆以證起句；「秦穆」以下，又取秦晉以證起句。　起二句血脉震蕩，如雙龍争玉。

秦穆既以利輕絕晉，亦必以利輕絕鄭。　利心一開，不能自窒，宜其蔑蹇叔之諫，而取殽之敗也。　殽之役，説者或歸其曲於晉，以謂秦所襲者鄭，所滅者滑，於晉未有朝夕之急，乃冒喪而邀之。　吾以爲晉固可責，秦穆亦不得無罪焉。　**阪谷曰**「秦穆」五句，承上起下。　孫權與劉備約同伐劉璋，備方發被髮入山之辭以拒權，不旋踵而自取之，此權所以深怨而有荊州之師也；見《三國志》。　晉與秦同圍鄭，秦獨退師留戍以背晉，不旋踵而自襲之，此晉所以深怨而有殽之師也。前則恐人分其利，後則以己專其利，最人情之所甚惡。　**阪谷曰**人生所以生育者，利也。　知善利民者，爲堯舜。　則知利之私者，爲害利之大者。　知權之怨備，則知晉之怨秦矣，安可獨歸曲於晉乎？　**阪谷曰**一轉雍容迂餘，垂教亦深。

然秦穆懲殽之敗，仍用孟明，增修國政，竟刷大耻。　夫子驟列其悔過之誓於二帝三王之後者，抑有意焉。阪谷曰 身心家國安全之道，唯一曰善。入善之道，唯一曰悔。歐洲刑法欲廢死，要在使之可悔。而教法之重懺悔者，意亦最在乎此。但釋氏悔後作用竟歸寂滅，故不可。一悔可以破百非，一善可以滌百利。秦穆在《春秋》中，朝議暮貶，左瑕右玷，雖擢髮不足以數其罪，及入於《書》，則温然粹然，不見微隙。是《典》、《謨》、《誥》、《誓》之秦穆，而非復《春秋》之秦穆也。聖人之勸深矣。自時厥後，晉有邲之敗，《宣十二年》。齊有鞌之敗，《成二年》。楚有鄢陵之敗，《成十六年》。其餘敗軍者未易概舉，如秦之懲敗而悔過者，則無聞焉。此《書》之所以止於秦也。繼秦穆而有悔過自誓之舉，則夫子之序《書》，詎終於秦耶？

齊國莊子聘魯郊勞贈賄禮成而加之以敏

僖三十三年　齊國莊子來聘，自郊勞至于贈賄，禮成而加之以敏。臧文仲言於公曰：「國子爲政，齊猶有禮，君其朝焉。臣聞之，服於有禮，社稷之衛也。」

鄭公孫段相鄭伯禮無違

昭三年　夏四月，鄭伯如晉，公孫段相，甚敬而卑，禮無違者。晉侯嘉焉，授之以策，曰：「子豐有勞於晉國，余聞而弗忘。賜女州田，以胙乃舊勛。」伯石再拜稽首，受策以出。君子曰：「禮，其人之急也乎？伯石之汰也，一爲禮於晉，猶荷其禄，况以禮終始乎！《詩》曰：

『人而無禮，胡不遄死？』其是之謂乎？」

昭公如晉郊勞贈賄無失禮

昭五年　公如晉，自郊勞至於贈賄，無失禮。晉侯謂女叔齊曰：「魯侯不亦善於禮乎？」對曰：「魯侯焉知禮！」公曰：「何爲？自郊勞至於贈賄，禮無違者，何故不知？」對曰：「是儀也，不可謂禮。禮，所以守其國，行其政令，無失其民者也。今政令在家，不能取也。有子家羈，不能用也。奸大國之盟，陵虐小國。利人之難，不知其私。公室四分，民食於他。思莫在公，不圖其終。爲國君，難將身及，不恤其所。禮之本末，將於此乎在，而屑屑焉習儀以亟。言善於禮，不亦遠乎？」君子謂叔侯「於是乎知禮」。

孟僖子不能荅郊勞

昭七年　三月，公如楚，鄭伯勞于師之梁。孟僖子爲介，不能相儀。及楚，不能荅郊勞。

孟僖子病不能相禮乃講學之

昭七年　九月，公至自楚。孟僖子病不能相禮，乃講學之，苟能禮者從之。及將死也，召其大夫，曰：「禮，人之幹也。無禮，無以立。吾聞將有達者，曰孔丘，聖人之後也。我若獲没，必屬説與何忌於夫子，使事之。而學禮焉，以定其位。」故孟懿子與南宮敬叔師事仲尼。

趙簡子問子太叔揖讓周旋之禮

昭二十五年　夏，會于黄父，謀王室也。趙簡子令諸侯之大夫輸王粟、具戍人，曰：「明年將納王。」子太叔見趙簡子，簡子問揖遜周旋之禮焉。對曰：「是儀也，非禮也。」簡子曰：「敢問何謂禮？」對曰：「吉也聞諸先大夫子產曰：『夫禮，天之經也，地之義也，民之行也。』天地之經，而民實則之。」云云。

同言者權之以事，同事者權之以人。國莊子聘魯，郊勞贈賄，禮成加敏，而臧文仲稱之；魯昭公朝晋，郊勞贈賄無失禮，而晋平公稱之；至於趙簡子之問禮，亦止於揖遜周旋之間焉。是三者，其言同也，其事同也，因其同而同之，則女叔齊之對平公、子太叔之對簡子，既皆以爲儀而不以爲禮，彼臧文仲其亦知儀而不知禮者歟？是殆未嘗權之以人也。臧文仲何如人也？其身死，其言凛然。在《春秋》中，如砥柱之屹横流，非女叔齊、子太叔輩所敢仰望也。臧文仲之所知，女叔齊、子太叔所不能知者多矣。未有女叔齊、子太叔之所知，臧文仲反不能知者也。今女叔齊、子太叔尚識其爲儀，而臧文仲乃指以爲禮，其必有説矣。

道無精粗，無本末，未嘗有禮外之儀，亦未嘗有儀外之禮也。升降裼襲，與窮神知化者本無二塗；掃灑應對，與存心養性者本無二説。未有析禮與儀爲兩物者也。禮與儀既不可離，故古者言禮與儀，亦未嘗有所擇。專言禮者，如曰「大禮」，如曰「有禮」，非謂禮中無儀也；專言儀者，如曰「多儀」，如曰「威儀」，非謂儀中無禮也。隨意而言，隨言而足，曷嘗聞指一物而爲禮，又指一物而爲儀者哉？〔阪谷曰〕漆桶掃帚，遺失全象，此是論理分析，陷爲支離者，呂公爲學者之意厚矣。抑呑棗漫滮，口稱至理精義，而事失進步實用，亦漢學之弊習。余於此篇，不謂不然，然又不肯謂然也。

春秋之初，去古猶近，是理未亡，此臧文仲之論所以不數數然爲之區別也。德又下衰，禮與儀始判而不合。見拜者，止謂之拜；見揖者，止謂之揖；見獻者，止謂之獻；見酬者，止謂之酬。遂以此爲禮之極，而至理精義漫不復知矣。故女叔齊、子太叔不得已而指之曰：此儀也，非禮也，儀之外，當知復有所謂禮也。二人者，夫豈不知言出而道離哉？亦有所不得已焉耳。使其居臧文仲之時，肯判禮、儀以開破裂之漸耶？〔阪谷曰〕行之存乎人，論之亦當以其人。株守膠柱，豈得其實之道哉？是非女叔齊、子太叔之說變於臧文仲之說，蓋女叔齊、子太叔之時薄於臧文仲之時也。孔子不攻異端，孔子曰：「攻乎異端，斯害也已。」〔阪谷曰〕「攻」字義異《集註》。而孟子則攻之，孟子正人心，息邪說，距詖行，放淫辭，以承三聖。豈樂異於孔子哉？亦迫於時耳。世俗乃謂因孟子之言，而異端之害始出；因女叔齊、子太叔之言，而禮、儀之辨始明。抑不知君子願如孔子之不攻，而不願如孟子之攻；願如臧文仲之不辨，不願如女叔齊、子太叔之辨。〔阪谷曰〕舉孔孟證文仲，點裝華麗。昏昏之毁，吾所甘受；察察之名，乃吾力辭而不可得者也。此豈易與世士言耶！

魯昭公知郊勞贈賄之禮，而不知乾侯之危；《二十九年》。孟僖子不知郊勞擯相之禮，而反知孔子之聖。當時之所謂禮者，不足以定賢愚如此。爲君子者，安得不力辨於毫釐之際耶？苟尚如臧文仲之信國莊子，則吾恐伯石之汰，亦可以聲音笑貌取州田之賞矣。吾是以知女叔齊、子太叔之謂，有所不得已也。阪谷曰 就數條間忽獨翻伯石，冷喝便一顧呼二叔，妙。

狼瞫死秦師

文二年　春，秦孟明率師伐晋，秦師敗績。晋襄公縛秦囚，使萊駒以戈斬之。囚呼，萊駒失戈，狼瞫取戈以斬囚，禽之以從公乘，遂以爲右。箕之役，先軫黜之，而立續簡伯。狼瞫怒。其友曰：「盍死之？」瞫曰：「吾未獲死所。」其友曰：「吾與女爲難。」瞫曰：「《周志》有之，『勇則害上，不登於明堂。』死而不義，非勇也。共用之謂勇。吾以勇求右，無勇而黜，亦其所也。謂上不我知，黜而宜，乃知我矣。子姑待之。」及彭衙。既陳，以其屬馳秦師，死焉。晋師從之，大敗秦師。君子謂：「狼瞫於是乎君子。《詩》曰：『君子如怒，亂庶遄沮。』又曰：『王赫斯怒，爰整其旅。』怒不作亂，而以從師，可謂君子矣云云。」

譽人之所毁者，未必皆近厚也；毁人之所譽者，未必皆近薄也。然君子常欲求善於衆毁之中，而不忍求惡於衆譽之外。是文毁爲譽者，君子之本心；變譽爲毁者，要非君子之得已也。狼瞫之死，左氏之所譽也。自左氏既譽之後，更千百年，大不見排於君子，小不見嗤於衆人，共相保持其名而至於今日。我乃一旦抉其隱，發其匿，墮毁其千百年所保持之名，是豈君子之所忍邪？

瞫爲戎右，先軫不知其勇而黜之。瞫不死於先軫，而死於秦師；抑其怒於私讎，發其怒於公戰，是固世所共譽也。阪谷曰 先軫亦死於狄，魏叔子曰：「瞫非元帥，故其死賢於軫。」其言當矣。苟以正義責之，則瞫在所毁不在所譽，何也？瞫怒先軫不知其勇，其死於秦者，所以彰先軫之不知人也，名則忠晋而實愧先軫也。嗚呼！是誠瞫過也。阪谷曰 入題後若揚若抑，展拓頓折，以歸「吾故曰」之句，然後發「然瞫烈士也」之一段。吕公蓋示學者以行文運轉之道，然而敷衍冗長之弊，亦不可不防也。

同於爲過，有輕重焉，有小大焉。陽處父易賈季之班，《文六年》。先軫黜狼瞫之右，同是時也，同是事也，同是怨也。賈季則積其忿而殺陽處父，狼瞫則移其忿而死秦師。觀賈季之狠，則知狼瞫之賢矣。雖曰不免於過焉，其輕重、大小，非可與賈季并論也。自子文之無愠而視狼瞫，則可責；自賈季之報怨而視狼瞫，則可嘉。君子之待狼瞫，當恕而不當嚴也。必嚴以正義責之，奪其忠晋之譽，而歸以愧先軫之毁，何其責人無已耶？阪谷曰 不怒於上而死於敵，以不損其名譽，爲主志。我元龜、天正間勇士概如狼瞫。名譽二字，實品行大堤防，其難唯在過不及之間。抑不知春秋諸臣，憾於黜免，肆其悖逆，因收秩而逐王者，吾於石速見之矣；《莊十九年》。因奪政而逐君者，吾於司寇亥見之矣。《昭二十五年》。孰肯如瞫死敵以愧人耶？使當時之臣被黜免者，皆如瞫死敵以愧人，則爲國者惟患愧人者之不多耳。苟誠多焉，鄰敵外寇將無容足之地矣。論者盍獎其死敵之功而憐其愧人之情，勿探其愧人之情而掩其死敵之功也？吾故曰君子之待狼瞫，當恕而不當嚴也。

然瞫，烈士也，阪谷曰韓文《送文暢序》曰：「夫文暢，浮屠也。」「然瞫」之一句自此來，可謂能發遺響。回犯上之氣而爲狥國之勇，雖未中節，要非常人之所能望也。待常人當以常法，待非常人不當以常法。恕，常法也，所以待常人也。拊摩戲狎，所以待孩孺，加之成人則爲侮；闊略優容，所以待鄉鄰，加之益友則爲疏。苟以待常人之恕而待非常之人，則恕之適所以辱之也。以瞫之義烈，豈僕僕乞憐而求人之恕者耶？瞫雖往矣，吾想其心必願受人之責而不願受人之恕也。

請得而備責之。人心當知所止，職當戰則戰，當守則守；職當先則先，當後則後。心止於事，事止於心，非可出其位也。惟各止其位，故冉有之用戈不爲讎齊，《家語》。顏回之後至不爲懼匡，《論語》。子思之守國不爲厚衛，曾子之避寇不爲畏越。《孟子》。皆止其所止而已矣。狼瞫前日爲右，死敵可也；既不爲右，固可以止。今乃無職而侵在職者之憂，輕進而死於敵，則是心不止於事而思出其位矣。阪谷曰「止」字自《大學》拈來，異樣發揮。思不出位，出位則邪。思之所發既邪，雖所成之功壯偉勁厲，外爲人之所歎譽，而一心之間，實忿懟怨恨之所集也。阪谷曰高揭聖語，向心頭著刃，瞫亦辟易焉。然以此爲口實，不顧名譽，則必陷爲無耻之徒，不可不思耳。

當瞫赴敵之時，忿懟怨恨交衝競起，含毒而没，雖得千百年之虚譽，豈能救其心之擾哉？我實清淵，人以我爲污渠，於我何損？我實丘垤，人以我爲岱華，於我何加？君子當自觀吾之所以爲吾者如何耳〔一〕，人之毁譽何有焉？九原可作，吾意狼瞫樂聞吾之言，未必不過於左氏之譽也。阪谷曰 頓筆有聲，掀髯風概可想。

校勘記

〔一〕自觀，原作「自觀之」，據瞿本改。

楚人滅江秦伯降服

文四年　楚人滅江，秦伯爲之降服，出次，不舉。大夫諫，公曰：「同盟滅，雖不能救，敢不矜乎？吾自懼也。」君子曰：「《詩》云：『惟彼二國，其政不獲；惟此四國，爰究爰度。』其秦穆之謂矣。」

天下之可懼者，惟出乎利害之外乃能知之。風濤浩蕩，舟中之人不知懼也，而舟外之人爲之懼；酣醉怒駡，席上之人不知懼也，而席外之人爲之懼。狂之既瘳，追思方狂之時，不知何以自容？痛之既定，追思方痛之時，不知何以自處？阪谷曰 譬喻之妙，使人怡然心解，東坡下手亦避三舍。身游乎吉凶禍福之塗，心戰乎搶攘争奪之境，眩瞀顛錯，昏惑舛逆，未有知懼之爲懼者也。阪谷曰 一篇精神，注「懼」字。

春秋之世，王澤既竭，反道敗德，亂倫悖理，不可概舉。尊莫尊於王，而有如子頽之出王，

《莊十九年》。有如子帶之出王，《僖二十四年》。此天下之大變也，此事之大可懼者也。親莫親於父，而有商臣之弑父，《文十四年》。有如蔡般之弑父，《襄三十年》。此天下之大變也，此事之大可懼者也。阪谷曰 先揭弑逆，續以滅國，言有次序，所以明滅國之爲大禍。自是而降，則如滅國之禍，尤所謂慘烈而可懼者。國於天地，有與立焉。封殖於唐、虞，長育於夏、商，溉灌潤澤於文、武、成、康之際。廟陳四代之鼎彝，府藏百世之典籍，朝有世臣，野有世農，肆有世工，市有世賈，雖蕞爾小國，不知幾人之力，幾日之功，扶持保衛而至於斯也。阪谷曰 所謂枝辭而如此，則不為枝辭，可知文字能使意震蕩，則長短皆可。不然則漫然布辭，短亦不足取也。一旦忽爲强暴之所陵滅，係其君，俘其臣，墟其宫，遷其社，刊其木，堙其井，聖賢千餘年之所培養者芟滅無餘。此豈小故也哉！凶威虐焰，可駭可愕，可憫可傷，而當時之君視之，恬不以爲懼。赴告之車未反，而金石之樂已淫；簡册之墨未乾，而淫虐之令已下。此無他，惟處於危亂之中，而不知懼之可懼也。

秦穆公於江之滅，獨怵然戒，惕然悟，避朝貶食，不勝其憂，非出於危亂之外，豈能深見可懼之真者乎？阪谷曰 是《易·乾》之九四「君子終日乾乾，夕惕若，厲無咎」之意。末一轉，推進向飛龍在天之地位。然非秦穆輩所及，特以表學者之目的。天下諸侯皆處於危亂之内，而穆公獨出於危亂之外，何也？蓋自殽、函一悔之後，《僖三十三年》。虚氣俱盡，正心徐還，回視前日之所誇者，今皆可慚；回視前日之所安者，今皆可怪。股慄於衆人熟寢之時，目眩於衆人交賀之際，此避朝貶食之事，秦之群臣以爲過，而穆公猶以爲不足也。穆公信能推此懼心而充之，視天下之諸侯，國一滅則心一警，心一警則政一新，是傷彼所以藥此，損彼所以增此也。固可以離危亡之門，而卜治安之基矣，豈止西戎之霸耶？

隨會能賤而有耻

註見前卷。

凡人之疾，能仰而不能俯，謂之籧篨；能俯而不能仰，謂之戚施。二者均疾也，彼之不能仰，猶此之不能俯，其疾豈有深淺之辨哉？形而有疾，心亦有疾。可貴而不可賤者，籧篨之類也，厥疾之證，有餘於節廉而不足於勞苦；可賤而不可貴者，戚施之類也，厥疾之證，有餘於勞苦而不足於節廉。證雖不同，同於爲疾而已矣。

世俗乃喜其一而惡其一，能貴而不能賤者則謂之高，能賤而不能貴者則謂之卑。是説既行，狷介之士競以高亢自喜。聞金穀米鹽之語，則傲睨而不聽；視鞭扑箠楚之事，則嘔噦而不觀。清遠閑曠，夢寐於大庭尊盧之上，周旋於浮丘洪崖之間。阪谷曰《莊子》「昔容成氏、大庭氏結繩而用之」，杜詩「純樸憶大庭」，《舊唐書·武承嗣傳》「尊盧大庭」云云，皆古代君主之稱，與驪連氏、赫胥氏相列者。《列仙傳》有浮丘公，《神仙傳》有洪崖先生，郭璞詩「左挹浮丘袂，右拍洪崖肩」。方無事時，非不可喜也，一旦納之於浩攘叢劇之場，投之於迫急顛頓之地，則艴然駭，怵然懼。雖輿臺皂隸，平昔

屏息避道，仰望之於泥塗之下者，皆得而靳侮之。前日之高，乃所以爲今日之卑，豈非世俗之説誤之乎？〔一〕

身有俯仰，而疾無淺深；疾有貴賤，而名無高卑。以籧篨之所有，易戚施之所無，是謂無疾之人；以貴者之所有，易賤者之所無，是謂無偏之士。烏可喜其一而惡其一哉？晋人之稱隨會者前後相望，獨郤成子「能賤而有耻」一語，非特可以見隨會之全德，亦可以起後世一偏之疾。阪谷曰 此篇所以有作，在治世疾，讀者宜注眼於末段。此吾所以三復其言而不厭也。

負於途，販於肆，耕於野，泯泯棼棼，所謂賤者，天下豈少哉？然彼皆當賤者也，非能賤者也。以隨會之雅量曠識，乃不屑不厭，下親勞苦之事。宜廊廟而安閭閻，是以謂之能賤；宜圭組而安布韋，是以謂之能賤；宜鐘鼎而安簞瓢，是以謂之能賤。既甘賤者之勞苦，而復去賤者之卑污，全人之所不能全，斯其所以爲全德歟！阪谷曰 反覆形容，文彩可喜，亦似隨會。想隨會身親賤事之時，趨則皆趨，役則皆役，焦焦然一庸保也。至於臨之以利，迫之以害，則勁厲之節，凛然於冒没争奪之中；清微之風，肅然於埃土氛翳之表。昂屹涌溢，挺拔而出，蓋有不可得而掩者。《中庸》所謂「素富貴，行乎富貴；素貧賤，行乎貧賤」者，是隨武子所以無赫赫之功而爲第一流歟？隨會無賤者之所短，賤者無隨會之所長。其獨稱全人於晋國，有以也哉！

抑嘗深味郤成子之語。能賤者固難於有耻，然所以無耻者，實由乎不能賤也。阪谷曰 主意却在此一轉。後漢馬援字文淵，評公孫述曰「修飾邊幅，如偶人形」，又曰：「子陽井底蛙耳，而妄自尊大。」後謂梁松、竇固曰：「凡人富貴，當使可復賤也。如卿等欲不可復賤，居高堅自持，勉思鄙言！」公卿大臣，出入禁門，訏謨帝所，一有失節，則天下之責四面而至，彼豈不知爲可耻哉？其所以忍愧負辱，徘徊而不敢發者，正所以能貴而不能賤也。彼其心以謂，一旦忤旨，譴責隨至，冕服褫矣，徒馭散矣，賓客落矣。一聞其語，猶心悸而神泣，況身履之耶！此所以寧受耻而不顧也。向使其貴而能賤，則安能鬱鬱坐受天下之誚責耶？故郤成子之語，又當以馬文淵之説終之。

校勘記

〔一〕豈非，原作「受豈非」，據瞿本改。

東萊先生博議卷之二十二

甯嬴從陽處父

文五年　冬，晉陽處父聘于衛，反過甯，甯嬴從。及温而還。其妻問之。嬴曰：「以剛。《商書》曰：『沈漸剛克，高明柔克。』夫子壹之，其不没乎！天爲剛德，猶不干時，況在人乎？且華而不實，怨之所聚也。犯而聚怨，不可以定身。余懼不獲其利而離其難，是以去之。」六年，賈季殺陽處父。

易喜者必易厭。有書於此，一讀而使人喜者，屢讀必厭；有樂於此，一奏而使人喜者，屢奏必厭。蓋是書是樂之味，盡發於一讀一奏之間，外雖可喜，而中既無餘矣。其初之喜，乃所以爲終之厭也。善著書者，藏其趣於無趣之中，非欲掩人之目也，得趣於無趣，則其趣無時而窮也；善作樂者，藏其聲於無聲之中，非欲塞人之耳也，得聲於無聲，則其聲無時而窮也。至書無悦人之淺效，而有化人之深功；至樂無娱人之近音，而有感人之餘韻。凡天下之理，不能窺於未得味之前，必不能捨於既得味之後也。

昔吾夫子設教於洙泗之間，子貢初見，挾其智而傲之；子路初見，挾其勇而陵之。并見

《家語》。夫以夫子之聖，猶不能動物悟人於一日之速也。彼陽處父何人耶？ 阪谷曰 音調逼似東坡。甯嬴一見之於塗，遽棄其妻子，躡屩擔簦，從之如不及。自世俗觀之，其移人之速，若過於夫子矣。然夫子雖不能服由、賜於一見，而能役由、賜於終身；陽處父雖能致甯嬴於一朝，而不能留甯嬴於數日。以一朝之功而較終身之效，孰勝孰負，孰優孰劣，必有能辨之者矣。

抑嘗深考甯嬴之言，然後知陽處父所以易使人喜、易使人厭者，抑有由也。蓋處父之剛，盡發之於外而中無留者，溢於聲音，浮於笑貌，泛於步趨，流於寢食。平生之神氣，皆發露於衆人耳目之前，外雖震厲而中無所蓄，外雖暢茂而中無所根。其始見也，其美易見，其德易親，所以易使人喜也；其既見也，索之易窮，探之易盡，所以易使人厭也。發之爲春華，曾不能斂之爲秋實，玩虚華而忘實味，是豈爲腹不爲目者所肯留哉？此甯嬴所以乍喜乍厭而不避往來之煩也。

雖然，甯嬴捨處父於數舍之邇，伯宗慕處父於數世之下，伯宗，晋大夫。是甯嬴棄處父之華於芳烈方盛之時，伯宗拾處父之華於顚顇既落之日。 阪谷曰 《左·成公十五年》：晋三郤害伯宗，譖而殺之。初，伯宗每朝，其妻必戒之曰：「盗惡主人，民惡其上。子好直言，必及於難。」使伯宗居甯嬴之地，得事處父於未有禍敗之前，吾知其終身執鞭，與之同戮而不悔矣。嬴之知幾賢乎哉！

宗廷輔曰 甯嬴論剛柔數語，僅有深意可發揮，文未嘗不依是立論，却不甚泥本說，此試文之所以貴典淺顯也。而尤妙在冒頭一段，令人百讀不厭。

邾文公遷於繹

文十三年　邾文公卜遷於繹。史曰：「利於民而不利於君。」邾子曰：「苟利於民，孤之利也。天生民而樹之君，以利之也。民既利矣，孤必與焉。」左右曰：「命可長也，君何弗爲？」邾子曰：「命在養民。死之短長，時也。民苟利矣，遷也，吉莫如之。」遂遷于繹。五月，邾文公卒。君子曰：「知命。」

理之未明，君子責也。置是責而不憂，其責固不可逭；惴惴然不勝其責而亟求理之明，則天下之患必自此始。自夫人之有亟心也，始求説於理之外。姑借世俗之所共信者，以明吾理。

[宗曰] 筆力堅勁，曲折透達。

樂其説之易行，忘其害之終反〔一〕，夫豈知今日之快乃所以召他日之患耶？嚚淫妖祥之説，執左道以迷民者也。辭而闢之，不責之君子將誰責？然君子任是責者，不亟於明理，而急於辨誣。謂以理告人，喻者十三；以事告人，喻者十九。蚩蚩之氓，難以是非動，易以禍福回。於是俯取禍福之説，即其共信者而曉之。武王不避往亡而勝商，見《北史》。明帝不避反支而隆漢，見《本紀》。太宗不避辰日而興唐。見《張公謹傳》。汝謂必凶，我反得吉；汝謂必否，我反得亨。借是事以明是理，向之溺於嚚淫妖祥之説者，果何辭而對耶？嗚呼！是徒思其説之易，而不思其害之反也〔二〕。

説以事立，亦以事隳；人以事信，亦以事疑。君子所恃以闢嚚淫妖祥之説者，理在焉故也。苟捨吾理而屑屑然較事之中否，則人雖今日以事而信吾説，他日亦必以事而攻吾説矣。自古及今，嚚淫妖祥之説，其不驗固衆，然幸而偶合者亦不乏也。我專舉其不驗者，彼專舉其偶驗者，萬一彼之事多於吾之事，則吾不戰而自屈矣。至正之理，不與事對。今吾以欲亟之故，捨理就事，下與異端并立於争奪之場，而僥幸於一勝，危矣哉！〔阪谷曰〕此篇以首數行爲頭，以下至「危矣哉」駁亟心者，是一脚；「善夫」以下至末，明左氏之論，是一脚。分明一頭兩脚格。

善夫！左氏之論邾文公也。文公卜遷于繹，瞽史以爲不利，文公不從其言。賀遷者在門，吊喪者在閭，此固瞽史得以藉口，而闢其説者之所諱避而不敢稱也。今左氏不諱不避，明著之書，又從而以知命許之，獨何歟？蓋左氏所主者在理，不在事。事之偶驗，不足爲吾説之助；其偶不驗，亦不足爲吾語之疵也。有是理，然後有是驗。布算以步星，有是理也，故驗不驗之説生焉；測圭以視日，有是理也，故驗不驗之説生焉。乃若壽夭死生之正命，嚚淫妖祥之邪説，判爲二途，邈不相涉，安得以彼命之壽不壽，爲此説之驗不驗哉？〔阪谷曰〕卓見高識，分析明快，能自得于數行間，則秦鏡在吾胸間，萬怪不能遁隱。

當文公之既死，指以爲瞽史之驗者，固不足論；當文公之未死，指以爲瞽史之不驗者，亦不免捨理就事也。左氏所以發知命之言於文公既死之後者，良以事雖偶合，理本不然。〔阪谷曰〕事固不可不驗，而先明理以與事相照，明事以益知理之所存，所謂知命者如此耳。違卜而終，既不足以損文公之明；則言卜而驗者，豈足以增瞽史之重哉？吁！瞽史所以能簧鼓一世者，不過幸其事之驗耳。自左氏知命之言立，則事雖偶驗，人不復言，瞽史之技至是而窮矣。伐其本，塞其源。信矣！左氏之善爲論也。

宗廷輔曰 東萊信理而不信灾祥，與古人迥異。左氏引君子知命之說，與己見正合，故贊之不遺餘力，筆力亦健。

校勘記

〔一〕反，四庫本作「及」。
〔二〕反，四庫本作「及」。

齊公子商人驟施於國

文十四年　子叔姬妃齊昭公，生舍。叔姬無寵，舍無威。公子商人驟施於國，而多聚士，盡其家，貸於公、有司以繼之。夏五月，昭公卒，舍即位。秋七月乙卯，夜，齊商人弑舍而讓元。元曰：「爾求之久矣。我能事爾，爾不可使多蓄憾。將免我乎？爾爲之。」

自治之說，古今論治者以爲根極。然固有名似而實非者，不可不深辨也。

自治之説曰：木有蠹而風摧之，隄有穴而水潰之，國有隙而奸乘之。無蠹之木，視風如吷；無穴之堤，視水如陸；無隙之國，視奸如愚。吾苟自治，其國渾全堅密，無間之可入，則雖有老奸巨猾，亦將斂手縮頸，退就民伍，何變之敢生！此固世俗所謂自治之説也。即不知木與風相拒，故常防其蠹；堤與水相拒，故常防其穴。苟有國者惴惴然深閉固守，日與奸相拒，則爲治者亦勞矣。且彼未嘗察奸之所由生也，惟皇上帝降衷于下民，豈有生而惡者哉？物有以動之矣。

匹夫掉臂而行於道，未有爲盜之心也。少焉，見道旁之室珍貨溢目，而藩拔級夷，莫適爲主，然後寇攘之計始興。阪谷曰 韓退之《徐偃王碑》：「藩拔級夷，庭木秃缺。」未見是室，則無是心；既見是室，則有是心。阪谷曰 方今新聞紙上，竊盜殺傷，概自見處生；古來豪傑惑色，亦皆自見上來。吕公引喻常自人情説來，故妙。然是就防賊而立言耳，至學者自修之道則曰非禮勿視。是其爲盜不出於心而出於室，明矣。齊公子商人弑其君舍而篡其國，議者皆追咎昭公嫡庶不嚴，使商人乘隙以騁亂〔一〕。吾獨謂商人未嘗乘昭公之隙，而昭公實開商人之隙也。

向若昭公之時，國勢上尊，民志下定，則雖有悍戾過商人者，亦曷嘗有覬覦之念哉？惟其賤正妃而叔姬無寵，輕冢嗣而舍無威，邦本既摇，商人始動其無君之心，而聚施之計行矣。施而謂之驟者，宗曰 好搜剔。見其昔未嘗施而今驟施也。阪谷曰「驟」一字爲鐵案，商人亦噤口不能辨。昔未施而今驟施，是昔未嘗有此心，而今始有之也。商人本心無惡，因昭公示之以利而動於惡。然則篡弒之惡果生於商人耶？果生於昭公耶？尚論古人者，當追咎昭公之生奸，不當追勸昭公之防奸也。阪谷曰 生奸與防奸，是篇首自治名似而實非之分別。東坡所謂「聖人不恃智以防亂，恃其無致亂之道」，意亦如此。蓋自治字，宜分內治、外治而看。物來攻我，我則防之；自我致亂，將何所防耶？以木憂風則可，以蠹憂風則不可〔二〕；以堤憂水則可，以沼憂水則不可：未有己招之而己防之也。不思己之生奸而反尤奸之攻己，有見於人而無見於己，其用心果如何耶？此自治之論名似而實非，不可不深察也。

雖然，天下固有元惡大憝，發釁端於無釁之中者矣，殆未可專責人君之開隙也。曰：人君以天下爲一體，萬物盈於天地間，闔散盈虛，往來起伏，皆君心之發見也。阪谷曰 君主專權，其責重大如此。如此而欲常有賢主勝此任，亦無理之事。不若君民分權之公而安也。後世果真有性惡之人，則君固不任其責矣。惟惡不出於性而出於物，故雖君未嘗親誘之，苟爲物所誘，是亦君誘之也；雖君未嘗親陷之，苟爲物所陷，是亦君陷之也。將何地以逃其責？故曰：「百姓有過，在子一人。」

宗廷輔曰 弒君大惡，人所同惡，文不責商人而責昭公，亦是正本清源之論。傳以辭采，更覺斐然。

校勘記

〔一〕騁，原作「聘」，據四庫本、瞿本改。

〔二〕蠹，原作「槖」，據四庫本改。

楚鬭克公子燮作亂

文十四年　楚莊王立，子孔、潘崇將襲群舒，使公子燮與子儀守，而伐舒蓼。二子作亂，城郢，而使賊殺子孔，不克而還。八月，二子以楚子出，將如商密。廬戢黎及叔麇誘之，遂殺鬭克及公子燮。初，鬭克囚于秦。秦有殽之敗，而使歸求成。成而不得志，公子燮求令尹而不得，故二子作亂。

理有常然，而事有適然。因適然之事，而疑常然之理，智者不由也。歷數天下之事，出於常然者十之九，出於適然者百之一。以一廢百，奚可哉？父子，天性也，父不以嘗有商、般而疑其子；商人、蔡般。兄弟，天倫也，兄不以嘗有蔡、霍而疑其弟。蔡叔、霍叔。相雖有莽，王莽。而古今之廊廟未嘗無相；將雖有卓，董卓。而古今邊閫未嘗無將。苟持不必然之事而奪必然之理，則物物可畏，人人可防，其心焦然無須臾寧矣。阪谷曰 古今來人主，亦孰不欲知人？特因適然之事，而疑常然之理，故其心焦然無寧，反自招衰亂。然則如何？曰：公。公如之何？曰：定國憲，取衆議，是萬世不朽之公，萬世不朽之安寧。

君人者固有常體。操至公以格天下，合此者升，戾此者黜，向此者擢，犯此者刑，初未嘗容心於其間。故有譴怒而無猜嫌，有疏斥而無疑貳。旦見其惡，投之嶺海；暮見其善，列之朝廷。上無永廢之人，下無自絶之志。此固君人者之常體也。

險薄之徒乃謂已疏者不可再親，已遠者不可再近。一經擯辱，即爲仇怨。如鬭克、公子燮之於楚，特以結秦成而功不酬，求令尹而請不遂，伺間投隙，卒成大變，況於罹投放竄殛之刑者乎！故吾不廢之則已，既廢則使不能復興可也；吾不退之則已，既退則使不能復進可也。阪谷曰 與人日新，即是公，即是安寧。是説既行，世主之心術始蠱矣。抑不知二子之變，蓋出常理之外。

南嚮而治，一日萬機，賞未直功、爵未滿志者駢肩交蹠，巧曆有所不能計。阪谷曰 吕公本意，論人主懲一時誤用人而猜疑畏怯，更爲小人之所欺。其心有感于其時，非爲楚莊二子也。苟皆如二子之爲，則滔滔四顧，孰非君之讎乎？推而下之，則嘗笞之僕不可荷囊橐，嘗叱之狗不可衛門闌也，世寧有是理耶！阪谷曰 推下取喻，是吕公妙處。自古及今，挈於鼎鑊，起於碪質，釋於囹圄，任股肱心膂之寄，閎大博碩，震耀彝鼎者，代不乏人。盍條陳彙舉，以開廣主意？不當獨摘二子之亂，敗其君恢然之度也。

二子之亂，固不可以常理論。彼楚莊命之居守，待以不疑，無負於二子，而二子則負之，無乃有君人之度乎？是不然。守國，重事也，非臨大節不可奪者莫能也。令尹非可求之官，而臣之有勞於國，亦豈當如市人計物取直哉？二子之浮淺躁露如是，雖守一障猶難之，况委之空宫而授之鈅乎？吾見楚莊無君人之明，而未見其全君人之度也。

信如是説，則人君號爲度有餘而明實不足者，必將濟之以察歟？曰：是非兩物也。道學不講，蔽者遂謂恢厚純誠不足以御末世之變，於是揣摩以鈎人之隱，臆度以料人之情，日求而日疏。阪谷曰：明者不疑，疑則生於不明。不明而自惑，故揣摩臆度，如醉客之步暗徑。曾不知天理洞然，本無不燭，而吾乃揣摩以汩之，臆度以撓之，溷亂方寸，使之舛錯。其所以自智者，乃所以自昏也。揣摩臆度之私盡，則是非美惡之理彰。至明之地，本在恢厚純誠中。世俗乃捨之而競求於譎詐辨慧之際，何異賈楚而屠燕哉？阪谷曰：抑愚者痴人，漠然不揣摩臆度者，是則不足論也。爾欲察，毋厭昏；爾欲巧，毋厭拙。

單伯請子叔姬

文十四年　襄仲使告于王，請以王寵求昭姬于齊。曰："殺其子，焉用其母？請受而罪之。"冬，單伯如齊，請子叔姬，齊人執之。又執子叔姬。

季文子如晉

文十五年　春，季文子如晉，爲單伯與子叔姬故也。註云：因晉請齊。

齊人赦單伯歸子叔姬

文十五年　齊人來歸子叔姬，王故也。註云：單伯雖見執，能守節不移，終達王命，使叔姬得歸。

前人未決之訟，後人之責也；前儒未判之疑，後儒之責也。吏職官府，儒職簡牘。官府有枉，簡牘亦有枉。辨今世之枉者，屬之吏；辨異世之枉者，屬之儒。人雖有去有來，然同一官府也；事雖有久有近，然同一簡牘也。吏不得以非己之時而却其訟，儒者亦豈以非己之時置其疑而不辨哉？

單伯爲魯請子叔姬於齊，左氏無異辭，公羊、穀梁兩家以爲單伯淫於叔姬，是以見執。從左氏耶，則單伯無毫髮之愆；從公、穀耶，則單伯有丘山之惡。此千載未斷之獄，待後儒之閲實也。吾請以經爲律，以傳爲按，以同時之人爲左驗，平反而昭雪之。

今訴人之罪者，所訴之諜，其氏族、爵位、鄉土猶不能知，則弗待訊鞫而知其爲誣。單伯實周臣，而公、穀乃以爲魯之大夫。周、魯之辨，且復倒置，尚未辨其爲何國人，則所言之罪，豈足信乎？吾非據左氏而指單伯爲周臣也。公、穀方與左氏訟，左氏之言雖直，焉能折二家之口哉？【阪谷曰】歐陽修曰：「事出於久遠而傳乎二説，則捨衆人而從君子，捨君子而從聖人。」又曰：「學者寧捨經而從傳，不信孔子而信三子，甚哉其惑也！」吕公意亦如此。吾之所以指單伯而爲周臣者，蓋以《經》

知之，非以左氏知之。畿内諸侯見於《經》者多矣，祭伯之來，《隱元年》。凡伯之伐，《隱七年》。毛伯之錫命，《文元年》。召伯之會葬，《文五年》。考其書法，與單伯无少異。公、穀何所據而以彼爲周，以此爲魯乎？自周之外，《經》未有書諸侯之臣爲伯者。牰舉内大夫以明之，翬、挾、柔、溺、豹、婼、意如之類，不氏而名者也；叔孫得臣、仲孫何忌之類，兼氏而名者也；公子慶父、公弟叔肹之類，配親而名者也；仲遂、叔老、叔弓、叔詣之類，配仲、叔而名者也。二百四十二年之間，不書名者，獨季子來歸一語而已。曷嘗聞内大夫不名而書伯者乎？公、穀之誣瞭然矣。政使如公、穀之説，以單伯爲魯大夫，則聖《經》不名而書伯，亦當如季子之比。季友有討亂之略，有托孤之忠，以身爲一國之安危，故《春秋》不名以貴之。若單伯果魯大夫，聖《經》不名而書伯，必有大功大善居季子之右，安得反負淫齊之罪乎？負甚大之罪而得甚美之褒，則何以爲孔子？何以爲《春秋》？孔子是，則公、穀非；孔子非，則公、穀是。持二説以詰二家，雖秦、儀、代、厲亦未必能置對也。阪谷曰 口吻自歐陽《春秋論》來，更覺巉絶。

左、公、穀者曰：「單伯之列於《經》，自請叔姬以前，如逆王姬，如伐宋，如會鄄，不絶於簡。至請叔姬之後，則載於策者有單子而無單伯，庸詎知書伯者非魯，書子者非周乎？」曰：「爵列升降，各隨其時。如滕前侯而後子，不聞其兩滕也；《隱十一年》：滕侯來朝。《桓二年》：滕子來朝。杞前伯而後子，不聞其有兩杞也。《僖十七年》：杞伯來朝。《僖二十三年》：杞子卒。是何足以病吾説哉？」阪谷曰 以下二辨，更補上文罅隙，文氣豐鬱，又自歐拔來。

或者又曰：「前古枉直未辨者，何可勝數？單伯之事，特牛一毛、倉一粟耳。浩浩塵編，子能盡發而細辨之乎？」曰：「人無故負寃，更百世而莫能雪。後之人又以爲瑣屑而不足問，是終天地而無伸眉之日矣。推是心以莅官臨政，則攬山積之文書，對麕至之黎庶，必將厭其叢脞，漫不復經意。阪谷曰 自起首提來，雙闢闔闢，遒勁透鐵。抑不知我視之甚微，彼視之甚重；我視之甚緩，彼視之甚急。亦何愛頃刻之勞，而使彼賫没身之恨乎？肆於塾，聽於府，執筆之際，皆不可不思。」

宗廷輔曰《博議》一書，元明選本有改題「議史摘粹」者，以其近史評也。通集一百六十八篇，祇此一篇是經解。惟牽於文之體製，故前後多添砌之語。爲奮筆削之，殊令人心目一快。

宋華耦辭宴

文十五年　宋華耦來盟，其官皆從之。書曰「宋司馬華孫」，貴之也。公與之宴，辭曰：「君之先臣督，得罪於宋殤公，名在諸侯之策。臣承其祀，其敢辱君？請承命於亞旅。」魯人以爲敏。

君子之立言，待天下甚尊，期天下甚重。雖至奥至邈之理，未嘗敢輕視天下，逆料其不能知。故識雖在一世之先，而心嘗處一世之後，是非推遜不伐而自托於謙退也，降衷在天，秉彛在民，凡具耳、目、鼻、口，號爲人者，罔不備參贊化育之神、經緯幽明之用。吾其敢以淺心隘量，大棄之於罷冗無能之地乎？至於父母之邦，尤君子之所祗畏而不敢忽者也。「維桑與梓，必恭敬止」，於一草一木猶嚴如是，況於人乎！

左氏世傳以爲魯史，則魯其父母之邦也。其載華耦來聘，無故揚其先人之惡以辭宴，魯人之所誇，而非君子之貴乎？耦之言，少知禮義者皆知賤之，雖當時一二浮薄輩妄相矜衒，然阪谷曰 桓公二年，宋華父督弑其君殤公。乃繫之曰「魯人以爲敏」。左氏之意，豈不以耦之辭令，魯曲阜龜蒙七百里之封，寧無一人知其非者？阪谷曰「十室之邑，必有忠信如丘者」，夫子自信，又不輕人如此。今概稱「魯人以爲敏」，果哉？

左氏之論也，概稱「魯人以爲敏」，是謂魯空國無君子。抑不思所謂魯人者，誰非爾之黨友乎？誰非爾之姻戚乎？誰非爾之師長乎？一出言而盡置黨友、姻戚、師長於庸鄙之域，倨傲暴慢之氣勃然可掬。歸之以不孫不弟之名，吾意左氏不能辭也。

昔吾夫子亦嘗稱魯矣，曰「魯無君子，斯焉取斯」。《論語》。是夫子一言而待魯爲君子，左氏一言而待魯爲小人，人心之不同如是哉！阪谷曰 證以夫子，左氏汗浹背不啻也。文章引證，宜如此也。魯，一魯耳。夫子以夫子之心觀之，故見其可稱；左氏以左氏之心觀之，故見其可鄙。所存易於內，而所觀變於前也。

或謂左氏之言魯人，特蚩蚩之流耳，至於閎達博雅之君子，敢名之以魯人哉？阪谷曰 以下二答，發明餘意，同前篇。曰：閎達博雅之君子，其材雖出人千百等，然履魯地，啜魯泉，服魯藥，食魯粟，苟不名之以魯人，豈九夷八蠻之人乎？ 阪谷曰 同生日本而互相輕者，可以深省。 一爲君子，而背鄉閭，蔑名教，不以魯人自命，是外父兄而耻與同類也，夫豈君子之所敢安哉？ 吾益見《左氏》之誤也。

雖然，衆不可盡言也，本不可忘也，左氏之失固不可復蹈也。迺若十人之聚，三家之市，凡鄙污下，皆無足取，斷之一言，不亦可乎？ 曰：至理均賦，先覺者爲聖爲賢，未覺者爲庸爲鄙。彼雖未覺，然是理洋溢往來於眉睫步趨間，屈伸俯仰，無非動人悟物者。吾方左酬右酢之不暇，慢心何自而生？ 阪谷曰 自我而推及彼，四海亦兄弟，豈可夜郎自大而輕人乎哉？ 人見吾與庸鄙接，而不知吾常與天理接也。終日與天理接，敢輕乎哉？

公孫敖二子

文十五年　齊人歸公孫敖之喪，襄仲欲勿哭。惠伯曰：「喪，親之終也。雖不能始，善終可也。史佚有言曰：『兄弟致美。救乏、賀善、吊災、祭敬、喪哀，情雖不同，毋絶其愛，親之道也。』子無失道，何怨於人？」襄仲説，帥兄弟以哭之。他年，其二子來，孟獻子愛之，聞於國。或譖之曰：「將殺子。」獻子以告季文子。二子曰：「夫子以愛我聞，我以將殺子聞，不亦遠於禮乎？ 遠禮不如死。」皆死。

物之移人者，莫如權位。仰視其冠，昔鷃今貂；俯視其服，昔緼今貉；飢視其食，昔簞今鼎；渴視其飲，昔瓢今卮。是孰使之然哉？權位移之也。其移有大者焉，卑者可使踞，重者可使浮，樸者可使華，恪者可使慢。其移又有大者焉，貴者自處於尊未足駭，使尊者反安於卑可駭也；尊者反安於卑未足駭，使貴者并忘其尊可駭也。吾是以知權位之移者，不特其人，而又且及他人；不特移當時，而又且及後世。居權位之間者可輕乎哉！

始公孫敖生穀與難而出奔，復生二子于莒。孟獻子實穀之子，其視公孫敖則祖廟也，其視在莒之二子則叔父、季父也。二子還魯，《傳》稱孟獻子愛之，聞于國。及有戕伐之譖，二子則曰：「夫子以愛我聞，我以將殺子聞，不亦遠於禮乎？」乃皆犯寇而死。味二子之言，反視孟獻子若大父行，自處於孺子之列。左氏從而載之，亦忘二子之爲叔父也。阪谷曰 立爲天子，爲國君，則伯叔父及兄皆爲之臣。蓋當時侯國卿大夫之家無位於朝者，皆臣之。而魯三家之僭，雖獻子亦不悟其非也。抑此事非一王郡縣之世，則未易論也。獻子雖地居宗主，位列國卿，然天屬尊卑，要有常分。愛而不敬，固已非禮，二子見人爵之尊而忘天屬之重，後人之載筆者亦從而忘之。權位之移人，可畏哉！

本宗之親，長幼高下，雖牧圉皂隸，甚聵而昏者，猶能數之。今一移於權位，卑者自視若尊，尊者自視若卑，繆亂舛錯，不復能記，則他事遺落者可勝計乎？父兄之所訓，師友之所詔，其廢忘者不知其幾也；阪谷曰 展拓垂戒深矣。稚幼之所志，壯大之所習，其廢忘者不知其幾也；

邦國之所係，朝廷之所紀，其廢忘者不知其幾也。凡吾前日之所學所聞，所講所畫，棊布派别，羅列胸次，皆坐聲利而汩陳之，阪谷曰 汩陳，在《洪範》，言亂其陳列也。可不深懼耶！

嗚呼！孟獻子之没至于今，將二千祀矣。其聲華寵利蕩爲太虚，不可控摶，焉有氣焰之能移人哉？然讀其書者，習其章句，安其訓詁，尚有不寤二子之爲叔父、獻子之爲兄子者，阪谷曰 淺近之義，反失之不注意，豈獨讀書而已哉？況於身處其時，親當其地，乃欲卓然自覺於沉酣膠擾之中，難矣哉！

東萊先生左氏博議卷之二十三

齊人侵我西鄙

文十五年　齊侯侵我西鄙，謂諸侯不能也。遂伐曹，入其郛，討其來朝也。季文子曰：「齊侯其不免乎？己則無禮，而討於有禮者，曰：『女何故行禮？』禮以順天，天之道也。己則反天，而又以討人，難以免矣。《詩》曰：『胡不相畏？不畏于天。』君子之不虐幼賤，畏于天也。在《周頌》曰：『畏天之威，于時保之。』不畏于天，將何能保？以亂取國，奉禮以守，猶懼不終，多行無禮，弗能在矣。」

言在此而觀在此者，衆人之觀也；言在此而觀在彼者，君子之觀也。兩訟在庭，甲操券契，乙奉質劑，聱牙撑拒，健吏閣筆不能下，他日偶視故府之牘，適聽道路之言，罅開節解，舉無遁情。牘豈豫爲此時設，言豈特爲此事發哉？邈乎不相涉而其證甚的，寥乎不相及而其諭甚親。吾知其説矣。

無心之言其言真，無心之見其見定。是故觀言有術，略其專而察其旁。堅白乎求之惠、鄧，清浄乎求之老、莊，刑名乎求之申、韓，耕稼乎求之陳、許，規規然自局於簡冊之内而不敢騁，君子謂之俗儒。取守之論，儒者之所争，而未有知其所由始者也。自叔孫通、陸賈之徒進説於時，而逆取順守之説，賈時時前説稱《詩》、《書》，高帝罵之曰：「迺公居馬上得之，安事《詩》、《書》？」賈曰：「馬上得之，寧可以馬上治乎？且湯、武逆而取之，以順守之，文武并用，長久之術也。」浸淫於天下，後之人雖争之强，辨之疾，終莫能泝其源而拔其根，殆觀其專而不觀其旁之病也。盗發於秦，盗獲於吴，衆人不察之地，可不少留意耶？阪谷曰 案，論固正大矣，然自事實上觀之，後世取守判然，其何以救之？

齊懿公伐曹，入其郛。季文子非之，累數十言，其辭雖不一，大要皆爲懿公發也。吾讀其語，至於「以亂取國，奉禮以守，猶懼不終」，然後知秦漢取守之説，其所從來遠矣。阪谷曰 所謂故府牘，近在《左傳》。文子之言，本論伐曹，偶及於取守，寓意而非造意，泛言而非立言，從容遊談，忽不自知判取守爲兩事。吾是知逆取順守之論，濫觴於春秋，而襄陵於秦漢也。

吾請置叔孫通、陸賈之徒，而獨與季文子辨。阪谷曰 似過反覆，然前半篇意在觀法，不如是，不足承首段。取守，一道也。源涇而瀾渭，根蕕而葉薰，古無是論也。取守之論，其分於春秋之際乎〔一〕？吾於文子之言有見也。百年禮法之家，不幸而子弟欲敗其家，猶必徘徊猶豫，半出半入，未敢奮然遽行其意。彼其意禮法未遠，其心猶有所畏也。阪谷曰 自人情上着筆，故常言切而意明。堯、舜、禹、湯、文、武以來，取以是，守以是，未嘗斯須去禮，前聖後聖，相付甚嚴。至於春秋列國，正其隙方開之時，故文子之言，猶若有所憚者，既曰「以亂取」矣，「以禮守」矣，復繼之曰

「猶懼不終」。〔阪谷曰〕又自人情描出文子語氣，所謂聽道路之言之意。一語開之，一語閉之；一語招之，一語麾之。前語方脱口，而遽汲汲於自贖，豈非取守之論方分，而文子之心猶有所未安者耶？時寖遠，論寖廣，至於隋唐之際，所謂逆取順守，弄文墨者往往道之晏然不疑，若誤記以爲六籍語者，尚奚言哉！此吾所以獨與文子辨，而切意取守之論起於春秋之時也。〔阪谷曰〕一結巉然，揭法律原理。抑建成、元吉得時，則煬帝再出，唐亦必爲隋；而如太宗則固不可。然則奈之何？曰：處之唯有君民同權而已。君民同權，必無此争。唐太宗并緣此義，手戕二昆，殺太子建成、齊王元吉。臨朝而無愧色。第貞觀之治，前代鮮居其右者，世俗遂謂文子之言猶信。

胠篋探囊而揖遜守之，謂之工於守財則可，謂之勇於改過則不可。爲盜者棄其所攘，然後不謂之盜；逆取者捨其所取，然後不謂之逆。安有身擁盜物而自名順守者乎？吾是以知取守之無二道也。

〔宗廷輔曰〕於人所不經意處，眸及得之，真善窺書之間者。

校勘記

〔一〕際，原作「祭」，據四庫本、瞿本改。

楚大饑庸人帥群蠻叛楚

文十六年　楚大饑，庸人帥群蠻以叛楚。麇人率百濮聚於選，將伐楚。於是申、息之北門不啓，楚人謀徙於阪高。蒍賈曰：「不可。我能往，寇亦能往。不如伐庸。夫麇與百濮，謂我饑不能師，故伐我也。若我出師，必懼而歸。百濮離居，將各走其邑，誰暇謀人？」乃出師。旬有五日，百濮乃罷。自廬以往，振廩同食。次于句澨。使廬戢黎侵庸，及庸方城。庸人逐之，囚子揚窻。三宿而逸。曰：「庸師衆，群蠻聚焉，不如復大師，且起王卒，合而後進。」師叔曰：「不可。姑又與之遇以驕之。彼驕我怒，而後可克，先君蚡冒所以服陘隰也。」又與之遇，七遇皆北，唯裨、鯈、魚人實逐之。庸人曰：「楚不足與戰矣。」遂不設備。楚子乘馹，會師于臨品。分爲二隊，子越自石溪，子貝自仞以伐庸。秦人、巴人從楚師。群蠻從楚子盟，遂滅庸。

豐歉在人，而不在天；强弱在人，而不在地。歸豐歉於天，閉口而俟死者也；歸强弱於地，束手而就亡者也。是故天時雖歉，以人而豐；地勢雖强，以人而弱。强弱、豐歉之權係於人而已。

楚地跨南服，威令行於諸侯。自蚡冒以來，羈百蠻以長繩而鞭箠之，雖輿臺隸人，莫不氣吞鴃舌之君長。歲小饑饉，庸人率群蠻而叛之，正如蚊虻撲緣，何足介意？而一國駭懼，聚謀徙都，仰視庸、濮，岌如泰山之將壓，慄慄危懼，朝不謀夕。當是時，楚國封疆豈削於前？輿賦豈減於舊哉？特主謀者弱，雖封疆輿賦之盛，不能使之强也。及蔿賈之言一發，大小老稚皆有奮心，自廬以往振廩同食，見氣之盈而不見困之竭〔一〕，見師之飽而不見歲之饑。潰蠻滅庸，四境如掃。嗚呼！不有君子，其能國乎？

蔿賈未謀也，則楚以强爲弱；蔿賈既謀也，則楚以歉爲豐。無其人，則山川形勢，地雖與之而不能全；有其人，則運饋糧餉，天雖奪之而不能病。人之權重矣哉！

或曰：「楚之是役，有廬戢黎之兵，有子揚窻之謀，有師叔之謀，有子越、子貝之旅，合衆智，萃群力，用集大勛。豈專蔿賈之功歟？」阪谷曰　前極口贊揚，假「或問」一抑，更論發其義，文格雄傑。曰：至難回者，天下之勢。是勢一回，則風驅雷動，雲飛川決，雖僬僥戚施，亦皆鳴劍抵掌，赴功名之會。阪谷曰　内有無數蔿賈而不用，外不啻沮弃、異、參、勃，方且殺之，是南宋之勢也，其機唯在朝廷明決。呂公感慨可知已。又案，此篇議論蔿賈，或爲李綱而發，末數句則公平生之策。故回大勢，號爲天下之至難。有張良以決鴻溝之追，則參、勃、信、布之徒不可勝用也；項羽自知少助食盡，乃與漢王約中分天下，割鴻溝以西爲漢，以東爲楚。羽解東歸，漢王欲西歸。張良諫，遂用其計。五年，圍羽垓下，楚地悉定。有邳彤以決河北之留，則弇、異、漢、恂之徒不可勝用也。世祖從薊還，失軍，欲至信都，彤乃選精騎迎世祖，與世祖會信都。世祖雖得二郡之助，而兵衆未合。議者多言可因信都兵自送，西還長安，彤曰：「今釋此而歸，豈徒空失河北，必更驚動三輔。墮損威勢，非計之得者也。」世祖善其言，乃止。天下患無張良，而不患無參、勃、信、布；天下患無邳彤，而不患無弇、異、漢、恂。當楚人策畫未定之際，使無蔿賈之一言，退自竄於版高之墟，則雖有數子之智勇，不過崎嶇草莽間。其有匹夫之決者，不過先狗馬填溝壑耳。賈也昌言於庭，抉楚國頹仆之勢而起之。偏國中勃勃皆有生意，淬戈礪刃，惟恐見敵之晚。雖無數子，豈無能辨此者乎？戰於外，鼓於中，籌於上，用力愈佚，受賞愈醲。昔之治兵，蓋未嘗无次第於其間也。

宗廷輔曰　無甚深意，而氣勢沛然。

校勘記

〔一〕困，原作「因」，據四庫本改。瞿本作「用」。

鄭子家爲書告趙宣子

文十七年　晋侯蒐于黄父，遂復合諸侯于扈，於是晋侯不見鄭伯，以爲貳於楚也。鄭子家使執訊而與之書，以告趙宣子，曰：「寡君即位三年，召蔡侯而與之事君。十一月，隨蔡侯以朝于執事。十二年六月，歸生佐寡君之嫡夷，以請陳侯于楚，而朝諸君。十四年七月，寡君又朝以蒧陳事。十五年五月，陳侯自敝邑往朝于君。往年正月，燭之武往，朝夷也。八月，寡君又往朝。以陳、蔡之密邇於楚而不敢二焉，則敝邑之故也。雖敝邑之事君，何以不免？在位之中，一朝于襄，而再見于君。夷與孤之二三臣相及於絳。雖我小國，則蔑以過之矣。今大國曰：『爾未逞吾志。』敝邑有亡，无以加焉。古人有言曰：『畏首畏尾，身其餘幾？』又曰：『鹿死不擇音。』小國之事大國也，德，則其人也；不德，則其鹿也。鋌而走險，急何能擇？命之罔極，亦知亡矣。將悉敝賦以待於鯈。唯執事命之。」晉鞏朔行成於鄭，趙穿、公婿池爲質焉。

井有餘潤，圃者不爲之增畦；車有餘載，馭者不爲之增橐。天下之理，惟厚於養而薄於求，然後可以相待而至於無窮。先王之有天下也，分地分民，以建諸侯。圭焉而朝，鼎焉而食，輅焉而趨，韍焉而燕，臺其門，觀其闕，秋毫皆君賜也。雖曰薦幣而暮奉籩，猶不足以答天地大德。而先王制爲五服，六年一朝之典，夫豈欲佚諸侯而驕之哉？蓋在我者常欲有餘，在彼者常欲不足，使諸侯養其忠而不得盡展，蓄其力而不得盡施，此所以傳百世而無不軌不物之患也。

晉於鄭何益哉？嘗建置其社稷乎？未嘗也。嘗擁立其君長乎？未嘗也。雖時有涓滴之惠，然干戈相尋，德不償怨。彼其所以黽塗著道，君臣相望於晉之郊者，豈得已哉？特畏其力焉耳。晉人猶不饜，其多求於鄭。鄭不勝其求，移書以直之。晉人氣褫神奪，僕僕然行成遣質，惟恐不及。以大國之尊而下行小國之事，甘受屈辱而不敢辭，蓋求之太盡，固有以招之也。周不能歲朝諸侯而晉則能之，晉之拊循諸侯過於周則可，不然，則執訊之辱不發於鄭，亦必發於他國也。阪谷曰 呂公議論，不自心上，則自情上，斷之以道，所以文有味。過任之事，父不能得之子；

無己之求，君不能得之臣：況俱號爲諸侯者乎！

雖然，晉、楚俱大國也，鄭介晉、楚之間者也。鄭之於晉，其抗辭以對者蓋非一端，如壞館登陴，爭承問後之類，阪谷曰 壞館，《襄公三十一年》；登陴，《昭公十八年》；爭承，《昭公十三年》；問後，同《十九年》駟偃之後。行行然每不肯爲晉下；至於事楚，則異是矣，飭車而朝，走幣而使，惟恐少忤其意，敢抗辭以對者殆無幾，何其勇於晉而怯於楚乎？阪谷曰 勇、怯間貫以「禮」一字，是子産秘方。大之而歐米各國，小之而鄰里婢僕，交際之要理，總在此中。曰：晉，中國也，可告語者也；楚，蠻夷也，不可告語者也。鄭有晉憾，猶敢訴焉；至於楚，則不敢訴而敢叛。二者孰爲得失哉？以迹而論，則楚恭而晉倨；以心而論，則晉親而楚疏。人徒見鄭之君臣入楚之境，貌恭心肅，遂以爲畏楚；入晉之境，辭費説煩，遂以爲慢晉〔一〕。抑不知爲晉、楚謀者，寧受其畏乎？寧受其慢乎？必知所去取矣。阪谷曰 一轉冷然，鏡花水月。諫疏不至於朝，訴諜不至於府，晏然靖謐，號爲無事，以晉、楚之事格之，無乃猶有可察者乎？

校勘記

〔一〕慢晉，原作「慢」，據瞿本補。

邴歜閻職弒齊懿公

文十八年　齊懿公之爲公子也，與邴歜之父争田，弗勝。及即位，乃掘而刖之，而使歜僕。納閻職之妻，而使職驂乘。夏五月，公游于申池。二人浴于池。乃謀弒懿公，納諸竹中。舍爵而行。

事有出於常情之外者，非人之所不能及，則必不能及人者也。肘腋怨讎，腹心仇敵，曠懷大度高出於常情之外，夫豈常人所及哉！智不逾於常人而欲爲非常人之事，則必愚者也，闇者也，發褚以示盗者也，決隄以俟溺者也，跣足於雄虺之榛而裸身於餓虎之蹊者也。至於奸雄凶猾之人，每持「寧我負人，無人負我」之語，阪谷曰「我負人」云云，魏武帝語。睚眦之怨，必削株拔根，無噍類乃止。彼豈不知含洪光大爲盛德事哉？阪谷曰東晋王敦反，曰：「吾不復得爲盛德事矣。」蓋思其上者，慨然以爲不可學；至其下者，䩄然以爲不足學也。

齊懿公奪閻職之妻，刖邴歜之父，而復親近二人者，與之狎昵，卒屠其軀。意者懿公豈不分菽麥者耶？則戕君竊國，機略初不在人後。乃於人情易見之利害舛錯如此，世未有知其説者。阪谷曰於無可論中摘出新意，受題作文，此術最不可缺。抑不知懿公之事，他人視之若不近人情，而懿公實未嘗不用其情也。彼懿公身爲公族而弒其君，於其父子親族之間亦已薄矣。至於宗族，殘忍鷙暴，慹然無情。阪谷曰慹，質入切。《莊子・田子方》篇：「慹然似非人。」注：不動貌。推己之情而謂人皆然，此其所以日親歡、職而不料其果於復讎也。人怪懿公之不近人情，而不知懿公之禍正坐以己之情而度人之情也。

請以太子劭之事實之。阪谷曰 劉宋太子劭，弑其父文帝。劭與弟濬俱謀逆。潘妃者，濬之母，而劭之所欲殺也。劭將殺其母而親其子，疑若非人之情，抑不知劭、濬之情同於悖逆。元嘉之變，潘妃既戮，而濬之附劭有加於前。兄梟弟鏡，何其異軀而同情也！《南史·宋文帝紀》。商人之待歡、職，正如劭之待濬，自謂人皆如己，不復置疑，此吾所以推懿公之禍，正在於用情也。阪谷曰「此吾」之「吾」、結尾「吾特」之「吾」相對，文自爲兩截。

吾考《傳》之所載，二子既戕懿公，舍爵而行，略無所憚，而又切有所感焉。當懿公謀逆之時，貸粟之際，曲澤私德，僞聲虚譽，營丘之民奔走而歌舞之，故能以支代宗而竊其國〔一〕。居位未幾，以凶虐而殺其身。阪谷曰 商人、商臣，皆不及王莽、煬帝，抑亦其亞歟？向日之受其姑息者，竟無一人仗戈以赴其急，推刃之人緩步出郊，略無所憚至於是。然後知區區之小惠，果不足恃也。齊懿公罪惡貫盈，本無足責，吾特表而出之，以爲好行小惠者之戒。

校勘記

〔一〕竊，原作「切」，據四庫本、瞿本改。

襄仲殺惡及視及叔孫惠伯立宣公

註在十七卷。

天下之亂，宗曰 特立三峰。 無形者不可討，無志者不果討，無助者不能討。合是三無，亂之所以成也。匿機閉鍵，覆阱韜戈，城府高深，不見纖隙，是謂無形；視國傳舍，視君奕棋，小寇不訶，大寇不禦，是謂無志；膽壯形羸，志强勢弱，孑然孤立，莫救危亡，是謂無助。發於彼者有形，立於我者有志，資於外者有助，亦何奸之不消，何難之不平哉？宜消而長，宜平而傾，此君子之所以深嗟而屢歎也。

叔仲惠伯之禍，吾嘗三復其事而悲之。惠伯受遺輔政，履危疑之朝，固當蚤警暮戒，大布耳目，剪荊棘於萌芽之始，殪虎兕於蠕動之初，雖深譎沉隱之謀，猶必鈎考而披抉之〔一〕。況襄仲親以殺嫡立庶之計，顯語惠伯，不訊而承，不索而獲，是天發其奸，賜惠伯以討亂之機也。阪谷曰 此機不可失，而非有膽略者不能濟。 惠伯撫機不發，見亂之形，恬不爲備。意者惠伯沉浮婞阿，無徇國之志歟？ 惡、視之難，殺身就義，凜然不負其意。謂惠伯無徇國之志者，誣也。阪谷曰 其殺身亦經於溝瀆之類，不足取。 呂公特憐其愚而取其心，假以戒當大事者。 有徇國之志，而見逆國之形，是宜忠憤俱發，百舍一赴，如注坡馬，如縱壑魚，如解縚鷹，靡容晷刻之緩，顧乃束手待斃，噤無所爲，殆惠伯困於無助，畏襄仲之多助而不敢發也？ 襄仲所恃爲助者獨齊耳。出姜實齊女，而子惡齊之自出也。齊所以不顧其親而從其請者，特以襄仲專政，欲以親魯耳。惠伯若亟遣使於齊，援媚戚之義，明利害之數，以感動齊侯，則齊未必不翻然改計。阪谷曰 此時齊侯爲惠公元，善避其弟懿公商人之禍，讓之。然亦不能討其凶逆，則畢竟庸主。故以新立受襄仲之請，視其出如雞豚，任人宰割，是亦一惠伯也已。蓋棄至親之甥而即甚疏之人，齊必不爲也；捨已立之君而待將簒之賊，齊又不爲也；墮救患之名而取黨奸之謗，齊又不爲也。惠伯儻如前所陳以曉齊侯，則齊知子惡有惠伯爲之内主，又知襄仲不能專魯之權，則安肯捨此而助彼乎？

襄仲既失齊助，則塊然几上肉耳。僑如倚晉傾魯，氣蓋一國；晉人朝悔而僑如夕走。《成十六年》。惠伯誠能厚結齊歡，以孤襄仲之援，吾見臨淄之旝未反，而東門之室已虚矣。釋此不爲，乃捐身皂棧〔二〕，與草木同腐，此君子所以深爲惠伯惜也。阪谷曰 辭采奕奕射人。嗚呼！襄仲泄謀於人，在法當敗；公室連姻於齊，在法當親。惠伯可討不討，而使襄仲轉敗爲成；可附不附，而使齊侯變親爲怨。雖有區區之心，何救龜玉之毁乎！阪谷曰 龜玉之毁，《論語·季氏》篇。是以君子惡徒善。阪谷曰 一筆點睛。

宗廷輔曰 事理雪亮於胸中，故侃侃而談，悉中機要，與他篇因間出奇者不同。

校勘記

〔一〕抶，原作「扶」，據四庫本改。瞿本作「抉」。

〔二〕捐，原作「損」，據四庫本改。瞿本作「殞」。

季文子出莒僕

文十八年　莒紀公生太子僕，又生季佗，愛季佗而出僕，且多行無禮於國。僕因國人以弒紀公，以其寶玉來奔，納諸宣公。公命與之邑，曰：「今日必授！」季文子使司寇出諸竟，曰：「今日必達！」公問其故。季文子使大史克對曰：「先大夫臧文仲教行父事君之禮，行父奉以周旋，弗敢失隊，曰：『見有禮於其君者，事之，如孝子之養父母也；見無禮於其君者，誅之，如鷹鸇之逐鳥雀也。』先君周公制《周禮》曰：『則以觀德，德以處事，事以度功，功以食民。』作《誓命》曰：『毀則爲賊，掩賊爲藏。竊賄爲盜，盜器爲奸。主藏之名，賴奸之用，爲大凶德，有常無赦。在《九刑》不忘。』行父還觀莒僕，莫可則也。孝敬、忠信爲吉德，盜賊、藏奸爲凶德。夫莒僕，則其孝敬，則弒君父矣；則其忠信，則竊寶玉矣。其人，則盜賊也；其器，則奸兆也。保而利之，則主藏也。以訓則昏，民無則焉。不度於善，而皆在於凶德，是以去之。」

魯道衰而權移於季氏，議者徒見其專權之禍，而不見其竊權之由。吾讀左氏書至季文子出莒僕之事，然後知季氏竊權之始，蓋在此也。權，君之所司也。堂陛甚高，扃鐍甚嚴，操柄甚尊，豈人臣能一旦徒手而奪其權哉？必有隙焉，然後能乘之；必有名焉，然後能假之；必有術焉，然後能攘之。

吾於莒僕之事，未嘗不三歎文子之險且譎也。宣公簒立，大臣未附，國人未信，其權未有所屬，此千載一時之大隙也。以季子之富强，投其隙而攫取其權，誰曰不克？然取之太迫，則君不安於上，民不厭於下，雖劫而留之，其權終有時而還。故因莒僕之事，借其名，閟其術，嘿收一國之權於掌中而人不悟。深矣哉！文子之謀也。

莒僕弑君竊邑，宣公不惟納之，而又欲封之，是固群臣之所當争也。文子托去惡之名，改君命而使司寇斥僕於境外，以嘗試宣公意，以謂：君苟怒我耶，則吾固可自附於忠憤愛君之徒；君苟聽我耶，則魯之大柄自是歸我矣。退不失譽，進不失權；君有從違，我無增損。其自爲計乃如此。自古之盜權者，皆覬成而惡敗。蓋成則受大福，敗則蹈大禍。未有如文子之計，不幸不成，猶不失蹇諤之稱者，其爲計可謂高出古人之右矣。既而宣公果惑於史克之對，終莫能詰，一時上下，皆爲所眩。君嘉其直，人誦其忠，而不知國命已移於冥冥之中。更千百載，觀者猶以斥莒僕爲文子之美，莫有辨其爲竊權之始者。吁！死諸葛可以走生仲達，諸葛亮與司馬懿對壘渭南，相守百餘日。亮數挑戰，懿不出。亮卒于軍中，長史楊儀整軍而出，百姓奔告司馬懿。懿追之，姜維令儀反旗鳴鼓，若將向懿者。懿領軍退，不敢逼，於是楊儀結陣而去。入谷然後發喪，百姓爲之諺曰：「死諸葛走生仲達。」懿聞之曰：「吾能料生，不能料死故也。」

死姚崇可以算生張説。姚元崇將死，戒其子曰：「疾果不救，則以吾平生好玩所寶置於張丞相。彼得之，當爲吾作神道碑。」既而張説果受其子獻，而爲之撰其碑。後既覺，乃曰：「死姚崇尚能以計中生張説。」孰謂既死之文子，餘欺遺譎，尚能欺千百歲之後乎？至其後世子孫，取下、城費、舞佾、設撥之類，阪谷曰《檀弓下》篇：顔柳曰：「天子諸侯設撥，三臣者設撥，竊禮之不中者也。」注：撥，紼也。狼縱之迹，若泥中之鬬獸，蓋得文子之粗者也。阪谷曰歐陽修《石曼卿墓表》：「曼卿笑曰：『此得吾粗也。』」

吾詳考史克之對，歷數莒僕之罪，言雖指僕，而意譏宣公。宣公負篡弑之惡，實魯之僕耳，聞克之言，其顙能無泚乎？克内則陰中宣公之隱以脅之，外則盛稱文子之功以誑之。一脅一誑，捭闔箝制，真季氏徒也。

然克之辭浮麗夸靡，學者或咀其華而忘其實，吾請摘其妄以示之。阪谷曰文辭欺人者，李斯、王安石等，代不乏其人，而史克爲之首。克首稱先大夫臧文仲教行父事君之禮，行父奉以周旋，罔敢失墜，見無禮於其君者誅之，如鷹鸇之逐鳥雀也。嗚呼！行父尚記文仲之教乎？前日襄仲之難，嗣主受弑，無禮於君孰大於是！行父乃恬若不見者，文仲之教何在也？不鷹鸇於襄仲，而鷹鸇於莒僕，可憐哉！阪谷曰鷹鸇反擊，史克粉奮。克之繆妄不情若此類甚衆，姑發其一以告學者，使無惑焉。

宋公殺母弟須及昭公子

文十八年　宋武氏道昭公子，將奉司城須以作亂。十二月，宋公殺母弟須及昭公子，使戴、莊、桓之族攻武氏於司馬子伯之館，遂出武、穆之族。使公孫師爲司城。公子朝卒，使樂呂爲司寇，以靖國人。

武穆之族以曹師伐宋〔一〕

宣三年　宋文公即位三年，殺母弟須及昭公子，武氏之謀也。使戴、桓之族攻武氏於司馬子伯之館，盡逐武、穆之族。武、穆之族以曹師伐宋。秋，宋師圍曹，報武氏之亂也。

身後之愛憎，可以驗身前之臧否。聞其名而共慕之，見其嗣而共恤之，是人也，必有遺愛在民者也；聞其名而共詆之，見其嗣而共疾之，是人也，必有遺釁在人者也。故是非善惡之辨，必至於子孫而後定。以朱之淫而賓於虞，見《尚書》。以盈之材而亡於晉，見《晉語》。非尚論其先，果何以致之哉？

宋昭公之無道也，不能其大夫至于君祖母，衆叛親離而殞其身者也。人亡而虐不亡，骨朽而惡不朽。其平日之所踐歷，猶將削其迹而去之，況所謂子孫者，豈有措足之地乎？然武氏道昭公子而爲亂，雖不克成，然餘殃流毒，更三四年而後息。使宋人果憾昭公，則眇然弱息焉，能摇民心，傾國勢，震盪讙動，一至於此？殆未有知其説者也。阪谷曰 初代那波翁之抑制好戰而盛説自主自由之佛民，至今思之弗措，萬國同情可知已。

生而向，死而背者，世固嘗有是矣。曷嘗聞生則厭之，死則懷之者乎？彼昭公果何以得此於民哉？君，天也。民之於君，固有不可解於心者。昭公雖無道，然嘗托在君位矣。君民之間，蓋自有不膠漆而固者。阪谷曰 不悔而身後尚然，況悔及身前乎？天堂地獄，倏忽變化，釋氏之重懺悔，有故也哉！前日之怨，豈民之本心哉？物有以迫之：鈇焉鉞焉則怨，桁焉槢焉則怨，畋焉游焉則怨，臺焉囿焉則怨。至於身没之後，鈇鉞弊，桁槢朽，畋游弛，臺囿荒，前日之怨，窅然空然，墮於眇茫，漫不見踪跡。阪谷曰 此亦一君蒿悽愴之感，人情自然不可已者。寫來楚楚動人。冰泮則水生，塵盡則鑒徹，怨去則思來。斯民始怵惻悽慘，追惟疇昔君臣之義，見其遺嗣，惻怛興憐，故奸宄乘之〔二〕，猶足疑誤群聽。此真民之本心也。

惜乎！怨在身前，思在身後，昭公親當今日之怨，而不及待他日之思，此其所以履危亡而莫救歟？當昭公將弑之際，徬徨四顧，無非仇敵，塗窮勢極，自赴阬阱。抑不知民心本未嘗忘昭公，特奪於殘虐不暇思耳。阪谷曰 武帝輪台之詔，消前非而續漢運；德宗奉天之詔，泣三軍而復唐祚。甚矣哉，悔之能成大功也！而南宋有可興之勢，而無此悔，吕公之憤慨亦宜矣。使昭公奮發悔悟，改前之爲，則民將移其身後之思於身前，向之鴟鴞皆鸞鳳也，向之堇葛皆參朮也，向之碪質皆几席也，向之仇敵皆姻婭也。遷善之門，翻手可闢；適治之路，舉足可登。乃延頸待斃，自謂無策，愚

矣哉！

宗廷輔曰 舊評謂從本心揭出君民一體，凄然欲泣，與《穆伯取己氏》篇均情至之文，有補世道不尠。

校勘記

〔一〕武穆之族，原作「武氏之族」，據四庫本及《左傳》改。題注同。

〔二〕究，原作「究」，據四庫本及瞿本改。

東萊先生左氏博議卷之二十四

晋不競於楚

宣元年　晋荀林父以諸侯之師伐宋，宋及晋平，晋又會諸侯於扈，將爲魯討齊，皆取賂而還。鄭穆公曰：「晋不足與也。」遂受盟於楚。晋侯侈，趙宣子爲政，驟諫而不入，故不競於楚。

下流，固惡之所歸也。舉夏之惡皆歸桀，舉商之惡皆歸紂，雖有龍逢、比干之徒，持一簣而障横流，終莫能遏其歸也。君子不幸而立暴君之朝，蹙頞疾首，坐視其君爲惡之所歸而不能遏，則有之矣；怙亂肆行〔一〕，推惡於君，忍以其君爲歸惡之地者，是誠何心哉？

晋靈公之不君，固衆惡之所歸也。侈以敗國，貪以失鄰，皆靈公之實惡而非所謂歸惡也。吾獨怪荀林父當時號賢大夫，伐宋之役亦取賂而還，浸失鄭之助而成楚之强。意者迫於靈公之暴而不得騁邪，則林父是役秉鉞專征，本非有所牽制也。固宜指弑君之罪，以明大義於天下，顧乃怵於小利，遷延退却。林父非不自愛重者，胡爲而甘受貪惏之名也哉？阪谷曰：揚之所以抑之，一頓唤下節，妙。其心必謂：靈公之貪侈聞於天下，吾雖受賂而罪〔二〕，諸侯必以罪靈公而不罪我，幸有靈公以爲歸惡之地，固可借靈公自解，以逃巽懦苟得之責。此其所以取賂而無所憚也。不然，則林父前嘗事襄公矣，何爲而不取賂邪？後嘗事成公矣，何爲而不取賂邪？阪谷曰 反詰鋭利斷鐵。抑林父亦方今所謂利己主義者。蓋曰：吾主死不遠，不取亦諸侯背叛，寧取而利吾國。不前不後，而獨取賂於靈公之朝者，蓋襄、成失德不聞於諸侯，於是時受賂則惡名必歸於己。至於靈公，則素負貪侈之名，宜林父得以嫁其惡也。左氏載晉失諸侯不競於楚之由，亦不過歸罪靈公之侈，初無一言罪其臣，果不出林父之所料，則林父之爲謀亦密矣。阪谷曰 法吏舞文巧詆，林父亦不能辨解。

嗚呼！莊蹻爲盜於楚，而楚之盜皆托之莊蹻。莊蹻宜得此名者也，已實爲盜而歸莊蹻以盜名者，是亦一莊蹻也。莊蹻，楚威王時爲將。靈公爲惡於晉，而晉之惡皆托之靈公。靈公宜得此名者也，已實爲惡而歸靈公以惡名者，是亦一靈公也。況林父被服名教，習知君臣之義，而忍爲此，其惡殆甚於靈公矣。鼯鼷昏出，鴟鴞夜號，乘闇妄動，物多有之。吾不意林父亦爲此態也。阪谷曰「況」字大揚，「而」字忽轉陷之穽中。死活在手，引喻駡殺。以「不意」二字漾蕩，筆勢如舞。

或曰：「君淫亦淫，君奢亦奢，古之人固有自毀而分謗者。齊管仲。安知林父之不爲此邪？」曰：謗可止而不可分。分謗，所以增謗也。君有失，猶望臣正之；君有過，猶望臣規之。苟同君之惡，自謂分謗，上下相濟，混然一體，則復何望焉？一君之侈縱，民且告病，諸臣又爲侈縱以附益之，民何以堪乎？阪谷曰「一君」云云，讀至此，不覺大欷。千百年歷史上免此誚者，其諸幾許？一喻近切，每出不厭。是其於謗不能分之使薄，適以增之使多也。一炬之火，炎崗燎原，鬱攸蓬勃，或者乃分爲數炬，欲以殺火之勢，有是理乎？故曰：「分謗者，所以增謗也。」

校勘記

〔一〕恬，原作「恬」，據四庫本及瞿本改。

〔二〕而罪，四庫本無此兩字，瞿本作「而還」。

鄭人獲狂狡

宣二年　春，鄭公子歸生受命於楚伐宋，戰於大棘。宋師敗績。囚華元。狂狡輅鄭人，鄭人入於井，倒戟而出之，獲狂狡。君子曰：「失禮違命，宜其爲禽也。戎，昭果毅以聽之之謂禮，殺敵爲果，致果爲毅。易之，戮也。」

君子之與邪説辨也，不得已也。喬宇嵬瑣，阪谷曰 喬宇嵬瑣，《荀子·非十二子篇》：「欺惑愚衆，喬宇嵬瑣。」注：喬與譎同。宇，大也。嵬，狂險之行。瑣，奸細之行。一世皆傾，辨之則吾道存，不辨則吾道喪。此其勢不得不與之辨也。世皆知其非而吾猶辨焉，是得已而不已也。然天下之患，每自不辨始。一粟在地，有時而生；一説在世，有時而行。彼其説雖淺謬狂僻，夫人皆知其非，然要有是説存於世，今日棄之，安知他日無取之者乎？今日鄙之，安知他日無慕之者乎？君子徒見始之人不彼信也，遂不復置之齒頰間。抑不知是説在世，自根而芽，自芽而葉，浸長浸興，日以滋大，百年之外，數傳之餘，終必誤人而後止。吾是以知邪説果不可使有也。

宋襄公持不重傷、不擒二毛之説，以敗於泓。《僖二十二年》。舉國皆咎之，其説不足以移人可知矣。裹糧坐甲，固敵是求，非我殺彼，則彼殺我。當是之時，反欲縱敵以爲仁，其迂暗至此，尚足與之辨乎？況國人皆知咎公，必無肯蹈其覆轍者。是襄公之説，適以自誤而不足以誤人，固君子之所不必辨也。三四世之後，乃有狂狡者生長於宋，聞襄公之風而悦之。阪谷曰 以狂狡爲學襄公，恐附會屬痴，襄公其學誰而然也？是蓋假題不得其宜者。大棘之役，與鄭人戰，不忍鄭人之入於井，倒戟而出之，反爲鄭人所獲。祖襄公之餘論，自取俘虜。然則襄公之説，近不能移當時之國人，遠乃能誤後世之狂狡，是知邪説不足以惑當時者，未必不能惑後世。君子之與邪説辨，其可以當時之從違爲斷乎？

凡天地之間，有是物必有嗜之者，有是説必有從之者。動人之物不必真，動人之説不必異。昌歜羊棗，品凡味劣，更千百年未嘗得俎豆於柤梨橘柚之間。阪谷曰 文意得一喻而疏通，甚矣哉，譬喻之不可以已也。忽有嗜之者，至終身不能忘。文王嗜昌歜，曾晳嗜羊棗。異端邪説之在天下，固有鄙陋乖誤不足以欺愚眩衆者，然安知世無偏好獨嚮，若狂狡之於宋襄乎？吾是以益知異端邪説果不可存於世也。

自道術既裂，異端邪説起如蝟毛，所聞者可得而攻，所不聞者烏乎而攻之？所見者可得而攻，所不見者烏乎而攻之？今欲禽獮草芟[一]，使無一説之存於世，難矣哉！曰：是不難。

其本在正人心而已。孟軻氏出，與諸子辨，獨惓舉楊、墨一二家以例其餘。同時如列禦寇、莊周者未嘗問也，同時如申不害、商鞅者未嘗問也，同時如鄒衍、公孫龍者未嘗問也。孟氏豈縱敵爲吾道累哉？蓋人心一正，則詖淫邪遁之辭殲蕩無遺，固不待歷詆而偏攻之也。阪谷曰 人心皆正，則何患邪説與人心之不正？兢起争出，吕公談何容易？所恃則人心之别是非者畢竟不滅，而物理亦漸明而已。一日既升，群陰皆伏；一雨既浹，群物皆濡。牖牖而燭之，畦畦而溉之，則天之爲天也蓋勞。

宗廷輔曰 狂狡倒戟出鄭人於井，其爲生致之與？抑寬宥之與？未可知也。而東萊遂謂其錯會宋襄不重傷、不擒二毛之教，因極論邪説之最易誤人，可謂天外飛來，破空發論。至如齊懿公弑君，而復奪閻職妻、刖邴歜父，卒以親暱歜、職被戕，而謂其忍情骨肉，自信盡人皆然，故懿公之禍正坐以己之情，度人之情。宋萬弑閔公，謂閔之靳侮，正待萬以豪傑之法，與漢高之洗踞嫚駡同類。羊斟陷華元，謂不與羹，正待斟以肺腑之親，即飲酒先鄉人後子弟之意。皆鑿空附會，無中生有。此等文字，不能細旃廣厦，平心推勘。惟在試場走馬看花之際，驟獲此新奇可喜之卷，而復益之以才辨從横、辭華璀璨，斷無不入彀者。此即先生論文所謂題常則意新，亦即朱子之所謂傷於太巧者也。若徑視爲詁經，謬矣。

校勘記

〔一〕獮，原作「彌」，據四庫本、瞿本改。

鄭伐宋囚華元

宣二年　春，鄭公子歸生受命於楚伐宋，宋華元、樂呂御之。二月壬子，戰於大棘，宋師敗績。囚華元，獲樂呂，及甲車四百六十乘，俘二百五十人，馘百人。狂狡輅鄭人，鄭人入於井，倒戟而出之，獲狂狡。君子曰：「失禮違命，宜其爲禽也。戎，昭果毅以聽之之謂禮，殺敵爲果，致果爲毅。易之，戮也。」將戰，華元殺羊食士，其御羊斟不與。及戰，曰：「疇昔之羊，子爲政；今日之事，我爲政。」與入鄭師，故敗。君子謂羊斟：「非人也，以其私憾，敗國殄民，於是刑孰大焉。《詩》所謂『人之無良』者，其羊斟之謂乎！殘民以逞。」

天下之情，固有厚之而薄，薄之而厚者，不可不察也。子弟與鄉人皆在席，觴酒豆肉，必先鄉人而後子弟，豈人情固厚於疏而薄於親乎？蓋疏則相責，故不可不與；親則相恕，故可以不與。其待鄉人，物至而情不至，所謂厚之而薄者也。其待子弟，物不至而情至，所謂薄之而厚者也。凡人情相與，至於無間，則用之不懌，置之不愠，予之不辭，奪之不怨，曠然相期於形骸之外。夫豈以薄物細故而遽爲向背哉？

華元殺羊食士，而其御羊斟不與，人皆以爲待羊斟之薄，吾獨以爲待羊斟之厚焉。元之意，豈不以斟爲吾御幾年矣，左執鞭，右奉轡，旦則皆出，暮則皆入，險阻寒暑，升降驟馳，無不與吾俱，相悉已深，相信已熟。今日饗士，吾肘腋同體之人，豈計一杯羹以爲輕重？姑及疏者、遠者可也。羊雖不及，然親厚之意固已逾百牢而豐五鼎矣。斟不知享其意，而徒欲享其食，忿戾勃興，驅車趨敵，投華元於死地，覆喪師徒而不顧。阪谷曰 描元意中，責斟忿戾。姿態横生，如望巒嶂於雲中。元待之以君子之心〔一〕，斟報之以小人之行，非特負元，乃負國也。議者或謂元御下寡恩，以起羊斟之怒。吾觀元之爲人，樂易慈祥之氣温然可挹，其免於囚虜而歸，再與斟遇，猶慰解勉勞，若恐傷其意者。下至隸役之嘲誚，亦逡巡退避而不校，則元豈寡恩者哉？阪谷曰 以英雄待豪傑之術，施之非其人，是元磊落之失。然逃歸不罪，以鎮人心，則又高矣。元尚能恕斟於既爲變之後，乃不能撫斟於未交兵之前，無是理也。此吾所以論元之待斟，蓋厚而非薄也。

然元亦不能無罪焉。阪谷曰 華元蓋俊敏疏脱之人，故能有功，又能有敗。日與斟周旋，不知其肺腑，猶以君子待之，一罪也；簞食豆羹見於色之人，乃與共載，托於死生，二罪也；情意未孚而遽忘彼我，示無間，三罪也。明不足以燭奸，誠不足以動物，何適而不逢禍哉？惜乎！華元有君子之資而未嘗學也。

校勘記

〔一〕待，原作「持」，據四庫本、瞿本改。

晋趙盾侵鄭

宣二年　秦師伐晋，以報崇也，遂圍焦。夏，晋趙盾救焦，遂自陰地，及諸侯之師侵鄭，以報大棘之役。楚鬭椒救鄭，曰：「能欲諸侯，而惡其難乎？」遂次於鄭，以待晋師。趙盾曰：「彼宗競於楚，殆將斃矣。姑益其疾。」乃去之。

楚滅若敖氏

宣四年　令尹子文卒，鬭般爲令尹，子越爲司馬。蔿賈爲工正，譖子揚而殺之，子越爲令尹，己爲司馬。子越又惡之，乃以若敖氏之族，圄伯嬴於轑陽而殺之，遂處烝野，將攻王。王以三王之子爲質焉，弗受。師於漳澨。秋七月戊戌，楚子與若敖氏戰於臯滸。伯棼射王，汰輈，及鼓跗，著於丁寧。又射，汰輈，以貫笠轂。師懼，退。王使巡師曰：「吾先君文王克息，獲三矢焉，伯棼竊其二，盡於是矣。」鼓而進之，遂滅若敖氏。

物以順至者，必以逆觀。天下之禍，不生於逆而生於順。劍楯戈戟，未必能敗敵；而金繒玉帛，每足以滅人之國。霜雪霾霧，未必能生疾。而聲色畋游，每足以殞人之軀。久矣夫！順之生禍也。物方順吾意，而吾又以順觀之，則見其吉而不見其凶。溺心縱欲，蓋有陷於死亡而不悟者矣。至於拔足紛華，寓目昭曠，彼以順至，我以逆觀。停筯於大嚼之時，覆觴於劇飲之際，惟天下之至明者能之。

鬬椒汰侈於楚，帥兵救鄭，晋趙盾乃退師示怯，以順適其意而益其疾。椒也遂謂趙盾真畏己者。憑恃其强，肆爲悖逆，親集矢於其君之車，以覆其宗。盾投之以順，而椒不觀之以逆，殆非盾之能誤椒，蓋椒之不能察盾也。【宗曰】已伏末段。

然盾之爲謀者，難察之中猶有可察者焉。豪奴悍婢，嚚頑狠戾，闔室之人皆畏避之；出而詈市人，則必奮臂與之鬬。蓋其威行於家而不行於市，此殆易曉也。椒之跋扈，楚人素畏之爾。一出楚境，與敵國遇，則相視猶道路之人，何爲遽下之哉？趙盾卷旆改轅，未戰而却，逡巡若有所懼者，此理之不當然也。理不當然而然，其必有所以然矣。【阪谷曰】順境易乘，逆境易挫。唯乘焉，故常陷於理不當然而然之中；唯挫焉，故亦常退於理不當然而然之中。男兒此際忍耐勇決，然後可能有爲。椒於此，曷不深致其觀乎？謂晋封略不如楚則否，謂晋謀臣不如楚則否，謂晋甲兵不如楚則否，反覆推考，莫知其端，是殆養我而納之於禍也。牛羊犬豕，醉於豢養，身日腯而死日近。椒趾方顱圓，靈而爲人，乃坐受仇敵之豢養，侈增貫盈，自赴刀几，亦愚矣！

向使椒獨肆其侈，不遇趙盾以養其惡，豈遽至於此極乎？曰：意在於善，凡所遇者皆養吾善之物也；意在於惡，凡所遇者皆養吾惡之物也。豈必遇趙盾之設謀者，然後能養其惡哉？一雨露也，一寒暑也，梧檟得之，以養其柯條；荊棘得之，以養其芒刺。造物者曷嘗有心厚梧檟之材而稔荊棘之毒歟？咸其自養而未有養之者也。椒苟意於善，盾雖示弱而養其惡，未必不逆觀其詐，悚然儆懼，而啓改過之門矣。阪谷曰鼓舞作興，琤然玉鳴。盾本將以養其惡，椒反資以養其善，殆惟恐遇盾之不蚤也。

宗廷輔曰比喻之文，莫正於《孟子》，莫譎於《戰國策》，莫奇於《莊子》，後惟眉山蘇氏爲善學之。試藝阨重，全在前八行，故《博議》文百數十篇，起法千變萬化，無不各極其妙。其正喻夾寫者，如《楚滅夔》、《晉侯作三行》等篇，已採録於前矣。但美不勝收，今復附數條如左。

〇天下之可懼者，惟出乎利害之外，乃能知之。風濤浩蕩，舟中之人不知懼也，而舟外之人爲之懼；酣醉怒駡，席上之人不知懼也，而席外之人爲之懼。《楚人滅江秦伯降服》〇物之易合者，莫如居患難之時。同川之魚，鱣不知鮪，鮪不知鱣，游泳不相顧也；及失水，則相沫相濡，懽然而相親。同舟之人，胡不知越，越不知胡，語言不相入也；及遇風則相赴相救，慨然而協力。《士會不見先蔑》〇物莫不惡傷其類。桃僵而李仆，若樗若櫟，必不爲之仆，何也？非其類也。芝焚而蕙歎，若蕭若艾，必不爲之歎，何也？非其類也。《楚滅六蓼》〇久矣夫！喻人之難也。我以爲羊腸，而彼方以爲衢道；我以爲烏喙，而彼方以爲稻粱。主涇賓渭，分鶩背馳，奚適而能相喻哉？《魏壽餘履士會之足於朝》〇井有餘潤，圃者不爲之增畦；車有餘載，馭者不爲之增橐。天下之理，惟厚於養而薄於求，然後可以相待，而至於無窮。《鄭子家爲書告趙宣子》

晉靈公不君

宣二年　晉靈公不君：厚斂以彫墻；從臺上彈人，而觀其辟丸也；宰夫胹熊蹯不熟，殺之，寘諸畚，使婦人載以過朝。趙盾、士季見其手，問其故，而患之。將諫，士季曰：「諫而不入，則莫之繼也。會請先，不入，則子繼之。」三進，及溜，而後視之，曰：「吾知所過矣，將改之。」稽首而對曰：「人誰無過？過而能改，善莫大焉。《詩》曰：『靡不有初，鮮克有終。』夫如是，則能補過者鮮矣。君能有終，則社稷之固也，豈惟群臣賴之！又曰：『衮職有闕，惟仲山甫補之。』能補過也。君能補過，衮不廢矣。」猶不改。宣子驟諫。公患之，使鉏麑賊之。晨往，寢門闢矣，盛服將朝。尚早，坐而假寐。麑退，歎而言曰：「不忘恭敬，民之主也。賊民之主，不忠；棄君之命，不信。有一於此，不如死也。」觸槐而死。

天下之亂，常基於微而成於著。知微者謂之君子，知著者謂之衆人。黍離之歎〔一〕，雖輿臺牧圉共悲之，至若見銅駝荆棘於全盛之時，則非知幾者莫能也。

晉靈公暴戾凶虐，觴趙盾而伏甲攻焉，人莫不以爲駭。君臣，非敵國也；殿陛，非戰場也。長戈大戟，不用之於邊陲，而用之於宴席，弁冕毁裂，俎豆搶攘，是非可駭之尤者乎？抑不知靈公素與争臣爲敵，彼其殿陛之間化爲戰場亦已久矣，特其迹未著，人不能深察耳。靈公失政之初，固已外其臣而讎敵遇之，竊取用兵之謀而爲拒諫之計。隨會將入諫，屢進而屢不視，是制之以静者也，深溝高壘以待敵者也，其在兵法名曰「形」；隨會將進説，迎爲悔過以塞其口，是示之以弱者也，甘言卑辭以誘敵者也，其在兵法名曰「聲」。形之而不能禦，聲之而不能動，兵法既窮，則直搏戰而已。此趙盾繼諫於隨會之後，所以幽有鉏麑之賊，明有嗾獒之舉也。心攻不下，始以力攻；心戰不勝，始以力戰。人見其既動干戈，方矍然駭懼。自識者觀之，則靈公肺腑之内，念念舉兵；樽俎之上，日日流血。方臣主相際，都俞吁咈之時，固已使之寒心矣。盾也不知其君以仇敵遇己，尚譊譊進説不止，迄致伏甲之變，何其見之晚也！ 阪谷曰 以上一意，以下別一意。而「爲盾謀者」云云一節，爲其樞紐。文上下分兩意者，宜如此。

爲盾謀者將奈何？曰：二國相怨，一使可和；二壘相持，一騎可解。豈有仇敵尚可通，而君臣終不可通者乎？情睽則君門萬里，情通則萬里君門。其相去一間耳。君臣固有復通之理，彼靈公之無道，殆未易以常法論，詎可責盾以必通哉？是又不然。靈公與盾本君臣，特以疑阻，而視之若仇敵耳。若鉏麑與盾，風馬牛不相及，操刃而來，是乃真仇敵也。其入門伺隙之際，豈復有善意哉？一見其盛服假寐，形神俱肅，戢毒斂忿，寧斃其軀而不敢損盾之毫芒，誠敬之動人也如是。 阪谷曰 鉏麑樸直可動，如靈公之虐，雖孔子必不能動。定哀季子既如彼，況靈公乎？大臣當此時，不能爲伊、霍，則有去而已。吕公此論，姑就其常而説大臣之德可如此，且示誠敬感格之理耳。 仇敵之真者猶可孚格，況素號君臣，暫爲仇敵者乎？使盾保養此敬，立朝之際常如將朝之時，未必靈公之意不回也。平旦之氣，真粹清明，如水未波，如空未雲，如玉未彫，如琴未鼓。當盾盛服將朝之頃，此時此境，前追唐虞於既往，後借洙泗於方來，豈復春秋爭奪之世哉？惜其出與物接，機械横生，上不能救主失，下不能免惡名，回視平旦真粹清明之地，駟奔電逝而不可還矣。

雖然，春敷秋槁者，衆木之性也；旦存晝亡者，衆人之氣也。喬松巨柏，貫四時而柯葉不改，其視春秋何有？氣之得其養者，昏晨晡昳，混混同流，亦安得旦晝之辨哉？阪谷曰光明正大之氣象，説得如畫。主意全在此，而非名儒不能言，讀者宜反覆。故出乎木之類者無春秋，出乎人之類者無旦晝。

校勘記

〔一〕黍，原作「黎」，據四庫本、瞿本改。

晋趙穿弑靈公

宣二年　九月，晋侯飲趙盾酒，伏甲，將攻之。其右提彌明知之，趨登，曰：「臣侍君宴，過三爵，非禮也。」遂扶以下。公嗾夫獒焉，明搏而殺之。盾曰：「棄人用犬，雖猛何爲！」鬭且出。乙丑，趙穿攻靈公於桃園，宣子未出山而復。太史書曰「趙盾弑其君」，以示於朝。宣子曰：「不然。」對曰：「子爲正卿，亡不越竟，反不討賊，非子而誰？」宣子曰：「嗚呼！『我之懷矣，自詒伊感』，其我之謂矣。」孔子曰：「董狐，古之良史也，書法不隱。趙宣子，古之良大夫也，爲法受惡。惜也，越竟乃免。」

許悼公飲太子止藥卒

昭十九年　夏，許悼公瘧。飲太子止之藥，卒。太子奔晋。書曰「弒其君」。君子曰：「盡心力以事君，舍藥物可也。」

手有高下，故委輕重於權；目有憎愛，故委妍媸於鏡；心有偏黨，故委是非於聖人。天下之所以歸誠委己，惟聖人之聽，何也？至公而可以裁天下之不公也，至平而可以揆天下之不平也，至正而可以服天下之不正也。中天下而立，并受萬世是非之訟，天高海澄，衆理自見，不爲顔、閔而損毫髮之過，不爲跖、蹻而增錙銖之惡。苟持衡不定，軒輊靡常，則何以爲萬世公議之主哉？

左氏載趙盾之弒君，托爲仲尼之言，曰「爲法受惡」。吾切意非仲尼之言也。盾果有惡，豈容其辭？盾果無惡，豈容其受？操當罰之柄者，但當核其有無耳，豈論辭受之地哉！今言「爲法受惡」，是盾本無弒君之惡，作史者爲法而强加之，盾亦爲法而勉受之耳。寧有聖人肯許秉筆者輒加之以惡乎？聖人果許秉筆者加人以惡，則萬世是非之衡至是而撓矣。法，爲罪設者也，無疾則無方，無罪則無法。若謂盾非弒君，特爲法而受惡，則罪與法豈兩物邪？

自斯言既出，而趙盾之事始爲後世所疑矣。盾之弑君本無可疑。靈公之殞，雖假手於趙穿，然桃園之難不作於盾未出奔之前，而作於盾方出奔之後。盾身朝出，穿變夕興；盾若不奔，穿亦不弑。是弑君之由實起於盾，穿特爲盾役耳。使穿專弑君之謀，則事捷之後，當席其威而竊國靈，何有於一亡大夫，復推之秉大柄乎？則穿之弑爲盾而不爲己明矣。阪谷曰 歐陽修既有名篇，不可及固矣。然此篇亦歐論外自有發明，不可廢也已。盾聞君弑而亟反，不惟不能討穿，又遣迎新君以固其寵，是德其爲己用而陰報之也。卒爲將犯陣，及其成功，必曰「將破敵」，而不曰「卒破敵」；奴爲主推刃，及其論罪，必曰「主殺人」，而不曰「奴殺人」。穿既爲盾弑君，盾雖欲辭弑君之名，得乎？阪谷曰 補歐論所不及，口吻巉絶，與歐逼似。既不可辭，何名爲「受」？董狐書之，仲尼因之，皆以正法而治盾之實惡，不聞有所謂「爲法受惡」者也。後世誤信左氏，遂以爲真仲尼之言，迺謂聖人之筆固有名誅而實貸、文抑而意揚者。

沿及許世子止之事，亦意以其非親弑，附之於「爲法受惡」之義。抑不知殺人之情，有謀有故，有戲有誤，謂之殺則同也；殺人之具，有刃有梃，有酵有藥，謂之殺亦同也。阪谷曰 歐據經直斷其大體，此更酌量審決，盡其情實。世有誤以藥殺人者，等之於戕劫屠剥輩，刑辟輕重固有間矣，然不謂之殺人則不可。許止誤進藥，不幸而殺其君，雖視商臣、蔡般之惡相去不啻千萬，阪谷曰 楚商臣弑成王，《文公元年》。蔡世子般弑景公，《襄公三十八年》。至於弑君之名，安得而不與之同乎？書其「弑君」，蓋法所當然，亦非所謂「爲法受惡」也。

左氏托爲仲尼之言，誤後世如此，抑其間又有甚紕漏者，益知其非聖人之語焉。董狐責盾之兩言，深中其肝膈之隱。所謂「亡不出竟」者，蓋責其遷延宿留，潛有所待，以爲與謀之證耳。曷常謂在竟内則有罪，在竟外則無罪乎？阪谷曰 此亦即歐論，申明其理。左氏不達狐之意，復托仲尼之言曰「惜也！越竟乃免」，審如是，則後有奸臣賊子如盾者，逆謀既定，從近關出，候於竟外，聞事克而徐歸，遂可脱弑逆之名矣。是爲奸臣賊子畫逃罪之策也，夫豈聖人語耶？

晉成公爲公族

宣二年　初，驪姬之亂，詛無畜群公子。自是晉無公族。及成公即位，乃宦卿之適子而爲之田，以爲公族。又宦其餘子，亦爲餘子；其庶子爲公行。晉於是有公族、餘子、公行。趙盾請以括爲公族，曰：「君姬氏之愛子也。微君姬氏，則臣狄人也。」公許之。冬，趙盾爲旄車之族，使屏季以其故族爲公族大夫。

興於治而廢於亂，法之良者也；興於亂而廢於治，法之弊者也。帝辛以暴侈毒天下，炮烙刳剔之刑，鉅橋鹿臺之賦，叢然并起；武王服事牧野，首反商政，還成湯、太甲、武丁之彝典於一日，聞向者淫虐之法，悉芟悉鋤。本拔源塞，曷嘗深毒遺害，以諉後之人哉？至於成、康之世，雖欲除弊，固已無弊之可除矣。後世有弊之可除，必前世除弊之未盡，其美在後，其責在前。

吾見惠帝除挾書之律，然後知高帝之緩於儒術也；吾見文帝除誹謗之令，然後知高帝之緩於忠言也。高帝代秦，雖日不暇給，他事縱未能盡革，至於儒術之廢，忠言之壅，寧忍坐視，没身而不問乎？幸而惠、文刋除其弊，使亦如高帝之不問，則終四百年之業，名漢而實秦矣。後世因惠、文之得而知高帝之失，吾亦因晉成之舉而知文公之闕焉。阪谷曰 此篇前論理，後説題，截然兩開。「後世」云云四句，分明蝶鉸。

晉自驪姬之難，詛無蓄群公子，晉於是乎無公族。至成公踐祚，而始復之。由成公上距驪姬之世，所歷者幾君矣，先文公而作者，如惠，如懷，蓋不足責也；後文公而繼者，如襄，如靈，亦不足責也。獨文公名列五霸，號稱明君，身受春秋賢者之責，乃循驪姬之約，宗族離析，曾不知恤，豈可舍此而他責乎？况驪姬之難，文公嘗親被之矣。其所以顛頓奔走，適狄，適衛，適齊，適曹，適鄭，適楚，齒髮老於道路者，正坐驪姬之詛也。幸而反國正位，盍懲創是禍，轉思公子公姓，散在遠裔〔二〕，多歷歲時，豈無駭懼危慄如吾之斬袪者乎？豈無空乏餓憊如吾之乞食者乎？豈無慢侮陵辱如吾之觀浴者乎？阪谷曰 樓閣層層，精采動人。以吾身前日之困悴，度他人今日之艱勤，是宜亟發號令，鳩集撫摩，以盡惇叙之義。顧乃急於功利，不暇更革，時異事改，雖其諸子如樂在陳、雍在秦，俱未免流離之患。再三傳之後，始克正之。吾是以爲文公恨也。

天下之弊法，固有經千百年而不能廢者矣。衛鞅之阡陌也，漢武之鹽鐵也，張滂之税茗也，《唐・食貨志》。劉守光之沮兵也，阪谷曰 《皋陶謨》：惇敘九族。秦商鞅開阡陌，破井田之法。漢武帝時，盛榷鹽鐵。唐貞元九年，鹽鐵使張滂奏稅茶，茶稅自此始。五代梁時，劉守光僭竊燕地，周德威攻取，契丹乘間據誉平，遂至石敬瑭割與幽燕十六州。是雖知其弊，然或掣其前，或牽其後，未易以朝夕去。至若公族之制，復何所齟齬哉？令出堂陛而法成有司矣。文公之猶豫不變，果何意也？善爲文公辭者，吾將問之。

校勘記

〔一〕遠，原作「之」，據四庫本改。瞿本作「邊」。

楚子問鼎

宣三年　楚子伐陸渾之戎，遂至於雒，觀兵於周疆。定王使王孫滿勞楚子。楚子問鼎之大小輕重焉。對曰：「在德不在鼎。昔夏之方有德也，遠方圖物，貢金九牧，鑄鼎象物，百物而爲之備，使民知神、奸。故民入川澤、山林，不逢不若。螭魅罔兩，莫能逢之。用能協於上下，以承天休。桀有昏德，鼎遷於商，載祀六百。商紂暴虐，鼎遷於周。德之休明，雖小，重也。其奸回昏亂，雖大，輕也。天祚明德，有所底止。成王定鼎於郟鄏，卜世三十，卜年七百，天所命也。周德雖衰，天命未改。鼎之輕重，未可問也。」

一夫而抗强敵，一言而排大難，此衆人之所喜，而識者之所憂也。楚爲封豕長蛇，薦食上國，陳師鞠旅，觀兵周郊，問九鼎之輕重。其勢岌岌，若岱華嵩丘將覆而未壓。王孫滿獨善爲説辭，引天援神，折其狂僭，使楚人卷甲韜戈，逡巡自却。文昭武穆，鐘簴不移；瀍水雒都，城闕無改。其再造周室之功，實在社稷，是固衆人之所同喜也。夫何憂？

憂之云者，非憂其一時之功也，喜在今日而憂在他日也。天下之禍不可狃，而幸不可恃。問鼎，大變也。國幾亡而祀幾絶，王孫滿持辯口以禦之，所以楚子退聽者亦幸焉耳。周人遂以爲强楚之凶焰如是，尚畏吾之文告而不敢前，異時復有跳梁畿甸者，正煩一辯士足矣。是狃寇難爲常，而真以三寸舌爲可恃也。【阪谷曰】南宋則狃寇難，而恃王倫輩之欺詐，吕公感慨可知。

由東遷以來，周之君臣上恬下熙，奄奄略無立志，身不見驪、彘之釁，口不誦《板》、《蕩》之詩，玩於宴安，浸以婾墮。君子猶意儻遇禍變，庶幾儆懼，改前之爲。今三代所傳之大寶鎮，蠻夷跛扈，乃敢睥睨蕩摇，欲以蠻夷污漫之，侈然有改玉改步之意，禍變孰大於此？【阪谷曰】驪彘：犬戎攻幽王，王舉火驪山，諸侯不至。厲王流於彘。《大雅》《板》、《蕩》二篇，皆刺其亂。改玉改步，字出《定公五年》傳。《禮記·玉藻》所載君、大夫、士之步式及佩玉俱有别是也。使王公卿士怵惕祗畏，懷覆亡之虞，則后稷、公劉之業，猶有望也。適王孫滿之説偶行，其君臣相與高枕，遂謂吾舌尚存，寇至何畏？狃其禍而恃其幸，開之者非滿歟？

自是之後，相襲成俗。問其治國，則先文華而後德政；問其禦寇，則先辯説而後甲兵；問其撫邦，則先酬對而後信義。内觀其實，日薄日頹；外觀其辭，日新日巧。典冊絢麗，尚如在成、康之間；形勢陵遲，固已若夏、商之季矣。下逮戰國吞噬之際，宗曰 好證。猶用滿之餘策，虛張九九八十一萬之數以譎齊，《戰國策》。左欺右紿，自矜得計。一旦秦兵東出，辯不能屈，說不能下。緩頰長喙，噤無所施；稽首歸罪，甘爲俘虜。始知浮語虛辭果有時而不可恃也，晚矣哉！

人有疾病者，偶得刀匕之劑而獲瘳，乃憑藉餘劑，酣縱跌蕩，以自投死地，是瘉之於先，所以殺之於後也。故吾嘗謂王孫滿却楚之功，不足償其怠周之罪。

宗廷輔曰 舊評引李子固之説曰：「王孫滿尚幼，即能決秦師之敗，其折楚子數言，煌煌大義，可與《誓》、《誥》并傳。故能戢其强悍，使之自退。若欲先甲兵後辨説，則稽首歸命，不俟赧王之時，早在春秋之世矣。」其論正當，而非吕意也。《博議》原是課徒程作，《序》中明言之。試場中異不中同，古今一轍。此題若歸美王孫，人人所有，豈能動主司之目？因憑空撰出恃口舌而不修德政一節，鍛煉其罪，議論一新，而文氣峭潔精整，正是奪魁好手。若以爲理當如是，誤矣。

東萊先生左氏博議卷之二十五

鄭公子宋公子歸生弑靈公

宣四年　楚人獻黿於鄭靈公。公子宋與子家將見。子公之食指動，以示子家，曰：「他日我如此，必嘗異味。」及入，宰夫將解黿，相視而笑。公問之，子家以告。召子公而弗與也。子公怒，染指於鼎，嘗之而出。公怒，欲殺子公。子公與子家謀先。子家曰：「畜老，猶憚殺之，而況君乎？」反譖子家。子家懼而從之。夏，弑靈公。書曰：「鄭公子歸生弑其君夷。」權不足也。

鄭討幽公之亂

宣十年　鄭子家卒。鄭人討幽公之亂，斲子家之棺，而逐其族。改葬幽公，謚之曰「靈」。

養生之與養心，其同術而異效乎！一息之差，一啜之誤，是其爲病朝作而夕瘳者也。養生者兢兢而畏之者，非畏是病也，畏其相之者也。寒止於寒，夫何足畏？熱止於熱，夫何足畏？然自是而相之，安知其不爲瘵、爲痞、爲厥、爲癖乎？然自是而相之，安知其不爲躁、爲渴、爲疽、爲瘍乎？ 當其相之，雖名醫不能前料其所往，養生者其敢不謹其始哉？ 養心亦猶是也。 喜怒哀樂稍失其正，以邪傳邪，轉而相之，合散起伏，出没低昂，變千態萬，莫知所終。 善養心者所以戒儆恐懼，閑邪存誠，不敢毫釐失正，畏此故也。

鄭公子宋見宰夫解黿，以指動之驗，顧公子歸生而笑，是特相與爲戲耳。 戲止於戲，不過抵朝儀不肅之罰，其爲愆也微矣。 然是心一失其正，轉而相之，因公子宋之戲而召靈公之戲，獨不與食，以謬其指動之占。 宋乃勃然愠怒，染指於鼎，嘗之而出。 此其心之一變也。 是心又轉而相之，因公子宋之怒而召靈公之怒，忿其傲狠，將以爲大戮。 宋乃恐懼，與公子歸生謀行弑逆，爲歸生所拒。 此其心之再變也。 是心又轉而相之，因公子歸生之拒而生公子宋之謀，反譖歸生於靈公以脅之，歸生果墮其計，懼禍之及，卒相與共弑靈公。 此其心之三變也。 阪谷曰 《文言傳》曰：「臣弑其君，子弑其父，非一朝一夕之故，其所由來者漸矣，由辨之不早辨也。」余又聞之佛國法律學士，凡犯罪之生有四層：第一發意，第二決心，第三謀備，第四施行。 此篇三變之説，又即實事而推之，三説參考，善惡之機，所以可慎微惕厲者明矣。 宋與歸生始相與戲，豈自意其禍之至此極哉？ 一笑之失，誰能免此？ 蓋公卿輿隸人人犯之，而官府家庭日日有是也。 寧知是心三變之後，竟陷大逆乎！ 吾不特爲往者懼，切爲來者懼也。

雖然，水流於下而止於高，火傳於燥而止於濕。 宋也，歸生也，靈公也，三人之中，苟有一人者善養其心，情性素治，則向來惡念必有所止而不能之矣。 宋與歸生之竊笑〔二〕，靈公苟知君臣不可相與爲謔，則其禍必止；靈公之不與宋食，宋苟知區區口腹不足累吾心，則其禍亦止；宋之染指，靈公苟稱罪薄譴，不至欲殺之，則其禍亦止；宋之謀弒，歸生苟義形於色，亟正其辭，則其禍亦止。阪谷曰 子家以君與畜比爲等級，其人可知，所以致子公之謀。且此大惡也，一發口則疑怪横生，聽者義形於色之所能止哉？然三人三收，文則可。不幸三人者情性俱不治，以亂易亂，互相激發，斯其所以同蹈於大禍也。夫豈專一人之尤邪？

宗廷輔曰 先生於陰陽卜筮書畫伎術等事，概所在屏，獨於醫之一事，文中屢引及之，觀《鄧三甥》及此篇可見。蓋理學之儒，研究性命，未有不自愛其身者，故於此事獨不敢厚非也。文境亦如蜻蜓點水，蛺蝶穿花。

校勘記

〔一〕竊，原作「切」，據四庫本、瞿本改。

楚箴尹克黄不棄君命

宣四年　初，若敖娶於邙，生鬬伯比。若敖卒，從其母畜於邙，淫於邙子之女，生子文焉。邙夫人使棄諸夢中。虎乳之。邙子田，見之，懼而歸。夫人以告。遂使收之。楚人謂乳穀，謂虎於菟，故命之曰鬬穀於菟。以其女妻伯比。實爲令尹子文。其孫箴尹克黄使於齊，還及宋，聞亂。其人曰：「不可以入矣。」箴尹曰：「棄君之命，獨誰受之？君，天也，天可逃乎？」遂歸，復命，而自拘於司敗。王思子文之治楚國也，曰：「子文無後，何以勸善？」使復其所，改命曰生。

正其義而不謀其利，明其道而不計其功，此吾儒之本指也。《董仲舒傳》。自謀利計功之說行，雖古人之事峻厲卓絶，表表然出於常情俗慮之外者，莫不以是心量之，其爲害豈淺淺哉！

楚之滅若敖氏也，箴尹克黄實其族裔，適出使於齊，幸而漏網。是宜委質諸侯，以逃其死，策無先於此者矣。伍員在外，聞伍奢之囚，奔吴而免；李廣利在外，聞李氏之獄，降胡而生：與箴尹之事正相類也。箴尹獨以君命爲重，明知死地而直赴之，非審於義命、一視死生者，豈遽能辨此乎？謀利計功者猶曰：「死地乃生地也。若敖既滅，歸則死而逃則生，人之所共知也。犯死以復君命，君必以爲輕其死而重吾命，殆將赦之以勸事君者，是陽以死結君而陰取生之利也。吾固知死地之爲生地也。」阪谷曰 智識高則智識所不能達，乃以猜忌待之。故豪傑多猜忌，猜忌有大弊，苟讀書議論者，不可不熟思也。嗚呼！是説也，乃謀利計功者之心也。

人如箴尹，尚可以汝之鼠肝蛙腹斟量之乎！箴尹之言曰：「棄君之命，誰獨受之？君，天也。天可逃乎？」由其言以觀其心，明粹端直，固可對越在天而無媿。使有一毫覬幸之心間之，則心聲所發，必有不可揜者矣。箴尹知有君而不知有己，知就義而不知就生，雖不免於司敗之戮，必以死得其所爲幸，固瞑目而無憾也。豈預期楚子之宥哉？

死與不死，在箴尹本無加損。向若借箴尹一身之死，以塞萬世謀利計功者之口，身雖没而道則彰矣。今適會楚子之寬宥，箴尹之心有如白水，固不待辨；彼紛紛謀利計功之徒，以己度箴尹者，殆深可憐也。吾又嘗深求其故矣。楚子之宥箴尹也，非嘉其復命也，蓋思子文之治楚也，憫子文之無後也。箴尹非子文之後耶，雖復命猶將殺之；箴尹果子文之後耶，雖在國猶將生之。是箴尹之死生，繫於爲子文後與不爲子文後，初不繫於復命與不復命也。然則箴尹之歸死，豈求生之計邪？吾故發以折謀利計功者之説。

赤狄伐晋圍懷

宣六年　秋，赤狄伐晋，圍懷及邢丘。晋侯欲伐之。中行桓子曰：「使疾其民，以盈其貫。將可殪也。」

晋敗赤狄滅潞

宣十五年　潞子嬰兒之夫人，晋景公之姊也。酆舒爲政而殺之，又傷潞子之目。晋侯將伐之。諸大夫皆曰：「不可。酆舒有三儁才，不如待後之人。」伯宗曰：「必伐之。狄有五罪，儁才雖多，何補焉？不祀，一也。嗜酒，二也。棄仲章而奪黎氏地，三也。虐我伯姬，四也。傷其君目，五也。怙其雋才，而不以茂德，兹益罪也。後之人或者將敬奉德義以事神人，而申固其命，若之何待之？不討有罪，曰『將待後，後有辭而討焉』，毋乃不可乎？夫恃才與衆，亡之道也。商紂由之，故滅。天反時爲災，地反物爲妖，民反德爲亂。亂則妖災生。故文，反正爲乏，盡在狄矣。」晋侯從之。六月癸卯，晋荀林父敗赤狄於曲梁。辛亥，滅潞。酆舒奔衛，衛人歸諸晋，晋人殺之。

世未有事非而心是者。譽共、兜者必非信，朋跖、蹻者必非廉，入許、史者必非正，屠袁、劉者必非忠。見其事，則其心固可不問而知也。事非心是，理所無有。天下亦有事是而心非者乎？曰：有。

赤狄伐晋圍懷之際，勢方强也。晋侯欲犯其强，荀林父欲待其衰，林父之策是也。赤狄酆舒殺伯姬之際，惡已暴也。晋大夫欲縱其暴，伯宗欲討其罪，伯宗之策是也。人觀其前，莫不非晋侯而是荀林父；人觀其後，莫不非晋大夫而是伯宗。孰知二子策雖是而心則非乎？

圍懷之役，林父堅忍以待其衰，非怠也，非怯也，是固理之正也。避郊卜歧，雖聖賢亦有所屈信，林父何媿焉？事雖無愧，至於所以設謀者，則曰「使疾其民，以盈其貫，將可殪也」。嗚呼，是誠何心哉！酆舒之事，伯宗奮厲欲討其罪，非狂也，非輕也，是亦理之正也。征葛俘朡，

阪谷曰　俘朡：《書・古序》「夏師敗績，湯遂從之，遂伐三朡，俘厥寶玉」云云。

雖聖賢亦有所誅伐，伯宗何媿焉？事雖無媿，至於所以設謀者，則曰「後之人或者將敬奉德義以事神人，而申固其命，若

之何待之」。嗚呼，是誠何心哉！

聞君子成人之美矣，未聞成人之惡也；聞君子懼人之亂矣，未聞懼人之治也。今林父則養人之惡，惟恐其不盈；伯宗則幸人之亂，惟恐其或改。處心積慮，可謂忍矣！此吾所謂事是而心非者也。論者安可信其事而略其心哉？〔阪谷曰〕起首反擊發主意，固其常法。承之而林父、伯宗分別審理，然後合斷其罪。其「聞君子」云云，便法家引律文者。文理明快，尤爲初學之玉條。

人苟心不在於善，凡所遇之事，曲固曲也，直亦曲也；邪固邪也，正亦邪也。董仲舒、公孫弘同事武帝矣，仲舒治《春秋》，弘亦治《春秋》。世皆内仲舒而外弘，何也？劉向、谷永同事成帝矣，劉向奏諫疏，谷永亦奏諫疏。世皆右向而左永，何也？弘之《春秋》，人之所以羞道之者，心累其書也；永之諫疏，人之所以喜攻之者，心累其言也。〔阪谷曰〕「心」字自起徹結，如索之貫錢。井辱秣陵，秣陵有辱井。泉貪交廣，交廣有貪泉。果誰爲之累者，井耶？泉耶？人耶？〔阪谷曰〕一結，使讀者怡然展眉。

鄭公子曼滿欲爲卿

宣六年　鄭公子曼滿與王子伯廖語，欲爲卿。伯廖告人曰：「無德而貪，其在《周易·豐》之《離》，弗過之矣。」間一歲，鄭人殺之。

内闇則外求，外求則内虚。是理也，樂内之君子不言而喻，慕外之士所當深省而力戒也。

在《易·豐》之《離》曰：「豐其屋，蔀其家，闚其户，闃其無人。三歲不覿，凶。」萬物皆備於我，則吾室中之藏豈不夥哉？今歉然以其家爲不足而屋是豐，捨内而求外，殆有蔀之者矣。使其家不爲物所蔀，反視内觀，洞徹明白，必不卑吾道德之尊而外求爵位之尊也，必不貧吾禮樂之富而外求貨賄之富也，必不薄吾仁義之味而外求膏粱之味也。阪谷曰 起一節分別内外，以包括全篇。「萬物皆備於我」二句，是一篇基本。其所以皇皇求外之豐，憂秩不高，憂權不專，憂勢不隆，憂禄不厚者，特以其内闇耳。阪谷曰《易説》敷衍，用程《傳》法，比之《國語》説經法，更切實明快。内闇日深，外求日急。激水升陵，其淵必涸；傾資結客，其褚必單。吾耳吾目、吾股吾肱、吾心思、吾神氣，盡用於外，以求其所大欲，則其内安得不虚乎？阪谷曰 齊宣、梁惠有萬乘之國，而如闃然無一物者，皆爲此也，何得説國權？將見如腹之枵，如壁之立，如磬之垂，枵然而空無所有矣。此所以闚其户，闃其無人，至於三歲之久，猶無所覿也。

亦嘗聞夫子之《繫》乎？曰：「『豐其屋』，天際翔也；『闚其户，闃其無人』，自藏也。」外求之徒所以求非所求，望非所望，其心浮游倡狂，至欲翔於天際者，無他焉，昏濛蔀塞，不見其胸中之天而已矣。阪谷曰 心猿意馬之狀，形容逼真。有能發其蔀而還其胸中之天，回翔上下，四顧無極，安肯近捨吾天而思遠翔於天際乎？「闚其户，闃其無人」而釋之以「自藏」者，此微言也。人之胸中何所不有？大與天地并，明與日月俱，峻與山嶽齊，深與江海埒。阪谷曰 一身如此，況國乎？豈論其小大？顧乃闃之而一無所覿，向來之藴蓄運用，皆安所往？是豈他人之所能掩藏乎？馳騖浮競，以汩其真。己有之而己蔽之，自藏而非有藏之者也。《易》之戒，夫子之《繫》，反覆切至，得非深憫慕外之士，將拔之於聲利之塗歟？

嗚呼！室雖蔀，未嘗隳也；人雖無，未嘗亡也。阪谷曰「嗚呼」一轉，咏歎喻人綦親切。「室雖蔀」二句，尤可味。士也苟斂豐屋之心，反其明於内〔一〕，則徹其蔀而見前日之室矣，闚其户而見前日之人矣。内闔除則外求息，外求息則内虚實，是特一反掌間耳。惜乎！士終鮮能自避此爻之凶〔二〕，如鄭公子曼滿欲爲卿者，宗曰篇末點題，又是一法。蓋項背相望也。阪谷曰千古亡國之禍，皆仿曼滿，可發深省。題唯至末一點，作法變化。王子伯廖舉此爻以摘其失〔三〕，似中其病。然玩其辭意，不過取「三歲不覿」之語〔四〕，以爲曼滿將死之證，殆未盡其義，故吾本大《易》之指，附著於末。

宗廷輔曰「炎炎者滅，隆隆者絶。觀雷觀火，爲盈爲實。天收其聲，地藏其熱。高明之家，鬼瞰其室」，揚子《解嘲》文也。而李文貞釋之曰：「此解《易·豐卦》之義。炎炎者，火也。隆隆者，雷也。當其炎炎隆隆，以爲盈且實矣。然《豐卦》雷居上，則是天收其聲；火居下，則是地藏其熱。此其盛不可久而滅且絶之徵也。《豐》之義如此，故卦爻俱發日中之戒。至窮極則曰：『豐其屋，蔀其家，闚其户，闃其無人。』即所謂『高明之家，鬼瞰其室』也。」見所輯《古文精藻·韓子進學解》下。苟非深入《易》理，焉能觸類旁通如是？東萊講《易》之書，有《周易繫辭精義》，於此經亦頗研求，故前《妖祥篇》釋「睽孤」及此篇釋《豐》，俱有至理，非漫爲牽合者，與今之屈經詁題者不同。

校勘記

〔一〕反，原作「久」，據瞿本改。

〔二〕避，原作「還」，據四庫本改。

〔三〕王子，原作「二子」，據四庫本、瞿本改。

〔四〕不，原作「而」，據四庫本、瞿本改。

鄭伯敗楚

宣九年　晋郤缺救鄭。鄭伯敗楚師於柳棼。國人皆喜，唯子良憂曰：「是國之灾也，吾死無日矣。」

楚子伐鄭

宣十一年　春，楚子伐鄭，及櫟。子良曰：「晋、楚不務德而兵争，與其來者可也。晋、楚無信，我焉得有信？」乃從楚。夏，盟於辰陵。

楚盟辰陵鄭徼事晋

宣十一年　厲之役，鄭伯逃歸，自是楚未得志焉。鄭既受盟於辰陵，又徼事於晋。

楚圍鄭楚敗晋於邲晋侯復荀林父

宣十二年　春，楚子圍鄭，旬有七日。鄭人卜行成，不吉；卜臨於大宫，且巷出車，吉。楚子退師。鄭人修城。進復圍之，三月，克之。鄭伯肉袒牽羊以逆，左右曰：「不可許也，得國無赦。」王曰：「其君能下人，必能信用其民矣。」而許之平。

夏六月，晋師救鄭。荀林父將中軍，云云。夫其敗也，如日月之食焉，何損於明？晋侯使復其位。

赤狄伐晋晋殺先縠

宣十三年　秋，赤狄伐晋。及清，先縠召之也。冬，晋人討邲之敗與清之師，歸罪於先縠而殺之，盡滅其族。君子曰：「惡之來也，己則取之。」其先縠之謂乎！

晋示鄭以整

宣十四年　夏，晋侯伐鄭，爲邲故也。告於諸侯，蒐焉而還。中行桓子之謀也。曰：「示之以整，使謀而來。」鄭人懼，使子張代子良於楚。鄭伯如楚，謀晋故也。鄭以子良爲有禮，故召之。

晋賞荀林父士伯

宣十五年　晋侯賞桓子狄臣千室，亦賞士伯以瓜衍之縣。曰：「吾獲狄土，子之功也。微子，吾喪伯氏矣。」

片言而判者，議之易决者也。晋、楚争鄭，載於史者詳矣，是非曲直皆片言而可定也。柳棼之勝，鄭激楚也；潁北之逐，晋侵鄭也；辰陵之盟，鄭負晋也；子良之言，前智而後愚也；圍鄭之役，討其罪也；哭陴之譎，紓其死也；皇門之退，哀其窮也；楚、鄭之事，小詐而大共也；先縠，愎也〔一〕；中行，弱也；會，知彼也；首，知己也；厥，分惡也；書，察奸也；原、屏黨而錡、旃賊也；先濟之鼓，志不定也；舟中之指，軍無律也；敖前之覆，備有先也；築軍汰而作宫遂也；荀之宥，德掩眚也；彘之滅，過作非也；蒐之整，弱示强也；曲梁補過而瓜衍導言也。凡晋、楚、鄭三國之故，無慮數十條，皆可判於一言之下。是故稺壯之所厭聞，師生之所飫講，曾何足深論乎？吾請掇前人之未發者論之。

晉、楚之相遇也，孫叔敖不欲戰而伍參欲戰。楚子違叔敖而聽伍參，卒有邲之勝。論者必將咎孫叔敖之無謀矣。抑不知叔敖，令尹也；伍參，嬖人也。三軍之進退，國政之大綱繫焉。今不出於令尹而出於嬖人，雖幸一時之勝，而一國之大綱自是而亂矣。阪谷曰 此篇列舉數事而一筆撇開，表揭主眼論之，亦文中一格。以一勝而亂一國之綱，是以鴻毛易泰山，以敝屣易天下，豈不甚可惜哉！使叔敖之謀果非，伍參之謀果是，猶不可長，況叔敖之謀未必不是乎！晉、楚不務德而力争，收師而退，免斯民暴骨之患，所全者多矣。纍俘振凱，震威聲而示得意，庸人之所誇而慮遠者之所憂也。叔敖之謀其可厚非哉？

吾嘗深繹叔敖之心，見其炯然之誠，貫日月，洞金石，而後世莫或知焉。叔敖，主退者也；伍參，主戰者也。楚子既黜叔敖之謀矣，不忠者居叔敖之地，必幸師之敗以實吾謀；阪谷曰 豈獨南宋，史乘紛紛，不勝此弊。至於衆人，亦將拱手熟視，置軍旅之事而不問也。及楚子之逐趙旃，叔敖亟畫先入奪軍之策，阪谷曰 處女忽爲脱兔。車馳卒奔，以乘晉師，惴惴然惟恐楚之不勝，反若主戰之尤者，獨何歟？蓋當是時叔敖之忠誠奮發，惟知有吾君而已，己之勝與負不暇恤也，參之中與否不暇恤也。勝負中否皆不入於胸中，獨吾君之是徇。嗚呼！此真事君者也。此萬世爲臣之大法也。阪谷曰 一部《孫子》，概表不欲戰之意。戰者大事，萬不得已然後爲之。主將大體在乎此，蓄養士卒勇氣亦在乎此。已戰矣，見機奮發，如決積水，名將妙用亦在乎此。叔敖文武大才，所以不易及也。呂公云「獨吾君之是徇」，尚見其一端而已。抑南宋時將相相忌，争私意而忘其君者比比皆是，呂公所以致意焉歟？「深繹」云云及「嗚呼」云云，皆可玩味。吾惜其叢立錯列於重編沓簡之間，世不復異目視之，故出之以與學者共。

校勘記

〔一〕愎，原作「復」，據四庫本、瞿本改。

晉會狄於欑函

宣十一年　晉郤成子求成於衆狄。衆狄疾赤狄之役，遂服於晉。秋會於欑函，衆狄服也。是行也，諸大夫欲召狄，郤成子曰：「吾聞之：『非德莫如勤。』非勤，何以求人？能勤，有繼。其從之也。《詩》曰『文王既勤止』，文王猶勤，況寡德乎？」

已服之民，不可過求；已馴之寇，不可過責。流亡之未集也，奸宄之未殄也，搶攘之未定也，爲人上者，懔懔乎憂民之未服，手朽索而足淵冰，撫之摩之，顧之復之，游之泳之。如護元氣，如保赤子，惟恐有一髮之傷。至於寓内清晏，怨誹息而謳歌升，爲人上者，遂謂民既服矣，何令不從，何索不獲？既攫其雛，又覆其巢；既捋其葉，又斧其榦。民始不勝其求，焦然思亂，殆求之之過也。

匈奴之禍，何莫由斯？平城之弩，甘泉之烽，嫚書之侮，尺牘之倨，見《匈奴傳》。腥羶陵縱，驅引弓之民，南面與漢天子爭爲長雄。當是時，雖欲左右當户之群解辮束衽，猶或難之，況欲屈單于之膝哉！逮至渭橋受謁之後，虜勢折矣。元、成、哀、平，接於新莽，主昏臣庸，徒恃虜之已馴而責之無已。阻其朝焉，丐其壤焉，制其條焉，奪其璽焉。虜不堪其責，背叛侵掠，故態復作。是非虜之不馴，殆中國虐之而不容其馴也。

先王之待戎虜，急其悍而緩其馴。故戎虜之困，必托命中國，以求息肩之地。豈若後世爲哉？悍則奉之，馴則責之，是長欲其悍而不欲其馴也。凡人之情，寧爲人所奉乎？寧爲人所責乎？戎虜雖至愚，其亦知所擇矣。阪谷曰 悍則奉，馴則責，凡庸情狀，痛快摘出。吕公蓋實見而言。

衆狄附晉之始，諸大夫侈然驕溢，諱一動之勞，乃欲坐而召狄。晉郤成子之論，其有見於此矣。利害相形，彼安得不以稱兵窺塞爲大利，奉琛入貢爲不祥哉？嗚呼！諸大夫忘衆狄未附之時乎？冒鋒鏑，蒙甲胄，面夷身創者未嘗絶也。其未附則不敢避攻戰之苦，其既附則遽欲憚行役之勤〔一〕，何其志之易變耶？阪谷曰 宋代所謂戎虜，其方略規模已出中國之上，而尚戎虜鄙之，欲加抑制，處置轉倒，無怪乎其遂取亡滅也。郤成子獨知馭戎虜之道，不可恃其馴而煩其責，遂以「能勤有繼」之説曉譬諸大夫，次於攢函以會衆狄。屈己而不勞彼，終得衆狄之歡心。向若從諸大夫之議，則衆狄必謂：「吾附晉屬耳。一之日已召我於會，庸詎知二之日、三之日不召我而征役之乎？庸詎知四之日、五之日不召我而剪剥之乎？」釁端亂兆未必不基於此時也。或曰：「戎虜之性，陵之則懾，柔之則驕。諸大夫之召狄，其或出於此歟？」曰：「陵之則懾，柔之則驕，固戎虜之性也，中國而戎虜云乎哉！」阪谷曰 我人也，彼亦人也。尤彼而仿彼，我先爲戎虜。一結警策，餘勢震千秋。

校勘記

〔一〕憚，原作「單」，據四庫本、瞿本改。

楚子從申叔時諫復封陳

宣十一年　冬，楚子爲陳夏氏之亂故，伐陳。謂陳人：「無動！將討於少西氏。」遂入陳，殺夏徵舒，轘諸栗門。因縣陳。陳侯在晋。申叔時使於齊，反，復命而退。王使讓之，曰：「夏徵舒爲不道，弑其君，寡人以諸侯討而戮之，諸侯、縣公皆慶寡人，女獨不慶寡人，何故？」對曰：「猶可辭乎？」王曰：「可哉。」曰：「夏徵舒弑其君，其罪大矣；討而戮之，君之義也。抑人亦有言曰：『牽牛以蹊人之田，而奪之牛。』牽牛以蹊者，信有罪矣；而奪之牛，罰已重矣。諸侯之從也，曰討有罪也。今縣陳，貪其富也。以討召諸侯，而以貪歸之，無乃不可乎？」王曰：「善哉，吾未之聞也。反之可乎？」對曰：「可哉！吾儕小人所謂『取諸其懷而與之』也。」乃復封陳。鄉取一人焉以歸，謂之夏州。

凡言必有端。發端自我，則我輕而彼重；發端自彼，則我重而彼輕。臣之事君，則無彼我之間，亦非屑屑挾輕重之地也。然自古善諫其君者，未嘗肯自發其端，必回翔容與，待其君之先發，始徐起而收之。是豈若戰國策士捭闔之爲哉？蓋發之自我而不自君，則言者瀆，聽者慢，吾懼其諫之無力也。俯首而告人者，百拒而一從；仰首而答人者，百從而一拒。説豈有二哉？勢隨地而改，心隨聽而移也。是故君子將進諫於君〔一〕，必自其發言之端始。

楚子之縣陳也，申叔時既知其非，曷爲入見而不亟諫哉？入見亟諫，是叔時自發其端而求楚子之聽也。以卑而求尊之聽，其聽其否，皆付於不可知之中，疇能自必乎？於是不言縣陳之得計，亦不言縣陳之失圖。入見不賀，以生楚子之疑，以致楚子之詰，推問端而使楚子自發之。楚子果懷不能已，遽詢不賀之由。嗚呼！楚子之口一啓，而操縱予奪之柄已入叔時之掌握矣。乃從容進蹊田奪牛之喻，立談之間主意開悟，而復陳之封。用力省而成功速者，無他焉，蓋楚子渴聞叔時之言，而非叔時企望楚子之聽也。向使入見之初即進此喻，則楚子之聽豈如是之捷哉？同是喻也，進之於楚子未問之前，則如土芥；進之於楚子既問之後，則如鼎鐘。毫釐之差，用捨判焉。吾是以知善進言者，又不若善知時者也。

抑又有大者焉。楚子悔悟，將反陳之地，又問於叔時。使他人承此問，必躍然慶，欣然賀，螽躍鰲抃，不知措身之所矣。叔時之處此，何其甚暇而有餘也，曰：「可哉！吾儕小人所謂

『取諸其懷而與之』也。」改如是之過，成如是之善，曾無一毫贊譽之辭，質略簡易，如家人父子相與語米鹽瑣事者，則叔時方寸之地，豈譾譾者所能窺哉？【阪谷曰】後來留侯最善得此方，然主非莊王與高帝，則必百諫百不聽，未易概論也。大憂不慄，大喜不摇，閎量遠度，雖委之六尺之孤，投之百里之命，殆未足爲增損也。

後世之士，豈無愛君憂國之志哉？【阪谷曰】「後世之士」以下，反對映寫，暢首段之意以示戒。所養不堅，爲事所動，其志先昏，其神先沮，倉惶喘汗，顛倒弁冕，奔走而告諸君，氣竭語盡，而其君纔以嘻笑遇之。幸而君意稍回，則不勝其喜，墮玉失舄。君之言方一，而獎之者已百；君之言方十，而獎之者已千。淺中狹量，驟諫倏喜，非特其心易滿，適所以驕其君而使之易滿也。【阪谷曰】小器者情狀，寫來逼真，使人發一笑。然諫而獲聽，是人臣絶大喜事，不可不深戒也。噫！安得如申叔時者，與之論事君哉！

校勘記

〔一〕君，原作「心」，據四庫本、瞿本改。

楚子伐蕭

宣十二年　冬，楚子伐蕭，蕭人囚熊相宜僚及公子丙。王曰：「勿殺，吾退。」蕭人殺之。

王怒，遂圍蕭。蕭潰。申公巫臣曰：「師人多寒。」王巡三軍，拊而勉之，三軍之士皆如挾纊。遂傅於蕭。還無社與司馬卯言，號申叔展。叔展曰：「有麥麴乎？」曰：「無。」「有山鞠窮乎？」曰：「無。」「河魚腹疾奈何？」曰：「目於眢井而拯之。」「若爲茅絰，哭井則已。」明日，蕭潰。

以物爲惠，【宗曰】雙提。拈「惠」、「守」二字詁楚、蕭兩面。惠之粗；以城爲守，守之下。楚師之圍蕭也，衣雖寒而三軍之士不寒；蕭人之受圍也，城未破而還無社之心先破。蓋以卒伍之賤，而得勞拊於其君，固已不啻重纊純綿之温；至於士心内離，則雖雉堞天立，百倍於蕭之城，亦將隨之而潰矣。惠豈在物，而守豈在城耶？【宗曰】雙扣。

世儒習聞此説也，遂以謂善言煖於布帛，物皆可廢；人心險於金湯，城皆可隳。審如是，則武王大巡六師，慰藉獎勉，政煩《泰》、《牧》二誓矣。而爵之五，土之三，財之散，粟之發，胡爲汲汲繼之？《書・武成》。彼周家積德累功，夫豈不得人心者？而《詩・雅》所載城東方、朔方之類果何謂也？

大抵惠有名有實，【宗曰】又雙提。不可偏勝；守有本有末，不可獨遺。名實相資，然後其惠孚；本末并用，然後其守固。【阪谷曰】自首至尾，惠、守雙行而下，不差一步。然使讀者不甚覺其板，蓋以筆力之矯健。楚王之勞拊，不待有實而人佩其惠者，以其方在塗耳。使其居國，左府右庫，坐視師人之寒，扃鑰而不肯發〔一〕，徒欲以空言悦之，堂堂三軍，豈可如嬰兒孺子紿之乎？蕭人既失心，苟又無數仞之城，則楚師一呼，魚潰鳥散，所以猶及明日而陷，【宗曰】此處竟難轉身，恰好有「明日」二字，遂可對付。可知一題到手，尋常無用之字，亦須留心檢點。寬一夕之期者，城之功也。向使衆心成城，與版築之城互相表裏，雖如强楚，豈能遽摇之哉？【阪谷曰】《易》曰：「重門擊柝，以待暴客。」而婁敬則曰：「周公營成周，都雒，以爲有德易以興，無德易以亡。不欲阻險，令後世驕奢以虐民也。」可謂偏矣。物固不可恃也，輔以誠意，則聖人之惠也；城固不可恃也，輔以人和，則聖人之守也。

君子之論止於中而已矣。以誠爲輕，物爲重者，固不足責；若曰「我專任誠而廢物」，亦非中也。以人爲輕，城爲重者，固不足責；若曰「我專任人而廢城」〔二〕，亦非中也。君子之論止於中而已矣。【阪谷曰】惠、守兩對，貫以「中」，而「君子」云云復説，與前節比較，可以見變化。

唐德宗之狩奉天，嘗遣人諜賊。寒而請袴，求而不能得。憫然而遣之，見《本紀》。士竟爲之用。【阪谷曰】更就德宗一人，證惠、守之力，亦見變化。蓋哀其窮而感其誠，領憫然之意，固適於五袴之賜矣。是人雖未有得袴之實，而深體德宗有無袴之實也。世謂德宗以名使人，吾獨謂德宗以實使人也。方德宗雄據都邑之時，犒軍少糲，遽致涇原之變。【阪谷曰】唐德宗時，李希烈圍襄城。發涇原等諸道兵救之。軍士冒雨，甚寒，冀得厚賜。及犒師，惟糲食菜餤。衆怒，蹴而覆之曰：「聞瓊林、大盈二庫，金帛盈溢，不如相與取之。」遂作亂。食糲尚耳，況無袴乎？當其豐，則有食猶足以生亂；當其窮，則無袴猶足以使人。信矣！人之不可欺也。

奉天之難，雖渾瑊、韓游瓌不二心之臣盡死以扞社稷〔三〕，當梯衝并進，君臣相泣之際，非前築奉天之城，則忠臣義士亦何所致力耶？吾又知得本果不可忘末也。世儒之論可盡信哉？昔孔門之論兵、食，必曰「不得已而去」，未嘗得已而欲去之也，《論語》。其亦異於世儒之論矣。阪谷曰 無形有形，兩立不偏，真通儒之見。翻跌世儒，高揭孔門法，真是仙鶴一聲，衆禽皆鎖口。

宗廷輔曰 拊軍守城，兩兩對舉，一線到底，所謂文成法立，留之以爲兩章題文式。

校勘記

〔一〕鑰，原作「鍽」，據四庫本改。瞿本作「鐍」。

〔二〕任，原作「在」，據四庫本、瞿本改。

〔三〕瓌，原作「懷」，據四庫本、瞿本改。

公孫歸父言魯樂

宣十四年　冬，公孫歸父會齊侯於穀。見晏桓子，與之言魯樂，桓子告高宣子曰：「子家其亡乎！懷於魯矣。懷必貪，貪必謀人。謀人，人亦謀己。一國謀之，何以不亡？」

舊國舊都，望之悵然，遲遲其行者，亦聖人去父母國之道也。土思者，聖愚之所共。公孫歸父懷於魯，曷以獨爲晏氏之所譏？曰：去國而懷者，情之正也。儀之琴居北而音南，《成九年》。舃之吟身楚而聲越，《戰國策》。是固情之不可解，而仁人君子之所許也。因去國之悲，然後懷在國之樂，曷有居其國而知其樂者乎？獸在阱則思壙，當其走壙，未嘗知壙之樂也；鳥在籠則思林，當其棲林，未嘗知林之樂也。歸父方居魯，而喋喋以魯樂告人，自非不安其常而嗜其利，何自而知其樂哉？阪谷曰 形容生姿態。反詰入題，固其常法。而此篇自首揭聖人與歸父，比前篇變化可見。岱之山，洙之水，五父之衢，大庭之庫，城闕井邑，物産土俗，呱而育焉，髫而嬉焉，弁而游焉，固非驟見而忽聞，胡爲而誇語於人哉？日飯稻粱未嘗以告人，一得熊蹯牛心之饌，則譽其珍；歲衣布帛未嘗以告人，一得霧縠文錦之服，則譽其美。吾是以知歸父之譽魯樂，必棄常而嗜利也。棄常嗜利，乾没不已，雖非晏氏，固可指期而俟其亡矣。阪谷曰 三處引喻，前喻悠揚，中喻跌宕，後喻激切。層切一層，映發殊妙。

至樂之地，人皆有之。惟不能有其樂，而樂移於物，故馳騖而忘反。權寵之樂，勃如也；詞華之樂，驕如也；宗曰 以詞華爲陋人之樂，學者當思。聲色之樂，昏如也；畋遊之樂，蕩如也；是皆陋人之所樂，君子之所哀。哀之者，豈預憂其禍之至哉？鴟鴞嗜鼠，蝍蛆甘帶[一]，何等臭腐，而忻慕耽惑，以身償而不悔，此固達者之所甚憐也。歸父譽魯樂之時，固已可悲，奚必悲其將亡哉？

吾嘗聞孔、顔之樂矣，蓋樂其樂而未嘗倚於一物也。阪谷曰 自起處聖人掀翻來，前面無數所列者，括以二「物」字，而二問點出樂處。陳套一變，見其新，不覺其腐。作文不可無此活手段。請問孔子之樂，曰「飯疏食飲水，曲肱而枕之，樂亦在其中矣」；請問顏子之樂，曰「一簞食，一瓢飲，在陋巷，人不堪其憂，回也不改其樂」。并《論語》。然則飯也，飲也，曲肱也，非孔子之樂也，宗曰分疏得清。特樂在其中而已；簞也，瓢也，陋巷也，非顏子之樂也，特不改其樂而已。即六物而求孔、顏之樂，邈不可得。意者孔顏之樂果窅然而無物耶？彼所謂「樂在其中」者，「在」之一辭，必有所居也；彼所謂「不改其樂」者，「其」之一辭，必有所指也。居何所居？指何所指？吾黨盍共繹之。阪谷曰末更反詰鼓舞，引而不發。程子使學者求孔顏樂處之意，説得異樣奇俊，使人躍躍欲答。

阪谷素曰 右全部一百六十有八篇，卷首紀、瞿二氏所説是也。其數倍通行本，然於《左氏》，尚三分之一而已，其故今不可考云。

宗廷輔曰 折衷孔、顔，語不離宗。○《博議》之文止於是矣，尚未及《左傳》之半也。東萊先生著述甚富，未竟之書如《讀詩記》、《大事記》、《歷代制度詳説》皆是。

校勘記

〔一〕唧咀，四庫本、瞿本作「即且」，《莊子》作「蝍蛆」，即蜈蚣。

附録一　書目著録

宋　晁公武《郡齋讀書志》卷第五上　四部叢刊三編景宋淳祐本

《春秋左氏博議》二十五卷

右東萊先生所著也，自爲之序。

宋　陳振孫《直齋書録解題》卷三　清武英殿聚珍版叢書本

《左氏博議》二十卷

吕祖謙撰。方授徒時所作，自叙曰：「《春秋》經旨概不敢僭議，而枝辭贅喻，則舉子所資課試也。」

元　馬端臨《文獻通考》卷一百八十三經籍考十　清浙江書局本

《左氏博議》二十卷

陳氏曰：吕祖謙撰。方授徒時所作，自序曰：「《春秋》經旨不敢僭議，而枝辭贅喻，則舉子所以資課試也。」

元　脱脱《宋史》卷二百二藝文志第一百五十五　清乾隆武英殿刻本

《左氏博議》二十卷

《左氏博議綱目》一卷祖謙門人張成招標注

明　楊士奇《文淵閣書目》卷一　清文淵閣四庫全書本

《春秋吕東萊集解》一部十五册

明　楊士奇《東里集》東里續集卷十六　清文淵閣四庫全書補配清文津閣四庫全書本

《左傳博議》

《東萊先生左傳博議》，考《年譜》，乾道戊子成此書。吾家一册十五卷，題曰「精選」，則知其所著非止乎此也。

明　柯維騏《宋史新編》卷四十七志三十三　明嘉靖四十三年杜晴江刻本

《左氏博議》二十卷

《左氏博議綱目》一卷

明　朱睦㮮《授經圖》卷十六　清文淵閣四庫全書本

《左氏博議》二十五卷呂祖謙

《博議綱目》一卷呂祖謙

明　高儒《百川書志》卷一經　清光緒至民國間觀古堂書目叢刊本

《東萊博議》十六卷

宋東萊呂祖謙撰，凡八十六篇。

明　陳第《世善堂藏書目録》卷上　清知不足齋叢書本

《左傳博議六卷》呂東萊

明　祁承爜《澹生堂藏書目》　清宋氏漫堂鈔本

呂東萊《左傳博議》十二卷　四册

清　錢謙益《絳雲樓書目》卷一　清嘉慶鈔本

《吕東萊博議》

清　傅維麟《明書》卷七十五志十七　清畿輔叢書本

《春秋吕東萊博議》

清　朱彝尊《經義考》卷一百八十八春秋　清文淵閣四庫全書本

《左氏博議》

《宋・志》二十卷

存

祖謙自序曰：《左氏博議》者，爲諸生課試之作也。始予屏處東陽之武川，仰林俯壑，出户而望，目盡無來人。居半歲，里中稍稍披蓬藋從予遊。譚餘語隙，波及課試之文。予思有以佐其筆端，乃取左氏書理亂得失之蹟，疏其説於下。旬儲月積，寖就編帙。諸生歲時休沐，必抄置褚中，解其歸裝無虚者。竝舍媢黨復從而廣之，鼻衍四方，漫不可收。客或咎予之易其言，予徐應之曰：「子亦聞鄉鄰之求醫者乎？深痼隱疾，人所羞道而諱稱者，揭之大塗，惟恐行者不閲，閲者不播，彼豈靦然忘世哉？德欲蓄而病欲彰也。予離群而索居有年矣，過而莫予輔也，跌而莫予挽也，心術之差、見聞之誤而莫予正也。幸因是書，而胸中所存所操、所識所習，毫忽髮謬，隨筆呈露，舉無留藏。又幸而假課試以爲媒，借逢掖以爲郵，徧致於諸公長者之側。或矜而鐫，或慍而譎，或悔而誚，一語聞則一病瘳，其獲不既豐矣乎？傳愈博而病愈白、益愈衆，於予也奚損？」遂次第其語，以諗觀者。凡《春秋》經旨概不敢僭論，而枝辭贅喻，則舉子所以資課試者也。

陳振孫曰：伯恭授徒時所作。

陳櫟曰：吕成公《博議》乃初年之作，不過以教後生作時文爲議論而已。其議《左氏》多巧説，未得盡爲正論。

楊士奇曰：考《東萊先生年譜》，乾道戊子成此書。吾家所有十五卷，題曰「精選」，則知其所著非止乎此也。

黄虞稷曰：世所行《東萊博議》皆删節，惟正德中刊本二十五卷獨全。

《左氏博議綱目》

《宋·志》一卷

未見。

《宋·志》：祖謙門人張成招標注。

清　徐乾學《傳是樓書目》　清道光八年味經書屋鈔本

《左氏博議句解》六卷　明瞿景淳　三本

《左氏博議彙輯》六卷　明陶珽　二本

清　嵇曾筠《(雍正)浙江通志》卷二百四十一　清文淵閣四庫全書本

《左氏博議》二十卷

《左氏博議綱目》一卷

清　嵇璜《續通志》卷一百五十六藝文略　清文淵閣四庫全書本

《詳註東萊左氏博議》二十五卷宋吕祖謙撰

清　嵇璜《續文獻通考》卷一百六十七經籍考　清文淵閣四庫全書本

《吕祖謙議史摘要》四卷

祖謙見經類。

臣等謹案：是書舊題「新刊祖謙吕先生議史摘要」，又題曰「議史摘粹」，其實即吕祖謙《左氏博議》，但增以註釋耳。

清　彭元瑞《天禄琳琅書目後編》卷七　清光緒刻本

《詳註東萊先生左氏博議》一函八册

宋吕祖謙撰。書二十五卷，凡百六十八篇。前有祖謙自序。宋袖珍本，槧法、字體俱極工雅。

清　慶桂《國朝宫史續編》　清嘉慶十一年内府鈔本

卷七十九

元版《詳注東萊先生左氏博議》二十五卷

卷八十

宋版《詳註東萊先生左氏博議》二十五卷

清　戴殿江《金華理學粹編》卷一理學先聲理學大宗　清光緒刻本

《詳注左氏博議》二十五卷

吕祖謙撰，門人張成招注。書成於乾道四年，乃其少作，議論不如《左氏傳説》之密，而文彩斐然，與《傳説》之體如語録者有殊，蓋爲學者程試之式也。

清　官修《天禄琳琅書目》卷六　清文淵閣四庫全書本

《詳註東萊先生左氏博議》一函四册

宋吕祖謙著，二十五卷。前祖謙自序。

祖謙序以《左氏博議》爲諸生課試而作，故當時付刊仿巾箱本之式，書中無刻梓年月，亦不載作註人姓氏。觀其紙黝墨黯，乃元樵宋槧而不能工者也。

元趙孟頫藏本。明陳繼儒、徐渭亦經收藏。孟頫見前考。《明史》：繼儒字仲醇，號眉公，松江華亭人。爲諸生，與董其昌齊名。年甫二十九，取儒衣冠焚之，隱居崑山之陽。後築室東佘山，杜門著述，工詩善畫。年八十二卒。徐渭字文長，號天池生，山陰人。爲諸生，有盛名。嘗自言吾書第一，詩次之，文次之，畫又次之。

清　永瑢《四庫全書總目》　清乾隆武英殿刻本

卷二十七

《詳注東萊左氏博議》二十五卷浙江巡撫採進本

宋吕祖謙撰。相傳祖謙新娶，於一月之内成是書。今考自序，稱屏處東陽之武川，居半歲，里中稍稍披蓬藋從予遊。談餘語隙，波及課試之文。乃取左氏書理亂得失之跡，疏其説於下。旬儲月積，浸就篇帙。又考《祖謙年譜》，其初娶韓元吉女乃紹興二十七年，在信州不在東陽；後乾道三年五月持母喪，居明招山，學子有來講習者。四年已成《左氏博議》，五年二月除母服，五月乃繼娶韓氏女弟。則是書之成實在喪制之中，安有新娶之事？流俗所傳誤也。書凡一百六十八篇，《通考》載作二十卷，與此本不同。蓋此本每題之下附載左氏傳文，中間徵引典故，亦略爲注釋，故析爲二十五卷。其注不知何人作，觀其標題、版式，蓋麻沙所刊。考《宋史·藝文志》有祖謙門人張成招《標注左氏博議綱目》一卷，疑當時書肆以成招標注散入各篇也。楊士奇稱別有一本十五卷，題曰「精選」。黄虞稷稱明正德中有二十卷刊本。今皆未見，坊間所鬻之本僅十二卷。非惟篇目不完，并字句亦多妄削，世久不見全書。此本有董其昌名字二印，又有朱彝尊收藏印，亦舊帙之可寶者矣。

卷八十九

《議史摘要》四卷浙江吴玉墀家藏本

舊本題曰「新刊祖謙呂先生議史摘要」，又題曰「議史摘粹」，一書之中其名已自相矛盾。今檢其文，即呂祖謙《左氏博議》，但增以註釋耳。然註釋亦極淺陋，惟版式頗舊，蓋元明間麻沙書坊所僞刻也。

清　阮元《文選樓藏書記》卷一　清越縵堂鈔本

《東萊先生左氏博議》二十五卷，宋吕祖謙著。刊本宋板。明董其昌家收藏。是書爲諸生課試而作，取左氏書理乱得失之跡，疏其説於下方。

清　周中孚《鄭堂讀書記》卷十經部六之上　民國吴興叢書本

《東萊博議》四卷通行本

宋吕祖謙撰。按《四庫全書》著録係《詳注東萊左氏博議》二十五卷，其門人張成招注，乃宋麻沙所刊本也。《書録解題》、《通考》、《宋·志》俱載有《左氏博議》二十卷，乃其原本。《宋·志》又載《左氏博議綱目》一卷，注云祖謙門人張成招標注。朱氏《經義考》稱爲未見，蓋已佚矣。《讀書附志》所載《博議》二十五卷，雖不言張氏注，而卷數與之相同，當屬張氏注本。後來書肆展轉選刻，故有十五卷之本、十二卷之本。此本爲乾隆中泗州知州張文炳所評選，用以課士，序而刊之，僅八十四篇，較原書一百六十八篇之數僅及其半。書名亦爲改削，并省去原序，冠以《傳略》。所綴評語亦極淺陋。卷末附刻《虚字注釋》一卷。此本實不足存，因未得舊本姑記之耳。

清　范邦甸《天一閣書目》　清嘉慶文選樓刻本

卷一之二經部

《吕東萊左氏博議》六卷刊本

宋吕祖謙撰。自序。

《東萊先生左氏博議》二十五卷刊本，卷首殘缺三頁。

明正德己巳江東張偉識後云：「《東萊先生左氏博議》市肆間行之已久，獨其全帙不見于天下。正德丁卯鉛山張侍御以其十卷授予兄廷鎮刻之，時以缺卷尚多，意在越趄。未幾復得十卷于當塗濮内翰，吾鄉梅留守又出其所鈔末五卷，盱江何冬官亦以其世藏先生手叙一通見畀。是書遂爲完璧。」

卷三之一子部

《東萊先生博議》十六卷刊本

清　瞿鏞《鐵琴銅劍樓藏書目録》卷五經部五　清光緒常熟瞿氏家塾刻本

《精選東萊先生左氏傳博議句解》十六卷元刊本

宋吕祖謙撰，不著何人所注。考《宋·志》有《博議綱目》一卷，爲成公門人張成招標注，疑此本即張氏舊注，後人羼入之也。原書或作二十卷，或作二十五卷。此元人所刻删節本，楊文貞稱别有一本十五卷，題曰「精選」，或即是本未可知。惟卷數微不合耳。

《京本詳增補註東萊先生左氏博議》二十五卷明刊本

此二十五卷本乃吕氏全書。黄俞邰謂世所傳本皆刪節，惟正德刋本獨全。其注與句解本同，惟《左傳》標題下無「主意」，後有墨圖記云「汝水文峰胡嶽英録正」。

清　宗廷輔《東萊書目》　清光緒二十年刻本

《精選東萊先生左氏傳博議句解》十六卷瞿氏藏書志元刊本

注與二十五卷本同，惟標題下有「主意」，則坊人所加也。蓋宋時坊間所刊場屋備用之書，題下均略綴主意數語，所以揭一篇之要旨，以便經生之尋求。

《新刊祖謙吕先生議史摘要》四卷四庫史部史評類麻沙本

《提要》云：又名《議史摘粹》，一書之中其名已自相矛盾。今檢其文，即《左氏博議》，但增以注釋耳，然注釋亦極淺陋。

《東萊博議》四卷通行本

不著輯者姓氏，明胡文焕《格致叢書》曾列其目，計文八十六篇。皆經刊削，詞氣朒縮。有明一代業科舉家奉爲金科玉律，不知藝林中固别有完本也，翻刻不勝僂指。余所見凡三本，皆康熙刻。一孫執升本，每篇尾列明人一二評，而以己評殿之。一朱字緑本，悉録明人評，復刊削孫評附後，而亦以己評殿之。然其評頗涉時事，如《屈瑕敗蒲騷》篇，稱烈皇登極，即手除魏奸，遂有輕士大夫之心，而國以亡；於《宋萬弑閔公》篇訟孫承宗冤，極言將帥與君門隔絶之害；《蕩意諸》篇咎崇禎諸臣朋黨罔上，國事既去，以死塞責；《楚范山對楚子》篇摘李大理《南渡録》，謂弘光之惡不盡實録，又自述寓舊京武定橋，遇八十一老人故副戎林枝茂，言當時奄豎常出入其家，宫中事絲毫無諱，所云淫嬈失德皆誣，頗有眷懷舊君之意。一張明德本，即今通行者是也。執升名琮，長洲人。字緑名書，宿松人。明德名文炳，絳州人。又有《博議課鈔》二卷，乃嘉慶己卯吴縣吴清壽就四卷本選存五十七篇，别刊行世。

《東萊博議選粹》六卷《稽瑞樓書目》　《海虞藝文書目》

明瞿景淳編。康熙初吴門孫琮批刻四卷本，録有明評家丘瓊山、王濟之、楊升庵、唐荆川、薛方山、茅鹿門、瞿昆湖、王鳳洲、汪南溟、李本寧、孫月峰、李九我、李衷一、焦弱侯、袁中郎、王聖俞、陶稺圭、鍾伯敬、凌以棟凡十九人，頗疑其所自來。今以瞿氏書例之，似亦不盡無稽也。

清　楊紹和《楹書隅録》卷一經部　清光緒二十年聊城海源閣刻本

宋本《詳註東萊先生左氏博議》二十五卷十二册

《四庫全書總目》云：「書凡一百六十八篇，《通考》作二十卷，此本每題之下附載左氏傳文，中間徵引典故，亦略爲注釋，故析爲二十五卷。其注不知何人作。觀其標題、板式，蓋麻沙所刊。考《宋史·藝文志》有祖謙門人張成招《標注左氏博議綱目》一卷，疑當時書肆以成招標注散入各篇也。楊士奇稱別有一本十五卷，題曰『精選』。黄虞稷稱明正德中有二十卷刊本。今皆未見，坊間鬻本僅十二卷。非惟篇目不完，并字句亦多妄削。世久不見全書，此本亦舊帙之可寶者矣。」予按正德本載在《天一閣書目》，有正德己巳江東張偉跋，謂《博議》全帙久不見於天下，正德丁卯鉛山張侍御以十卷授予兄廷鎮，未幾復得十卷於當塗濮内翰，吾鄉梅留守又出其所鈔末五卷，盱江何冬官亦以世藏手敘見畀，始爲完璧云云。實二十五卷，故俞邰以爲獨全。明時尚有劉氏安正堂刊本，標題「新刊京本詳增補註東萊先生左氏博議」，亦二十五卷，俞邰想未之見也。《總目》所據蓋偶脱五字耳。此本無張偉跋，而標題、板式視四庫本正同，楮墨亦極古雅，自當與思翁所藏四庫本，乃浙江採進，有思翁名印。同出一刻。或因卷首有俞邰印記，疑即所稱之正德本，則非也。卷中遇宋諱頗不回避，然宋元麻沙坊本類是者甚多。《曝書雜記》載錢夢廬記所見舊本書，謂是書小重山館藏有宋末元初本，當即此刻。且無論爲宋爲明，在今日固經厨之寶笈矣。至是書乃乾道四年所成，東萊方在喪制之中，世傳作於新娶一月内者，直流俗之瞽説也。《總目》辨之甚悉，不復贅述。咸豐甲寅燕庭劉丈寄贈先公於袁江節署，同治癸亥仲秋彦合楊紹和識。

每半葉十行，行二十字。卷首有「温陵黄俞邰藏書印」、「燕越胡茨村藏書印」各印。

清　楊紹和《宋存書室宋元秘本書目》　清楊氏海源閣鈔本

宋本《詳註東萊先生左氏博議》二十五卷十二册

清　丁丙《善本書室藏書志》卷三　清光緒刻本

《詳注東萊先生左氏博議》二十五卷元刊巾箱本，董思翁舊藏

前有吕祖謙伯恭序并目録。謹按《天禄琳琅》載此書，云祖謙以《左氏博議》爲諸生課試而作，故當時刊刻仿巾箱本之式。又按《四庫》是書提要云：「觀其標題、版式，蓋麻沙所刊。此本有董其昌名字二印，又有朱彝尊收藏印，亦舊帙之可寶者。」今是帙有文敏朱白文二印，首葉序文已另影寫，殆因四庫館鈐蓋翰林院印，發還原書，輾轉收藏，未諳典章者誤爲官書，匿去印文，并「竹垞圖書」亦經割去，其爲採進發還者無疑。道光己亥瞿氏清吟閣重雕時，假得平湖胡氏宋槧本，參以元本、明本校讎。宋本惟東萊自序後多「乾道九年五月初四日」九字，餘無別異，豈不重可寶哉？卷中尚存「董其昌印」、「思白」兩方印，「董其昌印」一圓印。又「韓五雲祕笈」一印。

《精選東萊先生左氏傳博議句解》十六卷明弘治刊本

按罟里瞿氏《書目》載元刊《精選東萊先生左氏傳博議句解》十六卷，記云不知何人所注。考《宋・志》有《博議綱目》一卷，爲成公門人張成招標注，疑即張氏舊注，後人羼入之也。此册爲蔡氏所刊，前有永州知府東吴姚昺序。稱其初亦欲版行，因蔡君已行而遂止。蔡君名紳字守道，衡之新城人，始游邑庠，以《易》屢戰秋闈不遂，由蔭得官云云。後有「弘治甲寅孟秋

梅軒蔡氏新刊」十二字，殆從元刊覆雕者。「桓」皆作「威」，尚承宋刻之遺。惟原本一百六十八篇，此僅八十六篇。其篇目下列「出處」二字，即《傳》文也；「主意」二字，即議之綱領也。不知何人所增删，當自元代已然。故楊士奇曰：「考《東萊先生年譜》，乾道戊子成此書。吾家所有十五卷曰『精選』。」黄虞稷曰：「世所行《東萊博議》皆删節，惟正德刊本二十五卷獨全。」則由來已舊矣。

清 張之洞《書目答問》史部 清光緒刻本

《東萊左氏博議》二十五卷宋吕祖謙 金華叢書足本 坊本未足

民國 葉德輝《書林清話》卷四 民國郎園先生全書本

梅軒蔡氏，始元至元，迄明弘治。至元戊寅前至元戊寅爲十五年，當宋帝昺祥興元年；後至元戊寅則順帝四年。未知是前是後。刻《群書通要》七十三卷，見阮《外集》。云不著撰人姓氏，有「至元戊寅菖節梅軒蔡氏刊行」圖記。至元庚辰六年刻元嚴毅《增修詩學集成押韻淵海》二十卷，見《天禄琳琅後編》十。丁《志》弘治甲寅七年刻《精選東萊先生左氏傳博議句解》十六卷，見丁《志》。云後有「弘治甲寅孟秋梅軒蔡氏新刊」十二字。此其世業，近者百年，久者百五六十年，子孫繼守書香，比於宋之余氏勤有、元之葉氏廣勤，見下一則。抑亦書林之耆獻歟？

卷五

書林劉宗器安正堂，弘治甲子十七年刻《鍼灸資生經》七卷，見森《志補遺》。正德六年刻《新刊京本詳增補注東萊先生左氏博議》二十五卷，見張《續志》。無元號年月。吾藏本前有木牌記，末題「正德六年」。

民國　徐乃昌《積學齋藏書記》經部　國圖藏鈔本

《新鍥評釋東萊呂先生左氏博議》四卷經部春秋類

華亭抑所唐文獻閱，晋江九我李廷機評，書林紹崖余良木梓。明萬曆刊本。每半葉九行，行二十字。白口，單邊。上有眉批。每首後有事實、本旨、李九我評語。首有東萊自序，末有「萬曆癸巳歲夏月余紹崖梓」大字一行。

民國　丁仁《八千卷樓書目》卷二經部　民國本

《詳註東萊左氏博議》二十五卷宋呂祖謙撰。宋刊本，瞿氏刊本，刊本，金華叢書本。

《精選東萊左氏博議句解》十六卷明蔡紳撰。明刊本。

附録二　全本序跋

季錫疇題記

此明安正堂刻本，有百六十八首，爲《博議》全本，惟誤奪甚多。湖估金順甫携有郡中汪氏所藏錢楚殷校本，假留十日，校勘一過。錢本有題云「借遵王堂兄藏宋本校數字」，其圈點用青筆，頗有手眼，亦依之度出。中有直筆，大約出宋人也。

咸豐丁巳歲冬十一月二十二日校畢識，時聞王師尅復鎮江矣。菘耘居士書於鐵琴銅劍樓下。

葉德輝題記

童時塾師授讀《吕東萊先生左氏博議》，謂是先生新婚中之作，初不知説之所本。稍長讀《四庫全書總目提要》，亦載有此説，未援所出之書。《提要》據《自序》及先生《年譜》，力闢其説之謬、流俗傳聞之失，固不必持爲典要矣。《四庫》著録爲浙江巡撫採進本，標題稱「詳注東萊左氏博議二十五卷」，與此本標題稱「新刊詳增補註東萊先生左氏博議」者不同。《提要》

云：「每題之下附載左氏傳文，中間徵引典故，亦略爲注釋，是注不知何人作。觀其標題、版式，蓋麻沙所刊。考《宋史・藝文志》有祖謙門人張成招《標注左氏博議綱目》一卷，疑當時書肆以成招標注散入各篇也。」《提要》所云，核之此本，亦正相合。此本前有題目、目録；後有牌記，述刻書原委甚詳；末題「皇明正德六年季秋，書林安正堂刊行」；二十五卷後有木牌記云「正德辛未季秋，書林安正堂刊」；又有後序一篇，末題「正德己巳孟秋既望五日，後學江東張偉謹識」。而《提要》云黄虞稷稱有明正德中有二十卷刊本，未見，疑即此本，特二十五卷訛作二十卷耳。然則此本雖明時坊刻，在當時固希見矣。坊間通行本只十二卷，不知何人節删。道光己亥有浙人瞿世瑛刻本，據云據宋足本刊行，其標題與四庫本同，而與此異。蓋同爲明初刻本，其版式似宋，非真宋本也。是書四庫本有董其昌名字印，又有朱彝尊收藏印，謂爲舊帙之可寶者。此本則自天一閣中散出，亦係足本舊刊，且爲黄虞稷所稱許精刻。雖不如宋元，而槧法古雅，黑口雙闌，固猶有元槧遺風者。吾吴自黄蕘翁、顧澗蘋、孫淵翁諸先輩，即重視明本，載之題跋記中。今更百年，古刻日稀，人當知所寶矣。丁巳夏正四月下旬六日，葉德輝記於閶門寓舍。

安正堂本牌記

《東萊博議》坊間有久，原卷八止，共題九十。語句繁異，篇中訛錯，字反差意，蓋所觀者瞻塞濫視。予寓南都，宦友及第，稱今重新足本《博議》二十五卷，題篇共計百七十餘，詳增補註。看閒不足，用資求回。今以新刊，謹依京本，遍傳名世。字句真全，觀覽明辯，意惠朗然，幸鑒。皇明正德六年季秋，書林劉氏安正堂刊行。

題東萊博議後

昔六經遭秦火，而孔壁之所藏者卒出；昌黎文章磨滅於五季之後，而歐陽子復收録於頽壁敗篋之中。世皆歸於數，予意不然。蓋物之萃涣固有定數，而其靈異不群者，天地鬼神實呵護之，雖微孔壁、歐陽子，將遂已乎？今東萊先生《左氏博議》市肆間行之已久，獨其全帙不見於天下，間有蓄者又多缺亡，而窮鄉下邑亦不復知有是書矣。正德丁卯，鉛山張侍御以其十卷授予兄廷鎮刻之，時以缺卷尚多，意在趑趄。未幾，復得十卷於當塗濮内翰，吾鄉梅留守又出其所抄末五卷，盱江何冬官亦以其世藏先生手敘一通見畀，是書遂爲完璧矣。噫！先生之書，自宋元之後，散失於幾百年而一朝始合，搜羅於數家而一帙始成，夫豈偶然也哉？抑先生之文與昌黎相表裏，其刳精銛心、雄詞博辯，又出入乎六經之中，譬之布帛菽粟，天下萬世仰焉而不可缺，此豈沉淪中物邪？昔人謂靈異之物終當復合，珠還洛浦，劍入延平，有足徵者。其待於予家，天固假手云耳，未可以數言也。計是書凡二十五卷，刻於正德丁卯冬，逾歲己巳夏始成。而鳩工庀材、正訛駁謬，則皆廷鎮兄之功云。正德己巳孟秋既望五日，後學江東張偉謹識。

（以上録自國圖藏明安正堂本《新刊詳增補注東萊先生左氏博議》）

楊敬宸跋

此爲元翻刻元印宋巾箱本也，即世所謂小黑口本者，而紙頗類宋，惜無羅紋而刻工稍差，間有訛字，豈當日刻時無人校勘耶？後序已脱末幅，殊深惜之。卷端有「璜川吴氏收藏圖書」一〔印〕。考吴爲吴泰來，江蘇吴縣人。國初曾官内閣中書，其家藏圖書處曰「璜川書屋」。凡其所藏書籍，皆精本也。宣統三年歲次辛亥三月下澣，鐵嶺楊敬宸心室氏購于曲阜孔氏之紀許姓家。

（以上録自臺圖藏明刻本卷首）

重刻東萊博議例言

一、《博議》原本爲篇百六十有八，今世通行本僅載八十六篇。讀者每以未窺全豹爲憾，且删節字句、改題篇目，殊失廬山真面。今悉照宋刻登載，標目、序次一字不易，以復舊觀。

一、《博議》在當時傳鈔者衆，輾轉沿訛，故雖宋元舊本，誤字甚夥。今參合明本、元本、文瀾閣本及平湖胡氏所藏宋槧本，悉心讎校，無慮數過。第各本訛謬錯見，不能定從一本；欲分載異同於逐句之下，又苦文繁，礙于循覽。且《博議》非周秦古書之比，字句得失按文義而可知。故今參校諸本，舍短從長，衷於一是，不復分注，以便觀覽。其有字義可疑而各本皆同、無從質正，如「苟惟不然」，「惟」疑作「爲」；《盜殺伋壽》篇末疑脱誤之類，悉仍其舊，不敢臆爲竄改，以貽壯月牡丹之誚。

一、宋本于篇目下詳載左氏傳文，今以文繁，且《左傳》在今日人人習誦，不須贅列，惟標注某公某年，以便稽考。

一、宋人避諱，如「桓」作「威」、「徵」作「證」、「貞」作「正」、「匡」作「康」之類，今悉改正。

一、宋本于每篇徵引史事，略爲注釋，意在省讀者檢閱之煩，然遺漏甚多。且篇中所引皆正史中焯然顯著之事，非他僻書可比，似無庸注釋。且如引用《論》、《孟》事句，亦爲注出處；而隱文僻句如「碭而失水」、「蚊蝱撲緣」出《莊子》，「藩拔級夷」出昌黎《徐偃王廟碑》之類，反略而不釋。蓋《博議》在宋時爲經生家揣摩之本，流行甚廣，坊肆間陋者謬加訓釋，名爲「詳註」，用以標異投時，非吕氏之舊，故悉汰之。

一、宋本于篇目下用黑文白字標挈主意，如首篇「論機心」，次篇「論天理」，三篇「論名分」之類，今按《博議》文筆奇幻，往往意終語竭，另闢異境，烏能以一二字括其一篇之命意乎？蓋亦陋者所施，以爲揣摩勦襲之地。以其無關本要，故亦從删。

瞿世瑛跋

宋東萊呂先生《左氏博議》，特譚餘語隙，騁筆以爲課試者之資，非果於《傳》義，欲有所論辨糾正也，《自序》備言之矣。古之世無所謂時文者，自隋始以文辭試士，唐以詩賦，宋以論策，時文之號於是起。而古者立言必務道其所心得，即言有醇有駁，無不本於其中心之誠。然而不肯苟以衒世夸俗之意，亦於是盡亡矣。蓋所謂時文者，至宋南渡後創製之經義，其法視詩賦、論策爲勝，故承用最久。而要其所以名經義者，非誠欲説經，亦姑妄爲説焉，以取所求耳。故其爲文，不必果得於經所以云之意，而又不肯自認以爲不知，必率其私臆，鑿空附會，粉飾非者以爲是，周内是者以爲非。有司者亦不稔其所知之在于此，而姑命以在彼之所不知。於是微言奥旨不能宿通素悉於經之内，而枝辭贅喻則可暫假猝辦於經之外。徒恃所操之機熟，所積之理多，隨所命而强赴之，亦莫不斐然可觀，以取盈篇軸，以僥幸得當於有司之目。噫！不求得於心，則立言之意亡；不求通於經，則説經之名戾。時文之蔽類然已。東萊《左氏博議》雖作於其平居暇日，苟以徇生徒之請，然既以資課試爲心，故亦不免乎此蔽。其所是非，大抵出於方執筆時偶然之見，非必確有所低昂軒輊於其間。及其含意聯詞，不得不比合義類，引衆理以壯其文，而學者遂見以謂定論而不可奪。不知苟欲反其所非以爲是，易其所是以爲非，亦必有衆理從而附會之，而淺見者亦將駭詫之以爲定論矣。又其書好抉摘古人之情僞，不免苛嶢文致之失。蓋東萊著作每傷太巧，朱子嘗病之。然以其稽古之博，畜理之多，觸機而出，持之必有故而發之必有爲，精言奥論，往往震發於其中，足以箴切物情而裨助意智。抑其所爲反復抉摘於古人之情僞者，雖不皆無失，亦足以見巧詐之不足恃，可飾當時而不可掩後世，於學者正心正行之術，非小補也。獨惜其書之開於當時者既不可得見，而宋元來重雕之本多脱文譌字，而今世通行本爲明人所掇取者，尤闕略而不完。故爲是正文字，重刊以惠來者，而并著其爲書之得失於後，俾學者知所差擇。且衆知其非有意於立言説經之書，而毋徒駭于其博辨，而過執之以爲定論也。道光戊戌，錢唐瞿世瑛跋。

（以上録自清道光十九年瞿世瑛清吟閣刻本）

重刊東萊博議序

《博議》一書，舊本單行，刊《東萊文集》者概未録入，何也？先生家傳絶業爲中原遺獻，吾婺之言理學者祖焉。兹編特出其靈緒卓識，幻爲風雲壯觀，舉業家群鑄金事之。乃自吾鄉突遭兵燹，群籍蕩然，是書亦在銷委之列。余既獲先生文集，付梓竣工，兒輩復以是書爲請。顧坊間通行者爲古絳張明德所訂本，去取未精，頗多闕略。幸有家藏錢塘瞿氏舊本，凡一百六十八篇，以載在行篋得存。發而讀之，歎其經緯世教、扶植人心、有裨於聖學者，正復不少，舉業云乎哉？慨自文之難言也：工訓詁者鄙詞章爲小道，騁汪洋者薄註疏爲腐儒。余竊謂文無定規，亦求其愜心當理焉而已。坐清廟明堂而宣誦法言，穆然見先正遺範，而山水之娱、絲竹之樂，亦足以陶寫其性靈。布帛菽粟，治生者奉爲至寶，而錦綉之爛、山海之饈，亦掌服尚膳者所不廢。間嘗取先生文集讀之，若《易》、《詩》、《禮》及《論》、《孟》諸説，法言中之布帛菽粟也；《博議》一書，牖啓聰明，如山水絲竹之怡悦性情，而膾炙人口、衣被來學，又何殊珍錯之有駝象、錦綉之有華衮也哉？余生先生之鄉，有志私淑，義不當聽其書之就湮。爰命梓人重鋟壽世，而述其顛末如此。同治戊辰冬十月，郡後學胡鳳丹月樵甫謹序。

王樹之跋

月樵都轉之來鄂也，司榷政，總校讎，公餘之暇猶講求載籍不倦。今年秋，捐其槖重刊《龍川文集》、《東萊文集》，復取《東萊博議》屬樹之而校對之。特《博議》一書乃吕成公屏處東陽之武川，談餘語隙，波及課試之文，當時傳鈔，輾轉沿譌。自宋及元明，舊本舛謬叠見，疑者闕之，未敢臆斷也。吕成公爲婺州理學之宗，都轉籍於婺，固所以闡揚先哲也，而即以嘉惠士林。蓋士之習舉業者，代聖賢立言，其托體最尊，其措詞貴達，無取乎卑靡龐雜也。是書明乎天人義利之分、理亂得失之蹟、古今事爲之變、典章名物之繁，英光浩氣，伸紙直書，按之聖賢精微之奥，不爽毫釐。得是書而讀之，於以擴其識、晰其理、鬯其機，無卑靡龐雜之習，具海涵地負之觀，真升堂入室之階梯也。然則都轉之嘉惠士林，豈淺鮮哉？工將蕆，妄贅數言於末。同治七年歲次著雍執徐，月律應鐘，日值噬嗑，初九用事，江夏王樹之謹跋。

（以上録自清同治七年胡鳳丹《金華叢書》本）

評註東萊博議序

作文之用，在乎達意。意果達矣，時文與古文何擇？彼以經藝愚人比秦皇焚書者，特見時制之弊，有所激焉云爾。本邦無舉業之設，而《東萊博議》爲舉業作，則學者固宜唾棄不顧。今阪谷子絢非獨不唾棄，評之注之，又隨刊行之，以示作文楷梯，豈與余同其所見乎？夫一冒一腰，六腹一尾，句必對偶，義必傳注，不敢稱引三代以下事，明季八股之程式如此。是故童而習之，白首未成。其或登第者，亦唯就四書五經中襲取一二陳言，叩以歷代傳國之次、當世州郡兵馬財賦之數，茫乎不能置對。其文淺陋不足觀亦宜矣。而宋時則不然，法未太密，制未太拘，命題引典未太狹。況斯編良工用規矩，不爲規矩所用。方圓曲直，隨器製形，如麻姑搔癢，如宜僚弄丸，如王良駕輕車、馳坦途，雖或不免乎過巧，而辨論縱横，能言其所欲言，發前人所未發。初學苟熟讀玩味，由俗入雅，由繁入簡，則韓柳歐蘇之門，或可得而窺焉。蓋東萊借左氏爲時文指南，子絢借呂氏爲古文説法。彼此一致，兩得其宜也。昔者謝叠山取漢晋唐宋古文六十九篇爲《文章軌範》，資於場屋也。古文果可資場屋，而謂場屋之文不資古文，寧有是理乎？清方靈皋工古文，王若霖言靈皋「以古文爲時文，却以時文爲古文」，然則時文之與古文，不必岐爲二途，要能達其意斯可矣。子絢此舉先獲我心，余故不辭不文，樂爲之序。明治十二年秋八月三日，甕江川田剛撰。河邨思靖書。

評注東萊博議例言

一、此本係清朝道光中錢唐瞿世瑛及其男傳鼎所校栞。本邦坊間通行本，本據舶來本，而篇數大減，誤脱綦夥，至文義不通。此特全備，校正精密，可以一洗其陋矣。是素所以敢致力于此，付剞劂也。讀者諒之。

一、編首凡例、跋文、《四庫全書提要》一條、《東萊先生略傳》及其《自序》，悉依其舊，以明此本所源由。獨其目録，於兼論數事者，題下備歷舉其事目，是本篇既備矣，而復揭之目録，頗屬繁贅，故删除就簡，唯注其事目大數。

一、原本分爲二十五卷，又大別爲六卷，是亦屬繁。今唯從六卷之別，而不細別。

一、評注悉標之闌外，不敢亂原本。其不書古人姓名者，皆素管見也。其本文行間著圈點、段落及邦訓，雖素所不好，亦爲初學之書有不得不然者，敢甘受僭妄之誚，大方恕之、正之可也。

一、《博議》文體馳騁過縟，不免冗長之弊，是或坊間本所以加删削，終致斷爛。吕公之文雖有疵瑕，豈可著妄人斧斤者哉？且枝辭贅喻爲課試文，則吕公既自言，宜姑舍而不論。本邦學者無用乎時文，然要筆墨絢爛，則古文、時文固無其別。凡初學學文，要暢達不窘束，苟能熟此編，筆端無滯礙，則宜駕唐宋八家，進溯秦漢，入謹嚴簡潔之域。是蓋吕公之所設階梯，而望於後生也已。

明治十二年八月，朗盧阪谷素識。

書評註東萊博議後

少時始作文，讀吕氏《博議》而喜之，學其語氣。及篇成而徐閲之，絶無精采，以謂《博議》之文竟不可學也。亡友松岡欲訥亦好《博議》，每課生徒史論，先自作一篇以爲程式，頗用枝辭贅諭以佐其筆端。積歲月而得篇寖多，題曰《學古賸議》，酷肖《博議》文體。予讀而喜之，亦猶曩讀《博議》時。乃知《博議》之文未必不可學，而曩也予之學之未得其方矣。蓋《博議》之文繁縟，然其理皆自其學出；而予無祖謙之學，徒事敷衍以取盈卷軸，宜乎予文之絶無精采也。夫學不博則理不贍，理不贍則言不文；如祖謙則學博而理贍，無怪於《博議》之文雖繁縟，而精言奥旨往往動人，讀者不復覺其冗也。史曰祖謙學以關洛爲宗，而旁稽載籍，不見涯涘，其文所從來可知也。而如我欲訥，亦於書無所不窺，尤邃於史學。常考古今理亂得失之迹，縱横捭闔，有古策士之風。意之所至，筆亦隨之，宜乎其文之酷肖《博議》也。有祖謙之學，而後《博議》可作；有欲訥之學，而後《賸議》可作。苟無其學而徒學其文，則吾恐學者之蹈予轍矣。坊刻《博議》甚乏善本，阪谷子絢得清人瞿氏校本，加評注、施訓點，以嘉惠後學。刻成見示，乃録卷末，以質之於子絢。想數年前子絢爲欲訥序《賸議》而行之於世，夫必不河漢予言也。明治十二年十一月，土佐細川潤撰。鼎山原田機一書。

評注東萊博議跋

往時阪井虎山以能文鳴于山陽，其授徒以背誦《東萊博議》爲先。余聞之，試讀《博議》，條理井然，法度分明，於是每作文必先背誦壹過，然後下筆，久之如有所得者。厥後有人問作文之方，必舉此以答之。頃友人阪谷朗廬評注《博議》，以便初學，蓋先獲我心者。然《博議》之爲文，專爲初學不易入之法而已。苟欲究古文之深奥，非自唐宋八家溯周秦諸子則不可。余又聞之，虎山少壯家貧，躬服薪春之勞，嘗曰："吾誦《離騷》弌遍，米乃白矣。"然則虎山之文，亦得之周秦可知也。其授徒以《博議》者，特爲入門軌途耳。顧朗廬之意亦不外于此，初學能由此而進，則其庶幾歟？明治己卯臈月，二松學人三島毅撰。春洞西川元讓書。

（以上録自明治十二年阪谷素評註訓點本）

宗廷輔序

宋人文字，歷元明至今，爲制舉家圭臬者，莫盛於《三蘇策論》、《東萊博議》兩書。然蘇集神鋒森豎，非聰明絶世者必至斷臏折脅； 于是《博議》一編遂享千秋不祧之俎豆。故書自淳熙迄明，有詳注本，有二十卷重編本，有十五卷精選本，有十六卷句解本，并有新其名、改題《議史摘粹》者。今皆未見，坊間通行惟絳州張氏一刻而已。東萊原書爲卷二十五，爲篇百六十有八； 張則約以四卷、八十六篇，又皆刊削不完，尾係諸評。於明得十九人，無一非聲名標著者，而所評則如醉如囈，如小兒號嗄，如應聲蟲。明人學問雖陋，亦何至如此？後得孫、朱二刻，始知張寔本朱字録，朱又本孫執升，孫固不言所自也。同治中余校刊局書，下榻紫陽書院，偶得錢唐瞿氏所刊足本。間中點筆，爲之圈點截抹，以餉塾中子弟。循覽既久，遂得盡其底蕴，復爲之去其見之徧執者、論之迂緩者、詞之慢易者，存七十一篇。就所存者，益爲之剪剔支離，芟除冗沓，彌縫補綴，命工寫出，俾綉諸梓，以示塾子，并諗觀者，亦即先生當日露疾求醫之意也。既允坊人之請，遂爲書其本末，以弁其首。時在光緒二十三年，歲次丁酉，六月既望，常熟宗廷輔。

（以上録自光緒十五年宗廷輔《東萊左氏博議集要》本）